정치경제학 이론

나남
nanam

한국연구재단 학술명저번역총서
서양편 318

정치경제학 이론

2011년 7월 5일 발행
2011년 7월 5일 1쇄

지은이_ 윌리엄 스탠리 제번스
옮긴이_ 김진방
발행자_ 趙相浩
발행처_ (주) 나남
주소_ 413-756 경기도 파주시 교하읍
출판도시 518-4
전화_ (031) 955-4600 (代)
FAX_ (031) 955-4555
등록_ 제 1-71호(1979.5.12)
홈페이지_ http://www.nanam.net
전자우편_ post@nanam.net
인쇄인_ 유성근(삼화인쇄주식회사)

ISBN 978-89-300-8538-0
ISBN 978-89-300-8215-0(세트)
책값은 뒤표지에 있습니다.

'한국연구재단 학술명저번역총서'는 우리 시대 기초학문의 부흥을 위해
한국연구재단과 (주)나남이 공동으로 펼치는 서양명저 번역간행사업입니다.

정치경제학 이론

윌리엄 스탠리 제번스 지음 | 김진방 옮김

나남

일러두기

1. 이 책은 윌리엄 스탠리 제번스(William Stanley Jevons)의 《정치경제학 이론》(*The Theory of Political Economy*) 제2판(1879)을 완역한 것이다.
2. 수리경제학 문헌 목록과 해설에 해당하는 원전의 부록 1, 2는 싣지 않았다. 대신 '주요 용어와 개념', '이 책에 등장하는 학자들과 저작'에 대한 옮긴이의 부론 1, 2를 실어 독자들의 이해를 도왔다.
3. 원주는 원서의 체제를 따라 a, b, c…로 표시하고 옮긴이 주는 1), 2), 3)…으로 표시하여 모두 각주 처리했다. 단, 한 장 안에서 원주 번호가 … z로 끝나고 다시 a, b, c…로 시작될 때는 앞의 원주와 구별을 위해 원서와는 달리 a′, b′, c′…로 표시했다.
4. 본 번역본과 원전을 대조해 보고자 하는 독자들을 위해 제2판의 쪽 번호를 표기했다. 원전의 어느 한 쪽에서 새 단락이 시작될 경우, 번역본에는 그 쪽의 번호를 그 새 단락 첫 문장 앞에 기입했다.
5. 원서에서 강조의 의미로 쓰인 이탤릭체는 고딕체로 표시했다.

옮긴이 머리말

현대 주류 경제학의 핵심 전제 중 하나가 개인의 합리성인데, 이 합리성이 효용 극대화로 구체화된 것은 19세기 후반의 일이다. 특히 1870년대부터는 효용 극대화의 조건으로서 균등한 한계효용이 강조되면서 경제학은 내용과 형식 모두에서 적잖은 변화를 겪는다. 이른바 한계혁명이 일어나고 신고전학파 경제학이 생겨난 것이다. 그리고 우리는 이런 변혁의 시작을 제번스의 1871년 저작 《정치경제학 이론》에서 찾을 수 있다.

한계효용은 현대 경제학에서 더 이상 핵심 개념이 아니다. 하지만 그 흔적은 현대 경제학에도 뚜렷이 남아 있다. 한계효용 균등이 함축하는 선택의 원리는 여전히 중요하게 다뤄지며, 한계효용과 함께 도입된 미적분학은 여전히 중요한 분석 수단이다. 따라서 우리가 제번스의 《정치경제학 이론》을 읽는 것은 현대 경제학을 제대로 이해하기 위한 길이기도 하다.

오늘날의 독자에게는 제번스의 《정치경제학 이론》이 그다지 편하지 않을 것이다. 제번스가 만들어 사용하는 용어들이 생경할 수 있고, 그가 사용하는 수학 기호나 식이 혼란스러울 수 있다. 고전학파 경제학과 고전역학을 비롯하여 그 무렵의 여러 이론과 사상을 알지 못하고서는 이해하기 어려운 부분도 있다. 심심찮게 인용되는 프랑스어 문헌들도 부담스럽다. 이런 어려움을 줄이기 위해 이 번역본에는 많은 주석과 여러 해설이 더해졌다. 《정치경제학 이론》에 대한 학계의 평가와 변화도 주석과 해설의 대상이다.

이 번역의 저본은 1879년 출간된 《정치경제학 이론》 2판이다. 제번스는 2판에서 상당히 긴 서문과 함께 여섯 절을 더했고, 수리경제학 문헌목록과 약간의 해설을 부록으로 넣었다. 제번스는 1882년 마흔여섯의 나이로 사망했는데, 그 후 출간된 3판은 부록의 수리경제학 문헌목록을 제외하고는 2판과 정확히 같다. 4판과 5판은 제번스의 아들에 의해 편집되었는데, 인쇄 오류 일부가 수정되었고 약간의 편집자 주석이 더해졌다. 이 내용은 옮긴이 주석에서 언급된다. 1판과 2판의 차이도 빠짐없이 옮긴이 주석에서 설명된다. 부록의 수리경제학 문헌 목록 및 해설은 이 번역에 포함되지 않는다. 그 대신 이 책에서 인용 또는 언급되는 모든 저작과 저자에 대한 해설이 이 번역본의 둘째 부론으로 포함된다. 첫째 부론은 이 책에서 사용되는 개념과 용어를 설명한다. 아울러 이 책의 배경과 영향 그리고 핵심 내용에 대한 해설을 두 부론 앞에 두었다. 원전에는 없는 색인도 만들어 넣었는데, 각 단어가 무엇의 번역인지 알 수 있게 했다. 번역은 정확성과 일관성을 중시했다. 우리말로는 어색하더라도 원문의 뜻뿐만 아니라 느낌도 옮기려 애썼으며, 같은 단어는 같게 옮기는 것을 원칙으로 했다. 그리고 원문의 문체가 강연조이어서 번역도 그렇게 했다.

이 번역에 앞서 역자는 2008년에 발췌 번역본을 지만지를 통해 출간했는데, 이 책이 대한민국학술원의 우수학술도서로 선정되었다. 그런데 이 책에 붙여진 제목은 《정치경제 이론》이다. 그 후 여러 사정을 다시 고려하여 이 번역본의 제목으로 《정치경제학 이론》을 선택했다.

이 번역과 출간은 한국연구재단의 지원을 받아 이뤄졌다. 기획, 진행, 완성 단계에서 각각 여러 전문가의 검토를 받았는데, 한국연구재단이 정리하여 전달해 준 검토 의견이 큰 도움이 되었다. 그리고 나남출판의 이병무 씨가 원고를 꼼꼼히 읽고서 잘못되거나 어색한 부분을 지적해 주었다. 그렇지만 모자람이 없을 수 없으며, 그에 대한 모든 책임은 당연히 내게 있다.

2011년 6월

김 진 방

1판 서문 (1871)

v. 이 책의 내용은, 정치경제과학이[1] 이미 거의 완벽한 형태를 갖췄다고 생각하는 사람이라면 결코 쉽게 받아들일 수 없는 것이다. 내가 아는 일반적인 견해에 따르면, 애덤 스미스가 경제학의 토대를 쌓았고, 맬서스와 앤더슨 그리고 시니어가 주요 학설을 더했고, 리카도가 전체를 체계화했고, 마지막으로 존 스튜어트 밀 씨가 작은 빈틈까지 채워 이 분야의 지식을 완전하게 해설했다. 밀 씨도 비슷한 생각을 가졌던 듯하다. 실제로 그는 자신이든 어느 누구든 앞으로 가치법칙에서 더 밝혀낼 거라곤 없다고 뚜렷이 주장했다.[2] 그토록 저명한 학자들이 채택하고 승인하는 의견이라면 옳다는 쪽으로 확률의 무게가 크게 기운

---

1) 1판 서문에서 'the Science of Political Economy'와 'the Science of Economy'가 한 번씩 나타나는데, 각각을 '정치경제과학'과 '경제과학'으로 옮긴다. 그리고 두 번은 앞에 'Science'를 붙이지 않고 'Political Economy'를 쓰는데, 이것은 '정치경제학'으로 옮긴다. 저자가 2판에서는 'Political Economy'를 'Economics'로 바꿔 쓰겠다고 서문에서 밝히는데, 후자는 '경제학'으로 옮긴다. 역시 2판에서 사용되는 'the science of Economics'는 '경제과학'으로 옮긴다. 이들 용어의 사용과 번역에 관한 부론 1의 해설을 참조하라.

2) 제번스가 4장 132쪽에서 인용하듯이, 밀이 자신의 1848년 저서 《정치경제학 원리》 3편 1장에서 실제로 이렇게 단언했다.

다고 느끼지 않을 수 없다. 하지만 다른 과학에서는 이런 권위의 무게가 새로운 의견이나 이론에 대한 자유로운 검토를 막는 일이 일어나지 않으며, 권위가 틀린 쪽에 있었음이 마침내 밝혀지는 일도 종종 있다.

vi. 내가 보기에 경제학설에는 사실과 부합되고 그 형태가 과학적인 부분이 많이 있다. 내가 특별히 지목하고 싶은 부분은 인구이론과 지대이론이다. 지대이론은 그 성격이 명백히 수리적이며, 경제학 전부에 적용할 올바른 방식의 실마리가 되어줄 수 있다. 만일 밀 씨가 공급과 수요의 법칙을 의심의 여지가 없는 진리로 여기며 주장하는 데 그쳤더라면, 나는 거기에 동의했을 것이다. 이 법칙은 사실에 토대를 두고 있기에 어떤 이론으로도 흔들 수 없다. 그렇다고 해서 가치에 관한 우리의 생각이 완벽하고 최종적이라고 할 수는 없다. 일반적으로 받아들여지는 학설인데도 나에게는 오직 의혹의 대상이었던 게 더 있는데, 이른바 임금기금이론이 특히 그러하다.[3] 이 이론은 경제학의 주요 문

3) 임금기금설(wage-fund doctrine)의 기원은 중농학파로까지 거슬러 올라갈 수 있으며, 밀(1848)이 2편 11장에서 확정적으로 제시했다. 일부를 인용하면, "그리하여 임금은 다른 물건들처럼 노동의 공급과 수요에 달려 있다. 또는 자주 일컬어지듯이, 자본과 인구 사이의 비율에 달려 있다". 밀은 1869년에 기고한 한 서평에서 임금기금설에 대한 자신의 지지를 철회했으면서도("Thornton on Labour and its claims," *Fortnightly Review*, May 1869, pp. 505~518; June 1869, pp. 680~700), 1871년에 출간된 《정치경제학 원리》 7판에서 이와 관련된 부분을 수정하지 않았다. 제번스가 2판 서문과 본문에서 밀과 나란히 놓는 포셋도 자신의 《경제학 편람》 2편 4장에서 임금기금설을 명백한 이론으로 간주하여 설명했다. 일부를 인용하면(1판, 1863, 152쪽; 5판, 1876, 131쪽), "… 자본은 노동에 대한 보상이 나오는 기금이다. 따라서 임금은 총체적으로 자본과 인구 사이의 비율에 달려 있다는 게 명백해진다". 이런 임금기금설은 제번스가 2판 서문에서 지적하듯이, 레슬리(1868)와 워커로부터 공격을 받았다.

제인 노동의 임금을 결정하는 문제를 해결한다고 여겨진다. 하지만 자세히 들여다보면 그것의 결론은 단지 자명한 이치일 뿐이라는 게 드러난다. 즉, 임금 지불에 할당된 총액을 그것을 나눠 가진 사람의 수로 나누면 임금의 평균율을 알 수 있다는 것이다. 경제학의 결론들 중에는 덜 무해한 것도 있는데, 예컨대 교환의 이득에 관한 결론이 그러하다('교환의 이득'에 관한 절, 142쪽 참조).

vii. 이 책에서 나는 경제학을 즐거움과 괴로움의 미분학으로[4] 다루려 했으며, 기존 의견에 개의치 않고 내가 생각하기에 경제학이 결국에는 가져야 할 형태의 개요를 기술했다. 경제학이 줄곧 수량을 다루는 만큼, 그 언어는 아니더라도 그 내용은 수리적 과학이어야 한다는 것이 나의 오래된 생각이다. 나는 효용, 가치, 노동, 자본 등에 관한 적확한 수량적 개념에 도달하려 노력했으며, 가장 어려운 몇몇 개념과 그 중에서도 가장 헷갈리게 하는 개념인 가치가 명백히 수리적 분석과 표현의 대상이 될 수 있음을 발견하고서 거듭 놀랐다. 이렇게 다뤄진 경제학 이론은 정역학(靜力學)과 매우 비슷한 모습으로 나타난다. 교환 법칙은 가상 속도 원리에[5] 의해 결정되는 지레의 균형[6] 법칙을 닮았

4) 원문의 'the Calculus of Pleasure and Pain'을 '즐거움과 괴로움의 미분학'으로 옮긴다. 이 문구의 번역에 대한 부론 1의 해설을 참조하라.

5) 제번스가 말하는 가상 속도 원리(the principle of virtual velocities)는 가상 일 원리(the principle of virtual work)로 부르는 게 더 적절하다. 이 원리에 의하면, 평형 상태에서는 힘과 가상 변위(virtual displacement)의 곱으로 정의되는 가상 일의 합이 영이다. 즉, $\delta W = \sum F_i \cdot \delta r_i = 0$. 그런데 우리가 이 식에서 물체 i의 (일반화) 좌표 r_i를 재화 i의 수량으로, 그 물체에 작용하는 (일반화) 힘 F_i를 그 재화의 한계효용 또는 제번스가 말하는 최종효용도로 바꾸면, 그것은 효용극대화의 조건이 된다. 즉, $\delta u = \sum\left(\frac{\partial u}{\partial x_i}\right)\cdot \delta x_i = 0$. 여기서 δx_i는 가상 변위, 즉 제약에 맞춰진 변위에 상응하는 것이므로 $\sum p_i \cdot \delta x_i \equiv 0$.

음을 알게 된다.[7] 부(富)와 가치의 본질은 무한 소량의 즐거움과 괴로움을 고려함으로써 설명할 수 있는데, 이는 정역학 이론이 에너지의 무한 소량 균등 위에 자리 잡게 되는 것과 같다.[8] 나는 경제과학의 동학 분야가 앞으로 개발되어야 한다고 믿지만,[9] 이 분야의 고찰에는 조금도 들어가지 않았다.

viii. 수학에 능한 독자라면, 효용도(效用度)처럼[10] 기초적인 개념들에 대한 내 설명이 필요 없이 장황하다고 생각할지도 모르겠다. 그러나

하지만 제번스는 4장에서 상대가격(p_i/p_j)이 아닌 교환 비율(x_j/x_i)을 사용하여 효용극대화 조건을 기술한다. Cf. P. Mirowski, *More Heat than Light*, Cambridge University Press, 1989, ch. 5. ; I. Grattan-Guinness, "Equilibrium in mechanics and then in economic," in V. Mosini ed., *Equilibrium in Economics: Scope and Limits*, Routledge, 2007, pp. 19~44.

6) 원문의 'equilibrium'을 '균형'으로 옮긴다. 이 용어의 배경과 기원에 관한 부론 1의 해설을 참조하라.

7) 1판에서는 이에 관한 논의가 더 이상 없으나 2판에서 '지레 이론과의 유사성'에 관한 절이 추가된다. 4장 157쪽 이하를 보라.

8) 위 5)를 참조하라.

9) 제번스는 여기서 라그랑주(Joseph-Louis Lagrange, 1736~1813)와 해밀턴(William Rowan Hamilton, 1805~1865)에 의해 확립된 동역학을 염두에 두고 있는 듯하다. 한 체계를 구성하는 각 물체의 위치와 속도를 시간의 함수로 나타내는 것이 운동방정식인데, 라그랑주가 도출한 방정식이나 해밀턴이 다시 도출한 방정식의 해가 그런 운동방정식이 된다. 특히 해밀턴 방정식에 들어가는 해밀턴 함수(H)는 운동에너지와 위치에너지의 합과 같으므로 한 체계의 에너지가 되며, 따라서 보존계(conservative system)에 적용되는 해밀턴 방정식($dH=0$)은 에너지 보존의 법칙으로 해석될 수 있다. Cf. C. Lanczos, *The Variational Principles of Mechanics*, 4th ed., Dover Publications, 1970, ch. 3~5.

10) 원문의 'the degree of utility'를 '효용도'로 옮긴다. 제번스가 만들어 사용하는 이 용어의 의미는 3장과 부론 1을 보라.

나는 경제학이 요즈음 드러내는 어려움과 결함의 원인이 바로 효용의 수량과 정도에 대한 명백하고 적확한 개념을 세워 갖는 일을 경제학자들이[11] 등한히 한 데 있다고 본다. 또 어떤 독자들은 가끔 사용되는 수학 기호가 이 주제를 밝혀 주기보다는 흐려 놓는다고 생각할지도 모르겠다. 그러나 내게는 모든 독자들이 유념해 주기를 바라는 게 있다. 지금까지 수학자와 정치경제학자는 뚜렷이 구분되는 두 부류의 사람들이었기에 경제학에 관한 수리적 저작은 어느 부류의 독자들에게도 불평의 근거를 허용하지 않으면서 아무런 어려움 없이 집필될 수 있었다는 것이다.

내가 크고 작은 오류를 범했을 가능성이 매우 큰데, 나는 그것들을 기꺼이 밝히려 한다. 덧붙여 말하면, 91쪽(이 2판의 131쪽)에서 시작하는 4장의 '교환 비율'에 관한 절에서[12] 내 이론 전체의 커다란 어려움이 언급된다.[13] 유능한 수학자이며 내 친구인 오언스 칼리지의 바커 교수가 친절하게도 교정쇄 일부를 주의 깊게 검토해 주었다. 물론 그에게는 이 책 일부의 옳고 그름에 대해 어떤 책임도 없다.

ix. 나는 정치경제학에 수학의 언어를 적용하려던 종전의 시도들을 열거하면서 망라하는 척하지 않는다.[14] 이는 잉글랜드 저자들에 관해서도 다르지 않다. 사실 나는 1840년에 익명으로 출간된 뛰어난 책자

---

11) 1판 서문에서 'Economist'와 'Political Economist'가 한 번씩 쓰인다. 각각을 '경제학자'와 '정치경제학자'로 옮긴다. 두 용어는 2판 서문이나 본문에서도 사용되는데, 그때도 그렇게 옮긴다.

12) 이 절은 2판에서 제목이 '무차별 법칙'으로 바뀐다.

13) 제번스가 말하는 '커다란 어려움'에 관해서는 147쪽 역주를 보라.

14) 1판에서는 1장의 한 절이 '도덕과학에서 수학의 언어를 사용하려던 종전의 시도'였다. 저자는 2판에서 이 절을 빼는 대신 그 내용을 서문에서 더 상세히 논의한다.

《통화론》을[15] 읽고 빠뜨렸다. 이 책자는 화폐시장의 작동에 대한 수리분석을 시도한다. 그 주제를 다루는 방법이 휴얼 박사가[16] 채택했던 것과 다르지 않으나—박사의 논문은 인용된다—유한한 차분이 도입되고 때때로 무한소 차분도 도입된다. 나는 이 익명 저자의 이론이 얼마나 성공적인지에 대해서는 판단을 내리지 않았다. 그러나 그 주제는 언젠가 수리 분석으로 풀어야 할 것이다. 자신의 정치경제학 저서에서 가르니에는[17] 정치경제학의 주제에 관해 저술한 유럽의 여러 수학자들을 언급한다. 하지만 나는 그들 저작의 제목조차 찾을 수 없었다.

---

15) 이 책의 저자는 라벅으로 밝혀졌다. 이 책에서 라벅은 거래량(a), 가격(α), 세 가지 통화(A, B, C) 사이의 관계를 수식으로 나타냈다. 즉, $\sum a\alpha + E = A + mB + nC$. 라벅은 케임브리지 트리니티 칼리지에서 휴얼의 학생이었다.

16) 휴얼은 1829년과 1831년에 각각 "정치경제학의 일부 학설에 대한 수리적 해설"과 "리카도 씨의 《정치경제학 원리》의 주요 학설에 대한 수리적 해설"을 발표했으며, 1850년에 "정치경제학의 일부 학설에 대한 수리적 해설—둘째 논문"을 발표했다. 앞의 두 논문이 제번스가 이 책 1판 1장에서 인용하는 휴얼의 논문이다. 2판에서는 휴얼의 1850년 논문도 인용한다. 제번스는 이들 논문에 대해 매우 부정적이다. 하지만 제번스의 평가와는 달리 휴얼의 수리경제학이 비교정태분석의 새로운 기법을 제시했으며 매우 엄밀했다는 평가도 있다. Cf. J. Kim, "The technique of comparative-static analysis in Whewell's 'Mathematical Expositions'," *History of Political Economy* 33:4, 2001, pp. 843~854.

17) 제번스는 2판 서문에서 가르니에의 저서에 언급된 여러 유럽 수학자와 그들의 저작에 관해 달리 말한다.

2판 서문 (1879)

x. 2판을 준비하면서 새 절을 여럿 더했는데, 그 중 가장 중요한 것은 경제 수량의 차원을 다루는 네 절이다(117~123, 138~139, 231~232, 281~282쪽).[1] 물론 이 주제는 경제과학에[2] 관한 모든 명백한 사고의 바탕에 놓여 있는 것이다. 가치라는 단어가 얼마나 많은 의미를 지니는지, 효용 자체가 어떤 종류의 수량인지 여전히 불확실하다면, 많은 논쟁이 말다툼으로 끝난다고 해서 놀랄 일이 아니다. 적경(赤經)이 천체의 이름인지 아니면 힘이나 각도인지에 관해 천문학자들이 서로 동의할 수 없을 경우 그들이 가질 마음의 상태를 상상해 보

---

1) 제번스는 이 네 절 외에도 두 절을 더 7장에 추가하는데, 이 두 절도 경제 수량의 차원(dimensions)을 다룬다. 그 중 하나는 이자의 차원에 관한 것이고(292~295쪽), 다른 하나는 바로 아래서 언급하는 피콕의 예시에 대한 비판이다(295~297쪽).

2) 원문의 'economic science'를 '경제과학'으로 옮긴다. 이 표현은 2판 서문에서 아홉 차례 사용되고, 본문에서는 사용되지 않는다. 본문에서는 'the science of Economics'가 여덟 차례 사용되는데, 앞에서 밝혔듯이(9쪽 주 1) 이것도 '경제과학'으로 옮긴다. 그리고 저자가 'the science'로 줄여 쓸 때가 많은데, 이때는 대부분 '경제학'으로 옮긴다. 저자는 경제학이 물리학과 비견되는 과학임을 강조하기 위해 이런 표현을 쓰는 듯하다. 저자는 물리학을 'physics'로 쓰지 않고 'physical sciences'로 쓴다.

라. 그래도 이 경우는 우리가 가치라는 단어로 비율 수치를 의미하는지, 마음 상태를 의미하는지, 아니면 상품의 질량을 의미하는지 명백히 알지 못할 경우보다 더 나쁘지는 않을 것이다. 존 스튜어트 밀이 우리에게 분명히 말하기를,[a] "한 사물의 가치는 그것과 교환되는 다른 어떤 사물 또는 사물 일반의 수량을 의미한다". 물론 밀은 자신이 말한 것은 그런 뜻이 아니었다고 해명할 수 있다. 하지만 쓰인 그대로의 진술은 가치를 어떤 사물로 만들어 버리며, "적경은 화성 또는 혹성 일반을 의미한다"고 말하는 만큼이나 철학적이다.

xi. 경제 수량의 차원에 관한 네 절에서 나는 매우 당혹스러웠는데, 효용과 시간의 관계에 대해 유난히 그러했다(119~123쪽).[3] 자본 및 이자 이론에도 미묘한 점이 있다. 제기된 물음에 대한 내 해결이 일반적으로 옳다고 판명되기를 바라지만, 그 해결이 의문을 해소하지 못하는 경우에는 언젠가 다른 저자들이 답할 물음으로 이어질 수도 있다. 이 네 절이 인쇄된 후 그것들을 찰스 크리스티 대령에게 보였는데, 그는 충분히 타당한 반대를 제기했다. 상품을 나타내려면 질량(Mass)의 M이 아닌 다른 기호, 예컨대 Q를 사용해야 한다는 것이다. 이 기호는 공간이나 시간 또는 힘의 수량(Quantity)을 포함하여 거의 모든 종류의 수량을 나타낼 수 있다. 그리고 근로는 질량뿐만 아니라 시간, 발휘된 힘, 움직인 공간과도 종종 관련이 있다. 나는 이 반대에 전적으로 동의하며, 독자들이 M을 해석할 때는 119쪽에서 그 기호에 주어

---

a. 《정치경제학 원리》, 3편, 6장, 1절, I. 이 정의는 가치 이론의 원리를 신중하게 요약하는 첫머리에 등장한다.

3) 2판에서 3장에 추간된 '경제 수량의 차원에 관한 이론'에서 효용을 2차원의 수량으로 규정한다. 하지만 1판에서는 내구재를 가리키면서 효용이 시간을 포함하는 3차원의 수량이라고 말했었다.

진 것보다 넓은 의미를 부여하거나 아니면 마음속에서 그것을 다른 기호로 대체하기 바란다.

xii. 이자의 차원을 다루면서 내가 지적한 이상한 사실이 있다. 고(故) 피콕 주임사제처럼 심원한 경지의 수학자조차 이 주제와 관련해서 매우 그릇된 길로 빠졌다는 것이다(295~297쪽). 그 외의 새 절로서 음의 가치와 영에 접근하는 가치라는 개념을 소개하는 절이 있는데,[4] 거기서 나는 음의 가치를 교환방정식 안에 집어넣더라도 방정식의 형태에 별다른 조정이 필요하지 않음을 보여준다. 매클라우드 씨의 저작을 읽은 이들에게는 당연히 음의 가치라는 개념이 친숙하다.[5] 그래도 나로서는 그 개념이 참으로 얼마나 중요한지, 그리고 그것이 그 이론의 원리에 얼마나 자연스럽게 귀속되는지를 보여줘야 했다. 독자들이 눈여겨보기 바라는 절이 또 있다(157~162쪽). 이 절에서 나는 지레의 균형에 적용되는 방정식과 교환방정식 사이에서 정확한 유추를 이끌어 냄으로써 교환방정식의 수리적 성격을 드러낸다.

코펜하겐의 헤럴드 베스터고르 씨를 비롯하여 두세 명이 서신을 보내 지적했는데, 미분의 간단한 원칙에 따라 기호를 조작하기만 하면, 내가 힘들여 끌어낸 결과에 도달하리라는 것이었다. 모든 문제는 극대와 극소의 문제이며, 그것의 수리적 조건은 수학자들에게 익숙한 것이

4) 저자가 명시하지는 않으나, 이 새 절은 182~188쪽에 있다.

5) 제번스가 1판에서는 매클라우드를 수학 사용과 관련하여 서론에서 한 차례 인용하는 데 그치지만, 2판에서는 서문과 본문에서 여덟 차례나 인용한다. 매클라우드가 그의 여러 저작에서 전개하는 경제 이론의 내용을 고려한다면, 이렇게 많은 인용은 다소 의아스런 일이다. Cf. Michael V. White, "Sympathy for the devil: H. D. Macleod and W. S. Jevons's *Theory of Political Economy*," *Journal of the History of Economic Thought* 26:3, 2004, pp. 311~329.

다. 하지만 이런 종류의 저작에서는, 설령 내게 수학자의 취향에 맞게끔 간명한 기호 형태로 이 주제를 전개하는 능력이 있더라도, 근본적으로 옳을 뿐만 아니라 대다수 독자들에게 — 그들도 나처럼 숙달된 전문 수학자가 아니다 — 분명하고 확실한 일련의 주장을 통해 내 결과에 도달하는 편이 낫다. 줄여 말하면, 나의 이 저작은 수학자를 위해 쓴 것도, 수학자로서 쓴 것도 아니다. 경제학자로서 다른 경제학자들에게 그들의 과학이 명백히 수리적인 기초 위에서만 만족스럽게 다뤄질 수 있음을 보여 믿게 하려는 것이다. 수학자들의 눈에 이 주제가 자신들이 유용하게 다룰 수 있는 것으로 보인다면, 나는 기꺼이 그들 손에 이 주제를 넘기겠다. 내가 이미 여러 자리에서 말했듯이, 노동을 음의 효용으로 취급하면서 정규 교환방정식 안에 넣었더라면 아마도 이 이론 전체가 보다 더 일반적인 형태를 갖게 되었을 것이다.[6] 그러나 사실 한 경제학자에게 자신의 과학을 개발하고 개선하는 것은 끝이 없는 소명이다. 그래서 나는 이 저술을, 서적상들이 말하듯이, "모든 결함과 함께" 다시 출간할 필요가 있다고 생각했다. 그렇지만 나는 이 책의 쪽 하나하나를 신중하게 고쳤으며, 기술된 학설에는 오류가 거의 혹은 전혀 남아 있지 않으리라 기대할 나름의 이유가 있다. 결함은 내용보다 형태에 있다.

xiv. 사소한 변경 가운데 언급할 만한 것은 정치경제학이라는 이름을 간편한 용어 경제학으로 대체한다는 것이다. 나는 두 단어로 되어 있어

---

6) 제번스는 5장에서 노동이 수반하는 괴로움과 상품 소비가 주는 효용을 비교하여 최적 노동량 및 생산량을 찾는다. 그렇지만 4장에서는 생산을 위한 노동의 괴로움은 무시하고, 오로지 소비가 주는 효용만으로 교환 비율을 설명한다. 제번스가 효용을 소비와 노동의 함수로 규정했더라면 — 예컨대 $u = \Phi(a - x) + \Psi(y) - \Lambda(l)$, $a = H(l)$ — 그의 교환방정식은 모양이 달랐을 것이다.

번거로운 우리 과학의 옛 이름을 되도록 빨리 버리는 게 좋다는 생각을 떨칠 수 없다. 여러 저자들이 부학(富學),[7] 이재학(理財學),[8] 교환학[9] 등과 같이 전혀 새로운 이름을 도입하려 했다. 하지만 우리에게 경제학보다 좋은 것이 왜 필요한가? 이 용어는 옛 용어와 더 가까이 이어져서 친숙할 뿐만 아니라 그 형태가 수학, 윤리학, 미학 등 여러 다른 분야의 지식을 가리키는 이름과 완벽하게 같다. 더욱이 그것은 아리스토텔레스 시대부터 사용되었다는 권위를 갖는다. 내가 알기로는 매클라우드 씨가 몇 해 전에 이 이름을 다시 도입했는데,[10] 케임브리지의 앨프레드 마셜 씨도 그것을 채택한 것 같다.[11] 그래서 나는 경제학이, 거의 1세기 전에 프랑스 경제학자들에게 경제과학으로 알려졌던 그 과학을 가리키는 이름으로 인정받길 바란다. 이 새 이름이 본문에서 사용되지만 이 책의 표제를 바꾸는 것은 전혀 바람직하지 않다.

xv. 이 저작이 처음 나온 지 8년이 지나 새 판을 출간하는 지금, 경제

7) 원문의 'Plutology'를 '부학'으로 옮긴다. 부(富)라는 뜻의 그리스어(πλούτου)에서 가져온 용어로서 헌(W. E. Hearn)이 자신의 1863년 저서에서 제목으로 사용했다.

8) 원문의 'Chrematistics'를 '이재학'으로 옮긴다. 아리스토텔레스는 《정치학》에서 가계(家計) 관리를 가리키는 경제(οἰκονομία)와 재산 증식을 가리키는 이재(χρήματιςτική)를 구분했다.

9) 원문의 'Catallactics'를 '교환학'으로 옮긴다. 이 용어는 교환하다는 뜻의 그리스어(καταλλάσσω)에서 가져온 것이다. 훼이틀리(1831)는 경제학이 '교환과학'(Science of Exchanges)으로 거듭나야 한다고 주장하면서 정치경제학의 새 이름으로 'catallactics'를 내놓았다.

10) 매클라우드(1872)는 《경제철학 원리》에서 두 용어 '정치경제학'(Political Economy)과 '경제학'(Economics)을 함께 사용했다. 그리고 1875년 논문 "정치경제학이란 무엇인가?"에서 전자를 버리고 후자를 사용하자고 제안했다.

11) 마셜의 1879년 저서가 《산업경제학》(*Economics of Industry*)이다.

과학에 대한 견해가 그사이 어떻게 달라졌는지에 관해 언급하는 게 당연할 듯하다. 근래 평론과 잡지에서 경제과학의 논리적 방법에 관하여 주목할 만한 토론이 있어 왔으며, 그런 과학이 존재하기나 하는지의 물음까지도 건드리게 되었다. 이 문제에 관심이 쏠리게 한 것은 클리프 레슬리 씨의 주목할 만한 논문 "정치경제학의 철학적 방법"이다.[b] 여기서 그는 리카도의 연역적 과학을 모조리 없애려 애썼다. 윌리엄 손턴 씨의[13] 저작들도 얼마간 비슷한 경향을 갖는다. 이 문제를 더욱 흔들어 놓은 것은 지난번 영국협회 회의에서[14] 잉그럼 교수가 대가다운 연설의 주제로 삼았던 훌륭한 비판이다.[15] 이 연설은 잉글랜드의

---

b. 〈헤르마테나〉, 4호, 1876, 1~32쪽. 레슬리 씨의 《정치도덕철학 논집》, 더블린, 1879, 216~242쪽에 재수록.[12]

12) 레슬리(1876)는 "정치경제학의 철학적 방법"에서 연역적 접근을 비판하고 귀납적 연구를 장려했으며, 역사와 제도의 중요성을 강조했다. 〈헤르마테나〉(*Hermathena*)는 1873년에 더블린 트리니티 칼리지의 고전학부가 창간하여 지금까지 발행되고 있다.

13) 제번스는 4장에서 윌리엄 손턴의 1869년 저서 《노동론》을 여러 차례 인용한다. 경제학자들 사이에서는 1802년에 출간된 《잉글랜드 지폐 신용의 본질과 효과에 관한 연구》의 저자 헨리 손턴이 더 잘 알려져 있는데, 그도 함께 4장에서 인용된다.

14) 제번스가 말하는 영국협회(British Association)는 1831년에 설립된 영국과학진흥협회(British Association for the Advancement of Science, BAAS)를 가리킨다. 이 협회는 매년 다른 도시에서 학술회의를 개최했는데, 리버풀에서 개최된 1870년 경제학·통계학 분과 의장으로 제번스가 선출되었다.

15) 제번스가 높이 평가하는 잉그럼의 연설은 더블린에서 개최된 1878년 영국과학진흥협회의 경제학·통계학 분과 의장으로 행한 것이다. 연설 제목은 '정치경제학의 현황과 전망'(The present position and prospects of political economy)이다. 잉그럼은 이 연설에서 경제학의 지나친 추상화와 단순화를 비판하면서 역사적 방법을 강조했다.

여러 간행물에 게재되었으며,[c] 서유럽의 여러 주요 언어로 번역되었다. 그렇다면 매우 활발한 비판 정신이 번지고 있는 게 분명하며, 이 정신이 마침내는 잘못된 옛 학설들의 위세를 이겨내지 못할 리 없다. 그러나 무엇이 그것들의 자리에 놓이게 될까? 오래된 정통 신조가 쓰러지면서 다양한 의견의 혼돈이 뒤따르리라는 것만큼은 인정해야 한다. 과학으로 오인되던 것이 모조리 무너져서, 점성술과 연금술 그리고 모든 신비과학처럼 역사 속의 일이 되어 버린다면, 많은 이들이 반가워할 터이다. 클리프 레슬리 씨는, 딱히 이렇게까지는 아니겠으나, 경제학을 오로지 귀납적이거나 경험적인 방식으로 다시 세우려 할 것이다. 그러면 이 과학은 갖가지 무관한 사실의 나열이 되거나, 아니면 스펜서 씨가 말하는 사회학의[17] 한 분야로 떨어져야 한다. 어느 경우든 경제 형태와 관계의 발전을 다루는 과학이 새로 생겨야 한다는 게 내 생각이다.

xvi. 그러나 연역적 방법의 운명에 관한 내 의견은 내 친구 레슬리 씨의 의견과 전혀 다르다. 그는 단순 삭제를 선호하지만 나는 철저한 개혁과 재건을 선호한다. 내가 전에 설명했듯이,[d] 지금 경제학이 겪는 혼

---

c. 〈런던 통계학회지〉, 1878년 12월, 61권, 602~629쪽.[16] 〈아일랜드통계사회탐구학회지〉, 1878년 8월, 7권, 부론; 별쇄본, 런던, 롱맨스, 1878.

d. "정치경제학의 미래," 〈격주 평론〉, 1876년 12월, 8권, 신편, 617~631쪽.[18] 〈경제학자 저널〉, 1877년 3월, 3편, 45권, 325~342쪽에 번역.[19]

16) 〈런던 통계학회지〉(*Journal of the Statistical Society of London*)는 1838년부터 발간되었고, 1887년에 〈왕립통계학회지〉(*Journal of the Royal Statistical Society*)로 이름이 바뀌었다.

17) 스펜서의 진화론적 사회학에 관한 부론 1의 해설을 참조하라.

18) 1876년 5월 31일에 런던 유니버시티 칼리지에서 개최된 정치경제학클럽(Political Economy Club) 만찬 모임에서 한 강연의 원고다. 이 원고를 게

돈 상태는 여러 분야의 지식을 혼동하는 데서 생겨난다. 분할이 구제책이다. 우리는 경험적 요소를 추상이론으로부터, 응용이론으로부터, 그리고 금융과 행정의 세세한 기술로부터 구분해야 한다. 그리하면 상업통계학, 수리경제학, 분류·서술경제학, 경제사회학, 재정(財政) 과학 등 여러 과학이 생겨날 것이다. 이들 과학에서 일종의 교차 재분할이 이뤄질 수도 있다. 다시 말하면, 주제마다 여러 분야로 분할하는데, 그 분할의 기준은 각 주제 분야를 다루는 방식이다. 여기서 방식은 이론적, 경험적, 역사적, 실용적일 수 있다. 그리고 주제는 자본과 노동, 통화, 금융, 과세, 토지 보유 등이 될 수 있다. 물론 부(富)의 소비, 생산, 교환, 분배를 다루는 과학으로서 보다 근본적 분할도 있어야 한다. 사실 이 주제 전체는 너무 광범하고 복잡하고 다양해서 한 권의 책이나 한 가지 방법으로는 도저히 다룰 수 없다. 그것을 하나의 과학으로 여기는 것은 정역학, 동역학, 열(熱) 이론, 광학, 전자기학, 전신술(電信術), 항해술, 사진(寫眞) 화학 등을 모두 하나의 과학으로 여기는 것과 다르지 않다. 그러나 물리과학 모두가 얼마간 명백히 역학의 일반 원리에 기초를 두고 있듯이, 경제과학의 모든 분야와 부문에 어떤 일반 원리가 퍼져 있어야 한다. 그런 원리를 탐구하는 것, 이기(利己)와 효용의 역학을[20] 밝혀내는 것, 바로 그것에 이 저작이 바

재한 〈격주 평론〉(*Fortnightly Review*)은 1865년에 창간된 자유주의 성향의 잡지이다. 창간된 첫 해에는 2주마다 발행되었으나 다음 해부터는 매월 발행되었다.

19) 〈경제학자 저널〉(*Journal des économistes*)은 프랑스 자유주의학파로 불리는 쿠르셀-스뇌, 슈발리에(Michel Chevalier, 1806~1879), 바스티아, 몰리나리(Gustave de Molinari, 1819~1912) 등의 주도로 1841년부터 간행되었으며, 1940년에 종간했다.

20) 원문의 'the mechanics of self-interest and utility'를 '이기와 효용의 역학'

쳐졌다. 그런 이론의 확립이야말로 과학 전체의 상부구조를 결정적으로 그려내기 위해 필요한 준비이다.

xviii. 이제 이론 자체로 돌아가서 제기되는 의문은, 이 책에 실린 이론이 옳은지에 있기보다 그 이론에 참으로 새로운 어떤 게 있는지에 있다. 잉글랜드에서 리카도학파 경제학자들에게 부여되는 배타적인 중요성이 방해물이 되어 잉글랜드 독자들은 대부분, 경제학을 때때로 얼마간 엄격하게 수리적인 방식으로 다룬 여러 프랑스 경제학자들과 잉글랜드, 독일, 이탈리아의 몇몇 경제학자들의 존재를 알지 못한다. 초판에서(14~18쪽) 나는 그런 종류의 저술들을 그때 내가 알던 대로 약술했다. 내가 경제학을 수리적으로 탐구해야겠다는 생각을 어디로부턴가 얻었다면 그것은 거기서 언급한 저작들로부터이다. 라드너의 《철도 경제학》에 아마도 가장 많은 신세를 졌을 텐데,[21] 나는 이 책을 1857

으로 옮긴다. 이 문구는 1장에서 '효용'과 '이기'가 뒤바뀌어 다시 나타난다. 우리는 이 문구를 에지워스(1881)가 《수리 정신학》에서 말하는 '즐거움 기계로서의 인간이라는 개념'(the conception of man as pleasure machine)과 견줘 볼 수 있다.

21) 제번스가 인용하는 라드너의 《철도 경제학》은 1850년에 출간되었다. 제번스는 《이론》 초판 1장에서 다른 수리경제학 문헌과 함께 이 책 내용의 일부를 소개했는데(1871, 17~18쪽), 철도 운임 요율과 총수입 및 이윤의 관계를 보여주는 그림을 높이 평가했다. 그리고 2판에서는 이 부분을 빼고 서문에서 《철도 경제학》을 인용하는데, 그 내용이 같지 않다. 특히 라드너가 밝힌 이윤극대화 조건에 대한 언급이 사라진다. 이 변화와 관련하여, 제번스가 1판 출간 이후에 라드너에 앞선 이윤극대화 논의를 쿠르노의 1838년 저서 《부 이론의 수리적 원리에 관한 연구》에서 발견한 것을 요인으로 지적하는 해석이 있다(Bostaph, S. and Y. Shieh, "W. S. Jevons and Ladner's Railway Economy," *History of Political Economy* 18:1, 1987, pp. 49~64). 제번스는 2판 서문에서 쿠르노의 《연구》를 길게 인용한다(34~37쪽).

년부터 잘 알고 있었다. 라드너의 책에 포함된 매우 능란한 탐구는 나에게 충격을 주었는데, 그것의 과학적 가치는 제대로 매겨지지 못했다. 우리는 그 책 13장에서(286~296쪽 등) 공급과 수요의 법칙이 수리적으로 다뤄지고 그래프로 설명되고 있음을 본다.

xix. 초판 서문에서(xi쪽)[e] 내가 조제프 가르니에 씨에 대해 한 말이 있다. 그의 저서 《정치경제학》에는 경제학의 주제에 대해 저술한 대륙의 수학자가 여럿 언급되어 있다고 말하면서 덧붙이기를, 나는 그들 저작의 제목조차 찾을 수 없었다고 했다. 그러나 이것은 오로지 나의 소홀한 독서 또는 잘못된 기억의 결과였다. 가르니에 자신이 여러 책과 논문의 제목을 언급하고 있음을 볼 수 있다.[f] 사실은 내가 당시 큰 도서관에서 멀리 떨어져 저술하면서 그 주제의 문헌을 알아보려 하지 않았으며, 이제 알게 되었듯이 그토록 많은, 그리고 간혹은 그토록 뛰어난, 문헌이 있으리라고는 생각하지 못했다. 하지만 해가 지나면서 정치경제학 문헌에 대한 내 지식이 훨씬 넓어졌을 뿐만 아니라 여러 친구와 지인들이 알려줘서, 이 책에 기술된 견해를 얼마간 앞지르는 주목할 만한 저작들이 많이 있음을 알게 되었다. 새 판을 준비하면서 나는 이런 종류의 기존 저술을 모두 찾아내자는 생각이 들었다. 이 생각에 나는 내가 아는 모든 수리경제학 저작의 연대순 목록을 만들었는데, 그 숫자가 이미 일흔에 가까웠다. 이 목록은 편집인 기펀 씨의 호의로 〈런던 통계학회지〉 1878년 6월호에 게재되었으며(41권, 398~401쪽), 별쇄본이 주요 경제학자들에게 추가와 수정을 부탁하는 말과 함께 보내졌다. 로잔 아카데미의[22] 학장인 내 친구 레옹 발라스 씨가[23] 그 목록에 상당히 많이 추가하여 〈경제학자 저널〉 1878년 12월

e. 1판 서문의 14쪽을 보라.

f. 《정치경제학》, 5판, 파리, 1863, 700~702쪽.

호에 게재했는데, 여기에는 그 저널 편집인의 도움이 컸다. 그 목록은 독일과 이탈리아의 경제학 저널에도 보내졌다. 이 문헌 목록을 완성하는 데에는 호지슨 교수, 애덤슨 교수,[24] 장학사 브루어 씨, 위트레흐트의 정치경제학 교수 들니 드부후이으 남작,[25] 암스테르담의 니콜라스 피어슨 씨, 라이덴의 비세힝 씨, 파비아의 루이지 코사 교수 등에게 신세를 졌다.

xx. 수리경제학 저작과 논문의 목록을 완전하고 빠짐없이 만들기 위해 모든 합당한 노력을 기울였으며, 그 성과가 이제 이 책의 첫 부록으로 인쇄되었다(301~310쪽).[26] 목록의 앞부분에는 더 보탤 게 결코 많을 것 같지 않지만, 수정이나 추가를 제안하는 독자가 있으면 대단히 고맙겠다. 목록에 넣기에 알맞은 새 출판물을 알려줘도 반갑겠다. 그런

22) 스위스 로잔 아카데미(Académie de Lausanne)는 1890년에 로잔 대학교(Université de Lausanne)가 되었다.

23) 발라스와 제번스 사이의 교신은 1874년에 발라스가 자신의 논문을 제번스에게 보내면서 시작되었다. 이 논문의 내용은 1874년에 출간된 《순수정치경제학 요론》 1권에 포함되었다.

24) 애덤슨은 1876년에 오언스 칼리지의 논리학 · 철학 교수로 선임되어 제번스의 뒤를 이었으며, 1895년에 글래스고 대학의 논리학 교수로 부임했다.

25) 들니는 1878년에 네덜란드 위트레흐트 대학 법학부 교수로 선임되었는데, 그가 학생 시절이던 1874년부터 제번스와 서신을 교환했다. 그리고 그 전에 발라스와도 서신을 교환했다.

26) 이 책 2판이 출간되면서 더해진 두 부록을 이 번역본은 수록하지 않는다. 첫 부록의 목록에 포함된 수리경제학 문헌 대부분과 저자는 옮긴이의 부론 2에 간략한 해설과 함께 소개되어 있다. 그 문헌의 보다 자세한 내용은 티오케리스의 두 책을 참조하라(R. D. Theocaris, *Early Developments in Mathematical Economics*, Macmillan, 1961; *The Development of Mathematical Economics*, Macmillan, 1993).

데 이 목록에서 언급된 책 가운데 일부는 거기에 있지 않아야 하는 것일 수 있다. 내가 그 출판물들을 빠짐없이 모두 검토할 수는 없었다. 지인의 제안으로 포함한 저작들 중 일부는 이 목록의 정밀한 목적을 이해하지 못했기 때문에 거명되었을 수 있다. 예를 들어 어느 경제학 저작에 수치를 사용한 설명이나 수치로 표현된 통계적 사실이 아무리 풍부하게 들어 있더라도, 추론에서 수리적 방법이 사용되지 않았다면, 내가 그것을 알고서 포함하는 일은 없었다. 만일 이 조건이 아니었다면, 상업 통계 수치를 수록한 모든 문헌들이 내 목록에 들어갔을 것이다. 어떤 경우에는 거명된 책의 아주 일부만이 수리경제학으로 불릴 수 있다. 이 경우에는 해당되는 장이나 쪽을 인용하므로 대개 알아챌 수 있을 것이다. 그렇지만 제외보다 포함에 치중하였으며, 그렇게 해서 독자들에게 탐구할 만한 모든 영역의 문헌을 펼쳐 놓으려 했다.

xxii. 오해를 피하기 위해 설명하는 게 좋을 성싶다. 어느 출판물 또는 그 일부를 목록에 넣는 것은, 수리적 성격의 경제학이나 기호를 사용하는 분석이 가져올 이익에 대한 뚜렷한 인식을 그것이 보유하기 때문이다. 나는 모든 경제학 저자들이 조금이라도 과학적이려면 수리적이어야 한다고 말하겠다. 왜냐하면 그들이 경제 수량 및 경제 수량의 관계를 다루기 때문이며, 모든 수량 및 수량의 모든 관계는 수학의 영역에 들어가기 때문이다. 자기 자신의 방법을 인정하지 않으려 강력하고 분명하게 저항하는 이들조차 자신의 추론이 갖는 수량적 성격을 자신이 쓰는 언어에서 계속 드러낸다. 예컨대 케언스의 주요 저작에서[27] 가져온 다음

27) 제번스가 인용하는 케언스의 저서 《정치경제학의 몇몇 주요 원리에 대한 새 해설》은 1874년에 출간되었다. 이보다 앞서 제번스의 《이론》 초판에 대한 케언스의 서평이 〈격주 평론〉 1872년 1월호에 실렸는데, 이 서평 마지막 부분에서 케언스는 수학 사용에 대한 자신의 부정적인 의견을 짧게 표명한다.

문장보다[g] 그 내용이 더 명백히 수리적인 것이 있겠는가? "주된 요소에 들어가는 비용을 어떻게 계산할지는 조금도 어렵지 않게 알 수 있다. 노동의 경우 해당 상품을 생산하는 비용을 나타내려면, 생산에 고용된 평균 노동자 수에—이때 작업의 강도와 그것에 따르는 위험의[28] 정도를 함께 고려하면서—그들의 노동 지속 시간을 곱하면 된다. 절제(節制)의 경우에도 원리는 같다. 그 희생을 측정하려면, 절제한 부(富)의 수량을 그것에 따르는 위험과 연결하여 고려하면서 그것에 절제의 지속 시간을 곱하면 된다." 여기서 우리가 다루는 것은 계산, 곱셈, 세기의 정도, 위험의 정도, 부의 수량, 지속 시간 등 모두 본래 수리적인 사물, 관념 혹은 조작이다. 내가 존경하는 친구이자 선임자인 그가[29] 서장에서 내 학설을 드러내어 반박했지만[30] 그는 외형을 제외한 모든 면에서 수리적인 방법을 아무런 의식 없이 사용했다.

xxiii. 우리는 쉽사리 더 거슬러 올라갈 수 있다. 그리하면 경제학의 아버지로 여겨지는 애덤 스미스도 철저히 수리적임을 발견하게 된다. 예를 들어 《국부론》 1편 5장에서 우리는 그가 계속해서 '노동량,' '가치의 척도,' '곤란의 척도,' '비례,' '동등' 등에 관해 주장하고 있음을 보는데, 이런 생각이 사실은 모두 수리적이다. 그 저작에서 역사적인 부분이 아닌 과학적인 부분에서라면 어느 구절을 들든 같은 말을 할 수 있

g. 《정치경제학의 몇몇 주요 원리에 대한 새 해설》, 1부, 3장, 97쪽.

28) 원문의 'risk'를 '위험'으로 옮긴다. 이것과 구분하기 위해 'danger'는 '곤경' 또는 '위태'로 옮긴다.

29) 케언스는 제번스에 앞서 1866년에 런던 유니버시티 칼리지의 정치경제학 교수로 선임되어 1872년에 사퇴했다. 제번스는 케언스가 사망한 다음 해인 1876년에 오언스 칼리지를 떠나 유니버시티 칼리지에 부임했다.

30) 케언스는 《정치경제학의 몇몇 주요 원리에 대한 새 해설》 1장 4절에서 제번스의 효용가치 이론을 논박한다(18~21쪽).

다. 2편 1장을 보면(29번째 단락), "토지, 광산, 어장의 산물은, 천연의 풍요로움이 동등하다면, 그것들에 사용된 자본의 규모와 적합성에 비례한다. 동등한 자본이 동등하게 잘 사용된다면, 산물은 천연의 풍요로움에 비례한다." 우리가 동등이라는 단어를 사용할 때 그것은 언제나 수리방정식의 존재를 의미한다. 방정식 하나는 다름 아닌 한 가지 동등이다. 그리고 우리가 비례라는 단어를 사용할 때 그것은 언제나 방정식 형태로 표현되는 비율을 의미한다.

xxiv. 그래서 내가 하려는 말은 이것이다. 수리적 주장은, 그것이 맞든 틀리든, 경제 이론의 저자에 따라 실질적으로 달라질 거라곤 없다. 그러나 무엇을 주장한다고 해서 반드시 그 주장의 방법을 명백히 인지하고 이해하는 것은 아니다. 산문을 모르는 채 산문을 읊는 사람이 많고, 삼단논법이 무엇인지 전혀 알지 못한 채 삼단논법을 구사하는 사람이 많다. 마찬가지로 경제학자들은 오래도록 수학자이었으면서 그 사실을 알지 못했다. 그 불행한 결과로 그들은 대개 나쁜 수학자였고, 그들의 저작은 무너져야 한다. 그래서 경제학의 수리적 성격을 뚜렷이 인식하는 것은 이론의 모든 실질적 개선을 위해 꼭 필요한 조건이다. 그렇다고 해서 명백히 수리적이기만 하면 진리 획득이 보장되는 것은 물론 아니다. 우리는 카나르와[31] 휴얼의 저술에서처럼 기호와 방정식

---

31) 카나르의 1801년 논문 "조세의 흐름에 관한 소론"(Éssai sur la circulation de l'impôt)이 프랑스 국립학술원(Institut National des Sciences et des Arts)의 수상 논문으로 선정되었다. 제번스가 부록의 수리경제학 문헌 목록에 포함하는 카나르의 저술은 이 논문을 보완하여 출간한 것이다(*Principes d'économie politique*). 이 책에는 가격 결정 원리가 수식으로 제시된다. 카나르에 의하면, 가격은 '최고가격'과 '최저가격' 사이에서 결정되며, 그 지점 x를 결정하는 방정식이 $x : (L-x) = \frac{1}{bn} : \frac{1}{BN}$. 여기서 L은 '최고가격'과 '최저

을 풍부하게 사용하면서도 어떤 가치 있는 결과도 내지 못하는 경우를 종종 보는데,[32] 이는 기호 사용 없이 잘못 세워진 학설을 그 저자들이 단지 기호로 바꿔 썼을 뿐이기 때문이다. 애매하고 복잡한 추론 과정에서 우리의 생각을 안내하는 것이 수학 기호의 기능인데, 그런 저자들은 그 기능을 오해하여 뒤집는다. 일상 언어는 언제나 과학의 첫 공리를 표현할 수 있으며, 때로는 숙성된 결과도 표현할 수 있다. 그러나 추론의 미로에서는 가장 서투르고 흐릿하고 지루한 방식으로 우리를 이끌 뿐이다.

xxv. 내가 소개하고 있는 이 문헌 목록에는 다양한 경제학 저작이 뒤섞여 있으며, 곧장 여러 부류로 나눌 수 있다. 첫째 부류에는, 명시적이고 체계적인 방식의 수리 분석은 전혀 시도하지 않고, 단지 가끔 기호나 그래프를 사용하여 기술함으로써 그런 분석의 가치를 인정하는 경제학자들의 저술을 넣을 수 있다. 그런 저자로는 라우(1868), 하겐(1844), 존 스튜어트 밀(1848), 쿠르셀-스뇌(1867) 등을 들 수 있다. 존 스튜어트 밀이 수학 기호를 사용했다는 말에 놀라는 독자가 많을지도 모르겠다. 하지만 밀이 《정치경제학 원리》에서 아마포와 모직물의 야드를 사용하여 독자들을 '국제 교역'과 '국제 가치'에 관한 이론으로 이끄는 그 어렵고도 지루한 3편 17장과 18장에 들어서면, 독자들은 그가 마침내는 굴복하여 m, n, p, q 사이의 방정식을 사용하여 간결하고 명백하게 자신을 표현하는 것을 발견하게 된다.[h] 그의 수학이 대단히 거

h. 3편, 18장, 7절.[33]

가격'의 차이이고, b와 n은 각각 판매자들의 필요와 그들 사이의 경쟁이고, B와 N은 각각 구매자들의 필요와 그들 사이의 경쟁이다. 쿠르노(1838, 2쪽)와 발라스(1874, 44쪽)는 이 책을 매우 낮게 평가했다.

32) 휴얼의 "기호와 방정식"에 관해서는 1판 서문 14쪽 역주 참조.

칠긴 하지만 옳은 수리 분석에 꽤 가깝다. 그리고 그 덕택에, 그토록 지루하고 어려운 두 장이 아마도 전체 저작 가운데 가장 옳고 가장 오래가는 부분으로 남을 것이다.

xxvi. 둘째 부류의 경제학자는 수학의 장치를 풍부하게 사용했으나, 그것의 진정한 용도를 오해했거나 아니면 진정한 이론에서 벗어났기에, 그것을 모래 위에 쌓고 말았다. 이런 종류의 불운은 경제과학에만 있는 게 아니다. 역학, 분자물리학, 천문학 등과 같이 가장 정확한 물리과학 분야에서도, 터무니없다고 해야 할 수리적 저작들을 얼마든지 들 수 있다. 이와 같은 범주에 넣어야 할 경제학자의 저작으로 휴얼(1829, 1831, 1850)과 에메나르 뒤 마제트(1849, 1851)를[34] 그리고 어쩌면 뒤 메닐-마히니(1860)를[35] 꼽을 수 있다.

xxvii. 셋째 부류는 둘째 부류와 대비된다. 이들은 수학의 언어나 방법을 전혀 드러내지 않으면서도, 수량적 개념을 다루는 데 있어 엄밀성에 도달하려 신중하게 시도했으며, 그럼으로써 효용과 부에 관한 진정한 이론을 얼마간 완전하게 파악하기에 이르렀다. 이런 저자로는 아일랜드 출신이면서 스코틀랜드학파의 창설자이고 글래스고 대학에서 애덤

33) 제번스가 인용하는 밀의 《정치경제학 원리》는 1848년에 출간된 초판일 수 없다. 초판에 3편 18장이 있긴 하지만, 여기에 7절은 없다. 3편 18장의 7절은 8절과 함께 1852년 판에 처음 등장한다. 그리고 여기서도 기호는 사용되지만 방정식다운 방정식은 제시되지 않는다. 밀의 국제 가치 이론을 연립방정식으로 나타낸 것은 뒤에서 인용되는 휴얼의 1850년 논문이다. 휴얼의 수리 모형에 관해서는 1판 서문 14쪽 역주를 참조하라.

34) 에메나르 뒤 마제트는 자신의 1849년 저서에서 쿠르노(1838)를 신랄하게 비판한다.

35) 뒤 메닐-마히니는 잘 알려진 프랑스 경제학자이며 부자였다. 발라스가 그에게 자신의 저술계획을 밝히면서 재정 지원을 요청한 편지가 남아 있다.

스미스의 선임자인 프랜시스 허치슨이 가장 두드러진다. 그의 수학 기호 사용은[i] 거칠고 서툴러 보이지만 선과 악의 수량 산정에 관한 그의 생각은 그 엄밀성이 어떤 격찬도 부족하다.[36)] 그는 벤담의 도덕체계의 토대를 미리 온전히 제시했으며, 선과 악의 모멘트가 지속 시간과 강도(强度)의 곱에 비례하면서[37)] 우리 존재의 위험성이나 불확실성으로부터도[38)] 영향을 받는다는 것을 보여줬다.[k] [39)] 벤담에 대해 말하자면, 그의 생각은 내가 이 저작에서 제시하는 이론의 출발점으로 채택되며, 2장의 서두에 인용된다(87~88쪽). 벤담은 행복을 측정하는 방

---

i. 허치슨, 《탐구》, 1720; 1729, 186~198쪽.

k. 허치슨, 《소론》, 1728, 34~43쪽과 그 외.

36) 제번스가 인용하는 허치슨의 《탐구》는 1720년이 아니라 1725년에 익명으로 발표되었다. 그리고 1729년에는 3판이 출간되었다. 이 저작 2부 3절 XI에서 허치슨은 행동의 도덕성을 계산하기 위한 공리(公理)를 여러 전제로부터 도출하는데, 그 전제와 공리가 방정식으로 주어진다. 공리는 $B = \frac{M \pm I}{A}$. 여기서 M은 행위자에 의해 생산되는 '공공선의 수량'(the quantity of public good) 또는 '선의 모멘트'(moment of good)이다. A, B, I는 각각 개인의 능력(ability), 박애(benevolence), 이해(interest)이다. 하지만 1738년에 출간된 4판에서는 이런 방정식이 나타나지 않는다.

37) 이 부분은 허치슨(1728)이 2절의 IV.8에서 한 말을 거의 그대로 인용한 것이다. IV.8을 그대로 옮기면, "Hence the moment of good in any object is in a compound proportion of the durations and intenseness."

38) 원문의 'Hazard'와 'uncertainty'를 각각 '위험성'과 '불확실성'으로 옮긴다. 두 단어는 허치슨(1728)이 2절에서 사용하는 그대로이다. 허치슨에 의하면(2절, IV.10), 어떤 대상의 상대적 가치를 알아내기 위해서는, 선(good)을 획득할 '위험성의 비율'(the Ratio of the Hazard)을 선의 모멘트에 곱하고, 악(evil)을 모면할 '위험성의 비율'을 악의 모멘트에 곱해야 한다.

39) 제번스는 주석 번호로 i 다음에 j 대신 k를 사용한다. 뒤에서도 마찬가지이다.

식에 관한 자신의 진술을 여러 저작과 책자에서 되풀이하는데, 대표적인 것으로 《행동 원천 표》(런던, 1817, 3쪽)가 있다.[40] 《법전 편찬 제안, 제러미 벤담이 자유주의를 만국에 천명하면서》(런던, 1822, 7~11쪽)도 있다. 그는 여기서 효용 문제에 산술을[41] 적용하는 것에 대해 명시적으로 말하는데, 그것은 분명히 수리적 방법의 적용을 의미한다. 그는 나아가 즐거움이나 괴로움의 가치를 규정하는 네 가지 상황을 그 가치의 네 차원으로 서술한다(11쪽). 하지만 그는 근접성과 확실성을 차원으로 취급하는 오류를 범했다.

xxviii. 가장 철학적인 경제학자로 꼽히는 데튀 드 트라시가, 자신의 생각을 구현하지는 않았으나, 이 진정한 분석 방법을 인정하는 몇 마디 말을 했음도 여기서 밝혀둘 만하다. 이 말은 그가 생각하기에 모든 경제적, 도덕적 계산을 매우 복잡하게 만드는 상황을 가리키면서 한 것이다.[l] "이런 문제에 대해서는 극한 이론으로부터 도출한 고찰을 사용하지 않을 수 없다." 잘 알려진 잉글랜드 경제학자 맬서스도 자신이 경제 문제의 수리적 성질을 완전히 인지하고 있음을 몇 줄의 글에서 보여준다. 그의 탁월한 책자들 중 하나에서 그가 말하기를,[m] "도덕과 정치의 많은 문제가 미분학의[42] 극대 극소 문제의 성질을 갖는 것으로 보인

---

l. 《이데올로기 요론》, 4~5편, 《의지론》, 파리, 1815, 499쪽; 1825년 판, 335쪽; 미국 판, 《정치경제론》, 조지타운, 1817, xiii쪽.

m. "곡물법의 영향, 그리고 곡물가격 등락이 우리나라의 농업과 부 일반에 미치는 영향에 대한 관찰," 런던, 1814, 30쪽; 3판, 1815, 32쪽.

40) 제번스가 가리키는 것은 《행동 원천 표》에 세 번째로 나오는 표인 듯하다. 이 표는 '감각의 즐거움과 괴로움'을 나열하고 있다.

41) 원문의 'arithmetic'을 '산술'로 옮긴다. 뒤에 나오는 'algebra'는 '대수학'(代數學)으로 옮긴다. 앞에서 밝혔듯이 'calculus'는 '미분학'으로 옮긴다.

42) 원문의 'Fluxions'를 직역하면 '유율법'이 되겠으나 여기서는 '미분학'으로 옮

다". 하지만 나는 이런 식의 간결하고 일상적인 언급이 발견되는 저작을 모두 포함하여 문헌 목록을 부풀리는 게 바람직하다고 생각하지 않았다.

xxix. 여기서 나는 헨리 더닝 매클라우드 씨의 모든 저작이 수리 분석으로의 경향을 강하게 드러내고 있음을 말해 두겠다. 그의 저작과 논문 중에서 이런 수리 정신이 가장 강하게 표명된 몇 편이 목록에 들어갔다.[43] 그의 기발한 견해를 비판하거나 그가 수리적 체계를 실제로 어디까지 만들어 내었는지 판정하는 것은 내가 할 일이 아니다. 나는 많은 중요한 점에서 그와 확실히 다르지만, 그의 몇몇 저작으로부터 내가 받은 도움은 인정해야 한다.

xxx. 가장 중요한 넷째 부류의 수리경제학 저자로 분류되기 위해서는, 스스로 의식하고 인정하면서 이 주제에 대한 수리적 이론의 틀을 만들려 했고—내 판단이 옳다면—경제학에 대한 진정한 견해에 도달하는 데 성공했어야 한다. 이 부류에서는 몇몇 저명한 프랑스 철학자들이 개척자였고 선구자였다. 당연히 콩디야크의 저서 《상업과 정부》로 거슬러 올라갈 수 있는데, 이 저서는 《국부론》이 세상에 나온 1776년에 처음 출간되었다. 이 매력적인 철학 저서의 첫 몇 절에서 우리는 가치

긴다. 1736년에 출간된 뉴턴(Isaac Newton, 1642~1727)의 《유율과 무한순열의 방법》(*The Method of Fluxions and Infinite Series*)에서 사용된 용어이다.

43) 매클라우드는 경제학이 '수리적 과학'이어야 한다고 했으나 수학을 사용해야 한다고는 하지 않았다. 그리고 그의 저서나 논문 어디에서도 수학을 사용하지 않았다. 그런데도 제번스는 부록의 수리경제학 문헌 목록에 매클라우드의 저서 두 권과 논문 한 편을 포함한다. 한편 매클라우드는 1896년 저서 《경제학사》에서 제번스의 교환방정식을 가리켜 "쓸데없는" 것이라 비판했다(159쪽).

와 효용의 진정한 관계를 아마도 가장 먼저 명료하게 밝힌 진술을 만난다. 그렇지만 이 책은 목록에 들어가지 않는데, 여기에는 명시적인 수리 분석의 시도가 없기 때문이다. 효용이론을 가장 먼저 완벽하게 파악한 공로는 프랑스 공학자 뒤피에게 돌려야 한다. 공공사업의 효용을 정밀하게 측정하는 방법을 모색하면서, 한 상품의 효용이 사람마다 엄청나게 다를 뿐 아니라 한 사람에게도 상황에 따라 큰 폭으로 달라진다는 사실에 주목했다. 그가 말하기를, "한 사람에게 빵 한 조각의 효용은 영에서 시작하여 그의 전 재산에 상응하는 수치까지 증가하는 것을 볼 수 있다"(뒤피, "통행세의 영향," 1849, 185쪽). 실제로 그는 효용 변동의 이론을 확립했으며, 기하학적 그림을 사용하여 그 이론을 아름답고 완벽하게 설명했다. 그 이론은 당연히 이 책에 포함된 것과 핵심에서 일치한다. 그렇지만 그는 자신의 생각을 대수학적 형태로는 펼치지 않았다. 그의 이론이 《도로 교량 연보》에서 논쟁의 주제가 되었으나 다른 곳에서는 별로 주목을 받지 않았다. 그리고 내가 아는 한 잉글랜드 경제학자 누구도 이 뛰어난 논문에 대해 아는 게 없었다.

xxxi. 쿠르노의 감탄스러운 초기 저작 《부(富) 이론의 수리적 원리에 관한 연구》(파리, 1838) 도 몇 해 전까지는 잉글랜드 경제학자들에게는 거의 알려지지 않았다는 점에서 뒤피의 논문을 닮았다. 다른 면에서는 쿠르노의 방법이 뒤피의 방법과 대비된다. 쿠르노는 효용과 가치의 근거나 본질에 관해 어떤 궁극적인 이론도 세우지 않았다. 그는 상품의 가격, 생산, 소비의 관계에 대해 알려진 구체적 사실을 갖고서 그 관계를 탐구하는데,[44] 그 탐구가 분석적이고 도해적(圖解的) 이면서 강

44) 제번스가 뒤에서 지적하듯이, 쿠르노(1838) 는 가격과 판매량의 관계를 규정하는 '판매의 법칙'을 전제하고서 그것으로부터 분석을 시작했으며, 그 법칙을 효용극대화의 원칙으로부터 도출하려 하지 않았다.

력하고 적절해서 더 바랄 나위가 없을 정도이다. 이 저작은 이 주제의 역사에서 두드러지는 위치를 차지해야 한다. 잉글랜드인 중에서는 내가 그것의 가치를 발견하도록 남겨져 있었다는 게 이상하다. 몇 해 전에(1875) 토드헌터 씨가 내게 이렇게 써서 보냈다. "나는 쿠르노 씨가 오래전에 출간한 책 《부 이론의 수리적 원리에 관한 연구》에 중요한 어떤 것이 있지 않을까 생각하곤 했습니다. 나는 그 책을 본 적이 없는데, 내가 그 제목을 언급했을 때 그 책을 읽었다는 사람을 본 적이 없습니다. 하지만 쿠르노는 수학자이자 형이상학자로서 명성이 높으니 이 책에서 취할 점이 있을 것입니다." 나는 1872년에 이미 그 책을 구해 갖고 있었으나 그것의 가치에 대해 어떤 확고한 의견을 가질 만큼 충분한 주의를 기울여 읽은 것은 최근의 일이다. 지금도 나는 결코 그 책의 모든 부분을 완전히 이해했다고 할 수 없다. 쿠르노의 분석을 하나도 빠뜨리지 않고 좇아가기에는 내 수학 지식이 부족하다. 내가 보기에 그 책의 첫째 장에는 주목할 만한 게 없다. 둘째 장은 가격을 다루는 적절한 방법에 관한 중요한 선구적 논의를 포함하는데, 가치 변동을 확인하기 위한 나의 대수적(對數的) 방법을[45] 앞지르는 면도 있다(21쪽). 셋째 장은 외국환의 조건을 다루는데, 그다지 유용하지는 않으나 매우 기발하다. 그 책의 가장 중요한 부분은 넷째 장 '판매의 법칙'에서[46] 시작된다. 사실 4장 이하에는 공급과 수요의 법칙 및

45) 제번스는 1863년 저서 《금 가치의 심각한 하락》(*A Serious Fall in the Value of Gold Ascertained*)에서 여러 상품 가격 변동률의 기하평균으로 금 가치 변동을 측정했다. 그리고 기하평균은 로그 값의 산술평균을 통해 계산한다. 제번스가 말하는 '대수적(logarithmic) 방법'은 이것을 가리킨다.

46) 제번스는 쿠르노(1838)가 4장에 붙인 제목을 프랑스어(*Loi du débit*)로 인용하는데, 이것을 '판매의 법칙'으로 옮긴다. 쿠르노(1838)의 책은 1897년에 영어로 번역되어 출간되었는데, 여기에는 'Law of Demand'로 되어 있

가격, 생산, 소비, 비용, 이윤의 관계에 대한 놀라운 분석이 들어 있다. 쿠르노는 $D = F(p)$, 즉 상품 판매 혹은 수요가 가격의 함수라는 가정으로부터 출발한다. 그리고서는 이 함수의 몇몇 조건을 경험적으로 규정한 뒤, 이 조건들로부터 나오는 결과를 놀라운 능력으로 끌어낸다. 이 탐구의 경제학적 중요성은 차치하고서 내가 감히 판단하건대, 그것은 무지에서 지식이 생겨나는 듯한 수리적 추론의 아름다운 예를 보여준다. 그 방법의 실제 핵심은, 경험에 합치되도록 함수의 어떤 단순한 조건을 가정하고서, 기호를 사용하는 추론을 통해 이 조건의 잠재적 결과를 드러내는 데 있다. 하지만 나는 이 탐구의 경제학적 중요성이 매우 크다고 확신한다. 정치경제학에서 이론과 관련된 부분이 적절히 취급되려면 — 지금까지 그리된 적이 없지만 — 그 취급이 쿠르노의 분석 위에 세워지거나, 아니면 적어도 그의 일반 방법을 따라야 할 것이다. 덧붙일 게 있는데, 그의 탐구는 이 책의 내용과는 거의 아무런 관계도 없다. 왜냐하면 쿠르노는 어떤 효용이론으로도 물러서지 않으면서 공급과 수요의 현상적 법칙에서 시작했기 때문이다.[47]

xxxiv. 자신의 수리적 저술이 별로 주목을 받지 못해 실망했을 쿠르노는 후년에(1863) 더 대중적이면서 기호를 사용하지 않는 경제학 저서를 출간했다. 이 저서는 그의 첫 저서에 비해 의미나 중요성이 떨어진다.

잉글랜드 경제학자들이 쿠르노의 경제학 저작에 대해 알지 못했다

다. 사실 쿠르노에게 '판매'(débit)와 '수요'(demande)는 같은 것이었다. 그를 직접 인용하면 (1838, 36쪽; 1897, 46쪽), "우리에게 이 두 단어는 동의어이다. 판매가 뒤따르지 않는 수요를 무슨 이유에서 이론이 고려해야 하는지 우리는 알지 못한다".

47) 제번스의 이 말은 정확하지 않다. 쿠르노가 '수요의 현상적 법칙'에서 분석을 시작한 것은 맞다. 그러나 생산 및 판매는 그의 분석의 대상이며, 공급함수는 분석을 통해 도출된다.

고 해서 비난할 수 없는 것은 프랑스 저자들도 똑같이 나빴기 때문이다. 기요맹의 탁월한 《정치경제학 사전》은48) 전체적으로 경제학 문헌에 관한 가장 좋은 참고서인데, 그 저자들이 쿠르노와 그의 저작을 모조리 무시한다. 샌들린의 두툼한 《정치경제학 휘집》도 다르지 않다. 조제프 가르니에 씨는 다른 면에서는 훌륭한 교과서에서 쿠르노를 그보다 훨씬 못한 수학자들과 같이 놓고 말하기를,[n] "최근 에메나르 뒤마제트 씨와 뒤 메닐-마히니 씨 모두 대수식(代數式)을 남용한다. 쿠르노 씨의 《부 이론의 수리적 원리에 관한 연구》도 우리로서는 어떻게 해설할 방도가 없다". 물론 맥컬로크는 쿠르노에 대해 아는 게 없다. 매클라우드 씨는 쿠르노의 저작을 언급하기는 하지만 저자 이름의 철자를 틀리게 썼으며, 그가 보았을 리 없을 그 책의 제목만을 적어 놓았다.

xxxv. 우리는 이제 이 분야의 문헌사에서 실로 놀라운 발견을 만나게 된다. 몇 년 전 내 친구 애덤슨 교수가 독일인 저자 헤르만 하인리히 고센의 책에 즐거움과 괴로움의 이론이 들어 있다는 짤막한 언급을 카우츠의 정치경제학 저작들 중 하나에서[o] 찾아냈다. 애덤슨 교수가 그 책을 구하는 광고를 냈으나 보지도 못하다가 1878년 8월에 다행스럽게도 독일인 서적상의 목록에서 그 책을 발견하여 구입할 수 있었다. 1854년 브런즈윅에서 출간된 이 책은 빽빽하게 채워진 278쪽으로 되

n. 《정치경제학》, 5판, 701쪽.

o. 《국민경제학의 이론과 역사》, 1858, 1권, 9쪽.

48) 《정치경제학 사전》(*Dictionnaire d'économie politique*)은 1852~1853년에 파리에서 2권으로 출간되었으며 1,800쪽에 이른다. 코클랭(Charles Coquelin, 1802~1852)과 기요맹(Guliber-Urbain Guillaumin, 1801~1864)이 함께 편집인으로 참여했다. 프랑스 자유주의학파의 견해를 반영했다.

어 있으며, 제목은 '인간 교역의 법칙과 그에 따른 인간 행동의 규칙의 발전'으로 번역할 수 있다.[49] 나는 이 놀라운 책의 내용을 애덤슨 교수가 내게 일러준 대로 기술하겠다.

xxxvi. 고센이 자기 이론의 중요성에 대해 더할 수 없이 높게 생각했음은 분명하다. 그는 천문학이 코페르니쿠스에 부여하는 것에 비견하는 명예를 경제학이 자신에게 부여해야 한다는 말로 시작한다.[50] 그리고 그는 곧장 수리적 접근이 유일하게 올바른 방법이기에 처음부터 끝까지 적용되어야 한다고 주장한다. 하지만 그는 독자를 배려하여 그처럼 높은 수준의 분석은 최대와 최소를 결정하기 위해 요구될 때만 명시적으로 도입한다. 그리하여 그의 저술은 경제학을 즐거움과 괴로움의 이론으로[51] 간주하는 데서 시작된다. 개인, 그리고 사회를 구성하는 개인들의 집단이 최소의 괴로운 노력으로 최대의 즐거움을 실현하는

49) 제번스는 원제를 제시한 다음에 번역하는데, 원제는 'Die Entwicklung der Gesetze des menschlichen Verkehrs, und der daraus fließenden Regeln für menschliches Handeln'이다. 제번스의 번역을 그대로 적으면, 'Development of the laws of Human Commerce and of the consequent Rules of Human Action'이다. 이 책은 1983년에 영어 번역판이 출간되었는데, 여기에 붙여진 제목은 'The Laws of Human Relations and the Rules of Human Action Derived Therefrom'이다. 원제의 'Verkehr'를 각각 'commerce'와 'relations'로 달리 번역한 것이다. 이하 역주에서는 고센의 책을 《법칙과 규칙》으로 줄여 부른다.

50) 제번스가 가리키는 것은 서문의 둘째 문장이다. 그대로 옮기면(1854, v; 1983, cxlviii), "코페르니쿠스가 하늘 세계의 관계를 설명하는 데서 이룬 것을 나는 땅 위 사람들의 관계를 설명하는 데서 이뤘다고 믿는다".

51) 고센이 사용한 용어는 'Genuß'와 'Beschwerde'인데, 영어판에서는 이것을 각각 'pleasure'와 'discomfort'로 옮긴다. 하지만 제번스는 고센이 자신처럼 '즐거움과 괴로움의 이론'(the theory of pleasure and pain)을 전개했다고 말한다.

절차에 대한 이론이라는 것이다. 그래서 즐거움의 자연법칙이 명백히 기술된다. 그것을 옮기면, 동종 소비의 증가가 가져다주는 즐거움은 포만점(飽滿點)에 이르기까지 연속적으로 감소한다.[52] 이 법칙을 기하학적으로 설명한 그는 계속해서 하나 혹은 여러 물체로부터 얻는 즐거움의 합을 최대로 끌어올리기 위한 조건을 탐구한다.

다음으로 가치라는 용어가 도입되는데, 애덤슨 교수가 보기에 적확한 번역은 효용이다.[53] 그리고 고센이 지적하기를, 효용의 수량은 물질적이건 비물질적이건 그것이 주는 즐거움의 크기로 측정된다. 그는 유용한 물체를 분류하는데, (1) 그 자체가 즐거움을 주는 힘을 갖고 있는 것, (2) 다른 물체와 결합해서만 그런 힘을 갖게 되는 것, (3) 즐거움을 주는 물체를 생산하는 수단으로만 사용되는 것이 있다. 그는 절대효용이란 없다고 신중하게 지적한다.[54] 효용은 오직 물건과 사람

---

52) 고센의 《법칙과 규칙》 4~5쪽의 문장과 비교해 볼 수 있다. "Die Größe eines und desselben Genusses nimmt, wenn wir mit Bereitung des Genusses ununterbrochen fortfahren, fortwährend ab, bis zuletzt Sättigung eintritt." 이 문장은 이렇게 번역될 수 있다. "만일 우리가 중단 없이 하나의 동일한 즐거움을 계속 마련한다면, 그 즐거움의 크기가 마침내 포만점에 이르기까지 계속 감소한다." 여기서 즐거움의 '크기'(Größe)는 즐거움의 증분 또는 한계효용으로 새겨 읽는 게 옳다. 한편 이 문장의 'fortwährend'를 제번스는 'continuously'로 번역하는데, 제번스가 자신의 《이론》에서 이 단어를 쓸 때는 대부분 수학에서 '연속 함수'라고 쓸 때와 같은 의미에서다. 하지만 고센이 그런 의미에서 'fortwährend'를 썼다고 보기는 어렵다. 1장 65쪽 역주를 참조하라.

53) 《법칙과 규칙》에서 '가치'(Werth)는 다음 문장 속에서 처음 나타난다. "[외부 세계의] 가치는 정확히 그것이 우리에게 주는 일생의 즐거움의 크기에 의해 그 크기가 측정된다"(1854, 24쪽; 1983, 28쪽).

54) 고센은 《법칙과 규칙》을 스물다섯 절로 나누지만 각 절에 번호도 제목도 붙이지 않는다. '절대효용'(ein absoluter Werth)에 대한 비판은 셋째 절의 내

사이의 관계에 있다는 것이다. 이어서 그는 파생되는 여러 효용 법칙을 제시하는데, 그 방식이 대체로 다음과 같다. 어떤 즐거움을 주는 한 물체의 각 부분이 서로 매우 다른 효용도(效用度)를 가진다. 그리고 일반적으로 한 사람에게는 제한된 수의 부분만이 효용을 가지며, 이 한계를 넘어 추가되는 것은 아무 소용이 없다. 하지만 그 점에 도달하려면 효용이 강도의 모든 단계 또는 정도를 거쳐야 한다. 그리하여 그가 도출하는 실천적 결론은, 사람마다 자신이 가진 자원을 분배함에 있어서, 즐거움을 주는 상품 각각의 마지막 증분이[55] 자신에게 동등한 효용이 되게 해야 한다는 것이다.[56]

xxxvii. 그다음 자리에서 고센은 노동을 다루는데,[57] 어느 생산물이나 그 효용은 생산에 필요한 노동의 괴로움을 빼고서 추정해야 한다는 명제로부터 시작한다. 그는, 내가 그리했듯이, 노동의 괴로움에 관해 기술하면서 그 변동을 그래프를 사용해서 설명한다.[58] 그리고 생산물의

용이다(1854, 45~48쪽; 1983, 54~56쪽).

55) 원문의 'increment'를 '증분'으로 옮긴다. 뒤에 나오는 'decrement'는 '감분'으로 옮긴다.

56) 고센은 즐거움의 크기와 세기를 명시적으로는 구분하지 않았으며, 미분 내지 미분계수를 언급하지도 않았다. 하지만 그가 말하는 '즐거움의 크기'(die Größe eines Genusses)는 제번스의 '효용도'나 마셜의 '한계효용'과 같은 것으로 이해할 수 있다. 그리고 그는 즐거움의 합(die Summe des Genusses)을 극대화하기 위해서는 각 즐거움의 크기(die Größe des jeden Genusses)가 같아야 한다고 했다(1854, 12쪽; 1983, 14쪽).

57) 《법칙과 규칙》의 둘째 절을 가리킨다(1854, 34~45쪽). 영어 번역판에서는 장과 절로 나누면서 제목을 붙이는데, 둘째 절의 제목은 '노동 비효용의 법칙, 그리고 즐거움 극대화에의 적용'이다(1983, 40~53쪽).

58) 실제로 고센의 〈그림 17〉은 제번스의 〈그림 8〉과 그 내용이 거의 정확히 같다. 5장 226쪽 역주를 보라.

효용이 생산의 괴로움과 동등해지는 점까지 노동을 수행해야 한다고 추론한다. 교환이론을 다루면서는[59] 어떻게 물물교환이 엄청난 효용 증대를 일으키는지 보여주고, 더 줄 부분과 받을 부분의 효용이 동등해지는 점까지 교환이 진행되리라고 추론한다. 복잡한 기하학적 표현이 교환이론에 동원된다. 지대이론은 가장 일반적인 방식으로 검토한다. 그러고서는 다소 모호한 사회적 성찰로 저작이 마무리되는데, 애덤슨 교수가 보기에 이 부분은 저작의 앞부분에 비해 부족하다.

xxxviii. 지금까지의 해설로부터 충분히 분명해졌겠지만, 고센은 경제학 이론의 일반 원리나 방법과 관련해서 나를 완전하게 앞질렀다. 내가 헤아릴 수 있는 만큼만 말하자면, 근본 이론에 대한 그의 접근은 내가 구상할 수 있었던 것보다 더 일반적이고 철저하기까지 하다. 그의 책을 논하면서 나는 그것을 해독할 수 없다는 심각한 어려움을 겪고 있다. 그렇지만 애덤슨 교수가 내게 써주거나 읽어준 것, 그리고 그 책의 그림과 기호로 된 부분만으로 판단하더라도, 나는 고센이 자기 이론의 전개에서 불운했다고 결론지어야 한다. 쿠르노와 내가 그리했듯이 결정되지 않은 함수를 사용함으로써 가능한 최소의 가정을 도입하는 대신 고센은, 단순화를 위해, 경제함수가 선형법칙을 따른다고 가정했다. 그래서 그의 효용 곡선은 일반적으로 직선으로 그려진다.[60] 이 가정 덕택에 그는 정밀한 공식과 표를 많이 만들어 낼 수 있다. 경제과학의 함수가 실제로는 좀처럼 혹은 결코 직선이 아닌 만큼, 고센의 기호와 도식을 사용한 예증과 전개는 그 대부분이 다른 여러 잘못 발휘된 창의성의 산물들처럼 걸러져야 한다. 내가 내 자신의 편에서

---

59) 《법칙과 규칙》, 1854, 80~102쪽; 1983, 95~116쪽.

60) 고센은 그래프를 많이 사용했는데 즐거움의 크기, 즉 한계효용과 소비량의 관계를 대부분 우하향하는 직선으로 나타냈다.

덧붙여 말한다면, 내가 이 책에서 세운 교환방정식에 그가 제대로 도달했다고는 보이지 않는다. 자본 및 이자 이론도 빠져 있다. 그리고 내용 전개에서는, 진리의 공통 기초로부터 생기는 것을 제외한다면, 둘 사이에 아무런 유사성도 없다.

xxxix. 그렇지만 핵심 개념에서 고센의 체계와 내 체계 사이의 합치는 너무나 놀라울 정도이기에, 우선 내가 1878년 8월까지는 고센의 책을 보기는커녕 그것의 존재를 일러주는 어떤 말도 들은 적이 없다는 것을 분명히 말해두고 싶다. 그리고서는 내가 왜 그랬는지 설명하고자 한다. 나는 불행히도 언어 능력이 부족하여 많은 시도에도 불구하고 독일어 책을 읽기에 충분할 만큼 독일어에 능통해지지 못했다. 나는 칸트의 논리학 강의록 일부를 도움을 받으며 해독한 적이 있으나 그것이 내가 독일 문헌에서 유일하게 이룬 성과이다. 고센의 이 저작은 지금 독일의 여러 대단한 독서가들에게조차 알려지지 않은 채로 있다. 애덤슨 교수의 말로는 이 저작이 독일에서 전혀 관심을 끌지 못한 듯하다. 암스테르담의 저명하고 박학한 경제학자 니콜라스 피어슨 교수가 내게 서신으로 알려왔다. "나는 고센의 책을 전혀 알지 못합니다. 로셔는 그 책을 자신의 역저 《독일 정치경제학의 역사》에서도[61] 언급하지 않습니다. 나는 그 책이 인용된 것을 본 적이 없으나 그것을 구하려 합니다. 그런 놀라운 저작이, 모든 것을 읽은 로셔 교수조차 전혀 모르는 채로 있었다는 게 매우 신기합니다." 독일 경제학자들을 자신의 특별한 연구 대상으로 삼은 클리프 레슬리 씨도 그 책의 존재를 전혀 모

61) 피어슨이 말하는 《독일 정치경제학의 역사》(*History of Political Economy of Germany*)는 로셔(Wilhelm Georg Friedrich Roscher, 1817~1894)의 1874년 저서 《독일 국민경제의 역사》(*Geschichte der Nationalökonomie in Deutschland*)를 가리키는 듯하다.

르고 있다고 내게 알려왔다.[p] 이런 상황에서는 내가 고센의 책을 발견하기보다 즐거움과 괴로움의 이론을 발견할 확률이 훨씬 더 크다. 그리고 나는 초판과 이번 판 모두에서 벤담, 시니어, 제닝스를 비롯한 여러 저자들의 구절을 가리키면서 내 체계가 많건 적건 의식적으로 그것들로부터 발전했음을 신중하게 밝혔다. 나는 우선권에 대해 전혀 관심이 없다고는 말하지 못하겠다. 내 이론이 짧은 개요의 형태로 처음 출간된 1862년부터 나는 그것이 곧바로 새롭고 중요한 이론이라는 생각에 스스로 즐거워하곤 했다. 내가 이 서문에서 기술한 것에서 명백해졌듯이, 참신은 더 이상 이 이론의 주된 특징으로 꼽을 수 없다. 많은 부분이 명백히 뒤피 덕택이고, 나머지 중 큰 부분이 고센에게 돌려져야 한다. 안타까움이 쉽게 삼켜지는 것은, 그토록 슬프게 무시되던 것이 나로 인해 마침내 이해와 존중을 받게 되었다는 만족감 때문이다.

xli. 나는 고센에 관해 아는 게 거의 없다. 그의 생사도 확실치 않다. 속표지에서 그는 자신에 대해 '은퇴한 프로이센 왕국 정부 배심관'이라고 기술한다. 그러나 여기저기서 그의 논조로부터 미루어 짐작하면, 그는 상처까지는 아니더라도 실의에 빠진 듯하다. 그의 저작에 대한 반응이 그의 이런 느낌에 위안이 되었을 리 없고, 오히려 심화시켰을 게 틀림없다. 그 책에 그의 유일한 지론을 담은 것으로 보인다. 고센의 이름으로는 다른 어떤 출판물이나 과학 논문의 흔적도 발견되지 않는다. 이런 잊힌 저작들의 역사는 참으로 이상하고 실망스런 것이다. 그러나 보지 못하는 자들의 눈이 뜨이는 날이 오게 마련이다. 그리하여

p. 고센의 책을 영국박물관 도서관에서 찾을 수 있다(정리 번호 8480, cc). 이 장서에 찍혀 있는 날짜에서 알 수 있듯이, 1865년 5월 24일까지는 도서관도 그것을 입수하지 않았다.

쿠르노나 고센처럼 보답 없는 인간 지식의 영역에서 그토록 애쓰고서도 무시와 조롱을 당한, 그리고 아마도 그것을 예상했을, 모든 이들에게 합당한 영예가 돌아갈 것이다. 그런 사람들이 실제로 영예를 위해 애쓴다는 것은 결코 아니다. 그들이 이론을 내놓는 것은 나무가 열매를 맺는 것과 같다.

xlii. 이제 내가 마지막으로 언급하려는 것은 로잔 아카데미 학장 레옹 발라스 씨의 수리경제학 저술이다. 이스나르의 초기 저작(1781)으로 이미 명성을 높인 로잔이 최근 발라스의 논저와 같은 중요한 학문적 공헌을 내놓았다니 신기한 일이다.[62] 그의 논저가 중요한 이유는 그것이 위에 언급된 다른 저작들에서 발표된 것을 완성하고 입증할 뿐만 아니라 그 이론의 원리에 관한 세 번째 혹은 네 번째 독립적인 발견을 포함한다는 데 있다. 발라스 씨를 그의 이론으로 이끈 '생각의 계통'을 추적한다면, 우리는 당연히 1831년 파리에서 출간된 그의 아버지 오귀스트 발라스의[63] 저작《부의 본질과 가치의 기원》을 돌아보게 된다. 이 저작에서 우리는 수리적 방법에 대한 뚜렷한 인식을 발견할 수 없는 게 사실이지만 가치 분석은 종종 예리하고 철학적이다. 또한 가치는 희소성에 달려 있다는 그 저작의 주요 논지는 옳다. 오귀스트 발라스가 말하기를, "가치는 희소성에서 나온다". 레옹 발라스는 바로 이 상품의 희소성의 정도라는 개념 위에 자기 체계를 세웠다.[64] 뒤

62) 여기서 '로잔'은 도시를 가리킨다. 이스나르는 로잔 아카데미와는 무관하지만 그의 1781년 저작이 로잔에서 출간되었다. 발라스의《순수정치경제학 요론》도 로잔에서 출간되었는데, 1권과 2권이 각각 1874년과 1877년에 출간되었다.

63) 레옹 발라스는 자신의 가치이론이 오귀스트 발라스의 이론을 발전시킨 것임을 여러 차례 밝혔다.

64) 오귀스트 발라스가 사용한 단어는 rareté이다. 직역하면 희소성이지만, 레

피, 고센, 발라스, 그리고 나를 포함하는 넷 혹은 더 많은 저자들이 스스로 경제과학의 근본 개념에 관해 본질적으로 같은 견해에 저마다 다른 길로 도달했다는 사실이 그 견해에 확실성까지는 아닐지라도 매우 큰 확률을[65] 부여할 수밖에 없다. 발라스 씨가 그의 수리경제학 논저의 새 판을 내려 한다니 나도 반갑다.[66] 내 독자들이 그것에 관심을 갖기 바란다. 그의 여러 논문과 저서명을 부록 1에서 볼 수 있다.

xliv. 폰 튀넨을 비롯한 여러 독일 경제학자의 저작에도 매우 흥미롭고 중요한 수리적 탐구가 들어 있다. 그런 저작의 상당수가 내 목록에 기재되어 있긴 하지만 독일 문헌은 빠진 게 많다. 내가 문제의 이 분야를 제대로 다룰 수 없어 유감이다.

내 문헌 목록이 보여주듯이 근래 — 예컨대 1873년 이후 — 수리경제학 저작이 크게 늘었다. 퐁테뉴, 발라스, 아비그도르, 르페브르, 피터슨, 보카르도 등의 이름이 거듭 나타난다. 덴마크경제학파의 노력과 재능을 보여주는 잡지로 인정받는 〈국민경제잡지〉나 〈프랑스 보험회보〉 같은 정기간행물에서 경제학의 수리이론은 독자들에게 당연하고 익숙한 것이 되었으며, 흥미롭고 옳은 것으로 여겨진다. 잉글랜드에는 그런 토론이 이뤄질 정기간행물이 전혀 없다. 정기간행물 독자라면 이 가장 중요한 주제가 빠르게 프랑스, 이탈리아, 덴마크, 네덜란드 저자들의 손으로 넘어가고 있다고 말하지 않을 수 없다. 밀과 리카

옹 발라스는 그 단어를 사용하여 제번스의 최종효용도와 정확히 같은 것을 의미한다. 그래서 레옹 발라스는 소비량의 함수인 '유효효용'을 $\Phi(q)$ 으로 나타낼 때 '희소성'은 그것의 도함수 $\phi(q)$ 으로 나타낸다.

65) 제번스는 확률을 '합리적 믿음의 정도'로 이해한다. 이는 확률에 관한 당시의 일반적 견해다.

66) 발라스의 《순수정치경제학 요론》 2판은 1889년에 출간되었다.

도의 추종자들 사이에서 단지 조롱과 불신을 받을 뿐인 그 경제학을 이 저자들이 발전시킬 것이다. 잉글랜드 수학자로는 플레밍 젠킨, 조지 다윈, 앨프레드 마셜, 매클라우드 등 몇몇만이, 그리고 미국 수학자로는 사이먼 뉴컴 교수 외에 한둘만이 과감하게 이 불온한 수리경제학의 주제에 관해 쓰고 있다. 그렇지만 케임브리지(잉글랜드)에서는 앨프레드 마셜 씨가 끼친 영향으로 경제학에 대한 수리적 접근이 점차 인정을 받아가고 있다. 지금은 브리스틀 유니버시티 칼리지의 학장인[67] 그의 정교한 수리경제학 문제에 대한 기하학적 해설이 얼마 전에 케임브리지에서 개인적으로 출판되었다.[68]

xlv. 허치슨은 경제학에 관해 명시적으로 논하지 않았기에 제외한다면, 최초의 수리경제학 저자는 이탈리아의 체바라고 할 수 있다. 그의 저작은 얼마 전에 〈경제학자 저널〉(1878, 니콜리니)에서 주목을 받았다. 체바는 18세기 초반에 저술 활동을 했는데, 내게는 아직 그에 관한 더 이상의 정보가 없다. 내 목록에서 그다음 저자는 저명한 베카리아다. 그는 1765년에 조세에 관한 짧지만 명백히 수리적인 논고를 출간했다. 그리하여 이탈리아 사람이 이 영역에서 처음이다. 이 종류로 지금까지 발견된 잉글랜드의 최초 저작은 익명으로 발표된 《화폐 이론에 관한 소론》인데, 《국부론》보다 5년 앞서 1771년에 런던에서 출간

67) 케임브리지 세인트존스 칼리지의 교수였던 마셜은 1877년에 결혼하면서 학칙에 따라 그 대학을 떠나 옥스퍼드 베일리얼 칼리지로 옮겼다가 1884년에 헨리 포셋의 후임으로 케임브리지 대학의 정치경제학 교수가 되어 돌아왔다. 그리고 1886년에는 브리스틀 유니버시티 칼리지의 초대 학장으로도 선임됐다.

68) 마셜의 《국제 교역의 순수이론》과 《국내 가치의 순수이론》을 가리킨다. 이 두 논고는 시지윅(Henry Sidgwick, 1838～1900)이 1879년에 개인적으로 인쇄해서 유포했다.

되었다. 이 소론은 비록 부분적으로 거칠고 터무니없지만 흥미와 재능이 없지 않으며, 통화에 관한 수리적 이론을 세우려는 시도가 명백하고 부분적으로 타당하다. 내가 아는 한 이 주목할 만한 소론은 잉글랜드에서 완전히 잊혔고 거의 소실됐다. 맥컬로크를 포함하여 내가 아는 잉글랜드의 어느 경제학자도 이 저작을 언급하지 않는다. 내가 그것의 존재를 알게 된 것은 몇 달 전 우연히 한 서적상의 책장에서 한 권을 발견하고서였다. 그러나 자기 나라에서 여태 알려지지 않은 잉글랜드 저작들이 다른 나라에서 알려져 있다는 사실을 알고서 잉글랜드인은 부끄러워해야 한다. 나는 파비아 대학의 루이지 코사 교수 덕택에 그 소론의 저자가 헨리 로이드 소장임을 알게 되었다. 로이드는 다른 분야의 문헌에서 상당한 명성을 가진 저자이다.[69] 코사 씨의 훌륭한 《정치경제학 연구 안내》는 간결하지만 적절히 기술된 교과서이며, 우리의 경제학 연구가 가진 섬나라의 편협함을 깨닫게 하기에 충분하다. 이 책은 우리 경제학 학도들에게 꼭 필요한 종류의 책이다. 나는 이 책이 영어로 간행되기를 바란다.

xlvi. 이러한 문헌 고찰로부터 전혀 예견하지 않았던 결과가 나왔으니, 경제학의 수리적 접근은 경제학 그 자체와 시대를 같이한다는 것이다. 수리적 방법이나 기호의 적용에 어떤 참신성이나 독창성이 있다는 생각은 완전히 버려야 한다. 정치경제학자들이 있었던 곳에는 언제나, 인기는 없으나 올바른 길을 찾아나서는 학자들이 몇몇은 있어서, 다양한 성과를 거뒀다. 이 문제의 불운하고 실망스런 점은 이 부분의 경제학 문헌이 항상 완전한 망각 속에 묻힌다는 데 있다. 그 망각이 너무 완전해서 수리경제학 저자마다 거의 완전히 새로 시작해야 했다. 앞선

69) 로이드는 군사전략에 관한 저술로 더 잘 알려져 있다.

노력을 그렇게 망각하는 일이 미래에는 되도록 일어나지 않게 하기 위해 나는 이 문헌 목록에 정말로 많이 애썼다.

xlvii. 덧붙여 말하면, 문헌 배열에서 나는 예일 대학 셰필드 과학부의 맨스필드 메리먼 교수가 "최소자승법에 관한 저작 목록"에서[q] 보여준 탁월한 모범을 매우 불완전하게나마 따랐다. 그런 문헌 목록은 효용이 엄청나다. 나는 특정 분야의 과학이나 문학을 공부하는 학도마다 자기 분야의 문헌 목록을 완성해야겠다는 생각이 들 때가 다가오기를 희망한다. 이는 물론 그 과업이 아직 완수되지 않았을 경우에 한해서이다. 독자들이 보듯이, 나는 내 재량으로 부록 2에서 내 저작 목록의 일부를 작성했다.

xlviii. 지금 내 이론의 최종 결과를 보니 독자들에게 유념해 달라고 부탁해야겠다는 생각이 드는 게 있다. 이 책은 결코 경제학에 대한 체계적 견해를 담아 내놓은 것이 아니다. 이 책은 오로지 이론만을 다루며, 기초 원리의 기초 소묘에 지나지 않는다. 이런 선 위에 완전한 체계를 세우는 일은 시간과 노동의 문제인데, 내가 과연 그리고 언제 그 일을 시도할 수 있을지 모르겠다. 그렇지만 마지막 장에서 나는 임금이론이 어떤 방식으로 달라질지를 보인다. 이 장은 거의 1871년에 쓴 그대로이다. 그 이후 임금기금이론은 잉글랜드 경제학자 대부분에게서 버림을 받았다. 클리프 레슬리 씨, 섀드웰 씨, 케언스 교수, 프랜시스 워커 교수 등의 공격이 유효했던 것이다.[70] 최근에는 더 폭넓은 독서와

q. 《코네티컷 학술원 보고》, 1877, 4권, 151~232쪽.

70) 제번스는 곧이어 레슬리와 섀드웰이 각각 임금에 관해 쓴 논문과 저서를 적시하지만 워커에 대해서는 더 이상의 언급이 없다. 당시 예일 셰필드 과학학교 교수이던 워커는 자신의 1876년 저서 《임금 문제》에서 임금기금설을 비판했다. 한편 케언스는 1874년에 출간된 《정치경제학의 몇몇 주요 원리에

더 신중한 숙고를 통해 경제학의 상부구조에 관한 내 생각이 얼마간 달라졌다. 그 내용은 다음과 같다.

첫째, 내가 1871년에 꽤 새롭다고 느끼면서 채택한 임금학설은, 리카도 경제학의 미로에 갇힌 견해의 소유자들에게만 그러할 뿐, 실제로는 전혀 새로운 게 아니라고 나는 확신하게 되었다. 이 학설은 콩디야크, 보도, 르트론에서부터 장바티스트 세, 데튀 드 트라시, 스토크 등을 거쳐 바스티아와 쿠르셀-스뇌로 이어지는 위대한 프랑스 경제학자들의 저작에서 얼마간 분명하게 찾아볼 수 있다. 내가 한층 명백히 도달한 결론은, 경제학의 진정한 체계를 성취하려면 유일한 희망은 리카도학파의 어지럽고 터무니없는 가정을 단호히 내던져 버리는 것이다. 우리 잉글랜드 경제학자들은 바보의 낙원에서 살아왔다. 진실은 프랑스학파와 함께 있다. 이 사실을 우리가 되도록 빨리 인식하는 것이 온 세상을 위해 좋은 일이다. 하지만 틀린 옛 학설에 너무 심취하여 도저히 포기하지 못하는 몇몇 저자들에게는 아마도 그렇지 않을 것이다.

xlix. 비록 이 진정한 임금이론이 프랑스 경제학자들에게는 새로운 것이 아니지만, 우리 잉글랜드 경제학자들에게는 새로운 것이거나 아니면 다시 새로운 것이다. 이 주제를 최초로 올바른 시각에서 다룬 저작 중 하나인 클리프 레슬리 씨의 논문이 〈프레이저 잡지〉 1868년 7월호에 처음 게재되었고,71) 이어서 논문집에 다시 수록되었다.「몇 년 뒤 섀드

r. 《아일랜드, 잉글랜드, 그리고 유럽 대륙의 토지체제와 산업경제》, 런던, 1870. 부론 357~379쪽.

대한 새 해설》 3부 1장 5절에서 존 스튜어트 밀을 인용하면서 임금기금설을 설명하는데, 이를 '공격'이라고 부르기는 어렵다. 아래 역주에서 지적하듯이, 섀드웰도 이 점에서 케언스와 다르지 않다.

71) "정치경제학과 임금률"을 가리킨다. 이 논문을 게재한 〈프레이저 잡지〉

웰 씨가 같은 내용의 임금이론을 독립적으로 전개하여 그의 훌륭한 저서 《정치경제학 체계》에서[s] 상세히 설명했다.[72] 임금은 생산물 중에서 공급과 수요의 법칙이 노동자로 하여금 차지할 수 있게 하는 몫이라는 일반 관념은, 본문에서 지적하듯이(314~316쪽), 헌의 《부학》에서도 그대로 발견된다. 비슷한 생각을 다른 저작에서도 찾을 수 있겠지만 이 주제의 역사를 쓰는 것은 여기서 할 일이 아니다.

둘째로, 나는 우리가 임금기금이론, 생산비가치설, 자연임금률 등 여러 오해나 오류에 빠진 리카도 학설로부터 벗어나서 옳은 이론의 결과를 간단명료하게 추적하기 시작하면 임금에 관한 진정한 학설에 어렵지 않게 도달하리라고 확신하다. 도달하는 경로는 아마도 이럴 것이다.[73] 우리는 노동, 토지, 지식, 자본을 각각 생산물의 어느 한 부분의 원인으로 보기보다는 생산 전체의 합쳐진 조건들로 보아야 한다. 그래서 각 노동자가 세 가지 혹은 네 가지 생산요소를 모두 소유하는

---

s. 런던, 1877, 트뤼브너.

(*Frazer's Magazine*)는 1830년에 창간되어 1882년까지 발행되었다.

72) 섀드웰(1872)은 "임금론"에서 임금의 높고 낮음을 '노동의 효율성'(the efficiency of labour)과 연결하여 설명하는데, 그는 그것을 임금기금설에 대한 '공격'으로 여기지는 않는다. 이러한 그의 견해는 그의 1877년 저서 《정치경제학 체계》 2편 3장에서 더 자세하게 제시된다.

73) 이 단락과 이하의 내용은 제번스가 1판의 6장과 7장에서 전개하는 분배이론과 사뭇 다르다. 그리고 그 이론은 2판에서도 전혀 바뀌지 않는다. 그렇다면 2판 서문의 이 부분은 저자가 본문에서 전개하는 이론을 스스로 부정하는 셈이다. 본문에서 제번스는 자본 또는 투하 기간의 한계생산성으로 이자율을 설명하고, 임금은 잔여로 설명한다. 사실 이런 그의 설명은 마셜(1872)로부터 집중적인 비판을 받는다. 7장 302쪽 역주와 8장 312쪽 역주를 참조하라. Cf. G. J. Stigler, *Production and Distribution Theories*, Transaction Publishers, 1994, pp. 13~37.

초보 상태의 사회에서는 임금이나 지대 또는 이자에 해당하는 것이 있을 수 없다. 분배는 생각에서조차 생기지 않고, 생산은 단순히 총합 조건의 총합 효과이다. 각 생산요소의 소유자들이 자신의 재산을 합치고 서로 교역할 때 비로소 분배가 시작되며, 이 분배는 전적으로 가치의 원리와 공급과 수요의 법칙에 지배된다. 노동자도 지주나 자본가와 마찬가지로 제각기 공통 자재를 구성하는 여러 요소의 한 부분을 투입하고, 시장의 여러 조건이 그에게 허용하는 최선의 몫을 생산물에서 차지하기 위해 흥정한다고 보아야 한다. 이론적으로 노동자는 저마다 특정 종류의 노동을 독점하는데, 이는 지주가 토지를 독점하고 자본가가 다른 필요한 물품을 독점하는 것과 다르지 않다. 재산은 독점의 다른 이름일 뿐이다. 그러나 여러 사람이 똑같은 종류의 재산을 소유할 때는 그들이 모두 무차별 법칙에 지배된다. 내가 그렇게 부른(145~147쪽) 이 법칙에 의하면, 하나의 공개 시장에서는 어느 한 순간이라도 한 종류의 상품에 두 가격이 있을 수 없다. 그리하여 독점은 경쟁에 의해 제한된다. 이론적으로 말하면, 재산을 소유한 사람은, 그것이 노동이든 토지든 자본이든 상관없이, 똑같은 종류의 재산을 소유한 다른 사람들이 기꺼이 받으려는 것보다 더 큰 몫을 생산물에서 가질 수 없다.

li. 지금까지는 이 견해에 새로운 것이라곤 없어 보일 수 있다. 여러 좋은 경제학 저작에 기술되어 있는 것에서 조금도 더 나아가지 않았다. 그러나 우리가 이 단순한 견해를 따르기 시작하자마자 상당히 놀라운 결과가 발생한다. 예를 들면, 임금률과 지대가 동일한 형식 법칙에 지배된다는 것을 인정하지 않을 수 없게 된다. 이 견해가 스토크의 독자들에게는 새롭지 않다. 그의 탁월한 저서 《정치경제학 강의》 3편에 '재능과 도덕적 자질의 지대'에 관한 장이 있다.[t] 그러나 자신의 경제학 지평이 밀, 포셋,[74] 리카도, 애덤 스미스에 의해 형성된 사람에게는 그것이 매우 새로운 학설이다. 스토크도 그 학설을 철저히 추구하지 않았다. 그는 지대 개념을 걸출한 재능의 경우에만 적용한다. 하지만 명백히 모든 종류의 재능과 역량이 단지 정도의 문제이며, 연속성의 법칙에 따라 같은 원리가 모든 노동자에게 적용되어야 한다.

lii. 더욱 놀라운 결과는, 생산비가 상품의 가치를 규정하는 한, 임금은 지대와 정확히 같은 방식으로 계산에 들어가야 한다는 것이다. 지대가 생산비에 들어가지 않는다는 것은 리카도 학설의 핵심이다. 존 스튜어트 밀이 말하기를,[u] "그러므로 지대는 농산물의 가치를 결정하는 생산비를 구성하지 않는다". 그리고 다시 말하기를,[v] "지대는 그것을 주는 상품의 생산비에 들어가는 요소가 아니지만, 여기에는 예외가 있다". 실제로 그는 지대를 높은 가치의 원인이 아니라 결과로 나타낸다. 이에 반해 임금은 결과가 아닌 원인으로 취급한다. 그러나 지대와 임금이 정말로 동일한 형식 법칙에 지배되는 현상이라면, 가치에 대해 이처럼 상반되는 관계는 오류를 포함할 수밖에 없다. 이 어려움으로부터 벗어나는 길이 있으니, 마지막으로 인용한 문장이 들어 있는 단락의 둘째 문장을 보자. 밀은 계속해서 말하기를, "그러나 만약 농업에서 지대를 낳을 수 있는 토지가 어떤 다른 목적에 사용된다면, 그 토지가 낳았을 지대는 그 토지를 사용해서 생산하는 상품의 생산비에 들어가

---

t. 5장, 1권, 303쪽.

u. 《정치경제학 원리》, 3편, 5장, 2절, 셋째 단락.

v. 《정치경제학 원리》, 3편, 6장, 1절, 9항.

74) 포셋은 1863년에 케임브리지 대학 정치경제학 교수로 선임되었으며, 리카도-밀 경제학의 권위자로 여겨졌다. 1863년에 출간된 그의 《경제학 편람》은 널리 읽히는 교과서가 되어 1876년에 5판이 출간되었다. 이 책에서 그는 임금기금설을 명백한 이론으로 간주하여 설명했다. 1판 서문 10쪽 역주를 참조하라.

는 요소가 된다". 여기서 밀은 원칙으로 밝혀지는 것을 예외적인 경우로 끼워 넣는다. 그러면서 그는 '가치의 독특한 경우들'에서 기술한 다른 예외적인 경우들을 상기시키는데(249쪽 이하를 보라), 나는 그 경우들이 거의 모든 상품을 포함한다는 것을 보여준다.

liii. 농업에서 지대를 낳을 수 있는 토지가 다른 어떤 목적에 사용되면, 농업에서 생겨났을 지대가 다른 상품의 생산비에 들어가는 요소가 된다는 것을 이제 밀은 인정한다. 그러나 다른 산업 분야와 농업 사이의 이런 구분이 무엇에 필요한가? 농업 고용의 상이한 두 방식 사이에 동일한 원리가 왜 적용되지 않는가? 방목지로는 에이커당 2파운드의 지대가 생기는 토지를 갈아서 밀을 재배하는 데 사용한다면, 에이커당 2파운드를 밀 생산의 비용으로 차변에 기입해야 하지 않는가? 누군가가 설탕을 만들 목적으로 사탕무 경작을 잉글랜드에 도입했다고 하자. 이 새 산업 분야가 수지가 맞는다고 말할 수 있으려면, 다른 종류의 경작에서 전용한 토지에 대한 지대 모두를 다른 모든 비용에 얹어 내놓아야 한다. 그러나 만약 여기에 동의한다면, 동일한 원리를 일반적으로 적용해야 한다. 감자밭이 토끼풀밭만큼 수지가 맞고, 토끼풀밭이 순무밭만큼 수지가 맞아야 한다. 결국에는 그렇게 될 수 있도록 생산물의 시장가격이 조정되어야 한다. 작물 교체가 당연히 이 문제를 복잡하게 만들지만 추론 일반을 바꿔 놓지는 않는다. 여기서 드러나는 원리가 있으니, 생산물의 가치로 측정한 총효용이 최대가 되게 하는 경작 혹은 용도에 토지의 각 부분이 사용되어야 한다는 것이다. 이와 다르게 사용되면 손실이 있을 것이다. 그래서 토지의 지대는 가장 유리하게 사용될 경우의 초과 생산물에 의해 결정된다.

lv. 이 문제를 충분히 생각해 보면, 똑같은 원리가 임금에도 적용된다는 것을 알게 된다. 어떤 직업에서 하루에 6실링을 벌 수 있는 사람이 다른 종류의 일을 하게 되는 것은 그 일에서 하루에 6실링 또는 그 이상을 갖게 되리라고 예상하는 경우이다. 노동의 절대비용 같은 것은 없다. 오로지 비교의 문제이다. 사람들은 제각기 자신의 노력에 대한 대가로 최대를 받아내려 한다. 거의 혹은 전혀 아무것도 받아내지 못하는 사람이 있는데, 그것은 그들에게 충분한 힘, 지식, 또는 재능이 없기 때문이다. 많이 받아내는 사람이 있는데, 그것은 그들이 어떤 능력을 상대적인 의미에서 독점하기 때문이다. 사람들은 저마다 자기 특유의 능력이 어떤 일에서 가장 큰 효용을 만들어 낼지 찾아 나서는데, 여기서 효용은 다른 사람들이 그 생산물의 대가로 기꺼이 지불하려는 것으로 측정된다. 그래서 임금은 분명히 생산물의 가치에 대해 원인이 아니라 결과이다. 하지만 노동이 이 일에서 저 일로 전용되면, 그렇지 않았더라면 지불되었을 임금이 새 생산물의 비용으로 계산에 들어가야 한다. 지대이론과 임금이론이 세세한 적용에서는 아무리 다르게 보일지라도, 이론에서는 둘 사이에 완벽한 평행이 드러나는 이유가 바로 이것이다. 정확히 같은 견해가, 필요한 수정을 거치면, 고정자본이[75] 낳는 지대와 자유자본의 이자에도 그대로 적용된다. 자유자본의 경우에는 무차별 법칙이 적용되는데, 이는 일정 기간 동안 빌리는 자유자본이 어느 산업 분야에서나 마찬가지로 사용될 수 있기 때문이다. 따

75) 원문의 'fixed capital'을 '고정자본'으로 옮긴다. 고전학파 경제학에서는 건물이나 기계처럼 여러 생산기간에 걸쳐 사용되는 생산수단을 가리켜 고정자본(fixed capital)이라 부르면서 유동자본(circulating capital)과 대비한다. 하지만 제번스는 여기서 '고정자본'을 이와는 다른 의미로 사용하는 듯하다. 그가 그것을 지대와 연결하는 것으로 보아서는 수량이 고정되어 있는 자본을 의미하는 듯하고, 그가 그것을 '자유자본'(free capital)과 대비하는 것으로 보아서는 한 산업이나 사업에 고정되어 있는 자본을 의미하는 듯하다. 후자의 의미라면 오늘날의 용어로 매몰자본(sunk capital)에 가깝다.

라서 어느 때 어느 곳에서나 그런 자본에 대한 이자는 모든 산업 분야에서 동일해야 한다.

lvi. 이 말을 해야겠다. 애덤슨 교수가 내게 일러 줬는데, 밀의 《원리》 3편 5장 끝에 주목할 만한 절이 있다. 여기서 그는 모든 부등(不等)이—그것이 인위적이든 자연적이든—지대 성격의 추가이득을 발생시킨다고 설명한다. 이 절은 내가 지금 주장하고 있는 견해를 지지하는 쪽을 향하는 만큼 매우 만족스럽다. 하지만 그 견해를 적절히 보완하면, 리카도-밀 경제학의 주요 학설 다수를 뒤집는 것이 된다. 밀 철학의 성격을 나처럼 오래도록 꼼꼼히 공부한 사람이라면, 밀의 책에서 이 절의 존재가 동일 저작 여타 부분과의 정합성을 갖추리라고는 잠시라도 생각하지 않을 것이다.

그렇지만 서문일 뿐인 이곳에서 이 문제에 관한 논의를 완결 지을 수는 없다. 예견되는 결과를 나의 《정치경제학 입문》에서[76] 부분적으로 보여준다. 그러나 그 작은 저작에서 '지대의 기원'에 대해 내가 한 말에는(94쪽), 초판에 인쇄된 그대로는, 오류가 있다.[77] 그 절은 모조리 다시 쓸 필요가 있다. 언젠가 경제학의 진정한 체계가 서면 알게 되겠지만, 유능하지만 방향을 잘못 잡은 위인 데이비드 리카도가 경제학이라는 차량을 잘못된 궤도로 밀어 넣었고, 마찬가지로 유능하지만

76) 제번스의 《정치경제학 입문》(*Science Primers: Political Economy*)은 1878년에 출간되었으며, 분량은 134쪽이다. 개정판은 없다.

77) 제번스는 《정치경제학 입문》 94쪽에서 이렇게 말한다. "토지의 각 부분이 똑같이 비옥하지 않다는 사실로부터 지대가 생겨난다." 이 기술은 이른바 확장지대(extensive rents)만을 고려한 것이다. 하지만 제번스가 《이론》 6장에서 수정 없이 받아들이는 고전학파의 지대이론은 집중지대(intensive rents)를 함께 고려한다. 그래서 이 이론에 의하면, 토지의 모든 부분이 비옥도에서 다르지 않더라도 지대가 발생할 수 있다.

방향을 잘못 잡은 숭배자 존 스튜어트 밀이 그 차량을 혼돈으로 밀어 붙였다. 맬서스, 시니어 같은 경제학자들도 있어 (비록 리카도학파의 오류로부터 자유롭지는 않았으나) 진정한 학설을 훨씬 잘 파악했으나, 그들은 리카도-밀 학파의 단결과 영향력에 의해 이 영역에서 밀려났다. 깨진 과학의 조각들을 주워 모아 새로 시작하기란 힘 드는 일이지만, 경제학의 진보를 보고 싶다면 회피하지 말아야 하는 일이다.

체스넛츠, 햄스테드 히스, 런던
1879년 5월

정치경제학 이론

차 례

· 옮긴이 머리말 5
· 1판 서문(1871) 9
· 2판 서문(1879) 15

제 1 장 서 론 ……… 63
경제과학의 수리적 성격 65
수리적 과학과 정확한 과학의 혼동 67
정확한 측정의 가능성 69
느낌과 동기의 측정 73
경제학의 논리적 방법 77
경제학과 윤리학의 관계 83

제 2 장 즐거움과 괴로움의 이론 ……… 87
수량으로서의 즐거움과 괴로움 87
음의 즐거움, 괴로움 91
예상되는 느낌 92
앞일의 불확실성 94

제 3 장 효용이론 ········ 95
용어의 정의 95
인간 욕구의 여러 법칙 97
효용은 내재적 성질이 아니다 100
효용 변동의 법칙 102
총효용과 효용도 105
최종효용도의 변동 108
비효용과 비상품 113
상품의 용도 분배 114
경제 수량의 차원에 관한 이론 117
실제, 예상, 잠재 효용 123
상품의 시간 분배 126

제 4 장 교환이론 ········ 131
경제학에서 교환이 갖는 중요성 131
가치라는 용어의 모호함 132
가치는 교환 비율을 나타낸다 133
가치라는 용어의 일상적 사용 134
가치의 차원 138
시장의 정의 139
교역체의 정의 143
무차별 법칙 145
교환이론 149
기호를 사용한 서술 152
지레 이론과의 유사성 157
교환의 장애 162
교환이론의 예시 163

교환이론의 여러 문제 167
교환이론의 복잡한 경우 170
교환에서의 경쟁 172
교환방정식의 실패 174
음의 가치와 영의 가치 182
상품의 등가 188
상품의 취득효용 191
교환의 이득 195
효용 법칙의 수치 결정 199
가격 변동에 관한 여러 의견 202
곡물 가격의 변동 205
가치의 기원 215

제 5 장 노동이론 ······ 221
노동의 정의 221
노동의 수량적 의미 224
기호를 사용한 서술 228
노동의 차원 231
필요와 노동 사이의 균형 232
노동의 분배 235
노동이론과 교환이론의 관계 238
경제 수량들 사이의 관계 242
노동이론의 여러 가지 경우 245
결합생산 249
과잉생산 253
노동 강도의 한계 254

제 6 장 지대이론 ········ 261
지대에 관한 일반적 견해 261
기호를 사용한 서술 265
지대이론의 예시 269

제 7 장 자본이론 ········ 271
자본의 기능 271
자본은 시간과 관련이 있다 273
자본에 관한 수량적 개념 277
투하량에 관한 표식 280
자본, 신용, 채무의 차원 281
작업 지속 시간의 효과 283
자본 투하의 예시 285
고정자본과 유동자본 288
자유자본과 투하자본 288
이자율의 균일성 289
이자율의 일반적 표식 290
이자의 차원 292
이자율의 차원에 관한 피콕의 이론 295
이윤의 극소화 경향 298
자본이 산업에 주는 이익 300
소비자 손에 있는 물품은 자본인가? 302

제 8 장 맺음말 ······ 309
인구 학설 309
임금과 이윤의 관계 310
헌 교수의 견해 314
권위의 해로운 영향 316

· 옮긴이 해제 319
· 부론1: 주요 용어와 개념 343
· 부론2: 《정치경제학 이론》에 등장하는 학자와 저작 355
· 찾아보기 383
· 약 력 398

제 1 장

서 론

1. 단순해 보이는 몇몇 개념이 정치경제과학의[1] 토대를 이룬다. 효용, 부(富), 가치, 상품, 노동, 토지, 자본 등이 그 과학의 요소들이며, 이들의 본질을 제대로 파악한 사람이라면 누구나 그 과학 전부에 대한 지식을 이미 소유했거나 곧 획득할 수 있다. 이 분야의 거의 모든 저자가 말했듯이, 단순한 요소를 다루는 일이야말로 가장 신중하고 엄밀하게 해야 한다. 개념의 오류는 아무리 작은 것일지라도 반드시 우리의 모든 연역을 오염시키기 때문이다. 따라서 이하에서는 앞에서 거명한 개념들의 사정과 관계를 고찰한다.

거듭된 숙고와 탐구를 통해 나는 얼마간 새로운 의견에 다다랐다. 줄여 말하면, **가치는 전적으로 효용에 달려 있다**는 것이다.[2] 하지만 여전히 유력한 의견은 효용보다 노동을 가치의 기원으로 여긴다.[3] 노

1) 저자는 '정치경제학'(Political Economy)을 '경제학'(Economics)으로 바꿔 쓰겠다고 2판 서문 18쪽에서 밝힌다. 하지만 뒤에서도 여러 차례 정치경제학 또는 정치경제학자(Political Economist)라는 용어를 사용한다.

2) 이 문장이 제번스의 가치이론을 제대로 요약한다고 보기는 어렵다. 어쨌든 제번스는 이렇게 말함으로써 마셜의 비판을 부른다. 그대로 옮기면(*Principles of Economics*, 3rd ed., 1895, appendix I, §3, p. 817), "[제번스의] 이 발언은 리카도가 종종 조심성 없이 간결하게 해버린 발언보다 결코 덜하지 않게 일방적이고 단편적이며, 훨씬 더 큰 오해의 소지가 있다".

3) 여기서 '여전히 유력한 의견'은 리카도와 존 스튜어트 밀을 가리키는 듯하

동이 가치의 원인이라고 드러내어 단언하는 사람도 있다.[4] 나는 그 반대를 보여주려 한다. 우리가 가진 상품의 수량에 따라 그것의 효용이 달라지는 자연법칙을 신중하게 추적하기만 하면 우리는 만족스러운 교환이론에 다다르게 된다. 일상적인 공급과 수요의 법칙은 이 교환이론의 필연적 귀결 중 하나다. 이 이론은 사실과 조화를 이룬다. 노동이 가치의 원인이라고 믿을 만한 이유가 조금이라도 있다면 이 이론은 그 이유에 대한 설명을 내놓는다. 노동이 가치를 결정하는 경우가 가끔 발견되지만 그것은 오로지 공급의 증가 혹은 제한을 통해서 상품의 효용도(效用度)를[5] 변동시키는 간접적인 방식으로다.

2. 이 견해는 서둘러 분별없이 내놓는 게 아니다. 나는 이 이론의 모든 요지를 17년 전에 간략히 서술했었다. 그러나 그 내용은 1862년에 케임브리지에서 개최된 영국협회의 통계 · 경제분과 회의에서[6] 읽은 짧은 논문의 형식으로만 발표되었다.[7] 회의보고서에는 그 논문의 더 간략한 요약이 게재되었고,[a] 그 논문 자체는 1866년 6월에야 출판됐

a. 〈분과보고서〉, 157~158쪽.[8]

다. 제번스는 이 책 마지막 장에서 리카도와 밀을 지목하여 비판한다.

4) 제번스는 이 책 마지막 장에서 포셋도 지목하여 비판하는데, 그의 《정치경제학 편람》 3편 2장의 제목이 '상품의 가격을 규정하는 원인(causes)'이다. 하지만 포셋은 가격과 생산비의 관계를 설명할 뿐이다.

5) 1판 서문 12쪽 역주에서 밝혔듯이, 원문의 'the degree of utility'를 '효용도'로 옮긴다. 3장에서 처음 나오는 'the final degree of utility'는 '최종효용도'로 옮긴다. 두 용어의 의미는 3장과 부론 1을 보라.

6) 제번스가 말하는 통계 · 경제분과(Statistical or Economic Section)는 영국과학진흥협회의 기존 다섯 분과에 더해 1834년에 통계분과(Statistical Section)로 출발하였기에 F분과(Section F)로도 불렸으며, 그 후 경제학 · 통계학 분과(Economic Science and Statistics Section)로 이름이 바뀌었다.

7) 이 논문의 제목은 '정치경제학의 일반 수리이론 소개'(Notice of a general mathematical theory of political economy)이다.

8) 〈분과보고서〉(*Reports of the Sections*)에는 논문내용을 14개의 명제로 줄인

다.[b] 그 논문을 쓴 뒤 나는 다시 거듭 내 생각에 틀림이 없는지 물었으나 실질적으로 옳다는 것을 의심할 어떤 이유도 찾지 못했다.

경제과학의 수리적 성격

3. 경제학이 과학이라면 반드시 수리적 과학이어야 한다. 도덕과학의[10] 한 분야인 경제학에 수학의 방법과 언어를 도입하려는 시도에 대해 심한 편견이 존재한다. 물리과학은 수리적 방법이 적절한 영역이지만 도덕과학은 다른 방법을 요구한다는 것이 많은 사람들의 생각이다. 그렇지만 나는 그들이 생각하는 다른 방법이 무엇인지 모른다. 나의 경제학 이론은 순수하게 수리적이다. 나는 오히려 우리가 다루는 수량이 연속적 변동에[11] 속한다고 믿으며, 이런 경우에 적절한 분야의 수리적 과학을 주저 없이 사용한다. 무한히 작은 수량도 두려움 없이 고려하겠다는 것이다. 그래서 내 이론의 핵심은 미분학을 적용하는 데 있다. 적용

---

b. 〈통계학회지〉, 29권, 282~287쪽.[9]

요약문이 게재되었다.

9) 이 논문의 제목은 "정치경제학의 일반 수리이론 개요"(Brief account of a general mathematical theory of political economy)이다. 제번스가 말하는 〈통계학회지〉(*Journal of Statistical Society*)는 〈런던 통계학회지〉를 가리킨다(2판 서문 21쪽 역주 참조). 당시 이 학회의 회원은 대부분 영국과학진흥협회의 통계분과 회원이기도 했다.

10) 원문의 'moral sciences'를 '도덕과학'으로 옮긴다. 뒤에 나오는 'social science(s)'와 'sociology'는 각각 '사회과학'과 '사회학'으로 옮긴다. 세 용어의 기원과 의미에 대한 부론 1의 해설을 참조하라.

11) 원문의 'continuous variation'을 '연속적 변동'으로 옮긴다. 이 책에서 연속(continuous, continuously, continuity)이라는 단어가 스물네 차례 나타나는데, 그 대부분이 수학에서 함수의 연속성을 말할 때와 같은 의미에서 사용된다. 저자가 'continual'을 사용하기도 하는데, 그때는 '계속'으로 옮긴다.

대상은 부, 효용, 가치, 수요, 공급, 자본, 이자, 노동 등 우리에게 익숙한 개념을 포함해서 산업의 일상적 작동에 속하는 모든 수량 개념이다. 대부분의 과학이 완전한 이론을 위해 미분학을 필요로 하듯이, 경제학도 미분학의 도움 없이는 진정한 이론을 가질 수 없다.

4. 내 생각에 경제학은 수리적이어야 하며, 그 이유로는 경제학이 수량을 다룬다는 사실이면 충분하다. 다루는 대상이 더 크거나 작을 수 있는 수량이면, 법칙과 관계는 수리적이어야 한다. 일상적인 공급과 수요의 법칙은 오로지 수요하고 공급하는 상품의 수량을 다루며, 그 수량이 가격에 따라 달라지는 방식을 표현한다. 이 사실의 귀결로서 그 법칙은 수리적이다. 이는 붉은 빛을 파란 빛이라 불러서 바꿀 수 없는 것과 같은 이치다. 경제학의 수리적 법칙을 말로 표현하거나 x, y, z, p, q 등의 흔한 기호로 표현하는 것은 우연일 수도 있고 단순히 편의의 문제일 수도 있다. 만약 우리가 어떤 곤란과 장황도 염려하지 않는다면, 아무리 복잡한 수학 문제도 일상 언어로 서술할 수 있고, 그 풀이도 말로 찾아낼 수 있다. 탁월한 수학자들은 실제로 기호를 없애 버리고 보통 사용하는 언어에 되도록 가까운 언어로 자신의 추론과 결과를 표현하기를 좋아한다. 라플라스는 자신의 《세계의 체계》에서 물리천문학의 진리를 일상 언어로 서술하려 시도한다. 톰슨과 테이트는 《자연철학론》에서 일반 독자들이 이해할 수 있으리라 생각되는 평범한 말로 푼 해석을 함께 제시한다.[c]

5. 이런 시도는, 그 저자가 아무리 탁월하고 현명하더라도, 복잡한 관계

---

c. 톰슨 교수와 테이트 교수는 자신들의 책에서 기호를 사용하지 않고 큰 글자로 인쇄한 부분을 떼어내어 출간했다. 《자연철학 요론》, 1부, 옥스퍼드, 클래런던 출판사, 1873. 저자들은 서문에서 자신들의 저작을 비수리적(非數理的)이라고 묘사했는데, 내가 보기에 이 묘사는 적확하지 않다. 그 저작은 상대적으로 비기호적(非記號的)이지만 《자연철학론》과 똑같이 수리적이다.[12)]

12) 초판에는 이 각주가 없다.

를 표현하는 일에서 문법과 사전이 갖는 어쩔 수 없는 결함을 곧 드러낸다. 수학 책의 기호들은 본질적으로 언어와 다르지 않다. 그 기호들은 완벽한 체계의 언어로서 우리가 표현해야 하는 개념과 관계에 맞춰진 것이다. 그 기호들은 그것들이 구체화하는 추론의 방식을 구성하는 게 아니라 추론의 서술과 파악을 쉽게 할 뿐이다. 그래서 우리가 경제학에서 수량과 함께 수량의 복잡한 관계를 다뤄야 한다면, 우리는 수리적으로 추론해야 한다. 우리가 대수학의 기호를 회피한다고 해서 우리 과학이 덜 수리적으로 되는 게 아니다. 우리는 그저 매우 불완전한 과학이 그토록 필요로 하는 모든 종류의 도움을 거부할 뿐이고, 다른 과학에서 없어서는 안 된다고 밝혀진 적절한 기호의 장치를 거부할 뿐이다.

수리적 과학과 정확한 과학의 혼동

6. 많은 사람들이 수학의 언어에 대해 편견을 갖고 있는데, 그 편견은 수리적 과학과 정확한 과학에[13] 대한 개념적 혼동에서 생겨난다. 그들이 생각하기에는 우리에게 정밀한 데이터가 있어서 계산의 정밀한 답을 얻을 수 있는 게 아니라면 계산한다고 말해서는 안 된다. 그러나 현실에서는 오직 상대적 의미의 정확한 과학만 있을 뿐이다. 행성이나 별의 위치를 근접하게 측정할 수 있다는 의미에서 천문학은 다른 과학보다 더 정확하다. 하지만 물리천문학의 방법을 검토해 보면, 그 방법이 모두 근사(近似)임을 알게 된다. 모든 풀이는 실제로는 맞지 않은 가설을 포함한다. 예컨대 지구는 부드러운 곡면을 가진 동질적인 구(球)가 아니다. 더 단순해 보이는 정역학이나 동역학의 문제조차 단지

13) 원문의 'exact science'를 '정확한 과학'으로 옮긴다. 여기서 '정확'은 여러 의미로 사용되는데, 그 중 하나가 현상이나 관계를 수치로 나타낼 수 있음을 가리킨다. 이에 관한 부론 1의 해설을 참조하라.

참의 가설적 근사일 뿐이다.[d]

쇠지레가 전혀 구부러지지 않고 완벽하게 딱딱한 받침을 갖는다면, 우리는 그 쇠지레의 효과를 계산할 수 있다.[e] 자연과학 문제의 완벽한 풀이를 위해서는 데이터가 턱없이 모자란다. 물리학자가 수학의 도움을 받아들이기에 앞서 데이터가 완벽히 정밀해지기를 기다렸더라면 우리는 아직도 갈릴레오로 끝났던 시대의 과학에 머물러 있을 것이다.

7. 덜 정밀한 물리과학을 검토해 보면 곧바로 알게 되듯이, 물리학자야말로 데이터를 앞질러 수리이론을 개발하는 데 있어서 누구보다도 가장 대담하다. 누구든 이를 의심한다면, 《엔사이클로피디아 메트로폴리타나》에[15] 실린 에어리의 "조수(潮水) 이론"을 살펴보게 하라. 그 글에는 대단히 복잡한 수리이론이 제시되는데, 그 이론은 저자가 스스로 밝히듯이 정확한 적용은커녕 근사 적용조차 하기 어렵다. 바다의 표면이 다양할 뿐만 아니라 알 수 없을 때가 많아서 그 결과의 수치 검산이 불가능하다. 이것 말고도 많은 경우에서 우리는 정밀한 계산에 필요한 데이터 없이도 수리이론을 가질 수 있다.

수리적 과학에서 우리가 가질 수 있는 적확성의 정도는 우연의 문제로서 과학의 근본 성격에는 영향을 미치지 않는다. 오직 두 부류의 과학이 있을 수 있으니, 하나는 **단지 논리적인** 과학이고, 다른 하나는

---

d. 수량과학의 근사적 성격에 대해서는 내 저서 《과학의 원리》 21장 '근사이론'을 비롯하여 여러 장에서 자세히 고찰한다.[14]

e. 톰슨·테이트, 《자연철학론》, 1권, 337쪽.

14) 이 원주는, 《과학의 원리》가 언급 또는 인용되는 다른 모든 원주처럼, 2판에서 추가된 것이다. 제번스의 《과학의 원리》(*Principles of Science*)는 1874년에 두 권으로 간행되었고, 2판과 3판이 각각 1877년과 1879년에 간행되었다. 제번스가 인용하는 것은 3판이다.

15) 제번스가 인용하는 《엔사이클로피디아 메트로폴리타나》(*Encyclopædia Metropolitana*)는 1817~1845년 30권으로 출간되었다가 1849년 38권으로 다시 인쇄되었다. 제번스는 뒤에서도 여기에 실린 여러 논고를 인용한다.

논리적인 동시에 수리적인 과학이다. 만일 어느 과학이 어떤 사물이 있을지 없을지를—어떤 일이 생길지 생기지 않을지를—결정할 뿐이라면 그 과학은 순수하게 논리적인 과학이다. 그러나 만일 그 사물이 더 크거나 작을 수 있다면, 혹은 그 일이 앞서거나 뒤따라서 가깝거나 먼 미래에 생길 수 있다면, 수량의 개념이 들어와서 그 과학은—우리가 그것을 무엇이라 부르든—본성이 수리적일 수밖에 없다.

정확한 측정의 가능성

8. 경제학에서 다뤄지는 개념들은 어떤 측정도 가능하지 않다고 많이들 반발할 게 분명하다. 마음의 느낌은 달거나 재거나 살펴볼 수 없다. 노동, 괴로움, 즐거움에는 아무 단위도 없다. 그래서 경제학의 수리이론은 수치 자료를 결여할 수밖에 없는 듯이 보이기도 한다.

내가 가장 먼저 내놓는 대답은 이것이다. 과학에서는, 찾지 않고 바라지 않는 것보다 더 부당한 일이 없다. 이런 종류의 문제에서 실망하는 사람은 거의 예외 없이 한 번도 성공해 보려 하지 않은 사람이다. 한마디 격려도 받지 못한 채 평생을 어려운 과제에 쏟아 부은 사람이라면 낙담할 수도 있다. 그러나 수리이론의 확장에 대한 통념은 모든 사람을 가로막는 경향이 있으며, 아무리 어렵더라도 언젠가는 달성해야 할 과제를 시도조차 하지 못하게 한다.

다른 과학의 역사를 추적해 보면, 우리를 실망케 하는 경험은 결코 없다. 이제는 정확하게 측정할 수 있는 것들의 경우에도 대부분 그 개념조차 모호했던 시대로 거슬러 올라갈 수 있다. 파스칼 이전의 시기에 어느 누구가 의심과 믿음을 측정하려는 생각이나 했겠는가?[16] 사소한

16) 제번스는 확률이 '믿음의 정도'를 나타낸다고 생각한다. 이런 확률이론의 시작을 파스칼(Blaise Pascal, 1623~1662)과 페르마(Pierre de Fermat, 1623~1662)

확률 게임에[17] 대한 탐구에서 수리적 과학의 최고 경지라 할 만한 분야, 다름 아닌 확률이론이 생겨나리라는 것을 누군들 생각이나 했겠는가? 지금 살아 있는 사람들의 기억으로 한정하더라도 정확한 수량의 과학으로 바뀐 경우가 더러 있다. 프랑스에서는 케네, 보도, 르트론, 콩디야크 등이, 그리고 잉글랜드에서는 애덤 스미스가 정치경제학의 토대를 구축하고 있는 동안에도 전기(電氣)는 모호한 현상이었다. 전기가 더 커지거나 작아질 수 있는 것임은 다들 알고 있었으나 누구도 측정하거나 계산하지 않았다. 정확한 데이터에 기초해서 수리적 전기이론을 확립한 것은 지난 사오십 년 사이의 일이다. 우리는 이제 열(熱)에 관한 정밀한 수량적 개념을 향유하며, 몸의 온도를 섭씨 1도의 5천분의 1보다 작은 단위로 측정할 수 있다.[18] 이 정밀도를 초기 온도계 제작자들의 정밀도와 비교해 보라. 실험학술원의[19] 학자들은 고정 온도점을 얻기 위해 태양광선 안에 도구를 놓고서 눈금을 새겼다.[f]

10. 드모르간이 훌륭하게 설명해 준다.[g]

---

f. 《과학의 원리》, 3판, 270쪽 이하의 제 13장 '현상의 정확한 측정'을 보라.
g. 《형식논리》, 175쪽.

사이의 서신을 통한 1654년의 논의에서 찾기도 한다. 이들의 논의는 돈이 걸린 게임을 도중에 멈출 경우 그 돈을 나누는 공정한 방법에 대해서였다.

17) 원문의 'games of chance'를 '운에 좌우되는 게임'으로 풀어 옮길 수도 있으나 여기서는 '확률 게임'으로 옮긴다. 'chance'는 일상어이면서 확률이론에서 많이 사용되는데, 제번스는 2장 94쪽과 4장 212쪽에서 이 단어를 명시적으로 확률과 연결하여 사용한다. 그렇지만 이 책에서 이 단어가 'game'에 붙여 사용되는 경우가 아니면 그것을 '가망성'으로 옮긴다.

18) 제번스는 자신의 저서 《과학의 원리》 13장에서 줄(James Prescott Joule, 1818~1889)이 열전대열(thermopile)을 사용해서 섭씨 0.000114도의 차이를 측정한 사실을 인용한다(3판, 1879, 299쪽).

19) 실험학술원(Academia del Cimento)은 1657년 이탈리아 피렌체에서 갈릴레오, 토리첼리 등이 주도하여 세운 단체의 이름이다. 회원들이 모여 여러 실험을 시도했으며 실험을 위한 도구를 제작했다.

측정의 개념이 명확히 이해되는 척도도 있다. 예컨대 길이가 그러하다. 하지만 더 어려운 척도에 관해 그 개념을 획득하고 정착시키는 여러 단계를 생각해 보자. 무게가 한 예가 될 수 있겠다. 무게가 무엇인지를 알 필요는 없다. … 우리가 그것에 이름을 붙이기 전에 우리는 그것이 어떤 척도인지 안다. 크기가 총알의 두 배인 코르크에 그것이 더 적음을, 그리고 총알에 그것이 더 많음을 어린아이도 알아낼 수 있다. 만약 우리에게 저울과 같은 단순한 장비가 없었더라면 어떠했을까? 우리 모두 잘 알고 있듯이―어떻게 아는지는 여기서 문제되지 않는다―저울 덕택에 우리는 같은 무게를 가진 이것과 저것의 평형을 찾을 수 있고, 동등과 부등을 탐지할 수 있고, 큰 것이 작은 것의 몇 배인지를 인지할 수 있다. 이런 저울이 없었더라면 우리는 오늘까지도 척도로서의 무게에 관해 그다지 명확한 개념을 갖지 못했을 것이다. 그 개념은 어쩌면 우리가 재능, 신중, 자기부정 등을 같은 견지에서 바라보면서 갖는 개념에 비해 별로 더 명확하지 않았을 것이다. 기하학을 약간이라도 공부한 사람이라면 누구나 기억하겠지만, 척도로서의 각도에 관한 자신의 생각이 도덕적 자질에 대한 자신의 생각만큼이나 혹은 그보다 더 모호했던 때가 있었다. 그들은 또한 그 모호함이 분명함과 정밀함으로 바뀌어 가는 과정도 기억할 것이다.

즐거움, 괴로움, 노동, 효용, 가치, 부, 돈, 자본 등등이 모두 수량을 허용하는 개념이라는 데에는 의심의 여지가 없다. 산업과 교역에서 우리의 모든 행동이 유리 또는 불리의 수량을 비교하는 데 달려 있음도 분명하다. 여러 도덕이론가들까지 도덕의 수량적 성격을 인정한다. 벤담의 《도덕과 입법의 원리 서설》은 그 방법의 성격이 온통 수리적이다. 그는 우리에게 행동의 경향을 이렇게 추정하라 한다.[h] "한편에서는 모든 즐거움의 모든 가치를 더하고, 다른 편에서는 모든 괴로움의 모든 가치를 더하라. 만일 저울이 즐거움 쪽으로 치우치면, 그 행동이 개인의 이해(利害)와 관련해서 그 치우침만큼 전체적으로 좋은 경향을 갖는다. 만일 저울이 괴로움 쪽으로 치우치면, 그 치우침만큼 전체적으로 나쁜 경향을 갖는다." 도덕과학에 대한 벤담의 접근이 갖는 수리적 성격을 잘 보여주는 그의 다른 저작으로 1817년에 인쇄된 《행동 원천 표》가 있는데, 3쪽 또는 다른 곳을 보라.[20]

11. "그렇다면 도대체 정치경제학에서 즐거움과 괴로움을 측정하는 데 사용할 당신의 수치 데이터는 어디 있는가?"라고 묻는 독자가 있을 수 있다. 내 대답은 이렇다. 나의 수치 데이터는 다른 어떤 과학이 가진 것보다 풍부하고 세밀하다. 우리가 그 데이터를 어떻게 사용해야 할지 아직 모를 뿐이다. 그 데이터는 너무 풍부해서 당혹스러울 정도다. 이 나라의 모든 서기와 부기 계원이 빠짐없이 경제학자를 위해 수치로 사실을 기록하고 있다. 민간의 회계장부, 상인과 은행가와 관리의 원장(元帳), 주주 명부, 가격 일람표, 은행의 보고서, 통화 정보, 세관 및 여러 정부 부처에 제출하는 신고서 등은 모두 경제학을 정확한 수리적 과학으로 만드는 데 필요한 종류의 수치 데이터로 가득하다. 수천 권의 커다란 통계서, 의회 문서, 그리고 그 밖의 여러 출판물이 조사자의 노동을 기다린다. 이런 정보의 엄청난 규모와 복잡성이 그것의 적절한 사용을 막는 측면도 있다. 그러나 주된 이유는 이 방대한 양의 정보가 체계성과 완비성을 결여하고 있다는 사실이다. 이 사실이 우리를 방해하여, 경제학의 자연법칙을 과학적으로 탐구하는 일에 이런 정보를 사용하지 못하게 한다.

12. 우리가 언젠가는 사람 마음의 느낌을 직접 측정하는 방법을 찾아내

h. 4장 '한 묶음의 즐거움 또는 괴로움의 가치, 어떻게 측정해야 할까,' 5절, 5항.

20) 2판 서문 32쪽 역주를 참조하라.

리라고 말하기는 망설여진다. 즐거움이나 괴로움의 단위는 생각해 내기조차 어렵다. 그러나 바로 이 느낌의 크기가 우리로 하여금 계속 사고팔고, 빌리고 빌려주고, 일하고 쉬고, 생산하고 소비하게 한다. 그리고 이 느낌의 수량적 효과로부터 그것의 상대적 크기를 추정해야 한다. 우리가 중력 자체의 본성을 얼마나 잘 알고 측정하는가? 느낌을 측정하는 일도 그다지 다르지 않다. 추의 운동에서 나타나는 효과로 중력을 측정하듯이 사람 마음의 결정으로 느낌의 동등과 부등을 추정할 수 있다. 의지는 우리의 추이고, 그것의 움직임이 시장의 가격표에 꼼꼼히 기록된다. 우리가 언제쯤 완벽하게 체계적인 통계를 갖게 될지 나는 알지 못한다. 그렇지만 그런 통계의 결여가 유일하게 극복할 수 없는 장애가 되어 경제학을 정확한 과학으로 만드는 길을 막고 있음은 분명하다. 상대적으로 말해서 경제학이 정확한 과학이라면 훨씬 더 유용할 것이다. 그러나 완전한 통계가 없어서 경제학이 덜 수리적이어야 하는 것은 아니다. 옳은 이론이 진보를 위한 첫걸음이며, 우리가 무엇을 필요로 하고 이룰 수 있을지 보여줄 것이다.[21)]

느낌과 동기의 측정

13. 앞에서 길게 진술했음에도 불구하고 여전히 많은 독자들의 눈에는 여기서 내놓으려는 미분학이[22)] 도저히 가능해 보이지 않을 수 있다.

---

21) 초판에서는 이 절에 이어서 '도덕과학에서 수학 언어를 사용하는 기존의 시도'라는 제목의 절이 나오지만 2판에서는 삭제된다. 하지만 2판 서문에서 수학 사용에 관해 더 길게 논의하며, 관련 문헌 목록을 부록으로 덧붙인다.

22) 원문의 'calculus'를 '미분학'으로 옮긴다. 저자는 뒤에서 'differential calculus'와 'fluxional calculus'도 사용하는데, 이들 역시 '미분학'으로 옮긴다. 'fluxion'은 뉴턴이 사용한 용어이다. 'calculus'를 '미적분학'이나 '변분학'으로 옮기지 않는 이유에 대해서는 옮긴이의 부론 2를 참조하라.

직각이나 마일 혹은 다른 물리적 수량을 측정할 수 있듯이 느낌의 수량을 정의하고 측정할 수단이 우리에게 없기 때문에 그럴 것이다. 내가 이미 시인했듯이, 즐거움이나 괴로움의 단위는 만들어 내기 어려운 개념이며, 느낌의 수량을 수치로 표현하는 것은 생각조차 할 수 없는 일처럼 보인다. 그러나 다른 사물에서 우리는 단지 수량의 비교를 쉽게 하기 위해 단위를 사용한다. 수량을 직접 비교할 수 있으면 단위를 필요로 하지 않는다. 한 개인의 마음은 자신의 비교를 수행하는 저울이고, 느낌의 수량에 대한 최종 판관이다. 베인 씨에 의하면,[i] "두 즐거움 중 가장 큰 것, 혹은 그렇게 보이는 것이 결과로서의 행동을 좌우한다는 주장도 이 진술과 전혀 다를 게 없다. 왜냐하면 무엇이 더 큰지를 결정하는 것은 결과로서의 행동뿐이기 때문이다".

14. 줄여 말하면, 즐거움이란 우선 당분간 마음이 추정하는 그대로다. 그리하여 우리는 선택을 하거나 혹은 달리 어떤 식으로 의지를 나타내면서, 어느 한편의 즐거움이 더 크다는 것을 드러내지 않을 수 없다. 매우 중요한 선택을 앞두고 종종 마음이 머뭇거리고 어쩔 줄 몰라 하기도 하는데, 이는 동기에 대한 추정의 변동이나 관련 수량에 대한 파악불능의 느낌을 드러낸다. 나는 느낌을 측정하여 더하고 빼면서 정확한 평형을 찾아내는 엄밀한 능력이 우리 마음에 있다고 주장하려 하지 않는다. 어느 즐거움이 다른 즐거움에 비해 정확히 몇 배인지를 알기란 좀처럼 혹은 결코 가능하지 않다. 그러나 아래 이론을 조심스럽게 비판하는 독자라면 알 수 있듯이, 그 이론은 크기가 많이 다른 느낌의 수량을 비교하는 일이 거의 없다. 그 이론의 관건은 여러 즐거움이 똑같지는 않더라도 거의 같은 어떤 결정적인 지점이다. 나는 결코 한 상품을 구입함으로써 얻는 즐거움 전부를 측정하려 하지 않는다. 내 이론이 표명하는 바는 단지 한 사람이 충분히 구입했을 때 그가 조금 더

---

i. 《감정과 의지》, 1판, 447쪽.

많은 양의 소유로부터 얻을 수 있는 즐거움이 그 상품의 화폐가격으로부터 얻을 수 있는 즐거움과 동등하다는 것이다. 마찬가지로 한 사람이 하루의 노동으로 얻는 즐거움 전량이 문제가 되는 일은 없다. 한 사람이 자신의 노동 시간을 늘릴지 말지 망설이는 그 무렵에 우리는 노동 연장의 괴로움과 그로부터 얻는 증가한 소유의 즐거움을 비교하여 동등을 찾는다.

15. 독자들이 발견할 게 또 있다. 이 마음이 갖는 느낌의 크기와 저 마음이 갖는 느낌의 크기를 비교하려는 시도는 결코 단 한 번도 없을 것이다. 내 눈에는 그런 비교를 수행할 방법이 보이지 않는다. 알다시피 이 마음은 저 마음에 비해 감수성이 천 배 더 클 수 있다. 그러나 만일 감수성이 모든 방향에서 같은 비율로 다르면 우리는 결코 그 차이를 알아챌 수 없다. 그리하여 어느 마음도 다른 마음이 헤아릴 수 없고, 느낌의 공통분모를 찾기는 불가능해 보인다.[23] 하지만 행여 우리가 여러 마음의 느낌을 비교할 수 있더라도 그리해야 할 필요가 없다. 한 마음은 간접적으로만 다른 마음에 영향을 준다. 바깥세상의 모든 일은 마음 안에서 그것에 상응하는 동기로 나타나며, 이 동기의 평형에 의해 의지가 좌우된다. 하지만 한 마음의 동기는 오직 그 마음의 다른 동기들만을 상대로 저울질되고, 다른 마음의 동기를 상대로 저울질되는 일은 결코

---

23) 효용의 개인 간 비교(interpersonal comparison)는 공리주의의 주요 전제인데, 제번스는 그런 비교의 경험적 가능성을 부인한다. 그렇지만 그는 4장 194~195쪽에서 부자의 소득과 빈자의 소득은 효용이 다르다고 말한다. 한편 제번스보다 더 공리주의에 경도된 에지워스(1881)는 효용의 개인 간 비교를 전제하고서 이론을 전개할 뿐만 아니라 그런 비교의 경험적 가능성까지 주장한다(appendix 3). 그리고 마셜이 추정하려는 소비자 잉여도 효용의 개인 간 비교를 전제한다. 그가 'consumer surplus'나 'consumer's surplus'로 쓰지 않고 'consumers' surplus'로 쓰는 것도 이와 무관하지 않다(*Principles of Economics*, 1st ed., 1890, bk. 3, ch. 4; 4th ed. 1898, bk. 3, ch. 6).

없다.[24] 각 개인은 다른 개인들에게 바깥세상의 일부이며, 형이상학 이론가들이 말하는 비(非)자아다. 그리하여 갑의 마음에 있는 여러 동기가 어떤 현상을 일으키면, 그 현상은 을의 마음에서 여러 동기로 나타날 수 있다. 그렇지만 갑과 을 사이에는 심연이 놓여 있다. 동기를 저울질하는 일은 언제나 각 개인의 가슴으로 제한되게 마련이다.

16. 여기서 밝혀둘 게 있다. 내 이론이 비록 한 개인의 사정을 조사하면서 이 조사의 토대 위에 경제학 전부를 올려놓지만, 그것이 다루는 대상은 개인들의 집합이다. 경제학의 법칙이 갖는 일반 형태는 개인들에 대해서나 나라들에 대해서나 같으며, 현실에서는 수많은 개인들에게서 작동하는 법칙이 한 나라의 거래에서 나타나는 총계를 생겨나게 한다.[25] 그렇지만 실제로 이런 종류의 법칙을 한 사람 혹은 몇 사람의 행동에서 찾아내기는 대단히 어렵다. 동기와 조건이 너무나 다양하고 복잡해서 그 결과로서의 행동이 변덕스레 보이고 과학의 분석력을 벗어난다. 이론적으로는 설탕이나 그와 같은 상품의 가격이 상승할 때마다 모든 사람이 제각기 자신의 소비를 정규 법칙대로 약간씩 줄이는 게 관찰되어야 한다. 하지만 현실에서는 많은 사람이 아무런 변화도 보이지 않는다. 그 비용이 계속해서 과도하다면 아마도 몇몇은 설탕 사용을 완전히 중단하기에 이를 것이다. 매우 큰 집단의 평균 설탕 소비를 검토해야만 비로소 일정한 법칙에 의해 가격 변동과 연결되는 연속적인 변동을 탐지할 수 있다. 모든 개인이 자신의 부(富)나 습관과 관련해서 동일한 특성과 사정을 가진 게 아니라면 그 법칙이 여러 집단이나 여러 개인 사이에서 정확히 같아야 할 까닭이 없다. 하지만 어느 정도 정규적인 법칙이 있어서 같은 종류의 공식이 적용될 것이다. 평균 또는 (같

---

24) 이 문단의 이 문장과 이어지는 문장들은 2판에서 추가된 부분이다.

25) 여기서 제번스는 스스로 '구성의 오류'에 빠질 개연성을 드러낸다. 그가 4장에서 '교역체'(trading body)라는 모호한 개념을 동원하는 것도 이런 그의 생각과 무관하지 않다.

은 것이지만) 합계를 사용할 수 있는 근거는 우연한 교란의 요인들이 장기에 걸쳐서는, 한 방향으로 작용하는 만큼 빈번히 다른 방향으로도 작용하여, 서로를 상쇄할 확률이 높다는 데 있다. 만일 우리에게 충분한 수의 독립적인 경우가 있다면, 우리는 어떤 경향의 아무리 작은 효과도 찾아낼 수 있다. 따라서 개인들에 대해서는 대단히 불확정적으로 보이거나 실제로 그럴 수 있는 문제라도 큰 집단과 넓은 평균에 대해서는 정확한 조사와 풀이가 가능할 수 있다.[k]

경제학의 논리적 방법[26)]

18. 사회과학의 한 분야인 경제학의 논리적 방법에 대해서는 현재(1879년)까지 많은 글과 매우 다양한 의견이 있다. 존 스튜어트 밀이 우리 과학을 이른바 '물리학의 방법 혹은 구체적이고 연역적인 방법'의 한 경우로 간주하는데,[l] 이 점에서 그가 대체로 옳다는 게 내 생각이다. 그의 견해에 의하면, 사람들은 작은 이득보다 큰 이득을 선호한다는 것과 같은 어떤 명백한 심리적 법칙이 우리의 출발점이 될 수 있다. 우리가 거기서 추론해 내려가면, 그런 법칙이 사회에서 만들어 낼 현상을 예견할 수 있다는 것이다. 사실 어느 공동사회든 그 안에서 작용하는 원인이 너무도 복잡해서 어느 한 법칙의 효과를 교란 없이 찾아

k. 평균의 의미와 사용에 관해서는 《과학의 원리》 16장 '평균의 방법'을 보라.

l. 《논리학의 체계》, 6편, 9장, 3절.[27)]

26) 1판에 비해 이 절의 길이가 거의 두 배로 늘었다. 고치고 보탠 게 많지만, 리처드 존스에 대한 부정적인 인용과(1871, 23~24쪽) 경제학의 유용성에 대한 저자의 회의적인 견해를(1871, 25쪽) 포함해서 빠진 부분도 있다.

27) 《논리학의 체계》 6편 9장의 제목이 '물리학의 방법, 혹은 구체적이고 연역적인 방법'이고, 제번스가 인용하는 3절의 제목이 '사회학적 고찰의 여러 분야가 얼마나 개별적으로 연구될 수 있는가. 정치경제학의 성격'이다.

내기란 거의 불가능하다. 하지만 우리가 관찰된 통계적 현상을 분석할 수 있는 만큼은 우리 추론의 증명을 손에 넣을 수 있다. 사안에 대한 이런 견해는 고 케언스 교수가 자신의 《정치경제학의 성격과 논리적 방법》에 대한 강의에서[28] 채택한 것과 거의 일치한다.[m]

경제학의 이런 접근에 대해 제기될 수 있는 반박들 중 하나는 밀이 '구체적이고 연역적인 방법'을 마치 여러 귀납적 방법들 중 하나인 양 묘사했다는 것이다. 나는 《논리학 기초강의》[29] 258쪽에서 그 방법을 **완전한 방법**이라 부르기를 제안했는데, 그 방법이 관찰과 연역 그리고 귀납을 가장 완전하고 완벽한 방식으로 결합한다는 의미에서였다. 하지만 내가 얼마 지난 후 내린 결론은 '연역적 방법'이 결코 특별한 방법이 아니고 단지 귀납 그 자체의 가장 핵심형식이라는 것이다. 내가 충분히 설명했듯이,[n] 귀납은 연역의 역(逆), **거꾸로 작동**하는 연역이며, 오직 연역을 사용함으로써 수행할 수 있다. 우리는 관찰된 여러 사실을 갖고서 그것들을 결정하는 법칙들에 관한 가설을 세우고, 그 가설로부터 연역적으로 추론하여 결과를 예견하게 되고, 그 결과를 문제의 사실과 연결하여 조사한다. 그리하여 일치는 우리에게 추론 전부를 확인시켜 주고, 충돌은 우리에게 교란 요인을 찾게 하거나 우리 가설을 버리게 한다. 이 과정에 독특한 것은 전혀 없다. 제대로 이해했다면, 그 방법이 곧 모든 귀납적 과학의 방법임을 알 것이다.

19. 그렇지만 경제과학은 어느 정도 독특한 점이 있다. 밀과 케언스가

m. 2판, 맥밀런, 1875.

n. 《과학의 원리》, 7장, 9장, 12장 등.

28) 《정치경제학의 성격과 논리적 방법》은 케언스가 1856년에 더블린 트리니티 칼리지에 부임한 첫 해에 강의한 내용을 책으로 출간한 것이다. 케언스는 1875년에 사망했다.

29) 제번스가 인용하는 자신의 책 《논리학 기초강의》(*Elementary Lessons in Logic*)는 1870년에 출간되었고, 그 후 여러 차례 다시 출간되었다.

지적했듯이, 경제학의 궁극적 법칙은 우리의 직관을 통해 우리에게 알려져 있거나, 아니면 다른 정신과학이나 물리과학에 의해 곧바로 사용할 수 있게 우리에게 제공된다. 누구라도 더 좋아 보이는 것을 선택하고, 사람의 욕구는[30] 더 혹은 덜 빠르게 가득 채워지고, 노동의 연장은 점점 더 괴로워진다. 단순한 귀납의 예를 몇 개 들었는데, 우리는 이런 귀납에서 출발하여 커다란 확신을 갖고 연역적으로 추론한다. 우리는 이들 공리로부터 공급과 수요의 법칙을 연역해 낼 수 있고, 그토록 어려운 개념인 가치의 법칙을 연역해 낼 수 있다. 그리고 사용가능한 데이터가 있는 한에는 상업의 모든 복잡한 결과도 연역해 낼 수 있다. 우리 추론의 결과와 경험적 관찰이 최종적으로 일치함으로써 우리 방법이 승인을 받는다. 하지만 불행하게도 이 입증이 종종 전체 과정에서 가장 불만족스런 부분으로 남는다.[31] 그 이유는, 밀이 충분히 설명했듯이, 한 나라의 상황이 무한히 복잡한데도 우리에게는 비교가 능한 두세 경우조차 드물게 주어지기 때문이다. 귀납적 탐구의 조건을 충족시키기 위해서는, 모든 다른 원인은 변하지 않고 그대로이면서 홀로 행동에 작용하는 한 원인의 여러 효과를 관찰할 수 있어야 한다. 예를 들어 자유무역이 잉글랜드에 가져다준 좋은 효과를 온전히 증명하려면, 무역에 가해지던 부담과 제약의 폐지를 제외한 다른 모든 상황이 달라지지 않은 잉글랜드가 우리에게 있어야 한다.[o] 하지만 말할 필요도 없이 자유무역이 잉글랜드에 도입되는 동안 다른 많은 번영의 원인들이 함께 작용하고 있었다. 발명의 진전, 철도 건설, 아낌없는 석탄 소비, 식민지 확장 등등이 모두 그런 원인이다. 비록 자유무역의 유익한 결과가 대단히 크고 자명하지만, 그런 결과의 존재를 경험적으

---

o. 《과학의 원리》, 19장, '실험에 관하여'.

30) 원문의 'want(s)'를 '욕구'로 옮긴다. 이와 비슷한 'desire(s)'는 '욕망'으로 옮긴다. 그리고 'need(s)'와 'requirement(s)'는 각각 '필요'와 '요구'로 옮긴다.

31) 이 단락에서 이 문장과 이어지는 문장들은 2판에서 추가된 부분이다.

로 증명하기는 무척이나 어렵다. 우리가 그런 결과를 믿을 수 있는 것은, 거의 확실히 참인 전제로부터 연역적으로 추론하여 그런 결과에 자신 있게 도달했기 때문이다. 사실 우리의 경험 중에서 우리의 예견과 조금이라도 충돌하지 않는 것은 하나도 없다. 이 나라가 자유무역을 채택한 이래 누린 엄청난 번영은, 물리적 원인이 일으키는 주기적 변동으로[32] 인해 때때로 있었던 반전에도 불구하고, 복잡한 상황에서 사실이 허용하는 한에서는 최대로 우리의 전망을 확인시켜 준다. 이 예에서도 알 수 있듯이, 정치경제학은 매우 근접한 입증도 종종 가능한 여러 물리과학에 비해 더 연역적인 경향이 있다. 그러나 아무리 귀납적인 과학일지라도 연역적인 추론의 사용을 포함한다는 것은 이미 설명한 대로다.

21. 지난 한두 해 동안 정치경제학의 철학적 방법에 관해 많은 논의가 있었는데,[33] 이 주제에 관한 클리프 레슬리 씨의 흥미로운 논고와[p] 함께 최근 영국협회의 더블린 회의에서 잉그럼 박사가 행한 연설이[q] 계기가 되었다. 나는 이 유능하고 훌륭한 경제학자들과 함께 사회과학에서 역사적 탐구가 갖는 커다란 중요성을 인정한다. 그러나 나는 지금 우

---

p. 〈헤르마테나〉, 4호, 더블린, 1876, 1쪽 이하.

q. 〈통계학회지〉, 1879년 1월, 41권, 602쪽 이하. 재인쇄, 롱맨스, 1878.[34]

32) 제번스는 1875년 논문 "태양흑점 주기가 곡물가격에 미치는 영향"(Influence of the sun-spot period on the price of corn), 1878년 논문 "상업위기의 주기와 그것에 대한 물리적 설명"(The periodicity of commercial crises and its physical explanation) 등에서 태양흑점의 주기적 변동이 경기변동의 원인이라고 주장했다. 이 논문들은 1909년에 폭스웰(Herbert S. Foxwell, 1849~1936)이 편집하여 출간한 《통화금융 탐구》(*Investigations in Currency and Finance*) 2판에 수록되었다.

33) 이 단락은 2판에서 추가된 부분이다.

34) 제번스가 인용하는 잉그럼의 연설은 〈런던 통계학회지〉 1879년 1호가 아니라 1878년 12월호에 게재되었다. 2판 서문 20쪽 역주 참조.

리의 경제과학을 역사과학으로 바꿔 놓으려 하기보다는 우리가 이미 갖고 있는 것을 보완하고 발전시키는 동시에 역사적 기초 위에 사회과학의 새 분과를 세우려 한다. 이 새 분과는 이미 리처드 존스, 드라블레, 라베르뉴, 클리프 레슬리, 헨리 메인 경, 서럴드 로저스 등 많은 학자들이 노력을 기울인 곳이며, 허버트 스펜서가 말하는 사회학 혹은 사회적 관계의 진화에 관한 과학의 일부이다.[35] 정치경제학은 현재 혼돈의 상태에 있는데, 그것은 너무 넓은 범위의 지식을 분할해야 하기 때문이다. 케네, 제임스 스튜어트 경, 보도, 르트론, 콩디야크 등이 처음으로 경제학을 충분히 차별화하여 별개의 과학으로 받아들이게 했다. 그 후 탐구가 계속되면서 매우 많은 것들이 더해졌다. 우리 과학을 혼돈의 상태에서 구해낼 수 있으려면 재분할에 의해 경제사회학을 한 분야로 인정해야 하고, 어쩌면 통계, 법, 혹은 사회과학의 두세 분야도 함께 인정해야 한다. 나는 이미 1876년 10월 유니버시티 칼리지에서 행한 강연에서 이런 단계의 필요성을 보여주려 애쓴 바 있으며,[r] 아마도 앞으로 이 주제에 관해 더 천착할 기회를 가질 것이다.

23. 이 책의 주제로 되돌아와서, 여기서 제시할 이론은 **효용과 이기(利己)의 역학(力學)으로**[36] 묘사될 수 있다. 작은 부분까지 꼼꼼히 살피려 하면서도 빠뜨리는 게 있을지 모르겠으나 주요 부분에서 이 이론은 어김없이 참이다. 그 방법은 운동학이나 정역학(靜力學)의 방법만큼이나 확실하고 논증적이며, 공식의 참된 의미를 충분히 파악했을 경우 유클리드의 《원론》이[37] 그러하듯이 거의 자명하다.

---

r. 〈격주 평론〉, 1876년 12월, "정치경제학의 미래".

35) 사회학(sociology)은 콩트(Auguste Comte, 1798~1857)가 처음 사용한 용어로 알려져 있다. 스펜서는 1876년에 《사회학 원리》(*Principles of Sociology*)를 출간했다. 스펜서의 진화론적 사회학에 관한 부론 1의 해설을 참조하라.

36) 2판 서문 22쪽에서는 "이기와 효용의 역학"이라고 말한다.

37) 원문에는 "the elements of Euclid"로 씌어 있으나, 여기서 'elements'는 유

내가 망설이지 않고 할 수 있는 말이 더 있다. 상업 통계가 지금보다 훨씬 더 완전하고 엄밀하기만 하다면, 그래서 그 공식이 수치 데이터의 도움으로 정확한 의미를 부여받을 수만 있다면, 경제학은 점차 정확한 과학으로 설 것이다. 그 데이터는 우리 사회가 보유하고 소비하는 재화의[38] 수량과 그것들이 교환되는 가격에 대한 엄밀한 기록이면 된다. 통계를 수집하는 비용과 곤란, 그리고 사람들이 정보를 제공하기 꺼린다는 사실을 제외하고는 우리가 그런 통계를 갖지 못할 이유가 달리 없다. 측정하고 기록할 수량 그 자체는 가장 구체적이고 정밀하다. 일부 경우에는 완전에 가까운 정보가 이미 우리에게 있다. 차, 설탕, 커피, 담배 등 전량 수입되는 상품이 그러하다. 그러나 물품에 조세가 부과되지 않거나 부분적으로 국내에서 생산되는 경우에는 소비량에 대해 매우 모호하게 알 수 있을 뿐이다. 농업 통계를 수집하려는 노력이 이제 마침내 얼마간의 성공을 거두고 있다. 면화와 여타 산업에 종사하는 사람들이 재고, 수입, 소비의 엄밀한 수량을 알아야 할 필요를 절실히 느끼고 있기에 머지않아 우리가 지금껏 누렸던 것보다 훨씬 더 완전한 정보가 출판될 수도 있다.

24. 연역적인 경제과학은 순수하게 경험적인 통계과학에 의해 입증되고 유용하게 되어야 한다. 이론에는 반드시 현실과 생활의 사실을 부여해야 한다. 하지만 이 통합에는 대단히 큰 어려움이 있다. 그 어려움에 대해서는 케언스가 그의 훌륭한 강의 《정치경제학의 성격과 논리적 방법》에서 잘 지적했는데, 나도 같은 생각이다. 나는 이 책에서 통계를

클리드의 책을 가리키는 것으로 보인다. 《원론》(*Elements*)은 기원전 300년경 유클리드(Euclid, Εὐκλείδης)가 수학, 기하학 이론을 집성하고 체계화한 13권의 저작이다. 고대 그리스어로 쓰인 원저의 제목은 'Στοιχεῖα.'

38) 원문의 'goods'를 부적절하지만 관례를 좇아 '재화'로 옮긴다. 제번스는 'article'을 더 많이 사용하는데, 이것은 '물품'으로 옮긴다. 앞에서 이미 많이 사용된 'commodity'는 '상품'으로 옮긴다. 드물게 사용되는 'service'는 '근로'로 옮긴다.

사용하려는 어떤 시도도 하지 않으며, 따라서 어떤 수치의 정밀성도 가장하지 않는다. 그러나 우리가 사실에 대한 탐구를 시도하기에 앞서 올바른 이론적 개념을 가져야 한다. 여기서 제출하는 것에 대해 나는 흄이 그의 《상업론》에서 한 말을 빌려 말하려 한다.[39] "무엇이든 틀렸으면 거부하게 하라. 그러나 그것이 단지 일상의 길을 벗어나 있다는 이유만으로 그것에 대해 편견을 가질 권리는 누구에게도 없다."

경제학과 윤리학의 관계[40]

25. 이 자리에서 경제학과 도덕과학의 관계에 대해 몇 마디 말하려 한다. 아래 이론은 온전히 즐거움과 괴로움의 미분학 위에 세워진다. 경제학의 목표는 가장 적은 괴로움을 비용으로 지불하여 즐거움을 구입함으로써 행복을 극대화하는 것이다. 사용하는 언어가 잘못 이해될 수도 있다. 마치 조잡한 내용의 즐거움과 괴로움이 사람의 마음을 인도하기에 충분한 동기인 양 다루는 듯이 보일 수도 있다. 나는 인간의 행복에 끼치는 영향을 옳고 그름의 기준으로 받드는 공리주의 도덕 이론을 받아들이는 데 망설임이 없다. 그러나 내가 느끼기에 그 이론의 어디에도 우리가 그 용어에 대해 가장 넓고 가장 높은 해석을 내리지 못하게 막는 구석이 없다.

제러미 벤담은 공리주의 이론을 가장 완고한 모양으로 내놓았다. 그에 따르면, 우리에게 이롭고 중요한 것이라면 무엇이든 반드시 즐거움이나 괴로움의 원인이다. 그리고 그 용어가 충분히 넓은 의미로 사용

---

39) 제번스는 정확한 출전을 밝히지 않는다. 그가 《상업론》(*Essay on Commerce*)이라고 부르는 것은 흄(1752)의 《정치학 강론》에 '상업에 관하여'(Of commerce)라는 제목으로 들어 있다. 제번스가 인용하는 부분은 셋째 단락에 있다.

40) 1판에서는 이 절의 제목이 '정치경제학과 도덕철학의 관계'였다. 하지만 내용은 전혀 다르지 않다.

되면, 즐거움과 괴로움은 우리를 행동하게 하는 모든 힘을 포함한다. 즐거움과 괴로움은 명시적이든 암묵적이든 우리의 모든 계산의 대상이며, 모든 도덕과학에서 다루는 궁극의 수량이 된다. 이 주제에 관한 벤담의 말은 적잖은 설명과 제한을 필요로 하지만, 그렇다고 빠뜨리기에는 너무 장엄하고 너무 많은 진실을 담고 있다. 그는 이렇게 말했다.[s] "자연은 인간을 두 주권 군주의 통치 아래 두었으니 **괴로움과 즐거움**이 그들이다. 오직 그들만이 우리가 무엇을 해야 할지 지시하는 동시에 우리가 무엇을 하게 될지 결정한다. 그들의 왕관 한쪽에는 옳고 그름의 기준이 달려 있고 다른 쪽에는 원인과 결과의 사슬이 달려 있다. 그들은 우리의 모든 행동, 우리의 모든 말, 우리의 모든 생각을 지배한다. 우리의 종속을 내던져 버리기 위해 우리가 할 수 있는 모든 노력은 단지 그 종속을 드러내고 확인시켜 줄 뿐이다. 사람들이 말로는 그들의 왕국을 버린다고 할지라도 실제로는 그 왕국에 언제까지나 종속되어 있다. **효용의 원리**가 그 종속을 인지하고, 이성의 손과 법의 손으로 지복(至福)의 천을 짜려 하는 체계의 토대로 그 종속을 받아들인다. 그것에 의문을 제기하려는 체계는 사려보다 인상에, 이성보다 공상에, 빛보다 어둠에 주목한다."

26. 이 문구와 연결하여 페일리의 말을 들어볼 수 있다. 그의 말은 항상 그렇듯 분명하고 간결하다.[t] "여러 즐거움은 지속성과 강도(强度)를 제외한 어떤 점에서도 서로 다르지 않다."

공리주의 학설의 기초를 받아들이고 받아들이지 않고는 사용되는 언어의 정확한 해석에 달려 있다는 게 내 생각이다. 내가 보기에 사람이 가질 수 있는 느낌에는 여러 등급이 있다. 사람은 언제나 자신의 신체적 욕구와 감수성으로부터 생겨날 수밖에 없는 물리적 즐거움과 괴로움의 영향을 받는다. 더 높은 동기가 올바르게 힘을 발휘해서 바

s. 제러미 벤담의 《도덕과 입법의 원리 서설》, 1823년 판, 1권, 1쪽.

t. 《도덕과 정치철학의 원리》, 1권, 6장.

로 그 아래 계층의 느낌에 속하는 것까지 포함하는 모든 사정을 억누를 수도 있다. 그러나 더 높은 동기가 개입하지 않는 한에서는 그보다 낮은 여러 동기가 서로를 가늠하며 평형을 이루는 게 바람직하고 올바르다. 그래서 가장 낮은 단계에서 시작하면, 충분한 식량은 물론이고 자신에게 알맞고 적당한 욕망을 가장 잘 채워줄 다른 모든 것까지 구하는 게 사람의 자연스런 성향인 동시에 의무이다. 가족 혹은 친구의 요청이 있으면, 자신의 욕망은커녕 물리적 필요조차 충분히 만족시키기를 마다하는 게 바람직할 수도 있다. 그러나 가족의 요청은 단지 한 단계 더 높은 등급의 의무이다.

27. 군인이나 정치가라면, 나라의 안전이나 많은 사람의 복지가 자기 하나 하기에 달려 있는 상황에 부닥칠 수도 있다. 그리하여 매우 강한 종류의 요청을 더 강한 종류의 요청이 억누른다. 하지만 나는 어디서든 우리가 이미 가장 높은 단계에 도달했다거나 마음을 인도하는 최고의 동기에 도달했다고 감히 말하지 않겠다. 그 정치가는 여러 동기 사이의 충돌을 발견할 수도 있다. 어떤 방책이 많은 사람들에게 가장 큰 혜택을 가져다주리라 생각하지만, 고결과 명예라는 동기가 그 방책을 추진하려는 자신을 말리고 있음을 발견할 수도 있다. 여기서 내 목적은 이런 어려운 문제를 어떻게 올바르게 결정할 수 있는지를 탐구하는 게 아니다.

28. 공리주의 이론에 의하면, 사람의 마음에 영향을 미치는 힘은 모두 즐거움과 괴로움이다. 페일리는 더 나아가 모든 즐거움과 괴로움은 모두 한 종류라고 말하기에 이르렀다. 베인 씨는 이 견해를 완전한 경지로까지 밀고 나간다.[u] "그 어떤 복잡함도 이 일반적인 사실을 감출 수 없으니, 우리의 자발적인 활동은 오직 두 가지 자극에 의해 생겨난다. 현재 혹은 미래의 즐거움이나 괴로움이 모든 상황에 숨어 기다리다 우리를 행동으로 몰아간다." 확실히 문제는 사용하는 언어에 달려 있어

u. 《감정과 의지》, 1판, 460쪽.

보인다. 우리를 어떤 일련의 행위로 끌어들이는 모든 동기를 즐거움이라 부르고, 우리를 그 행위에서 멀어지게 하는 모든 동기를 괴로움이라 부른다면, 모든 행동이 즐거움과 괴로움에 의해 다스려진다는 것을 부인하기가 불가능해진다. 하지만 그리하면, 대단히 크고 오래 지속되지만 낮은 괴로움을 단 하나의 더 높은 즐거움이 중화시키기도 한다는 것을 인정하지 않을 수 없게 된다. 페일리의 진술은 그가 의도한 의미에 반하여 해석하지 않고서는 도저히 받아들일 수 없어 보인다. 여러 동기와 여러 느낌은 우리가 그것들을 서로 비교하여 달아볼 수 있다는 점에서는 확실히 그 종류가 같다. 하지만 아무리 그렇더라도 그것들은 능력과 권위에서 도저히 서로 비교할 수 없다.

29. 내 목적은 거의 다 이뤄졌다. 느낌의 위계는 이미 지적했으니, 경제학자가 논하는 즐거움과 괴로움에 적절한 자리를 부여하기만 하면 된다. 우리가 여기서 다루는 것은 가장 낮은 부류의 느낌이다. 효용의 미분학이 겨냥하는 과녁은 사람의 일상적인 욕구를 가장 적은 노동 비용으로 채우는 것이다. 다른 동기가 없는 노동자라면 제각기 부(富)를 축적하는 데 자신의 에너지를 바치게 되어 있다. 그가 어떻게 부를 자기만 아니라 타인을 위해서도 가장 잘 사용할 수 있을지를 보여주기 위해서는 도덕적 옳고 그름의 더 높은 미분학이 필요하다. 하지만 더 높은 미분학이 달리 금하지 않을 때, 도덕적 차이가 없는 문제에서 우리에게 최선을 안겨주기 위해 필요한 것은 낮은 미분학이다. 우리가 풀잎 하나 대신 둘이 자라나게 하려는데, 현명하게 노동을 지출하여 그리할 수 있는데, 그것을 금하는 도덕규칙은 없다. 우리도 프랜시스 베이컨을[41] 따라서 확실히 말할 수 있다. "철학자들이 미덕과 즐거움 중 무엇이 삶의 온당한 목적인지를 논쟁하는 동안 당신은 스스로에게 어느 하나의 수단을 제공하라."

---

41) 베이컨(Francis Bacon, 1561~1626). 제번스는 인용의 출전을 밝히지 않는다.

제 2 장

즐거움과 괴로움의 이론

수량으로서의 즐거움과 괴로움

30. 즐거움과 괴로움을 어떻게 크기로 추정할 수 있을지를 살펴보기에 앞서 우리는 이 주제에 대한 벤담의 전제를 의심 없이 받아들여야 한다. 그가 말하기를,[a] "혼자로서의 한 사람에게 하나로서의 즐거움 혹은 괴로움의 가치는 아래 네 가지 사정에 따라 크거나 작다.

(1) 그것의 강도.
(2) 그것의 지속 시간.
(3) 그것의 확실성 또는 불확실성.
(4) 그것의 근접성 또는 원격성.[1)]

이것들은 즐거움 혹은 괴로움을 제각기 단독으로 추정하기 위해 고려

---

a. 《도덕과 입법의 원리 서설》, 2판, 1823, 1권, 49쪽. 내가 아는 범위에서 가장 먼저 즐거움과 괴로움을 분명히 수량적으로 다룬 저자는 허치슨이다. 그의 《열정과 애정의 본성 및 작용에 관한 소론》, 1728, 34~43쪽, 126쪽을 보라.

1) 원문의 'propinquity'와 'remoteness'를 각각 '근접성'과 '원격성'으로 옮긴다. 제번스는 3장 127~128쪽에서 이것의 영향을 분석한다. 제번스가 이해하는 이것의 영향은 우리가 시간 할인(time discount)라 부르는 것과 다르지 않다.

해야 할 사정이다".

31. 벤담은 계속해서 행위 혹은 감정의 궁극적이고 완전한 결과와 관련이 있는 아래 세 가지 다른 사정을 고려한다.[b]

⑸ **증식성**, 혹은 하나의 느낌이 같은 종류의 느낌들로 이어질 가망성,[2)] 즉 그것이 즐거움이면 즐거움들로 이어지고, 그것이 괴로움이면 괴로움들로 이어질 가망성.

⑹ **순수성**, 혹은 그것이 상반된 종류의 느낌들로 이어지지 않을 가망성.

⑺ **범위**, 혹은 그것이 영향을 미치거나 그것의 영향을 받는 사람들의 수.

이 마지막 세 가지 사정은 도덕이론과 관련해서 대단히 중요하지만, 우리가 경제학에서 해결하려는 보다 단순하고 한정된 문제에는 개입하지 않는다.

느낌은 그것이 즐거움이든 괴로움이든 두 가지 차원 내지 방식의 수량 변동을 갖는다고 보아야 한다. 모든 느낌은 일정 시간 지속되어야 하고, 더 길게 혹은 더 짧게 지속될 수 있다. 그리고 그것이 지속되는 동안 더 혹은 덜 절실하고 격렬할 수 있다. 느낌의 지속 시간이 같은 두 경우라면, 느낌의 강도가 큰 편이 더 큰 수량을 낳을 것이다. 달리 말하면, 지속 시간이 같다면 수량은 강도에 비례한다. 그리고 만약 느낌의 강도가 일정하게 유지된다면, 느낌의 수량은 그것의 지속 시간에 비례할 것이다. 우리는, 같은 행복이라면, 하루의 행복보다 이틀의 행

---

b. 《서설》, 50쪽.

2) 1장 70쪽 역주에서 설명하듯이, 원문의 'chance'를 '가망성'으로 옮긴다. 이 단어는 뒤에서 10여 차례 더 사용된다.

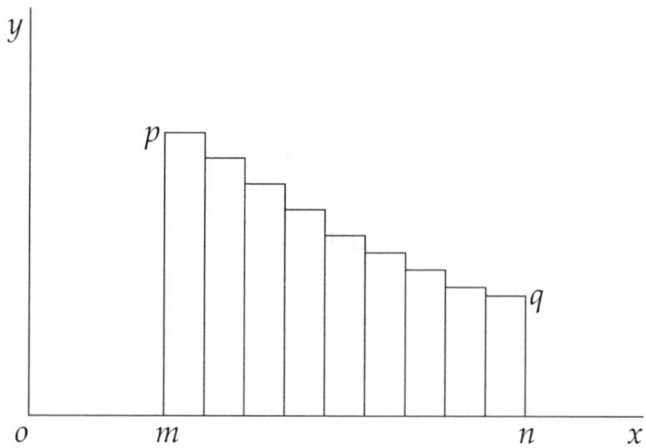

〈그림 1〉

복을 두 배로 바라게 되고, 하루의 괴로움보다 이틀의 괴로움을 두 배로 두려워한다. 만약 느낌의 강도가 계속 고정되어 있다면, 느낌의 총량은 강도의 단위 수에 지속 시간의 단위 수를 곱해서 찾을 수 있다. 그래서 즐거움과 괴로움은 두 개의 차원을 가진 수량이다. 이는 면적이 길이와 폭의 두 차원을 갖는 것과 같다.

32. 그렇지만 거의 모든 경우에 느낌의 강도가 시시각각 달라진다. 끊임없는 변동이 우리 마음 상태의 특성이며, 그것이 이 주제의 주된 어려움의 원천이다. 그럼에도 불구하고, 만일 우리가 이 변동을 조금이라도 추적할 수 있거나 방법과 법칙에 다가갈 길을 찾을 수 있다면, 결과로서의 느낌의 수량에 대해 어떤 개념을 만들어 낼 수 있을 것이다. 우리는 느낌의 강도가 1분이 끝날 때마다 달라지지만 그 1분 동안은 그대로 유지되는 경우를 생각해 볼 수 있다. 각 1분 동안의 수량을 〈그림 1〉에서처럼 직사각형으로 나타낼 수 있다. 우리는 이 직사각형의 밑변이 1분의 지속 시간에 상응하고, 그것의 높이가 그 1분 동안의 느낌의 강도에 비례한다고 상정하기로 한다. 선 ox를 따라 시간을 측정하고, 수직선 oy에 평행하게 이동하면서 느낌의 강도를 측정한다.

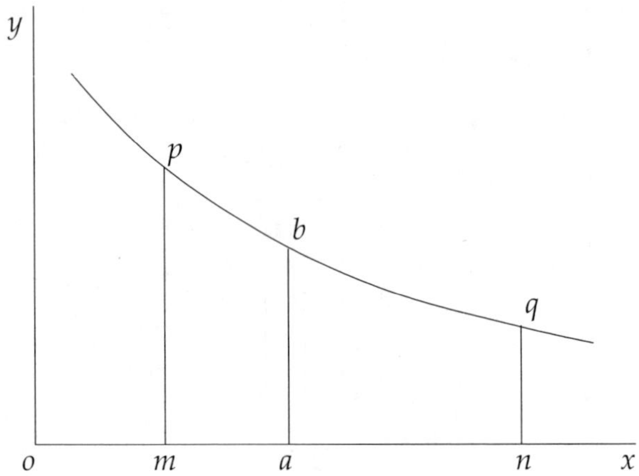

〈그림 2〉

*pm*과 *qn* 사이에 있는 직사각형들이 각각 1분 동안의 느낌을 나타낸다. 그리하여 시간 *mn* 동안 생성된 느낌의 전체 수량은 *pm*과 *qn* 사이에 있는 직사각형들의 전체 면적으로 나타난다. 이 경우에는 느낌의 강도가 점차 줄어드는 것으로 상정하고 있다.

33. 그러나 느낌의 강도가 일정한 간격을 두고 갑작스레 달라진다는 가정은 작위적이다. 시간의 간격이 매우 짧다면 이 가정으로 인한 오류가 크지 않을 것이며, 간격이 짧을수록 오류도 작을 것이다. 작은 오류도 피하려면, 시간의 간격이 무한히 짧은 경우를 생각해야 한다. 느낌의 강도를 연속적으로 달라지는 것으로 취급해야 한다는 것이다. 이 경우, 느낌의 변동을 적절히 나타내기 위해서는, 성질이 얼마간 복잡한 곡선을 그려야 한다. 〈그림 2〉에서 수평선 *ox*로부터 곡선 *pq* 위의 각 점에 이르는 높이가 각 순간의 느낌의 강도를 가리키고, 시간 *mn* 동안에 생성된 느낌의 총량은 네 선 *pm*, *qn*, *mn*, *pq*로 둘러싸인 면적으로 측정된다. 어떤 다른 시간 *ma*에 속하는 느낌은 수직선 *ab*로 잘라지는 구역 *mabp*로 측정된다.

음의 즐거움, 괴로움

34. 괴로움이 즐거움의 반대라는 데에는 누구나 쉽게 동의할 것이다. 그렇다면 괴로움의 감소는 곧 즐거움의 증가이고, 괴로움을 보태는 것은 즐거움을 줄이는 것이다. 따라서 우리는 대수학에서 양과 음의 수량을 다루는 것처럼 즐거움과 괴로움을 다뤄도 좋다. 일련의 즐거움과 괴로움의 대수합(代數合)을 구하려면 여러 즐거움과 여러 괴로움을 각각 더한 다음 큰 것에서 작은 것을 뺌으로써 차이를 찾으면 된다. 우리의 목적은 항상 그 합을 즐거움 방향으로 극대화하는 것이며, 즐거움 방향을 양의 방향이라 부를 수 있다. 이 목적을 이루기 위해 우리는 무엇이든, 그리고 어떤 행동이든, 그것에서 생기는 즐거움이 그것으로 인해 겪을 괴로움보다 크다면 반드시 받아들이고 수행한다. 다른 방향으로 기우는 사물이나 행동은 모조리 피해야 한다.

35. 우리 이론의 가장 중요한 부분이 두 수량의 — 기호는 무시하고 — 정확한 동등 위에 놓여 있다. 두 수량 중 하나는 물체를 소유함으로써 생겨나는 즐거움이고, 다른 하나는 그것을 획득하기 위해 맞닥뜨려야 하는 괴로움이다. 그래서 나는 기쁘게 베인 씨의 저작 《감정과 의지》에서 다음 문구를 인용하는데,[c] 여기서 그는 즐거움과 괴로움의 대립을 정확하게 표현한다. "괴로움 뒤에 즐거움이 올 때, 이것이 저것을 더 또는 덜 상쇄하는 경향이 있다. 즐거움이 괴로움을 정확히 누그러뜨릴 때, 우리는 그 둘이 대등하다고도 하고 크기가 같다고도 한다. 그 둘은 뜨거움과 차가움처럼, 양과 음처럼, 상반된 성질의 것임에도 그리한다. 또한 두 가지 다른 즐거움이 같은 크기의 괴로움을 덜어주는 힘을 가질 때, 그 두 즐거움이 동등한 감정적 힘을 갖는다고 선언할 타당한 근거가 있다. 여러 가지 산(酸)이 같은 양의 알칼리를 중화

---

c. 1판, 30쪽.

시키기에 충분한 만큼 있을 때 그것들이 대등하다고 선언하듯이, 열을 추정하기 위해 그것으로 녹일 수 있는 눈의 양을 측정하듯이, 여러 즐거움이 각각 마음에 발휘하는 총효력에 관해서도, 그것들이 가라앉힐 수 있는 괴로움의 크기로 서로를 꽤 잘 비교할 수 있다. 이런 의미에서 정도(程度)를 재는 유효 추정이 있을 수 있다."

예상되는 느낌

36. 벤담에 따르면,[d] 즐거움이나 괴로움의 힘을 추정하는 데 중요한 요소들 중 하나가 그것의 **근접성** 혹은 **원격성**이다. 우리가 삶에서 겪는 것의 매우 큰 부분이 그 순간의 실제 상황보다는 미래의 일에 대한 예상에 더 많이 달려 있다고 해도 틀림이 없다. 베인 씨가 말하듯이,[e] "즐거움을 미리 맛보는 게 즐거움의 시작이다. 모든 실제 기쁨은 그에 상응하는 이상(理想)을 그 앞에 던져 놓는다". 누구나 느끼게 마련이지만, 어느 순간이건 실제로 경험하는 즐거움은 그 크기에 어차피 한계가 있고, 대부분은 품었던 기대에 미치지 못한다. "사람은 언제나 축복받는 게 결코 아니다"라고 하는데, 이는 우리 마음의 보통 상태에 대한 옳은 서술이다. 높은 지성과 식견을 갖춘 마음에서는 오래 지속될 미래에 대한 예상으로부터 느낌과 동기의 가장 큰 힘이 생겨난다는 데 의심의 여지가 없다.

37. 그리하여 예상되는 느낌의 현재 크기와 실제로 느끼게 되는 것 사이에는 틀림없이 어떤 자연적 관계가 있다. 그 관계는 상황에 따라, 종족의 지적 수준에 따라, 혹은 개인의 특성에 따라 많이 다르긴 하겠지만, 분명 어떤 일반적인 변동 법칙을 따를 것이다. 지금 예상되는 느

d. 앞의 책, 28쪽.

e. 《감정과 의지》, 1판, 74쪽.

낌의 강도는, 수학적 표현을 사용하면, 미래의 실제 느낌과 그때까지의 시간의 어떤 함수임에 틀림없다. 그리고 그 강도는 실현의 순간이 다가오면서 커질 게 분명하다. 또한 그 변동은 그 순간이 멀리 떨어져 있을수록 덜 급격하고, 그 순간이 가까워지면서 더 급격할 것이다. 앞으로 1년 후에 발생할 일은 평균적으로 오늘이건 내일이건 거의 같은 효력을 우리에게 발휘한다. 그렇지만 중요한 일이 지금부터 사흘 뒤에 발생하기로 되어 있다면, 그 사이에는 아마도 날마다 전날보다 더 심각한 효력을 우리에게 발휘할 것이다.

이런 예상의 힘이 경제학에서 큰 영향을 갖지 않을 수 없다. 왜냐하면 훗날 소비하게 될 상품을 축적하는 일이 모두 예상에 근거를 두기 때문이다. 가장 멀리 바라보는 계층 혹은 종족이 가장 많이 미래를 위해 일한다. 교육받지 않은 야만인들은 어린아이처럼 당장의 즐거움과 곤란에 온통 생각이 쏠린다. 그들에게 다음 날은 흐릿하게 느껴진다. 그들의 전망은 기껏해야 며칠 후를 넘지 않는다. 다음 해 혹은 한평생의 여러 욕구는 전혀 안중에 없다. 반면 문명상태에서는 미래에 대한 모호하지만 강력한 느낌이 근면과 저축의 주된 동기가 된다. 순간의 시름은 성취와 희망의 조류에 얹힌 잔물결에 지나지 않는다. 어떤 사람이 아무리 지위가 낮고 소유가 적더라도, 가진 것보다 항상 더 많이 바랄 수 있고 매순간의 노력이 자신의 소망을 이뤄 주리라 느낄 수 있다면, 우리는 그를 행복한 사람이라 불러도 된다. 이와 반대로, 다가오는 시간에는 눈길조차 주지 않으면서 스쳐 가는 순간의 향락을 움켜쥐는 사람은 반드시 머지않아 자신의 즐거움이 동나고 희망조차 스러지는 것을 발견하게 된다.

앞일의 불확실성

38. 예상되는 느낌의 힘을 인정한다면, 모든 앞일의 불확실성을 고려하지 않을 수 없다. 일어날 수도 있고 일어나지 않을 수도 있는 일의 가치를 추정하려면, 그 일이 확실히 일어날 것인 양해서는 절대 안 된다. 내가 100파운드를 받을 수 있는 만큼이나 그렇지 못할 수도 있다면, 그 가망성의 가치는 50파운드이다. 왜냐하면, 만일 내가 그 가망성을 이 금액에 수없이 많이 되풀이하여 구입한다면, 나는 손실도 이득도 보지 않을 게 거의 확실하기 때문이다. 확률 추정이 옳은지를 검정하려면, 그 계산이 평균적으로 사실과 일치하는지를 보면 된다. 이 규칙을 모든 미래의 이해(利害)에 적용하여, 우리가 느낌을 추정할 때는 항상 그것이 발생할 확률을 나타내는 숫자의 비율에 맞춰 줄여야 한다.[3] 만일 내가 어느 날 즐거운 하루를 보낼 확률이 10분의 1밖에 되지 않는다면, 그것이 확실하다면 지닐 힘의 10분의 1로 그 즐거움을 예상해야 한다. 사람 일이 다 그렇듯이 불확실한 일에 달려 있는 일련의 행동을 선택하면서, 나는 앞일 하나하나에 대한 느낌의 수량에 그것의 확률을 나타내는 비율을 곱할 것이다. 대단한 인과성이라도, 좀처럼 발생하지 않는다면, 거의 어김없이 일어나는 사소한 인과성보다 별로 더 중요하지 않을 수도 있다. 일상생활의 모든 일에서 우리는 거의 본능적으로 이런 종류의 계산을 — 엄밀성의 차이는 있지만 — 하게 마련이다. 생명, 화재, 해상 등 여러 보험체계에서는 이 계산을 매우 완벽하게 수행한다. 미래의 목적을 지향하는 모든 근면에서도 우리는 어떤 일이 생길지에 대한 지식의 결핍을 이와 같이 감안해야 한다.

---

3) 제번스는 3장 123쪽 이하에서 '예상 효용'에 대해 논의한다. 이에 관한 역주를 참조하라.

제3장

효용이론

용어의 정의

40. 즐거움과 괴로움은 분명히 경제 미분학의 궁극적 대상이다. 우리의 욕구를 최소의 노력으로 최대한 만족시키기, 가장 덜 바람직한 것을 비용으로 들여서 바람직한 것을 가장 많이 획득하기, 혹은 즐거움의 극대화가 경제학의 문제다. 그러나 우리의 주의를 즐거움과 괴로움의 원천이 되는 유형의 물체나 행동으로 가급적 빨리 옮기는 게 좋다. 어느 공동사회에서나 노동의 매우 많은 부분을 들여 생산하는 것은 음식, 의복, 건물, 식기, 가구, 장신구 등 일상생활의 필수품과 편의품이다. 그러므로 이러한 사물 일반이 우리가 당장 주의를 기울일 대상이다.

41. 경제학의 원리를 편리하게 표현할 수 있게 해주는 용어는 곧바로 도입해서 정의하는 게 바람직하다. **상품**이 의미하는 것은, 즐거움을 주고 괴로움을 막는 모든 물체, 물질, 행동, 혹은 근로다. 상품이라는 명칭은 본래 추상적이었으며, 사람에 봉사할 수 있는 물체의 성질을 뜻했다.[1] 어떤 단어가 흔히 있는 혼동을 거쳐서 구체적 의미를 갖게

1) 원문의 'commodity'를 적절하지는 않지만 관례대로 '상품'으로 옮긴다. 영어 commodity는 편익을 뜻하는 프랑스어 commodité에서 유래했고, 그 어원은 적절 또는 유리(有利)를 뜻하는 라틴어 commoditas이다.

되었다면, 그 단어는 전적으로 그 의미에 할당하는 게 좋다. 그래서 어떤 물체가 우리 목적에 봉사함으로써 상품의 반열에 오를 자격을 갖도록 하는 추상적 성질을 뜻하기 위해서는 **효용**이라는 용어를 사용하는 게 좋다. 장바티스트 세가 적절하면서도 간결하게 효용을 정의하기를,[2] "사물이 어떤 방식으로든 사람에게 봉사할 수 있게 하는 능력이다". 즐거움을 주거나 괴로움을 막을 수 있는 것이라면 무엇이든 효용을 가질 수 있다. 굶주림의 고통을 막아주는 식품, 겨울의 추위를 덜어주는 의복은 명백한 효용을 갖는다. 그러나 우리는 그 단어의 의미를 어떤 도덕적 고려에서 제한하는 일이 없어야 한다. 무엇이든 누군가 그것을 바라고 그것을 위해 노동한다면, 그것이 그에게 효용을 가진다고 가정해야 한다. 경제과학에서는 사람을 어떠해야 하는 존재가 아니라 어떠한 존재로 대해야 한다. 벤담은 그의 역저 《도덕과 입법의 원리 서설》에서 도덕과학의 토대를 세우면서 이 용어를 포괄적으로 정의하기를(3쪽), "효용이 의미하는 것은 물체의 성질이며, 그 성질을 가진 물체는 어느 한쪽에 (지금 이 경우에는 모두 같은 것이 되는) 편익, 이익, 즐거움, 유익, 행복 등을 생겨나게 하거나, 아니면 (마찬가지로 모두 같은 것이 되는) 피해, 괴로움, 해악, 불행 등이 생기지 않게 하는 경향이 있다".

42. 우리가 당장 고찰하려는 사람의 의지나 성향을 당분간 유일한 기준으로 삼아서 유용하거나 그렇지 않은 것을 구분하려 한다면, 벤담의 정의는 경제학에서 이 단어가 갖는 의미를 완벽하게 표현한다.

---

2) 제번스는 프랑스어로 인용하면서 그 출전을 밝히지 않는다. 그러나 인용문과 비슷한 것이 세의 저서 《정치경제학 강론》 1편 1장에서 발견된다(5판, 1권, 1826, 5쪽; 6판, 1841, 57쪽).

인간 욕구의 여러 법칙

경제학은 효용의 여러 사정에 대한 충분하고 적확한 탐구에 기반을 둬야 하며, 이 요소를 이해하기 위해 우리는 반드시 사람의 욕구와 욕망을 검토해야 한다. 우리에게는 무엇보다 부(富)의 소비에 관한 이론이 필요하다. 존 스튜어트 밀이 이와 어긋나는 의견을 밝힌 적이 있다. 그가 말하기를,[f] "소비에 대한 고찰이 생산에 대한 고찰 또는 분배에 대한 고찰로부터 분리될 수 없다는 점을 제외한다면, 정치경제학은 부의 소비와는 무관하다. 부의 소비에 관한 법칙으로서 어떤 특정 과학의 주제가 될 만한 것은 없다. 그것은 인간의 향유(享有)에 관한 법칙에 지나지 않는다".

43. 그러나 너무도 분명히 경제학은 인간의 향유에 관한 법칙에 근거하고 있다. 그리고 만약 다른 어떤 과학도 그런 법칙을 전개하지 않았다면, 경제학자들이 전개해야 한다는 것도 분명하다. 우리가 노동하고 생산하는 목적이 오로지 소비에 있으며, 생산할 재화의 종류와 수량은 우리가 소비하고 싶어 하는 것을 염두에 두고 결정해야 한다. 제조업자라면 누구나 소비자들의 취향과 필요를 얼마나 자세히 예상해야 하는지를 알고 느낀다. 그의 성공이 온전히 그것에 달려 있다. 마찬가지로 경제학의 이론은 옳은 소비 이론에서 시작해야 한다. 많은 경제학자들이 이 진실을 명료하게 인지했다. 로드데일 경이 분명히 말하기를,[g] "여러 나라에서 산업이 취한 방향의 원인을 알아내기 위한 크고 중요한 걸음은 … 생산되는 여러 물품에 대한 수요의 비율을 무엇이 결정하는지를 찾아내는 데 있다". 시니어는 그의 훌륭한 논고에서 이 진실을 인식하고, 그것을 가리켜 인간 요구의 **다양성 법칙**이라 불렀다. 생활필수품은 매우 적고 단순하여 사람들이 이에 관해서는 곧 만족하

---

f. 《정치경제학의 몇몇 해결되지 않은 문제에 관한 소론》, 132쪽.

g. 《공부(公富)의 본질과 기원에 관한 탐구》, 2판, 1819, 306쪽.

고서 향유의 구역을 확대하고 싶어 한다. 그의 첫째 목표는 음식을 바꾸는 것이다. 하지만 곧 다양하고 우아한 옷에 대한 욕망이 생겨난다. 그리고 이어서 건축과 장식과 가구에 대한 욕망이 뒤따른다. 이런 취향은 일단 생겨나면 절대 만족하는 법이 없고, 문명이 진보하는 만큼 따라서 커진다.[h]

44. 많은 프랑스 경제학자들 역시 인간의 욕구를 경제학의 궁극적인 주제로 인식했다.[3)] 예를 들어 바스티아는 자신의 《정치경제학의 조화》에서 말하기를,[i] "**욕구, 노력, 만족** — 이것이 정치경제학의 순환이다".

그 뒤에는 쿠르셀-스뇌가 실제로 **욕구**에 대한 정의로부터 자신의 저작을 시작한다.[5)] "경제적 욕망은 물질적 대상의 향유와 소유를 목표로 하는 소망이다."[k] 그리고 내가 생각하기에는 그가 경제학의 목적을 "우리의 필요를 가능한 최소 합(合)의 노고로 충족시키는 것"[l]이라 표명함으로써 경제학의 문제에 대한 가능한 최선의 기술(記述)을 제출했다.

헌 교수 역시 《부학, 인간의 욕구를 채우기 위한 노력의 이론》이라는 제목의 탁월한 저작의[6)] 첫째 장에서 사람을 노력하게 만드는 여러

---

h. 《엔사이클로피디아 메트로폴리타나》, "정치경제학," 133쪽. 5판의 재판, 11쪽.
i. 《정치경제학의 조화》, 스털링 역, 1860, 65쪽.[4)]
k. 쿠르셀-스뇌, 《정치경제학 이론 및 실용》, 2판, 파리, 1867, 1권, 25쪽.
l. 전게서, 33쪽.

3) 이 문장과 이어지는 문구 "예를 들어"는 2판에서 추가된 부분이다.
4) 제번스가 인용하는 책은 1850년 초판이 출간되고 1851년 증보판이 출간된 《경제적 조화》(*Les Harmonies économiques*)를 스털링(P. J. Stirling)이 번역하여 1860년에 출간한 《정치경제학의 조화》(*Harmonies of Political Economy*)다. 그런데 제번스가 인용한 문구는 이 책 65쪽이 아닌 78쪽에 있다. 그리고 이 번역판과는 달리 1964년 출간된 보이어스(W. H. Boyers)의 번역판은 제목이 '경제적 조화'(*Economic Harmonies*)이다.
5) 여기서 제번스는 프랑스어 그대로 인용하는데, 5장 221~222쪽에서 둘째 문장을 다시 인용할 때는 영어로 옮긴다.
6) 제번스는 7장 273~274쪽과 마지막 장 315쪽에서 이 책을 길게 인용한다.

욕구의 본성을 고찰한다.

45. 그렇지만 내가 보기에 경제학의 토대에 대한 가장 깊숙한 이해에 도달한 저자는 밴필드다. 그가 1844년 케임브리지 대학교에서 행한 일련의 강의가 《노동 조직》이라는 제목으로 출간되었는데, 항상 옳지는 않으나 매우 흥미롭다. 다음 구절에서[m] 그는 경제학의 과학적 기초가 소비 이론에 있음을 간파하여 지적한다. 내가 그 긴 구절을 전부 인용하는 데 대해 변명할 필요가 없다.

> 낮은 욕구는 사람이 짐승과 마찬가지로 경험한다. 굶주림과 목마름의 갈망, 더위와 추위, 가뭄과 장마의 영향은 동물의 세계에서 사람이 가장 심하게 느낀다. 사람은 자신이 그런 시련을 겪어야 할 이유가 없다고 의식하기에 그 고통이 더욱 예리할 수밖에 없다. 하지만 경험이 보여주듯이, 여러 가지 결핍이 사람들에게 미치는 영향은 그들이 처한 상황에 따라서 그 정도가 다르다. 어떤 사람에게는 어떤 향유의 결핍이 참기 어렵지만 다른 사람은 그 상실을 감지하지도 못한다. 또한 어떤 사람은 주위 사람들조차 이해하지 못하는 갈망과 열망을 채우기 위하여, 다른 사람들이 귀중하게 여기는 모든 것들을 희생시키기도 한다. 정치경제학자는 이들 낮은 욕구와 높은 열망의 복잡한 토대 위에 생산과 소비의 이론을 건설해야 한다.

46. 인간 욕구의 본질과 강도(强度)를 살펴보면 알 수 있듯이, 그것들 사이의 관계가 정치경제학에 과학적 기초를 제공한다. 소비 이론의 첫째 명제는, **등급에서 낮은 모든 욕구가 충족되면서 비로소 높은 성질의 욕망이 창출된다**는 것이다. 만일 높은 욕망이 일차

---

m. 2판, 11쪽.

'부학'의 의미에 관해서는 2판 서문 19쪽 역주를 참조하라.

적 욕구가 채워지기 전에도 있었다면, 그것이 제거된 뒤에는 더 욱 강렬해질 것이다. 일차적 욕구의 제거는 대개 하나 이상의 이차적 결핍의 감각을 깨운다. 그래서 보통 음식의 충분한 공급은 산해진미에 대한 욕심뿐만 아니라 의복에 대한 관심도 함께 일깨운다. 욕구의 등급에서 가장 높은 단계는 자연과 예술의 아름다움에서 나오는 즐거움의 단계인데, 이 단계는 모든 낮은 결핍에서 벗어난 사람들에게만 허용된다. 바로 이것이 진짜 가치이론으로 가는 열쇠이다. 우리가 획득하려 힘을 쏟는 대상의 상대적 가치가 아니라면, 과학으로서의 정치경제학의 기초는 없을 것이다.

효용은 내재적 성질이 아니다

47. 지금 나의 주된 과제는 효용의 정확한 본질과 조건을 추적하는 데 있다. 경제학의 문제에 명백히 진짜 열쇠를 제공하는 이 주제에 경제학자들이 더 꼼꼼한 주의를 기울이지 않았다는 게 참으로 이상스럽다.

무엇보다도 효용은 사물의 성질이긴 하지만 **내재적 성질은** 아니다. 그것은 사람의 요구에 대한 관계에서 생겨나는 **사물의 상황**으로 서술하는 편이 낫다. 시니어가 가장 적확하게 말하듯이,[7] "효용은 우리가 유용하다고 일컫는 사물의 내재적 성질을 가리키지 않는다. 효용은 오직 인류의 괴로움과 즐거움에 대한 사물의 관계를 표현할 뿐이다". 그러므로 우리는 결코 이런 물체가 효용을 갖는다거나 저런 물체가 효용을 갖지 않는다고 말할 수 없다. 광산에 묻혀 있는 광석, 찾는 사람의 눈을 벗어난 다이아몬드, 소비할 사람이 없어서 따지 않은 과일 등은 아무런

7) 제번스는 출전을 적시하지 않으나 그가 앞 절에서 언급한 시니어의 논고 "정치경제학"에서 인용한다. 《엔사이클로피디아 메트로폴리타나》, 2판, 1836, 131쪽; 시니어, 《정치경제학》, 5판, 1863, 47쪽.

효용도 갖지 않는다. 몸에 매우 좋고 꼭 필요한 여러 먹을거리도 조만간 그것들을 수집할 손과 먹을 입이 없다면 아무 소용이 없다. 그리고 우리가 이 문제를 자세히 고찰하면 알 수 있듯이, 동일한 상품이라도 모든 부분이 동등한 효용을 갖는다고 말할 수 없다. 예컨대 물은 대체로 모든 물질 중에서 가장 유용한 것으로 묘사되기도 한다.[8] 하루에 1 쿼터의 물은 가장 괴로운 죽음으로부터 사람을 구해주는 높은 효용을 갖는다. 하루에 여러 갤런은 요리나 세탁과 같은 목적을 위한 많은 효용을 지닌다. 하지만 이런 사용을 위해 적절한 공급이 확보된 뒤에 더해지는 수량은 모두 상대적으로 무의미한 사항이다. 그래서 우리는 그저 이렇게만 말할 수 있다. 일정 수량까지의 물은 없어서는 안 되고, 그 이상의 수량은 그 정도가 다른 효용을 가지고, 어떤 수량을 넘으면 효용이 점차 영(零)으로 떨어진다. 심지어는 효용이 음(陰)이 될 수도 있다. 동일 물질의 추가 공급이 불편과 피해를 주기도 한다는 것이다.

48. 정확히 같은 고찰이 더 혹은 덜 분명하게 다른 모든 물품에 적용된다. 한 사람에게 하루에 1파운드씩 공급되는 빵은 그를 굶주림으로부터 구하며, 생각할 수 있는 가장 높은 효용을 갖는다. 하루의 둘째 1파운드 또한 적잖은 효용을 갖는다. 그 1파운드에서 약간이라도 모자라면 안 된다고는 할 수 없을지라도, 그것이 그를 상대적으로 풍족한 상태에 있게 한다. 셋째 1파운드는 남아돌기 시작할 것이다. 그렇다면 분명히 효용은 상품에 비례하지 않는다. 동일한 물품이라도 우리가 이미 소유하고 있는 그 물품의 많고 적음에 따라 그것의 효용이 다르다. 이와 비슷한 말을 다른 물건들에도 할 수 있다. 한 해 한 벌의 옷은 필요하고, 둘째 한 벌은 편리하고, 셋째 한 벌은 바람직하고, 넷째 한 벌은 있으면 나쁘지 않다. 그러나 우리는 조만간 더 이상의 공급을, 훗날

---

8) 저자가 물을 예로 드는 것은 애덤 스미스가 《국부론》에서 제시한 '물과 다이아몬드의 역설'을 염두에 두고서이다. 저자는 134～135쪽에서 이 역설을 직접 인용한다.

의 사용을 위해서가 아니라면, 조금도 원하지 않는 점에 도달한다.

효용 변동의 법칙

49. 이제 이 주제를 더 자세히 들여다보자. 우리는 효용을 사람의 행복에 더해지는 부분으로 측정해야 하고, 그것과 실질적으로 동일한 것으로 간주해야 한다. 효용은 생산된 느낌의 흑자—생겨난 즐거움과 막아낸 괴로움의 합계—전부에 붙여진 편리한 이름이다. 우리는 이제 어떤 상품에서 생기는 **총효용**과 그 상품의 특정 부분에 결부된 효용을 조심스럽게 구분해야 한다. 우리가 먹는 식품의 총효용은 생명을 유지하는 데 있고, 무한히 크다고 간주할 수 있다. 그러나 우리가 매일 먹는 식품에서 10분의 1을 줄이더라도, 입게 될 손실은 대수롭지 않을 것이다. 식품이 우리에게 주는 효용 전부의 10분의 1을 잃는 게 아님은 확실하다. 어쩌면 거의 아무런 해도 입지 않을지 모른다.

한 사람이 평균적으로 스물네 시간에 소비하는 식품 전량을 열 부분으로 동등하게 나눈다고 생각하자. 그의 식품이 마지막 부분만큼 줄어든다면 그는 거의 아무런 피해도 느끼지 않을 것이다. 한 부분이 더 모자라면 그는 그것의 필요를 뚜렷이 느낄 것이다. 셋째 부분을 줄이면 확실하게 해로울 것이다. 계속해서 10분의 1씩 줄이면 그의 괴로움은 점점 더 심해져서 마침내 굶주림의 경계에 설 것이다. 이제 열 부분의 각각을 **증분**(增分)이라[9] 부르면서 이러한 사실의 의미를 표현한다면, 식품의 각 증분이 그 앞의 증분보다 적은 효용을 갖는다고 말할 수 있다. 이러한 효용의 변동을 설명하기 위해 공간 표현을 사용할 수 있다. 이 표현의 편리성은 내가 지난 15년 동안 대학 강단에서 경제학

---

9) 원문의 'increment'를 '증분'으로 옮긴다. 이 용어는 저자가 미적분학에서 가져온 것으로 보인다.

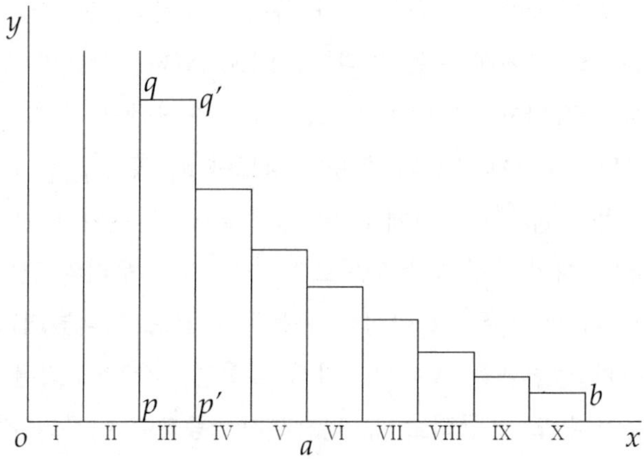

〈그림 3〉

의 법칙을 예시하면서 확인했다.

50. 선 *ox*로는 식품의 수량을 측정하는데, 그것을 열 개의 같은 선분으로 나눠 위에서 말한 동등한 열 부분의 식품을 나타내게 한다. 이 동등한 선분들 위에 직사각형을 세우되 그 직사각형의 면적이 그것의 밑변에 상응하는 식품 증분의 효용을 나타내게 한다. 마지막 증분의 효용은 작고, X 위의 작은 직사각형에 비례한다. *o*에 가까이 갈수록 각 증분이 더 큰 직사각형으로 나타나며, III 위에 서 있는 것이 온전한 직사각형 중에서는 가장 크다. 그다음 두 증분 II와 I의 효용은 정해지지 않는데, 우리에게 이 두 부분의 식품마저 없다면 살아갈 수 없으므로 그것들의 효용은 무한히 크다.

51. 이제 우리는 식품 전체의 효용을 분명하게 나타낼 수 있다. 직사각형들을 적절히 더하기만 하면 된다. 식품 전체에서 첫째 절반의 효용은 선분 *oa* 위에 서 있는 장방형들의 합이고, 둘째 절반의 효용은 *a*와 *b* 사이의 작은 장방형들의 합이다. 식품의 총효용은 장방형 모두의 합으로서 무한히 크다.

그렇지만 여러 부분의 상대적 효용이 가장 중요하다. 효용은 2차원의 수량으로 취급할 수 있다.[n] 한 차원은 상품의 수량에 있고, 다른 한 차원은 소비자에게 주는 효과의 강도에 있다. 상품의 수량은 수평선 *ox*에서 측정되고, 효용의 강도는 여러 수직선의 길이 혹은 세로좌표로 측정된다. 셋째 증분의 효용의 강도는 *pq* 혹은 $p'q'$로 측정되고, 그것의 효용은 pp'의 길이에 *pq*의 길이를 곱한 것이다.

식품을 열 개의 동등한 부분으로 나누는 것은 우리의 편의를 위해서다. 스물이나 백 혹은 그 이상의 동등한 부분으로 나눴더라도 동일한 일반 원리가 성립했을 것이다. 다시 말하면, 각각의 작은 부분은 그 앞의 부분보다 덜 유용하고 덜 필요하다. 증분이 아무리 작더라도 이론적으로 이 법칙이 성립한다고 간주할 수 있다. 그리고 이런 식으로 우리는 마침내 연속 곡선과[11] 차이가 없는 그림에 도달한다. 무한히 작은 양의 식품이라는 개념은 한 개인의 소비와 관련해서는 터무니없는 것으로 보일 수 있다.[12] 그러나 한 나라의 소비를 고려한다면, 전체 소비에 비해서 실질적으로 무한히 작다고 할 만한 수량의 증가 혹은 감소를 생각할 수 있다. 우리가 찾아내려는 법칙이 개인들에게는 이론적으로 참이라고 볼 수 있고, 실제로는 오직 커다란 집단 전체의 거래, 생산, 소비에 관해서만 입증될 수 있다. 그러나 전체의 법칙은 당연히 개체에 적용되는 법칙에 좌우된다.

52. 식품의 효용도(效用度)가 달라지는 법칙은 〈그림 4〉의 연속 곡선 *pbq*로 나타낼 수 있다. 이 곡선의 각 점에서 선 *ox*로 향한 수직의 높

n. 효용의 차원에 관한 이론은 다음 절에서 자세히 기술한다.[10]

10) 물론 이 각주는 2판의 새 절 '경제 수량의 차원에 관한 이론'과 함께 추가된 것이다.

11) 저자가 '연속 곡선'(continuous curve)으로 의미하는 것은 부드러운(smooth) 곡선, 혹은 기울기가 연속적으로 변하는 곡선이다.

12) 이 단락에서 이 문장과 이어지는 문장들은 2판에서 추가된 부분이다. 우리는 이 단락과 76쪽의 단락을 비교해 볼 수 있다.

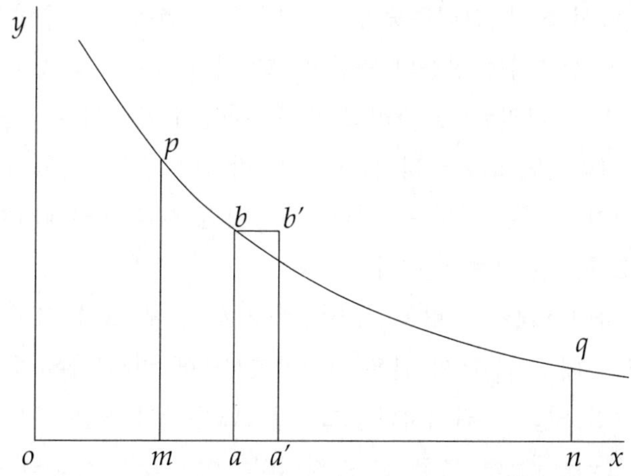

〈그림 4〉

이가 나타내는 것은 그 상품이 일정량 소비됐을 때의 효용도다.

따라서 수량 *oa*가 소비될 때의 효용도는 선분 *ab*의 길이에 대응한다. 식품을 *aa*′만큼 아주 조금 늘린다면, 그 부분의 효용은 *aa*′과 *ab*의 곱에 매우 가깝다. 그리고 *aa*′의 크기가 작을수록 그 효용은 *aa*′과 *ab*의 곱에 더욱 가깝다. 그래서 이론적으로는 무한히 적은 양이어야 하지만, 매우 적은 양의 식품에 대응하는 매우 좁은 직사각형의 높이로도 효용도를 적절히 측정할 수 있다.

총효용과 효용도

53. 우리는 이제 상품의 **총효용**과 **효용도** 사이에서 둘의 차이를 완벽하게 인지하는 단계에 있다. 사실 이 둘은 전혀 다른 종류의 수량이다. 전자는 면(面)으로 나타나고, 후자는 선(線)으로 나타난다. 우리는 이 개념들을 적절한 수학의 언어로 표현할 방법을 찾아야 한다.

수학책에서 으레 그러하듯이, 독립적으로 변동하는 수량을 x로 나타낸다. 이 경우에는 상품의 수량이 그것이다. u는 x를 소비하는 데서 오는 **총효용**을 가리킨다. 그리하면 수학자들의 표현대로 u는 x의 **함수**다. x가 달라지면 u가 달라지는데, 그 방식이 연속적이고 규칙적이지만 알려지지는 않은 것일 수 있다. 그렇지만 지금 우리에게 중요한 것은 **효용도**를 표현하는 일이다.

54. 수학자들이 x처럼 수량을 나타내는 기호 앞에 Δ를 붙여 사용하는 경우가 있는데, 이는 x와 같은 성질이면서 x에 비해 작은 수량이 고려되고 있음을 알리기 위해서다. 그래서 Δx는 x의 작은 부분을 의미하고, $x + \Delta x$는 x보다 조금 큰 수량이다. 이제 x는 상품의 수량이고, 일반적으로 $x + \Delta x$의 효용이 x의 효용보다 크다. $x + \Delta x$의 효용 전부를 $u + \Delta u$로 나타내면, 효용 증분 Δu가 상품 증분 Δx에 속하는 것임이 명백해진다. 그리고 논의를 위해 효용도가 Δx 전부에 걸쳐 동일하다고 가정할 수 있는데, 이 가정은 Δx가 작기 때문에 참에 가깝다. 이렇게 가정하면 Δu를 Δx로 나눔으로써 상응하는 효용도를 찾을 수 있다.

우리는 이 고찰이 〈그림 4〉에 의해 충분히 예시되고 있음을 발견한다. 이 그림에서 oa가 x를 나타내고, ab가 점 a에서의 효용도를 나타낸다. 이제 x가 작은 수량 aa' 혹은 Δx만큼 증가하면, 효용은 작은 직사각형 $abb'a'$ 혹은 Δu만큼 증가한다. 그리고 직사각형은 두 변의 곱이므로, 우리는 선분 ab의 길이 혹은 효용도가 비율 $\frac{\Delta u}{\Delta x}$로 나타난다는 것을 알 수 있다.

55. 그렇지만 이미 설명했듯이 상품의 효용은 완벽하게 연속적으로 변동하는 것으로 간주할 수 있다. 그런데도 우리가 증분 Δx 전부에 걸쳐 효용이 동일하다고 가정한다면, 우리는 작은 오류를 범하게 된다. 이를 피하기 위해 우리는 Δx가 무한히 작은 크기로 줄어들면서 Δu가

함께 줄어드는 경우를 상정해야 한다. 그 수량이 작을수록 우리는 점 a에서의 효용도 혹은 ab의 옳은 표현에 더 가깝게 다가갈 수 있다. 그래서 이 비율 $\frac{\Delta u}{\Delta x}$의 극한, 혹은 그것의 일반적인 표현인 $\frac{du}{dx}$가 상품 수량 x에 대응하는 효용도가 된다. 수학의 언어로 말하면, **효용도는 x의 함수로 간주되는 u의 미분계수**로서 그 자신이 x의 다른 함수다.[13]

우리가 고려해야 하는 거의 모든 효용도는 막 소비된 마지막 증분에서 나온 것이거나, 곧 소비될 다음 증분에서 나올 것이다. 그리고 이 둘은 같은 것이다. 그래서 아주 작거나 무한히 작은 수량으로서 기존 수량에 마지막으로 추가되었거나 다음으로 추가될 부분의 효용을 의미하기 위해 내가 공통적으로 사용할 표현은 **최종효용도**(最終效用度)다.[14] 최종효용도가 상당히 클 수도 있으나, 일반적인 상황에서는 그다지 크지 않을 것이다. 기근처럼 극단적인 상황에서만 매우 높은 효용도에 접근한다. 따라서 〈그림 4〉의 곡선 pbq에서 우리가 자주 다룰 부

---

13) 미분계수(differential coefficient)는 오일러(Leonhard Euler, 1707~1783)의 용어이다. 미분의 결과가 상수가 아닌 만큼 이 용어가 부적절하다는 비판이 있어 왔는데, 라그랑주는 도함수(fonction dérivée)라 부르면서 $f'(x)$로 나타냈다. 그리고 코시(Augustin-Louis Cauchy, 1789~1857)는 미분을 극한의 개념으로 재정립했다. 제번스는 대학생 시절 드모르간 교수로부터 수학을 배웠는데, 드모르간은 1842년 저서 《미적분학》(*The Differential and Integral Calculus*)에서 두 증분 $\phi(x+\theta)-\phi(x)$와 θ를 각각 Δu와 Δx으로 나타냈고, 두 증분의 비율 $\frac{\Delta u}{\Delta x}$의 극한을 미분계수라 부르면서 $\frac{du}{dx}$로 나타냈다(49~50쪽). 그러면서 그는 미분계수가 두 수량의 비율이 아니고 함수임을 강조했으며, 경우에 따라서는 $\phi' x$로 나타냈다. 제번스는 뒤에서 (최종)효용도를 ϕx로 나타낸다.

14) 1장 64쪽 역주에서 밝혔듯이, 원문의 'the final degree of utility'를 '최종효용도'로 옮긴다. 제번스의 효용도나 최종효용도는 뒷날 윅스티드(1888)와 마셜(1890)이 한계효용(marginal utility)이라 부르는 것과 비교할 수 있으나 동일하지는 않다. 자세한 내용은 부론 1을 보라.

분은 일반적인 상거래와 관련된 낮은 부분이며, p나 q를 벗어나는 부분은 눈여겨보지 않아도 된다. 덧붙이면, 우리가 전체 곡선의 면적으로 나타나는 총효용을 알지 못하더라도 어떤 점에서의 효용도는 분명히 알 수 있다. 한 사람의 총향유를 추정할 수 있다면 흥미롭겠지만, 사정에 따라 생겨나는 향유의 증가와 감소를 추정할 수 있는 것만큼 중요하지는 않다.[15] 이와 마찬가지로, 매우 부유한 사람이 자신의 재산 전부에 대해서는 도저히 정확히 진술할 수 없더라도 자신의 소득과 지출에 대해서는, 즉 증가와 감소에 대해서는 자세히 기술할 수 있다.

최종효용도의 변동

56. 최종효용도는, 곧 보게 되듯이, 경제학의 이론을 규정하는 함수다. 대부분의 경제학자들은 이 함수와 총효용을 구분하지 못했으며, 바로 이 혼동으로 인해 적잖이 당혹스러워했다. 우리에게 매우 유용한데도 약간의 바람이나 평가조차 받지 못하는 상품들이 많다. 우리는 물 없이 살 수 없는데도 보통 상황에서는 그것에 아무런 가치도 부여하지 않는다. 왜 그런가 하면, 단지 우리에게 물이 충분히 많아서 그것의 최종효용도가 거의 영으로 줄었기 때문이다. 우리는 매일 물에서 거의 무한한 효용을 얻지만 우리가 가진 것보다 많이 소비할 필요가 없다. 가뭄으로 공급이 모자라게 되면 물의 높은 효용도를 느끼기 시작하겠지만, 그렇지 않은 시절에는 물에 대해 거의 아무런 생각도 하지 않는다.

57. 최종효용도를 나타내는 함수의 변동은 여러 경제 문제에서 매우 중요하다. 일반 법칙을 말하면, **효용도는 상품의 수량과 함께 변동하며, 그 수량이 증가함에 따라 궁극적으로 감소한다.** 우리가 이미 사용하거

15) 이 문장과 이어지는 문장은 2판에서 추가된 부분이다.

나 소유하고 있는 수량이 매우 많은데도 계속 같은 강도로 희구하는 그런 상품은 있을 수 없다. 우리의 모든 욕구는 언젠가는 **만족** 혹은 **포만**에 도달할 수 있다. 사실 두 단어는 모두 **가득** 채워졌음을 의미하며, 더 많아도 소용이 없음을 의미한다. 물론 효용도가 항상 영으로 줄어들지는 않는다. 그렇게 되는 물건들이 있다는 것이다. 특히 식품, 물, 공기 등과 같이 단순하고 동물적인 요구의 대상이 그렇다. 그러나 우리의 필요가 세련되고 지성적일수록 포만의 가능성이 줄어든다. 취미, 과학, 호기심의 대상에 대한 욕망은 일단 촉발되면 좀처럼 한계가 없다.

58. 어떤 상품이든 최종효용도가 궁극적으로 감소한다는 이 대단한 원리를 암시하는 경제학자들의 저작은 많지만 명시적으로 서술한 경우는 드물다. 시니어의 이른바 '다양성 법칙'의 바닥에 놓여 있는 법칙이 사실은 바로 이것이다. 시니어는 우연히 그 법칙을 드러내어 기술하기도 한다.[o]

> 우리의 욕망은 분명히 수량보다는 다양성을 목표로 한다. 어떤 부류의 상품이든 그것이 줄 수 있는 즐거움에는 한계가 있을 뿐만 아니라, 그 한계에 도달하기 훨씬 이전부터 빠르게 즐거움이 줄어든다. 동일한 종류의 물품 두 개가 하나에 비해 두 배의 즐거움을 주는 경우는 드물며, 열 개는 두 개에 비해 다섯 배에 훨씬 못 미치는 즐거움을 준다. 그러므로 어떤 물품이든 풍족해지면 그에 비례하여, 그것을 소유하고 있으면서 자신의 소유를 전혀 혹은 거의 늘리고 싶어 하지 않는 사람의 수가 많아지기 쉽다. 그런 사람에게는 더 이상의 공급이 모든 혹은 대부분의 효용을 잃는다.

o. 《엔사이클로피디아 메트로폴리타나》, 133쪽; 재인쇄,[16] 11쪽.

16) 시니어의 《정치경제학》 5판을 가리킨다.

그리고 물품의 희소성에 비례하여, 그 물품이 부족한 사람의 수가 늘어나고, 그들이 그 물품을 원하는 정도가 커지기 쉽다. 그 물품의 효용이 — 달리 말해, 그것을 일정 수량 소유하는 데서 오는 즐거움이 — 비례해서 증가한다.

59. 밴필드의 '욕구 예속의 법칙'도[17] 동일한 근거 위에 놓여 있다. 하위 욕구의 충족이 상위 욕구를 창출한다고 말하는 것은 적확하지 않다. 그것은 단지 상위 욕구가 스스로를 드러내게 할 뿐이다. 우리는 보다 긴박한 욕구를 먼저 충족시키는 방식으로 우리의 노동과 소유물을 배분한다. 만일 식품이 부족하면, 어떻게 그것을 더 많이 획득할지가 다른 모든 문제를 압도한다. 왜냐하면 그 순간에는 더 큰 즐거움이나 괴로움이 다른 어떤 상품보다도 식품에 달려 있기 때문이다. 하지만 식품이 웬만큼 넉넉할 때는 식품의 최종효용도가 매우 낮게 떨어지고, 더 복잡하고 잘 포화되지 않는 성질의 욕구가 상대적으로 두드러지게 된다.

그렇지만 내가 보기에 효용 법칙의 본질과 중요성을 가장 분명하게 인식한 저자는 1855년에 '정치경제학의 자연적 요소'라는 제목의 작은 책을[p] 발간한 제닝스다. 이 저작은 경제학이 생리적 법칙에 의존한다는 것을 보여주면서 경제학의 물적 토대에 관해 논의한다. 이 책은 경제학의 참된 기초에 대한 대단한 통찰을 펼친다. 그러나 내가 알기로는 어느 경제학자도 제닝스의 견해에 관심을 기울이지 않았다.[q] 그래서 나는 그가 효용의 본질에 대해 한 말을 그대로 옮기려 한다. 여기

p. 런던, 롱맨스.

q. 그러나 케언스는 예외다. 그의 저서 《정치경제학의 성격과 논리적 방법》, 런던, 1857, 81쪽; 2판(맥밀런), 1875, 56쪽, 110쪽, 224쪽, 보론 2 참조.

17) '다양성 법칙'이 시니어가 아닌 제번스 자신의 표현이듯이, '욕구 예속의 법칙'(law of subordination of wants)도 밴필드가 아닌 제번스 자신의 표현이다.

서도 볼 수 있듯이, 내가 말하는 그 법칙은 전혀 새로운 게 아니며, 경제학의 참 이론에 도달하기 위해 필요한 것은 오로지 우리가 가진 원리로부터의 신중한 연역이다.

60. 감각을[18] 발생시키는 상품의 상대적 효과를 떠나 절대적인 효과로 돌아오면 — 달리 말해, 오로지 각 상품의 수량에 좌우되는 효과로 돌아오면 — 발생하는 각 감각의 정도가 결코 그 감각에 가해진 상품의 수량에 상응하지 않는다는 것은 모든 상태의 사람들에게 너무도 잘 알려져 있다. … 이런 효과를 자세히 관찰해야 하는 까닭은, 유익한 상품의 화폐가격이 그 상품의 희소성이나 풍부함에 따라 달라지는 근거가 바로 그것이기 때문이다. 그러므로 우리는 여기서, 소비하는 상품의 수량이 달라지면 소비에 수반되는 감각의 정도가 함께 달라지는 법칙의 본질을 인지하기 위하여, 우리의 주의를 그 효과에 기울이기로 한다.

우리는 어떤 물체를 더 이상 보이지 않을 때까지 쳐다볼 수 있고, 더 이상 들리지 않을 때까지 들을 수 있고, 후각이 지칠 때까

---

18) '감각'(sensation)은 페히너(Gustav Theodor Fechner, 1801~1887)의 연구를 통해 더욱 널리 사용하게 된 용어다. 페히너는 자신의 1860년 저서 《정신물리학 요론》(*Elemente der Psychophysik*)에서 사람의 감각(S)과 가해진 자극(R)과 사이의 함수적 관계를 주장했다. 즉 $dS = c\dfrac{dR}{R}$ 혹은 $S = c[\ln R - \ln R_0]$. 하지만 제닝스는 카펜터(W. B. Carpenter)의 《인간 생리의 원리》(*Principles of human physiology*)를 주로 인용한다. 제번스도 페히너를 인용하지 않는다. 제번스가 독일어에 능통하지 못한 것이 한 원인일 수 있다. 반면 에지워스(1881)는 효용이론과 관련하여 페히너의 저서 외에도 분트(Wilhelm M. Wundt, 1832~1920)의 《생리학적 심리학 원리》(*Grundzüge der physiologischen Psychologie*)와 델뵈프(Joseph R. L. Delboeuf, 1831~1896)의 《정신심리학 연구》(*Étude psychophysique*)를 중요하게 인용한다.

지 맡을 수 있고, 역겨워질 때까지 맛볼 수 있고, 괴로워질 때까지 만질 수 있다. 우리는 충분히 만족할 때까지 음식을 소비할 수 있고, 더 하면 괴로움이 될 때까지 흥분제를 사용할 수 있다. 이와는 달리, 동일한 물체라도 특정 감각에 적당한 시간 동안 주어지면 커다란 만족을 준다. 동일한 음식이나 흥분제도 우리가 피곤하거나 권태로울 때 소비하면 커다란 만족을 준다. 이제 이 두 감각 상태 — 포만의 상태와 결핍의 상태 — 사이의 구간에서 소비되는 상품의 전체 수량을 일정한 수의 동등한 부분으로 나누고, 각 부분에 그것이 주는 감각의 정도를 적절히 표시한다고 생각해 보자. 그러면 결정해야 할 문제는 이것이다. 그 감각 정도의 차이가 상품 수량의 차이와 어떤 관계를 갖는가?

61. 첫째, 모든 상품에 대해 우리의 느낌이 보여주듯이, 만족의 정도는 소비량과 같은 걸음으로 진행하지 않고, 감각에 주어지는 상품의 각 배분마다 동등하게 진전하지 않으며, 그러다가 갑자기 멈춘다. 점차 줄어들어 마침내는 사라지고, 더 이상의 배분은 더 이상의 만족을 만들어 내지 못한다. 동일한 상품 증분에서 생기는 만족 증분의 크기는 분명히 단계마다 점차 작아지고, 감각의 정도는 매번 앞 단계보다 작다. 우리 자신을 감각의 중간점에 놓음으로써 우리는 감각의 정도와 상품의 수량 사이의 관계를 나타내는 법칙이 이런 성격이라고 말할 수 있다. 그 중간점은 올바른 중간,[19] 황금의 중용,[20] 현자의 탁월한 척도, 인류 대중의 가장 통상적인 상태, 따라서 통상 수량에서 벗어난 차이를 측정하기 위해 선택할 수 있는 가장 좋은 위치이다. 만약 상품의 평균 혹은 적정

19) '올바른 중간'(juste milieu)은 19세기 프랑스 인상파와 정통파를 절충하려는 미술과 철학의 사조를 가리키는 용어로 사용되기도 한다.

20) '황금의 중용'(aurea mediocitas)은 로마의 시인 호라티우스(Quintus Horatius Flaccus, Horace)가 《서정시집》(*Carminum*) 2권에서 사용한 표현이다.

수량이 증가하면, 거기서 생기는 만족은 그 정도가 점점 더 적게 증가하여 마침내는 더 이상은 전혀 증가하지 않게 된다. 만약 평균 혹은 적정 수량이 감소하면, 점점 더 많은 만족의 상실이 계속 이어져서 그로 인한 손실이 결국에는 엄청나게 커질 것이다.[r]

비효용과 비상품[21)]

62. 효용이 즐거움의 산출에서 — 아니면 적어도, 즐거움과 괴로움의 평형에서 — 유리한 변경에 상당하듯이, 음의 효용이 괴로움의 산출에서 — 혹은 평형에서 — 불리한 변경에 있다는 것을 설명하기 위해서는 많은 말이 필요하지 않다. 현실에서 우리는 전자에 관심을 가지는 만큼이나 빈번하게 후자에도 관심을 가지게 마련이다. 괴로움의 산출이 그토록 많은 활동을 수반하는데도 경제학자들은 여태까지 그것을 가리키기 위해 어떤 뚜렷한 전문 용어도 사용하지 않았다. 그들은 자신의 관심을 사물의 보다 유쾌한 측면에 묶어 두었다. 하지만 우리는 **상품**에 반대되는 어떤 물질 또는 행동을 가리키기 위해 — 달리 말하면, 재나 쓰레기처럼 우리가 없애 버리고 싶어 하는 모든 것을 가리키기 위해 — **비(非)상품**이라는[22)] 좋은 영어 단어를 채용할 수 있다. 비상품은 본래 추상어로서 불편이나 불리를 의미한다. 하지만 영어에서 **상품**이라는 명사가 적어도 400년 동안 구체어로 사용되어 왔으니[s] 비(非)상품도

---

r. 96~99쪽.

s. 해클루트의 《항해기》에 수록된, 15세기에 쓴 것으로 짐작되는 〈잉글랜드 정책 비방 소송〉에서 이 단어가 정확히 지금의 경제적 의미로 사용되고 있다.

21) 저자가 2판 서문에서 적시하지는 않지만, 이 절은 2판에서 추가된 부분이다.

22) 원문의 'discommodity'를 '비상품'으로 옮긴다. 이 용어와 관련하여 3장 95쪽 역주를 참조하라.

이제는 구체어로 바뀔 만하다. 그래서 불편이나 피해를 유발하는 성질을 가진 물질이나 사물로서의 비상품을 말해도 되겠다. 추상적 개념으로서 효용의 반대 혹은 음의 효용을 위해서는 비(非)효용이라는[23] 용어를 만들어 쓸 수 있다. 이 용어는 무(無)효용 혹은 효용의 부재와는 다른 것을 의미한다. 당연히 효용이 무효용을 지나 비효용으로 바뀌며, 각 개념은 +, 0, −와 연결된다.

상품의 용도 분배

63. 우리는 한 상품이 여러 용도에 적합할 경우에 그것이 분배되는[24] 방식을 고찰함으로써 효용의 원리를 보여줄 수 있다. 물품 중에는 서로 다른 많은 목적에 사용될 수 있는 것들이 있다. 보리는 맥주, 소주, 빵을 만드는 데 사용할 수도 있고, 가축에게 먹이로 줄 수도 있다. 설탕은 그대로 먹을 수도 있고, 알코올 제조에 사용할 수도 있다. 목재는 건축에 사용할 수도 있고, 연료로 사용할 수도 있다. 쇠나 다른 금속은 매우 다양한 목적에 사용될 수 있다. 일정량의 보리를 소유하고 있는 한 사회를 상정하라. 어떤 원리가 사람들이 그것을 소비하는 양식을 규정할까? 우리가 아직 교환이라는 주제에 도달하지 않았으므로 우리의 상정을 바꿀 수도 있다. 고립된 한 가족이—혹은 더 나아가, 한 개인이—적당량을 소유하고 있으면서 여기에 얼마큼 저기

---

23) 원문의 'disutility'를 '비효용'으로 옮긴다. 이어 나오는 '무효용'은 'inutility'를 옮긴 것이다.

24) 제번스는 배분(allocation)이라는 단어를 사용하지 않는다. 이 책에서 '분배'(distribution)는 공동의 생산물 또는 소득을 나눠 갖는 것만을 가리키지 않고, 노동이나 토지 또는 자본을 여러 산업에 나눠 투입하는 것도 함께 가리킨다.

에 얼마큼 사용하는 경우를 상정하라. 이론적으로 말해, 효용이론이 이 문제의 완전한 해결을 내놓는다.

64. 어떤 상품의 총량이 s이고, 그것이 두 가지 용도에 적합하다고 하자. 그리고 그 두 용도에 할당되는 두 수량을 x_1과 y_1로 나타내면, $x_1 + y_1 = s$ 이 조건이 된다.[25] 한 사람이 그 상품을 조금씩 잇달아 소비한다고 생각할 수 있는데, 그때마다 최대 이익을 가져다준다고 여겨지는 경로를 선택하는 것이 인간 본성의 피할 수 없는 경향이다. 그리하여 그 사람이 자신의 분배에 만족하고 있다면, 어떤 변경도 그에게 더 많은 즐거움을 주지 않을 것이다. 이를 달리 말하면, 상품의 일정 증분은 이 사용에서나 저 사용에서나 정확히 같은 크기의 효용을 만들어 낼 것이다. 둘 중 어느 한 용도에 상품 증분을 소비함으로써 생겨나는 효용 증분이 각각 Δu_1, Δu_2이라고 하자. 그 분배가 완전할 경우 반드시 $\Delta u_1 = \Delta u_2$이어야 한다. 그리고 극한에서 우리가 갖는 방정식은[26]

$$\frac{du_1}{dx} = \frac{du_2}{dy}$$

x, y가 각각 x_1, y_1와 같을 때[27] 이 방정식이 성립해야 한다. 달리 말하면, 두 용도에서의 **최종효용도**가 반드시 동등해야 한다.

65. 동일 상품의 두 용도에 적용되는 추론은 어떤 두 용도에나 마찬가지로 적용되고, 따라서 모든 용도에 동시적으로도 적용될 게 분명하다. 그리하여 우리에게는 그 상품을 사용하는 방법의 수보다 하나 적은 수의 방정식이 주어진다. 이를 일반화하면, 만일 완벽하게 현명한 사람

---

25) 제번스가 x와 y에 붙인 아래 첨자 1은 불필요하다.

26) 여기서 제번스는 효용을 두 함수의 합으로 간주하고 있다. 즉, $u = u_1(x) + u_2(y)$.

27) '$x + y = s$이면서'로 바꿔 읽을 수 있다.

이 있어서 그가 어떤 상품을 소비한다면, 반드시 그것이 극대 효용을 산출하도록 소비할 것이다.[28)]

우리는 종종 이 방정식이 성립하지 않는 경우를 발견한다. x가 전체 수량의 $\frac{99}{100}$와 같은데도, 다른 여러 용도들 중의 어느 하나에 사용되는 나머지 $\frac{1}{100}$의 효용도보다 그것의 효용도가 여전히 더 클 수 있다. 이는 상품 전부를 첫째 용도에 할당하는 편이 낫다는 의미이다. 이런 경우를 가리켜 예외가 아니라 규칙이라고 말할 수도 있겠다. 왜냐하면, 한 상품이 오직 한 용도에만 적합하다면, 그 용도에서의 최종효용도가 다른 용도에서의 최종효용도보다 항상 크다고 말함으로써 그런 상황을 얼마든지 이론적으로 기술할 수 있기 때문이다.

66. 특수한 상황에서는 한 상품의 소비에서 커다란 변화가 일어날 수 있다. 결핍의 시기에는 보리가 식품으로서 갖는 효용이 매우 높아져, 술 만드는 데 들어가는 보리의 — 그 양이 아무리 적을지라도 — 효용을 모조리 능가할 수도 있다. 그러면 후자 방식의 보리 소비는 중단될 것이다. 적에게 포위된 마을에서는 물품의 사용이 놀랍게 변한다. 다른 방면으로 큰 효용이 있는 물건들이 이상한 목적에 거침없이 동원된다. 파리에서는 사람들이 엄청난 수의 말을 잡아먹었는데, 말이 달리 쓸 데가 없어서가 아니라 음식으로 더 절실히 필요해서였다. 실제로 일정 수의 말은 남겨서 수송을 돕게 하였으니, 효용도(效用度) 방정식이 완전히 무너지는 일은 결코 없었다.

---

28) 이 단락은 2판에서 추가된 것이다. 방정식의 수에 관한 언급은 1874년 출간된 발라스의 《순수정치경제학 요론》과 무관하지 않아 보인다. 발라스는 각 개인의 효용극대화 및 시장의 수요 공급 일치를 방정식으로 나타낼 때 그 방정식의 수가 변수, 즉 가격의 수보다 하나 적음을 지적하고, 한 상품을 가치척도(numérair)를 선택함으로써 균형가격의 존재가 입증된다고 주장한다.

경제 수량의 차원에 관한 이론[29)]

근년에 물리과학이 이룬 진전에서 드러났듯이, 문제가 되는 여러 가지 수량의 본질과 관계를 분명히 드러내기 위한 기호를 사용하지 않을 수 없다. 제각기 다른 종류의 수량은 당연히 그것에 적절하고 고유한 단위로 표현된다. 길이는 야드나 미터로 표현되고, 넓이나 면적은 평방야드나 평방미터로 표현되고, 시간은 초나 일(日)이나 연(年)으로 표현되는 등이다. 하지만 더 복잡한 수량은 보다 단순한 수량에 명확히 관련된다. 넓이는 평방야드로 측정되는데, 이는 이를테면 길이의 단위가 두 번 들어가는 것이다. 그래서 우리가 길이의 차원을 L로 나타낸다면, 면적의 차원은 LL 혹은 L^2이 된다. 부피의 차원은 마찬가지로 LLL 혹은 L^3이 된다.[30)]

29) 제번스가 2판 서문을 시작하면서 밝히듯이, 이 절은 2판에서 '경제 수량의 차원(dimensions)'을 다루기 위해 추가된 여러 절 가운데 첫째다. 1판에서는 이 자리에 '효용의 지속 시간'이라는 제목의 짧은 절이 있었는데(71~72쪽), 여기서 그는 내구재를 가리키면서 효용이 '3차원의 수량'(a quantity of three dimensions)이라고 말했다. 효용의 최종 정도, 향유되는 상품의 수량, 그리고 상품의 유용성이 지속되는 시간이 효용을 구성한다는 것이다. 한편 제번스가 2판에서 이 절을 포함하여 여러 절을 추가하면서 전개한 차원 이론은 거의 아무런 주목도 받지 못했다. 하지만 윅스티드는 이 점에서 예외이다. Cf. P. H. Wicksteed, "On certain passages in Jevons's *Theory of Political Economy*," *Quarterly Journal of Economics* 3, 1889, pp. 293~314.

30) 제번스는 이 절에서 각 변수의 차원을 이탤릭체로 나타낸다. 이에 반해 4장, 5장, 7장에서 각각 가치, 노동, 자본의 차원을 논할 때는 로마체로 나타낸다. 2판 서문에서도 그렇게 한다(16쪽). 변수 그 자체가 아닌 그것의 차원을 가리키기 위해서는 로마체가 더 적절하겠으나, 제번스가 그 점을 인식한 것 같지는 않다. 그가 7장에서 이자의 차원에 대해 논의할 때는 다시 이탤릭체를 사용한다. Cf. G. G. Reid, "Jevons's treatment of dimensionality in *The Theory of Political Economy*: an essay in the history of mathematical

67. 이들의 경우에는 차원이 모두 양(陽)으로 들어오는데, 그 이유는 예컨대 입방체에서는 단위 수를 찾기 위해 그것의 길이, 너비, 깊이의 단위 수를 곱하기 때문이다. 다른 경우에는 차원이 음(陰)으로 들어오기도 한다. 시간을 T로 나타내면, 속도의 차원은 L 나누기 T 또는 LT^{-1}임을 쉽게 알 수 있다. 왜냐하면 물체의 속도에서 단위 수는 지나온 길이의 단위를 걸린 시간의 단위로 나눠서 찾기 때문이다. 열량과 전기량의 차원을 표현하기 위해서는 종종 분수지수가 필요한데, 이 주제는 상당히 복잡한 이론의 형태를 갖는다. 이 분야의 과학이 낯선 독자라면, 나의 《과학의 원리》, 3판, 325쪽 이하에서 이 문제를 간략히 설명하는 절을 보거나, 거기에 언급된 저작들을 참조할 수 있다.[t]

이처럼 물리적 크기의 정밀한 관념을 다루기 위해 이러한 차원 이론이 필요하다면, 우리가 경제학에서 관심을 갖는 수량에 관해서는 차원 이론이 더욱 필요하다고 생각된다. 과학의 첫 단계이자 가장 어려운 단계는 우리가 주장하고 논의하는 크기의 본질을 분명히 인식하는 것이다. 열(熱)은 그 수량을 어떻게 측정하고 다른 물리적 수량과 어떻게 연결할지에 대해 물리학자들이 어떤 명확한 관념도 형성하기 훨씬 전부터 오랫동안 토론과 실험의 주제였다. 하지만 그렇게 되기 전에는 열이 정확한 과학의 주제로 여겨질 수 없었다. 한 세기 내지 두 세기 동안 경제학자들은 부(富), 수요와 공급,[31] 가치, 생산, 자본, 이자

t. 에버렛의 《센티미터-그램-초 단위체계 해설》, 1875; 플레밍 젠킨의 《전기자기학 교과서》, 1873. 클럭 맥스웰의 《열 이론》 또는 그의 대 저작 《전기론》, 1권, 2쪽의 서설.

economics," *Manchester School of Economics and Social Studies* 40:1, 1972, pp. 85~98.

31) 18세기에 '수요'(demand)가 명사로 사용되던 때도 '공급'(supply)은 오래도록 동사로만 사용되었다. '공급'을 '수요'와 함께 한 문장에서 명사로 사용한 최초의 저작으로는 제번스가 서론에서 언급하는 제임스 스튜어트의 1767년 저서 《정치경제학 원리 탐구》가 꼽힌다. Cf. W. O. Thweatt, "Origins of

등등에 관해 논쟁을 벌여왔다. 그렇지만 누구도 좀처럼 문제 수량의 본질이 무엇인지를 정확히 말하지 못했다. 나는 이것들에 대한 일차적 관념을 형성하는 일에 우리의 가장 커다란 주의가 필요하다고 믿기에, 경제 수량의 차원에 관한 충분한 논의를 위해서라면 노고와 지면이 전혀 아깝지 않다고 생각해 왔다.

68. 가장 쉽고 간단한 관념에서 시작하기로 한다. 단순히 물리적 수량으로 간주되는 **상품의 차원**은 **질량의 차원**이 된다. 상품이 여러 방법으로 측정되는 게 사실이다. 실(絲)은 길이로, 융단은 길이로, 곡물과 액체는 부피로, 달걀은 개수로, 금속과 다른 대부분의 재화는 무게로 측정된다. 그러나 분명한 사실은, 비록 융단이 길이로 판매되긴 하지만, 판매조건을 정할 때 그 직물의 너비와 무게도 같이 감안된다는 것이다. 모든 상품 측정에서 일반적으로 무게에 대한 — 그리고 물체의 무게를 거쳐 질량에 대한 — 암묵적 고려가 이뤄진다. 비록 어느 경우에나 그러하진 않지만, 이 주제를 처음 다루면서 기호를 단순하게 만들기 위하여, 우리는 상품이 그러하다고 가정할 수 있다. 우리가 상품의 물리적 조건에 대한 궁극적 분석까지 내려갈 필요는 거의 없지만, 상품이 질량으로 측정된다고 여기면서 M으로 표시할 수 있다.[32] M은 물리과학에서 질량의 차원을 나타내기 위해 통상 사용하는 기호이다.

69. 그러나 조금만 생각해 보면 알 수 있듯이, 우리가 실제로 상품의 절대 수량을 상관할 일은 거의 없다. 100포대의 곡물도 단지 그 자체로서는 경제학자에게 어떤 중요한 의미도 가질 수 없다. 그 수량이 큰지 작은지, 충분한지 너무 많은지는 첫째로 그것이 대상으로 하는 소비자

---

the terminology 'supply' and 'demand'," *Scottish Journal of Political Economy* 30: 3, 1983, pp. 287~294. 고전학파의 수요 공급 이론에 관해서는 4장 155쪽 역주를 참조하라.

32) 제번스는 2판 서문 16쪽에서 상품이 질량으로만 측정되지 않는다는 크리스티의 지적에 동의하면서, 독자들이 M을 Q로 바꿔 읽기 바란다.

의 수에 달려 있으며, 둘째로 그것이 소비자를 유지하는 시간에 달려 있다. 우리가 항상 다루는 대상은 인구를 구성하는 단위로서의 평균적 개인 한 명이라고 상정한다면, 우리는 아마도 이 이론에서 소비자의 수에는 눈길을 주지 않아도 될 것이다. 그렇지만 시간 요소는 이런 식으로 제거할 수 없다. 공급량을 추정하려면 반드시 상품의 단위 수를 그것이 소비되는 시간의 단위 수로 나눠야 한다. 그리하여 공급량은 M을 양(陽)으로 포함하고 T를 음(陰)으로 포함하며, 그것의 차원은 MT^{-1}로 나타나게 된다. 그래서 공급은 실제로는 절대적 공급이 아니라 공급률을 의미하는 것으로 받아들여야 한다.

70. 상품 소비도 어김없이 같은 차원을 가진다. 재화는 반드시 시간 속에서 소비되기 때문이다. 모든 작용 또는 효과는 길거나 짧은 시간 동안 지속되고, 짧은 시간이라면 풍족할 상품이 긴 시간에는 부족할 수 있다. 한 마을이 5천만 갤런의 물을 소비한다는 진술은 그 자체로서 아무 의미가 없다. 우리가 이 진술에 대해 어떤 판단을 내리려면 먼저 그것이 하루에 소비되는지 아니면 한 주나 한 달에 소비되는지 알아야 한다.

우리가 이런 생각의 길을 걸어서 도달하게 되는 결론은 시간이 모든 경제 문제에 개입한다는 것이다. 우리는 시간 속에서 살고, 시간 속에서 행동하고 생각한다. 우리는 사실 모두 시간의 피조물이다. 따라서 우리가 실제로 다루는 대상은 단위 시간당 공급률, 생산율, 소비율이다. 그렇다고 해서 우리가 다루는 모든 차원에 T^{-1}이 들어가는 것은 아니다.

2장에서 충분히 설명했듯이, 우리가 경제학에서 다루는 궁극적 수량은 즐거움과 괴로움이며, 우리의 가장 어려운 과제는 그것들의 차원을 옳게 표현하는 것이다. 첫째로, 즐거움과 괴로움은 동일한 저울 위에서 측정되며, 따라서 같은 차원을 가지며, 같은 종류의 수량이어서 더하거나 뺄 수 있는 것으로 간주해야 한다. 그것들은 오직 기호 또는 방향에서만 다르다. 그래서 내 생각에는 느낌에 속하는 차원은 강도뿐이다. 이 강도는 향유하는 상품의 수량과 시간 모두로부터 독립적임에 틀림없다. 그렇다면 느낌의 강도가 의미하는 것은 소비되는 상품의 요소량 혹은 무한소 수량이 만들어 내는 순간 상태이어야 한다.

71. 그렇지만 느낌의 강도는 단지 효용도의 다른 이름일 뿐이며, 상품이 — 다시 말하면, 요소량 혹은 무한소 수량의 상품이 — 소비되면서 인체에 일으키는 유익한 효과를 나타낸다. 우리가 *U*를 써서 효용도의 차원을 가리킬 때 기억해야 할 사실은,[33] 그것이 일정 시간에 걸쳐 지속되는 상태의 차원을 나타내지 않음은 물론이고, 즐거움과 괴로움의 순간 상태의 차원조차 온전히 나타내지 않는다는 것이다. 그 순간 상태는 상품 공급이 충분하거나 충분하지 않음에 좌우된다. 매우 즐거운 상태를 향유하기 위해 사람들은 상당히 많은 양의 상품을 필요로 하고 충분한 공급을 받아야 한다. 이때 공급은 이미 설명했듯이 공급의 요율이다. 따라서 *U*는 MT^{-1}이 곱해져야만 느낌의 진정한 순간상태에 도달할 수 있다. MUT^{-1}로 기호화되는 종류의 수량이 우리에게 의미하는 것은 단위 시간당 어떤 일정량의 즐거움을 효과로 발생시키는 얼마만큼의 상품이어야 한다. 이 수량은 효용의 수량 그 자체는 아니다. 그것에 시간을 곱해야만 효용의 수량이 나오는 그런 수량이다. 시작하면서 말했듯이, 즐거움은 강도와 지속 시간의 두 차원을 갖는다. 바로 이 강도가 MUT^{-1}로 기호화되는 것이다. 그리고 발생하는 즐거움의 수량 혹은 효용의 차원을 끌어내기 위해서는 반드시 이 기호에 *T*를 곱해야 한다. 이렇게 곱함으로써 $MUT^{-1}T$가 *MU*로 줄어드는데, 바로

---

33) 여기서 *U*는 크기를 나타내는 기호가 아니고, 차원을 나타내는 기호다. 또한 *U*는 효용의 차원을 나타내는 기호가 아니고, 효용도의 차원을 나타내는 기호다. 제번스가 (총) 효용의 크기를 나타낼 때는 기호 *u*를 사용한다. 하지만 뒤에서 제번스는 "U *d*M의 적분"이라고 말하는데 (139쪽, 231쪽), 이는 부적절한 표현이다.

이것이 **효용의 수량**의 차원을 나타낸다고 해야 한다.

72. 우리는 여기서 한 가지 사실에 대한 설명을 만나게 된다. 오랫동안 나를 당혹스럽게 한 그 사실은, 효용과 교환에 관한 이 이론의 여러 도해와 문제에서 시간 요소가 한 번도 나타나지 않는다는 것이다. 모든 것이 시간 속에서 이뤄지며, 시간은 문제의 필요요소이다. 그런데도 시간이 명시적으로 나타나지 않는다. 우리 도해로 되돌아가서, 예컨대 103쪽의 그림을 보자. 이 그림에서는 차원 *U*, 즉 효용도가 수직축 *oy* 위에서 측정된다. 그러므로 수평축 위에서 측정되어야 하는 것은 엄격히 말해 상품 공급률, 즉 MT^{-1}이다. 이제 우리가 효용의 지속 시간을 도입하면, 우리는 분명히 셋째 축을 필요로 한다. 지면(紙面)과 직각을 이루는 축에 효용의 지속 시간을 표시해야 하는 것이다. 하지만 우리가 이 셋째 축을 도입하면, 우리는 정말로 3차원의 수량을 나타내는 입체를 갖게 된다. 이렇게 하는 것은 오류다. 왜냐하면 수평축으로 표시되는 수량에 셋째 차원 *T*가 음으로 들어가기 때문이다. 그리하여 시간은 스스로를 제거한다. 그리고 우리는 곡직선도형의 면적으로 옳게 표시되는 2차원의 수량에 도달한다. 이 두 차원은 각각 *MU*의 두 요소 중 하나에 대응한다.

73. 이 결과는 얼핏 보기에 역설적이다. 그러나 그것과 정확히 같은 종류의 어려움이 이자 문제에서도 발생한다. 이 어려움은 너무도 깊어 — 자본에 관한 장에서 보겠지만 — 피콕 주임사제와 같은 수학자조차 실수를 범하게 했다. 이자는 원금이 대여되는 시간의 길이, 대여되는 돈의 양, 그리고 이자율에 비례한다. 하지만 이자율이 시간을 음으로 포함하므로 시간이 결국에는 제거되고, 이자는 원금과 같은 차원으로 나타나게 된다. 효용의 경우 우리는 어떤 절대량의 상품 *M*으로 시작한다. 그것을 소비할 때 우리는 그것을 길거나 짧은 시간에 걸쳐 나눠야 하며, 따라서 우리가 고려해야 하는 것은 실제로 공급률이다. 그러나 최종효용도 *U*에 영향을 미치는 것은 단순히 *M*이 아니라 그것이 소비

되는 요율 MT^{-1}이다. 만일 동일한 상품이 더 오랜 시간 지속된다면, 소비자의 필요가 덜 충족되므로 효용도는 더 높을 것이다. 그리하여 일반적으로 소비 시간이 길수록 발생하는 효용의 절대량이 많다. 하지만 이것은 MU로 기호화되는 수량에서도 마찬가지다. 왜냐하면 M이 변하지 않는데도 수량 U가 이런 상황에서는 더 크기 때문이다.

74. 문제를 되도록 더 분명하게 해두기 위해, 우리가 도달한 결과를 요약하여 정리하겠다.

M은 상품의 절대량을 의미한다.

MT^{-1}는 단위 시간당 부여되는 상품의 양을 의미한다.

U는 단위 시간당 주어지는 무한소 수량으로서의 공급 증분으로부터 생겨나는 즐거움 효과를 의미한다.

MUT^{-1}는 단위 시간당 단위 상품당[34] 만들어지는 그만큼의 즐거움 효과를 의미한다.

$MUT^{-1}T$ 혹은 MU는 불특정한 시간 동안에 상품에 의해 만들어지는 그만큼의 즐거움 효과를 의미한다.

실제, 예상, 잠재 효용

경제학의 가장 큰 어려움은 효용의 조건을 분명하고 충분하게 이해하기 어렵다는 데 있다. 그래서 나는 지루해질 위험을 감수하면서, 한 상품이 효용을 갖는다는 말의 의미가 얼마나 다양한지를 더 자세히 밝히려 한다.

75. 쇠, 물, 목재를 유용한 물질이라 부르는 게 지극히 보통이고, 아마도 옳을 것이다. 하지만 우리는 이렇게 말함으로써 적어도 세 가지 다

34) 이 책 4판과 5판의 편집자(H. S. Jevons)가 지적하듯이, '단위 상품당'은 '그만큼의 상품에 의해'로 고쳐 읽어야 한다.

른 사실을 의미할 수 있다. 어느 한 조각의 쇠가 어느 한 사람에게 지금 이 순간에 실제로 유용하다는 의미일 수 있다. 또는 그것이 실제로는 유용하지 않더라도 미래 시점에 유용하리라 기대된다는 의미일 수 있다. 또는 단지 그것을 필요로 하는 어떤 사람이 소유한다면 유용하리라는 의미일 수 있다. 철도의 쇠 레일과 브리타니아 대교나 증기선을 만드는 데 들어간 쇠는 실제로 유용하다. 상인의 창고에 쌓여 있는 쇠는 지금은 유용하지 않고, 곧 유용하리라 기대된다. 하지만 지구의 중심에 있는 엄청난 양의 쇠는 모두 쇠의 물리적 성질을 가지고 있어서, 추출되기만 하면 유용하겠으나, 결코 그리되지 않을 것이다. 이들이 각각 **실제**, **예상**, **잠재 효용**의 예이다.

잠재 효용이 실제로 경제과학의 문제가 되는 일은 없을 것임이 명백하다. 그리고 내가 단순히 **효용**을 언급할 때는 잠재 효용을 포함하지 않는다. 어떤 물질이 우리 수중에 있다면 우리의 필요에 알맞게 되는 성질을 갖고 있는지의 여부는 물리과학의 문제이다. 어느 한 물체가 필요하게 될 확률이 아주 적게라도 있을 경우에만, 그것이 **예상 효용**을 갖는다.[35] 콩디야크가 맞게 말하듯이,[36] "그들이 어떤 사물의 존

35) 원문의 'prospective utility'를 '예상 효용'으로 옮긴다. 이어지는 절에서 보듯이, 제번스는 이 개념을 재화의 시차(inter-temporal) 배분에만 적용한다. 이 점에서 제번스의 예상 효용은 현대경제학에서 조건부(contingency) 상품 조합에 대해 정의하는 기대효용(expected utility)과 비교된다. 제번스는 4장 213쪽에서 대니얼 베르누이(1738)의 '도덕적 기대'(moral expectation)를 언급하는데, 이 개념과 자신의 '예상 효용'을 비교할 수도 있었다. 하지만 제번스는, 대부분의 경제학자가 그렇게 했고 그 이후로도 오랫동안 그리하듯이, 베르누이의 이론을 소득의 (한계)효용과 관련해서만 인용한다. 이 점에서는 마셜도 다르지 않다(*Principles of Economic*, 1st ed., 1890, bk. 3, ch. 4; 2nd ed., 1891, bk. 3, ch. 6). 베르누이의 도덕적 기대 이론은 폰 노이만(John von Neumann, 1903~1957)과 모건스턴(Oskar Morgenstern, 1902~1977)이 함께 저술하여 1944년에 출간한 저서 《게임과 경제 행위의 이론》(*Theory of Games and Economic Behavior*)에서 비로소 기대효용이론으

재를 아는 것이 이익이 될 때 비로소 그 물건이 그들을 위해 존재하기 시작한다고 할 수 있다".[u] 그러나 산업과 산업과학에서 매우 큰 부분이 **예상 효용**에 속한다. 우리는 어느 한 순간에 소비할 수 있는 것은 우리가 소유하는 것의 매우 적은 부분에 지나지 않는다. 우리가 가진 것의 훨씬 더 큰 부분을 한 순간에 폐기하더라도, 만약 우리가 미래에 그것을 필요로 하게 되는 그 순간에 똑같이 쉽게 다시 만들어 낼 수 있다면, 아무런 해가 되지 않을 수 있다.

76. 프랑스 경제학자들이 많이들 그러하듯이, 우리도 **직접효용**과 **간접효용**을 구분할 수 있다. 식품처럼 직접 사용하여 우리 욕망을 만족시키는 물건에 속하는 것이 직접효용이다. 직접효용을 갖지 않는 물건이라도 교환을 통해 우리에게 효용을 안겨주는 수단이 될 수 있는데, 그런 물건이 간접효용을 갖는다고 말할 수 있다.[x] 나는 뒤에서 후자 형태의 효용에 **취득효용**이라는 이름을 붙인다.[y] 이 차이는 자본이론에서 **매개효용**과 **직달효용**을 구분하는 차이와는 다르다. 여기서 매개효용이란 도구와 기계의 효용, 그리고 **직달효용** 혹은 **직접효용**을 가진 — 달리 말해, 욕구를 만족시킬 힘을 가진 — 여러 상품을 확보하는 다른 수단들의 효용을 의미한다.[z]

u. 콩디야크, 《상업과 정부》, 2부, 서론. 《전집》, 파리, 1803. 7권, 2쪽.
x. 가르니에, 《정치경제학》, 5판, 11쪽.
y. 4장을 보라.
z. 7장을 보라.[37)]

로 발전한다. 베르누이와 그의 논문에 대해서는 4장 213쪽 역주를 참조하라.

36) 제번스가 콩디야크를 프랑스어로 인용하는 이 부분은 2판에서 추가된 것이다. 그리고 《콩디야크 전집》(*Œuvres complètes de Condillac*)은 콩디야크 사후 여러 번 간행되었으며, 마지막 판은 1822년 간행되었다.

37) 이 책 4판과 5판의 편집자(H. S. Jevons)가 지적하듯이, 7장을 포함해서 다른 어느 장에서도 '매개효용'(mediate utility), '직달효용'(immediate utility), '직접효용'(direct utility) 등의 용어는 사용되지 않는다.

상품의 시간 분배

77. 한 상품이 여러 가지 목적을 위해 사용될 수 있을 경우 그 상품을 각 목적에 할당하는 명확한 원리가 있음을 우리는 이미 보았다. 우리가 일정량의 상품을 갖고 있으면서 그것을 어느 정도 확실히 정해진 길이의 시간에 걸쳐 소비해야 할 경우에도 이와 비슷한 문제가 생긴다. 경제과학은 그 상품을 가장 유리하게 소비하는—말하자면 최대 효용의 결과를 가져오는—방식을 제시해야 한다. 만약 우리가 모든 미래의 즐거움과 괴로움을 마치 현존하는 것처럼 계산한다면, 그 해(解)는 여러 가지 용도의 경우와 같을 것이다. 만약 한 상품을 n일 동안의 사용에 분배해야 한다면, 그래서 v_1, v_2 등이 매일의 소비에서 얻는 최종효용도라면, 우리가 분명히 가져야 할 방정식은

$$v_1 = v_2 = v_3 = \cdots = v_n.$$

그렇지만 우리가 그 상품을 며칠 동안 보유해야 하는지가 불확실할 수 있다. 그 상품이 쉽게 부패하는 성질의 것인데도 그 일부를 열흘 동안 보유한다면, 그 부분은 사용할 수 없게 되어 효용을 잃게 된다. 그 상품이 좋은 상태를 유지할 확률을 얼마간 정확하게 추정할 수 있다고 가정하여, 그 확률을 p_1, p_2, p_3, $\cdots$, p_{10}으로 표시하자.[38] 그리하면, 미래의 즐거움과 괴로움이 그것의 확실성이 부족한 정도에 비례하여 감소한다는 원리에 의거하여(92~93쪽), 우리가 갖게 되는 방정식은[39]

38) 여기서 제번스의 암묵적인 가정은 미래의 i 째 날을 위해 배정된 상품이 $1-p_i$의 확률로 효용을 완전히 잃는다는 것이다. 그렇게 가정하면, 시간할인(*time discount*)을 고려하지 않을 때, i 째 날을 위해 배정된 상품 x_i의 기대효용을 $p_i u_i(x_i)$로 나타낼 수 있다.

39) 제번스가 제시하는 방정식은 $\sum_{i=1}^{10} x_i = x$의 제약 하에서 $u = \sum_{i=1}^{10} p_i u_i(x_i)$를 극대

$$v_1 p_1 = v_2 p_2 = \cdots = v_{10} p_{10}.$$

이 방정식의 일반적인 결과를 요약하면, 확률이 더 작은 만큼 최종효용도 v가 더 크도록 매일에 할당된 상품이 더 적다.

78. 지금까지 우리는 사건의 근접성이나 원격성에 따라 그 사건의 영향이 달라진다는 점을 감안하지 않았다. 앞에서 설명한 상품 분배는 완벽한 사려와 선견을 갖춘 사람이라면 해야 하고, 하려 하는 분배이다. 우리 삶에서 극대 편익을 확보하려면, 모든 미래의 사건이나 모든 미래의 즐거움과 괴로움이 — 그것들의 불확실성에 대한 감안이 있은 다음에는 — 현존하는 것과 같은 힘으로 우리에게 작용해야 한다. 짧게 말해, 원격성의 효과를 나타내는 계수가 항상 1이어야 하고, 그래서 시간이 아무런 영향도 미치지 않아야 한다. 물론 어떤 사람의 마음도 이렇게 완벽한 방식으로 작동하지 않는다. 미래의 느낌은 언제나 현재의 느낌보다 그 영향이 덜하다. 이 사실을 감안하여, 미래의 즐거움 또는 괴로움에 대한 예견으로부터 생겨나는 미래의 즐거움 또는 괴로움에 비하여 현재의 즐거움 또는 괴로움이 갖는 비율을 q_1, q_2, q_3 등으로 나타내자.[40] 일정량의 상품을 수중에 갖고 있다면, 아래 방정식

화하는 문제의 풀이로 이해할 수 있다. 이 문제를 풀기 위해 라그랑주 함수를 쓰면 $L = \sum_{i=1}^{10} p_i u_i(x_i) + \lambda\left[x - \sum_{i=1}^{10} x_i\right]$. 그리고 극대화의 1계 조건은 모든 i에 대해 $p_i v_i - \lambda = 0$. 단, $v_i \equiv \frac{du_i}{dx_i}$.

40) 이 문장은 원문을 직역한 것인데, 순환론 혹은 비문에 가깝다. 아마도 그래서 에지워스(1881, 100쪽)가 이 부분을 가리켜 "내가 이해하기로는"이라고 단서를 붙였을 것이다. 우리는 이 문장에서 두 번 나타나는 "미래의" 가운데 뒤의 것은 빼고 읽을 수 있다. 그리고 우리는 제번스보다 더 단순하게 가정하여 q_i를 $(1+\rho)^{-i}$로 바꿀 수도 있다. 이때 ρ는 시간할인율이다. 이렇게 이해하면 분명해지듯이, 제번스는 더 먼 미래일수록 더 낮아지게 비율 q_i를 정의하고 있다. 즉, $q_1 > q_2 > \cdots > q_n$.

이 성립하게끔 그것을 분배하는 것이 우리의 성향이다.41)

$$v_1 p_1 q_1 = v_2 p_2 q_2 = v_3 p_3 q_3 = \cdots = v_n p_n q_n.$$

79. 이 방정식의 명백한 결과는, 미래의 매일에 배정되는 상품의 수량은 그 사이의 기간에 비례해서 더 적다는 것이다.42)

예상 효용과 확률의 문제를 포함하는 예시를 바다에 있는 배의 경우에서 찾을 수 있다. 이 배가 가장 가까운 부두까지 항해하는 데 걸릴 것 같은 기간에 비해 식품을 충분히 싣고 있지 않다고 하자. 실제 항해 기간은 바람에 달려 있어 불확실할 수밖에 없다. 하지만 우리는 거의 확실하게 10일 또는 그 이상이 걸리되 30일을 넘기지 않는다고 상정할 수 있다. 식품을 30등분으로 나눈다면, 얼마간의 배고픔과 고통을 확실하게 첫 10일 동안 겪지만, 부닥치지 않을지도 모르는 나중의 해악을 피하게 된다. 첫 10일 동안 매일 식품의 10분의 1을 소비한다면, 사정은 더 나빠서 거의 확실하게 그다음 날부터 굶주림이 이어질 것이다. 가장 유리한 식품 분배를 정하기 위하여, 우리는 열째 날과 서른째 날 사이의 각 1일이 항해의 일부가 될 확률을 알아야 하고, 식품의 효용도가 달라지는 법칙도 알아야 한다. 전체 적재량을 서른 부분으로 나눠 30일의 각 1일에 배정해야 하는데, 그 크기는 최종효용도에 확률을 곱한 것이 모두 동등해지도록 정해야 한다. 그래서 v_1, v_2, v_3 등이 첫째, 둘째, 셋째 등의 날에 갖는 최종효용도이고, 그 날들이

---

41) 제번스가 제시하는 방정식은 $\sum_{i=1}^{10} x_i = x$의 제약 하에서 $u = \sum_{i=1}^{10} q_i p_i u_i(x_i)$를 극대화하는 문제의 해다.

42) 그 이유는 제번스가 앞에서 p와 관련해서 설명한 것과 같다. p_i를 무시하더라도 $q_1 > q_2 > \cdots > q_n$이므로, 위 방정식이 성립하기 위해서는 $v_1 < v_2 < \cdots < v_{10}$. 그리고 v_i가 x_i의 감소함수이므로, v_i에 관한 부등식이 성립하기 위해서는 $x_1 > x_2 > \cdots > x_n$.

항해의 일부가 될 확률이 p_1, p_2, p_3 등이라고 하자. 그러면 우리가 가져야 하는 방정식은 다음과 같다.

$$v_1 p_1 = v_2 p_2 = v_3 p_3 = \cdots = v_{30} p_{30}.$$

만일 이 방정식이 성립하지 않으면, 작은 부분을 한 배정에서 다른 어느 배정으로 옮기는 게 유리하다. 항해가 확실히 첫 열흘 동안 계속된다고 상정했으므로

$$p_1 = p_2 = \cdots = p_{10} = 1$$

그러므로

$$v_1 = v_2 = \cdots = v_{10}$$

말하자면, 첫 열흘의 하루 할당량은 모두 동등해야 한다. 그다음의 할당량은 어떤 정규 법칙에 따라서 감소해야 한다. 확률이 감소하므로 그것에 반비례하여 최종효용도가 증가해야 하기 때문이다.

제4장

교환이론

경제학에서 교환이 갖는 중요성

81. 효용을 극대화하고 노동을 절약함에 있어서 교환은 매우 중요한 과정이다. 그래서 일부 경제학자들은 자신들의 과학이 교환만을 다루는 것이라 여겼다.[1] 상품으로부터 효용이 생겨나기 위해서는 상품이 알맞은 양으로 적당한 시간에 그것을 필요로 하는 사람들의 손에 들어가야 하는데, 그렇게 되도록 하는 것이 다름 아닌 교환이다. 물론 교역이 경제의 유일한 방법은 아니다. 개인은 자기가 소유한 것을 적절히 소비함으로써 효용을 늘릴 수 있다. 사람들이 자신의 노동과 자본을 가장 잘 사용하는 것 역시 교환과 관련 없는데도 경제학이 반드시 다뤄야 할 문제다. 이런 예외가 있지만, 나는 교환에 높은 중요성을 부여하는 데 전적으로 동의할 수 있다.

82. 교환이론을 완벽하게 파악하지 않고서는 경제과학에 대한 올바른 생각을 가질 수 없다. 내가 보기에 노동이나 상품 생산에 관한 논의를 시작하기에 앞서 이 주제를 다루는 것이 가능하고 바람직하다.[2] 이와

---

1) 2판 서문 19쪽 역주에서 소개했듯이, 훼이틀리(1831)는 《정치경제학 입문 강의》 1강에서 정치경제학을 '교환과학'(Science of Exchanges)으로 바꿔 부를 것을 제안했다.

2) 제번스와는 달리 존 스튜어트 밀은 《정치경제학 원리》에서 교환이론을 생산

관련해서 존 스튜어트 밀이 한 말에 나는 완전히 동의한다. “그렇게 구성된 사회의 여러 경제적 이해(利害)에 관한 거의 모든 고찰은 나름의 가치이론을 포함한다. 이 주제에서 오류가 있다면, 그것이 아무리 작더라도, 다른 모든 결론에서 상응하는 오류를 일으킨다.” 그렇지만 그가 이어서 한 말은 어떤 과학에 대해서건 성급한 것이라 할 만하다. 그가 말하기를, “다행히도 가치법칙에는 지금이나 앞으로나 더 밝힐 것이 없다. 이 주제의 이론은 완벽하다”.[a]

가치라는 용어의 모호함[3)]

내가 가장 먼저 지적해야 할 것은 **가치**라는 용어가 너무도 모호하고 비과학적이라는 사실이다. 애덤 스미스는 **사용가치**와 **교환가치** 사이에 엄청난 의미의 차이가 있음을 지적했다. 경제학의 저자들은 흔히 독자들이 빠지기 쉬운 생각의 혼란에 대해 주의를 준다. 그렇지만 내가 생각하기에는 저자건 독자건 그 단어를 사용하는 한 혼란을 피할 수 없다. 이 곤경을 가장 예민하게 느끼는 나조차도 그 단어를 부적절하게 사용하고 있는 자신을 종종 발견한다. 아무리 훌륭한 저자라도 이 곤경을 피하지 못하리라는 게 내 생각이다.

83. 교환가치에 대한 밀의 정의를 들여다보면,[b] 가치라는 단어에는 오해

a. 《정치경제학 원리》, 3편, 1장, 1절.
b. 《정치경제학 원리》, 3편, 6장.

이론과 분배이론 뒤에 배치했다. 그리고 훼이틀리를 부정적으로 인용하면서 자신이 택한 배치의 타당성을 역설했다(1848, bk. 3, ch. 1, §1; *Collected Works*, vol. 2, 1965, p. 456).

3) 1판에서 ‘가치라는 용어의 모호함, 그리고 교환 비율이라는 표현의 도입’이라는 제목의 한 절이(1871, 81~83쪽) 2판에서는 세 절로 나뉘는데, 이 절이 그 첫째이다.

로 이끄는 힘이 있음을 곧바로 알게 된다. 그가 우리에게 말하기를, "가치는 상대적인 용어다. 한 물건의 가치는 그것과 교환되는 다른 어떤 물건 혹은 모든 물건 일반의 수량을 의미한다". 여기서 만약 교환가치와 관련해서 확실한 어떤 사실이 있다면, 그것은 교환가치가 결코 물체를 의미하지 않고 물체의 상황을 의미한다는 사실이다. 가치는 실제로 관계를 의미한다. 하지만 그렇다면 가치는 결코 다른 어떤 물건일 수 없다. 가치를 물건이나 물체로 생각하는 경제학도가 있다면 그는 결코 경제학에 관한 자신의 생각에서 명백하고 옳기를 바랄 수 없다. 가치를 물건이나 물체 안에 들어 있는 어떤 것으로 생각하더라도 마찬가지다. 그래서 사람들이 내재가치처럼 있지도 않는 것에 대해 말하게 된다. 물론 금이나 쇠와 같은 물질이 본래부터 갖고 있는 성질 중에는 그 물질의 가치에 영향을 미치는 것이 있다. 그러나 가치라는 말은 단지 한 물질이 다른 물질과 어떤 비율로 교환되는 상황을 표현할 뿐이며, 그래야만 그 단어가 옳게 사용될 수 있다.

가치는 교환 비율을 나타낸다

84. 무쇠 1톤이 시장에서 순금 1온스와 교환된다면, 쇠나 금 모두 가치가 아니다. 가치는 쇠에도 없고 금에도 없다. 가치라는 개념은 단지 이것이 저것과 교환되는 사실 또는 상황을 가리킬 뿐이다. 그런데도 쇠 1톤의 가치가 금 1온스라고 말한다면, 그것은 가치를 유형의 물건으로 바꿔 버리는 것이다. 이는 과학적으로 옳지 않다. 금 1온스의 가치가 쇠 1톤의 가치라고 말하는 것도 당연히 똑같이 옳지 않다. 더 옳고 안전하게 표현하려면, 쇠 1톤의 가치는 금 1온스의 가치와 동등하다고 하거나 그것들의 가치는 1 대 1이라고 해야 한다.

교환가치는 오로지 비율을 나타낸다. 그 용어는 다른 어떤 뜻으로도 쓰지 말아야 한다. 단순히 금 1온스의 가치를 말하는 것은 숫자 17의 비율을 말하는 것이나 마찬가지로 황당하다. 숫자 17의 비율이 무엇인가? 이 물음에는 답이 없다. 비율이 되려면 다른 숫자가 있어야 한다. 비율은 함께 제시된 숫자에 따라 달라진다. 쇠의 가치는 금의 가치와 비교해서 무엇인가? 그러면 유의미한 물음이다. 그 물음에 답하려면 교환되는 두 수량의 비율을 말하면 된다.

가치라는 용어의 일상적 사용[4)]

85. 우리가 일상에서 가치라는 단어를 사용하면서 적어도 세 가지의 서로 다르지만 연결된 의미를 뒤섞는 것 같다. 이 의미들을 다음과 같이 표현할 수 있다.

(1) 사용가치
(2) 평가,[5)] 혹은 욕망의 긴박성
(3) 교환 비율

애덤 스미스는 잘 알려진 문구에서 첫째 의미와 셋째 의미를 구분했다. 그가 말하기를,[c] "가치라는 단어가 서로 다른 두 의미를 가진다는

---

c. 《국부론》, 1권, 4장, 끝부분.

4) 이 절의 대부분은 2판에서 추가된 것이다. 하지만 저자는 1판에서도 "가치라는 단어의 일상적 사용에서 효용의 의미와 불가분한 혼동이 있다"고 지적하면서, "이런 어려움을 피하기 위해, 가치라는 단어를 더 이상 사용하지 않고, 교환 비율이라는 모호하지 않은 표현을 대신 사용하겠다"고 천명했다(1871, 83쪽).

5) 원문의 'esteem'을 '평가'로 옮긴다.

것을 지적해야겠다. 그 단어는 때로는 그 물체를 소유함으로써 갖게 되는 다른 재화에 대한 구매력을 나타낸다.[6] 하나는 '사용가치'라 부르고, 다른 하나는 '교환가치'라 부를 수 있다. 가장 큰 사용가치를 갖는 물건이 종종 교환가치를 거의 혹은 전혀 갖지 않는다. 이와 반대로 가장 큰 교환가치를 갖는 물건이 종종 사용가치를 거의 혹은 전혀 갖지 않는다. 그 무엇도 물보다 더 유용하지 않으나 물로는 거의 아무것도 사지 못한다. 거의 아무것도 물과의 교환으로 가질 수 없다. 이와 반대로 다이아몬드는 거의 아무런 사용가치도 갖지 않으나 종종 그것과의 교환으로 다른 재화를 매우 많이 가질 수 있다".

86. 충분히 쉽게 알 수 있듯이, 매우 유용하지만 구매력을 갖지 않는 물을 언급하면서 스미스가 의미하는 것은 **풍부한 물**이다. 더 자세히 말하면, 모든 유용성 또는 **총효용**을 발휘하기에 충분하도록 풍부하게 공급된 물이다. 건조한 사막에서처럼 물이 매우 희소하면 대단히 큰 구매력을 갖는다. 그래서 스미스가 사용가치를 말하면서 의미하는 것은 분명히, **욕구가 거의 완전히 충족되었기에 효용도가 매우 낮아져 버린 물질의 총효용**이다. 그가 말하는 구매력의 의미도 분명한데, 그것은 다른 상품들과의 교환 비율이다. 그러나 그는 교환에서 받는 재화의 수량이 그 재화의 성질뿐만 아니라 그 재화의 대가로 주는 재화의 성질에도 좌우된다는 점을 지적하지 않았다. 다이아몬드와의 교환으로 철, 곡물, 석재 등 여러 흔한 상품은 매우 많이 가질 수 있지만 루비, 사파이어 등 여러 보석은 조금밖에 가질 수 없다. 은은 아연, 납, 철과 비교해서 높은 구매력을 갖지만 금, 백금, 이리듐과 비교해서 적은 구매력을 갖는다. 그렇더라도 우리는 어느 경우에건 다이아몬드와 은이 높은 가치를 갖는 물건이라고 말해도 좋을 것이다. 그래서 나는 가

---

6) 제번스의 인용은 이 문장에서 한 구절을 빠뜨리고 있다. 그 문장을 모두 인용하면, "그 단어는 때로는 어떤 특정 대상의 효용을 표현하고, 때로는 그 물체를 소유함으로써 갖게 되는 다른 재화에 대한 구매력을 나타낸다."

치라는 단어가 실제로는 종종 어떤 물건에 대한 평가 혹은 욕망의 강도를 의미하는 데 사용된다는 생각을 하게 된다. 은으로 만든 장식품은 교역과는 아무런 상관없이 아름다운 물체다. 그것은 소유자의 취향과 기호에 맞고 그의 수중에 하나밖에 없다는 이유만으로 가치를 부여받고 평가받을 수 있다. 누구와도 교환을 할 수 없는 로빈슨 크루소조차, 자신의 여러 소유물을 바라보면서 더 많기를 바라는 욕망과 평가가 물건마다 다를 것이다. 이제 이런 의미의 가치는 앞에서(106쪽) 정의한 상품의 최종효용도와 일치하는 것으로 보인다. 그것은 동일한 상품의 새 증분으로부터 얻게 될 즐거움 또는 편익의 강도로 측정된다. 이런 의미의 가치와 교환 비율로서의 가치 사이에는 분명히 긴밀한 관련이 있다. 그 자체로서 높이 평가받지 않으면서 높은 구매력을 가질 수 있는 물건은 없다. 그러나 다른 물건들과 비교되지 않더라도 높이 평가받을 수 있다. 그리고 높이 평가받는 물건도 그것과 비교되는 물건들이 더 높이 평가받으면 낮은 구매력을 가질 수 있다.

87. 그리하여 내가 도달한 결론은 이렇다. 가치라는 단어의 사용에서 세 가지의 서로 다른 의미가 습관적으로 뒤섞이므로 다음처럼 구분할 필요가 있다.

(1) 사용가치 = 총효용
(2) 평가 = 최종효용도
(3) 구매력 = 교환 비율

경제학의 기초 개념들을 하나의 모호한 말로 얼버무리고서는, 경제학의 어떤 문제도 제대로 논의할 수 있으리라 기대해서는 안 된다. 완벽한 처방은 다른 데 있지 않다. 가치라는 위태로운 이름을 사용하는 대신, 앞에서 말한 세 가지 의미 가운데 가리키려는 하나를 경우에 맞게 사용해야 한다. 그래서 나는 이 책에서 가치라는 단어를 더 이상 사용하지 않을 것이다. 그리고 이 책의 나머지 부분에서 셋째 의미를 가리킬 필요가 가장 자주 있을 텐데, 그런 때 다른 경제학자들이라면 종종 **교환가치 혹은 교환가능가치**라 부르겠지만, 나는 **교환 비율**이라는 조금도 모호하지 않은 표현을 대신 사용할 뿐만 아니라 교환되는 **두 물품**이 무엇인지 밝힐 것이다. 우리가 무쇠와 금의 교환 비율을 말할 때는, 우리가 가리키려는 것이 한 상품의 단위 수와 그것과 교환하는 다른 상품의 단위 수 사이의 비율이라는 데 의심의 여지가 있을 수 없다. 여기서 단위는 임의의 구체적인 크기이겠지만 그 비율은 추상적인 숫자다.

88. 내가 이 책의 1판에서 가치라는 단어 대신 교환 비율을 사용하자고 제안했을 때는 잉글랜드 경제학자들이 그 표현을 전혀 혹은 거의 사용하지 않았었기에 내 제안은 하나의 혁신이나 다름없었다. 존 스튜어트 밀은 가치에 관한 장에서 물건들이 서로 "생산 비용의 비율대로" 교환된다고 거듭 말하긴 했으나, 교환가치 그 자체가 비율의 문제라는 점을 분명히 말하기를 번번이 빠뜨렸다. 리카도, 맬서스, 애덤 스미스를 비롯하여 여러 위대한 잉글랜드 경제학자들은 대부분 가치라는 단어의 의미에 대해 꽤 길게 논의하는데, 내가 알기로 그들이 교환가치 혹은 교환가능가치에 **비율**이라는 이름을 명시적으로 붙인 적이 없다. 그렇지만 비율은 의심의 여지없이 옳은 과학 용어이며, 더없이 엄격하고 완전하게 옳은 용어이다.

89. 그래서 더욱 흥미로운 사실이 있다. 잉글랜드 경제학자들이 간과하긴 했으나, 르트론과 콩디야크처럼 참으로 과학적인 프랑스 경제학자들이 그 표현을 사용했다. 르트론은 다음과 같은 말로 가치를 신중하게 정의한다.[d] "가치는 이 물건과 저 물건, 이 생산물과 저 생산물의 교환 비율에 있다." 콩디야크는 가치에 관해 말하면서 르트론의 표현을 빌린

d. 《사회적 이해(利害)》, 1777, 1장, 4절.

다.[e] "그것은 이 물건과 저 물건의 교환 비율에 있다." 보도, 르트론, 콩디야크 등의 경제학 저작은 매클라우드 씨와[7] 애덤슨 교수에 의해 비로소 잉글랜드 독자들에게 알려지게 되었다. 나는 앞으로 이 저작들을 적절히 사용하려 애쓸 것이다.

가치의 차원[8]

90. 교환 비율을 뜻하는 말로서 가치를 사용할 경우 그것의 차원이 단순히 영이라는 사실을 알기는 어렵지 않다. 가치는 추상적인 숫자로 표현되는데, 이 점에서 각도 등 여러 비율과 다르지 않다. 각도를 측정하기 위해서는 선과 선의 비율, 즉 각이 한정하는 호와 원의 반지름 사이의 비율을 계산한다.[9] 가치도 이런 의미에서 비율이다. 한 상품의 수량이 그것과 교환되는 다른 상품의 수량에 대해 갖는 비율인 것이다. 두 상품을 단순히 물리적 수량으로 여기고 비교한다면, 그 차원은 M을 M으로 나눈 것이 된다. 즉 MM^{-1} 혹은 M^0이 된다.[10] 물리적 수량 대신 그것들의 효용을 비교하더라도 같은 결과를 얻는다. 이 경우에는 MU를 MU로 나눠야 하므로 M^0U^0을 갖게 된다. 이것은 실질

---

e. 《상업과 정부》, 1776; 《콩디야크 전집》, 1803, 6권, 20쪽.

7) 매클라우드는 1872년 저서 《경제철학 원리》 3장에서 르트론과 콩디야크를 포함하여 여러 프랑스 경제학자의 이론을 소개한다. 그리고 그는 프랑스 자유주의학파를 대표하는 슈발리에와 긴밀히 교류했다.

8) 제번스가 2판 서문을 시작하면서 밝히듯이, 이 절은 저자가 2판에서 '경제 수량의 차원'을 다루기 위해 추가한 여러 절 가운데 둘째다.

9) 예를 들어 직각은 $\frac{\pi}{2}$ 혹은 1.57로 나타난다.

10) 3장 117쪽 역주에서 지적했듯이, 여기서는 저자가 변수의 차원을 이탤릭체가 아닌 로마체로 나타낸다.

적으로 1을 의미하며, 그 의미에서는 M^0과 동일하다.

가치라는 단어를 사용하면서 평가 혹은 욕망의 긴박성을 의미할 수도 있다. 예를 들면, 올리버 트위스트가 더 달라고 요청할 때 그가 몇 조각의 빵에 대해 갖는 느낌을 나타내는 단어로서 가치를 사용할 수도 있다. 이 경우 그 단어의 의미는 이미 설명했듯이 **효용도**와 동일하며, 그것의 차원은 U다. 마지막으로 애덤 스미스의 **사용가치** 혹은 **총효용**은 U dM의 적분이며,[11] 그것의 차원은 MU다. 그리하여 우리는 **가치**라는 단어의 모호한 사용에 관한 우리의 결과를 표로 정리할 수 있다.

의미의 통상적 표현	과학적 표현	차원
(1) 사용가치	총효용	MU
(2) 더 많음에 대한 평가, 혹은 욕구의 긴박성	최종효용도	U
(3) 구매력	교환 비율	M^0

시장의 정의[12]

91. 교환이론으로 넘어가기에 앞서, 내가 앞으로 빈번히 사용할 다른 두 용어의 의미를 분명하게 정해두는 게 좋겠다.

---

11) 제번스는 여기서 변수와 그것의 차원을 같은 기호로 표시한다. 3장 121쪽 역주에서 지적했듯이 이런 표기는 부적절하다. M과 U로 차원을 나타내려면 총효용은 예컨대 "$u'(x)\,dx$의 적분"이라고 해야 한다. 제번스가 그리하듯이, 효용도를 나타내기 위해 $u'(x)$ 대신 $\phi(x)$를 사용할 수는 있다.

12) 1판에서 '시장과 교역체의 정의'라는 제목의 한 절이(1871, 84~90쪽) 2판에서는 이 절과 다음 절로 나뉜다.

내가 **시장**으로 의미하는 것은 대체로 상인이 그 용어를 사용해서 표현하려는 것과 같다. 본래 시장은 마을의 공개 장소로서 식료품 등 여러 물품을 팔려고 내놓는 곳이었다. 그러나 그 말이 일반화되어, 긴밀한 사업 관계를 갖고서 어떤 상품이건 폭넓은 거래를 수행하는 사람들의 모임을 의미하게 되었다. 큰 도시에는 주요 사업의 종류만큼이나 많은 시장이 있는데, 이 시장들은 자리를 차지하지 않을 수도 있다. 시장의 중심은 공개 거래소로서 거래인들이 합의해서 만나고 사업을 처리하는 매장이나 경매장일 수 있다. 런던에는 주식시장, 곡물시장, 석탄시장, 설탕시장, 그리고 다른 많은 시장이 뚜렷이 자리를 잡고 있다. 맨체스터에서는 면화시장, 재생면화시장, 그리고 여러 시장이 그러하다. 그러나 이처럼 뚜렷한 자리가 항상 필요한 것은 아니다. 거래하려는 사람들이 한 마을이나 지방에 널리 흩어져 있더라도 장날, 회합, 가격표 공시, 우편 등의 방법으로 서로 긴밀하게 소통한다면 시장을 형성할 수 있다. **화폐시장**이라는 통상적인 표현도 어떤 장소를 가리키지 않는다. 그 표현은 돈을 빌리고 빌려 주면서 사업진행에 관해 지속적으로 정보를 교환하는 은행가, 자본가, 거래인 전체에게 적용된다.[f]

---

f.[13] 나는 쿠르노가 오래전에 **시장**이라는 말의 경제학적 용도를 감탄스럽도록 간결하면서도 엄밀하게 정의했음을 알게 되었는데, 그 내용이 위 본문과 실질적으로 정확히 같다. 그는 각주에서 이렇게 말했다(《부의 이론의 수리적 원리에 대한 연구》, 파리, 1838, 55쪽). "잘 알려져 있듯이, 경제학자들이 말하는 **시장**은 구입과 판매가 이뤄지는 장소가 아니라, 제약 없는 통상에 의해 각 부분이 충분히 통합되어 가격이 쉽고 빠르게 동일한 수준을 갖게 되는 지역 전부를 가리킨다."

13) 2판에 추가된 주석이다. 제번스가 2판 서문에서 밝히듯이(35쪽), 그가 쿠르노의 《연구》를 읽은 것은 1판을 출간하고 여러 해가 지나서였다. 여기서 제번스가 프랑스어로 인용하는 구절은 55쪽 각주이며, 1897년 영어 번역판에서는 51쪽 각주로 나타난다.

92. 경제학에서 우리는 분명하고 잘 정의된 의미를 가진 이 용어를 유용하게 채택할 수 있다. 내가 시장을 말할 때는 둘 이상의 상품을 취급하는 둘 이상의 사람을 의미하며, 이들이 가진 상품 수량과 교환 의도가 모두에게 알려져 있다고 상정한다. 마찬가지로 중요한데, 어떤 두 사람 사이의 교환도 그 비율이 다른 모든 사람들에게 어김없이 알려져야 한다. 이러한 지식의 공동체가 확장되는 만큼만 시장이 확장된다. 어떤 사람이 주위의 교환 비율을 곧바로 알지 못하거나, 그가 보유하고 있는 것이 소통의 결여로 활용될 수 없다면, 우리는 그 사람을 시장의 일부로 간주하지 말아야 한다. 상품에 있어서도 비밀 혹은 미지의 부분은 그렇게 남겨져 있는 한에는 시장의 범위를 벗어난 것으로 간주해야 한다. 모든 개인이 오직 자신의 요구와 개인적 이해(利害)만을 생각해서 교환한다고 여겨져야 하며, 조금이라도 이득이 있어 보이면 누구든 누구와도 교환하게끔 완전한 자유경쟁이[14] 존재해야 한다. 긁어모아 쌓아 두고서 부자연스런 교환 비율을 만들어 내려는 음모가 없어야 한다. 농업인들이 모의해서 곡물을 시장에 내놓지 않고 쌓아두면, 소비자들은 굶주림에 떠밀려 시중에 있는 수량과는 아무런 적절한 관계도 없는 가격을 지불할 수도 있으며, 그럼으로써 시장의 보통 상태가 뒤집힐 것이다.

93. 완전시장의[15] 이론적 개념은 실제로 어느 정도 온전히 구현된다.

---

14) 원문의 'perfectly free competition'을 '완전한 자유경쟁'으로 옮긴다. 제번스의 '자유경쟁'은, 곧 이어지는 설명에서 알 수 있듯이, 담합이나 매점매석이 없는 상태를 가리킨다. 이는 애덤 스미스가 말하는 경쟁행위가 활발한 상태와 다르지 않다. 이러한 제번스의 '자유경쟁'은 쿠르노(1838, 8장)가 말하는 '무한경쟁'(concurrence indéfinie)이나 에지워스(1881, 17~20쪽)가 말하는 '완전경쟁'(perfect competition)과는 다르다. 양자는 모두 무수히 많은 거래 당사자를 (필요)조건으로 한다.

15) 원문의 'perfect market'을 '완전시장'으로 옮긴다. 제번스의 '완전시장'은 바로 앞의 역주에서 언급한 에지워스의 '완전경쟁'이나 쿠르노 '무한경쟁'이 필

교역의 사정을 속속들이 숙지한 상태에서 구입이 이뤄지도록 교환을 조직하는 것이야말로 확장된 시장에서 중개인이 하는 일이다. 중개인은 제각기 공급과 수요의 사정을 가장 잘 알아내려고 애쓰고, 어떤 변화라도 가장 먼저 알아채려고 애쓴다. 중개인은 가장 넓은 범위의 정보를 얻고, 알맞은 교환을 성사시킬 가망성을 가장 크게 만들기 위해, 가급적 많은 거래인과 연락한다. 그렇게 해야만 시장가격이 그때그때 분명하게 확인될 수 있고, 구매자와 판매자에게 영향을 미칠 수 있는 다양한 소식에 맞춰 바뀔 수 있다. 중개인 집단의 조정으로 완전한 합의가[16] 이뤄지고, 모든 판매자의 보유와 모든 구매자의 수요가 시장으로 들어온다. 폭넓고 끊임없는 정보를 갖는 것이야말로 교역의 핵심이다. 그리하여 공급과 수요의 사정 및 그 결과로서의 교환 비율에 대해 모든 거래인이 완전한 지식을 가질 때만 시장이 이론적으로 완전하다고 할 수 있다. 우리가 이제 곧 보게 되듯이, 그런 시장에서는 한 종류의 상품에 매 순간 하나의 교환 비율만 있을 수 있다.

94. 산업의 원활한 진행과 사회의 진정한 선(善)을 위해서 공급과 수요의 진정한 상태에 대한 지식이 이처럼 중요하다면, 모든 필요한 통계의 공표를 강제하는 것이 매우 정당하리라고 나는 생각한다. 비밀은 오로지 커다란 가격 변동에서 득을 보는 투기꾼에게 이윤을 가져다줄 뿐이다. 투기가 공공에 이로운 것은 그것이 가격을 균등하게 만드는 한에서다. 따라서 투기꾼이 자신에게 이윤을 가져다주는 가격 불균등을 조장하게끔 허용하는 것은 공공선(公共善)에 배치된다. 수백만 소

요조건이 아니다. 이어지는 제번스의 설명에서 알 수 있듯이, 제번스는 완전한 경쟁이 아니라 완전한 정보를 '완전시장'의 조건으로 여긴다. 마셜(1879, 2편, 3장)과 발라스(1874, 2부, 5강)도 이런 시장을 전제하고 이론을 전개하지만 그것을 완전시장이라고 부르지는 않는다. 그리고 에지워스는 자신이 열거한 '완전경쟁'의 네 조건을 만족하는 시장을 가리켜 '완전시장'이라 부른다.

16) 1판에는 '합의'(consensus)가 이탤릭체로 강조되지 않았다.

비자와 수백만 생산자의 후생이 면포와 곡물의 재고량에 대한 엄밀한 지식에 달려 있는 만큼, 그것에 대한 정보를 요구하는 것은 결코 인민의 자유에 대한 부당한 침해가 아니다. 빌링스게이트 어시장에서는 옛날부터 규제가 있어서, 판매상이 매일 아침 자신이 가진 생선의 종류와 수량을 잘 보이는 곳에 게시하게 한다.[g] 동일한 원칙이 오래전부터 의회의 법령에도 적용되어, 잉글랜드 시장도시에서[17] 팔리는 곡물의 수량과 가격에 관한 통계가 수집되고 있다.[18] 최근에는 면포 거래에 대해 유사한 입법이 있었는데, 1868년의 면화통계법이 그것이다. 공권력이 시장에 부과하는 공개성은 거의 항상 소수의 투기꾼과 금융업자를 제외한 모든 사람에게 유리하다.

교역체의 정의

95. 한 시장의 수요나 공급에서 한 무리의 사람들이 갖는 영향을 고려해야 한다면, 그 무리를 가리키는 표현을 채택할 필요가 있다는 게 내 판단이다. **교역체**(交易體)라는[19] 말로 내가 의미하는 것은 가장 일반적인 방식의 구매자 혹은 판매자 단체이다. 교역체가 한 개인일 경우도 있고, 한 대륙의 주민 전부일 경우도 있고, 한 나라 전역에 흩어져 거래하는 동업자들일 경우도 있다. 우리가 미국으로부터 쇠 혹은 다른 어떤 재화와의 교환으로 받는 곡물을 고려한다면, 잉글랜드와 미국이

---

g. 워터스톤, 《상업백과사전》, 1846, 466쪽.

17) 중세에는 군주가 시장 개설을 제한했는데, 시장도시(market town)는 시장을 개설할 권리를 가진 도시다.

18) 이 문장과 다음 두 문장은 2판에서 추가된 부분이다.

19) 원문의 'trading body'를 '교역체'로 옮긴다. 천체(heavenly body)를 연상시키는 용어이기에 그렇게 옮긴다. 더 자세한 설명은 부론 1을 참조하라.

교역체이다. 유럽 대륙은 잉글랜드로부터 석탄을 구입하는 교역체이다. 잉글랜드 농업인들은 제분업자에게 곡물을 판매하는 교역체이고, 제분업자들은 농업인들에게서 곡물을 구입하는 교역체이면서 제빵업자에게 밀가루를 판매하는 교역체이다.

96. 이 표현을 이처럼 넓은 의미로 사용해야 하는 것은, 우리가 고려하는 시장이 넓든 좁든 교환의 원리는 본질적으로 같기 때문이다. 교역체는 한 개인이거나 한 무리의 개인일 텐데, 후자의 경우에는 그 법칙이 각 개인에게서 지켜지는 만큼만 유의미하다. 개인의 욕구나 행위에서는 세밀하고 연속적인 미분을 관찰하기 어려운데, 그 이유는 변덕으로 보일 만한 것이나 외부로터의 동기가 작용해서 미세한 경향을 압도하기 때문이다. 이미 말했듯이(76쪽), 한 개인이 설탕, 버터, 달걀 등의 소비를 가격의 조그만 변동에 맞춰 매주 무한소량으로 다르게 하는 경우는 드물다. 그는 아마도 어떤 계기로 가격 상승에 눈길을 주기까지는 자신의 일상적인 소비를 지속할 것이다. 그러다가 어느 순간에 그 물품의 사용을 완전히 중지할 수도 있다. 그러나 커다란 집단의 총소비나 평균소비는 연속적으로 혹은 거의 연속적으로 달라지는 것을 볼 수 있다. 가장 미세한 경향도 넓은 범위의 평균에서는 드러난다. 그래서 우리의 여러 경제 법칙이 개인의 경우에는 이론적으로 참이고, 커다란 집단의 경우에는 실질적으로 참이다. 그러나 우리가 고려하는 교역체의 범위가 무엇이든 일반 원리는 같다. 그렇기에 그 표현에 가장 높은 일반성을 부여해서 사용하는 게 정당할 수 있다.

97. 그렇지만 주의해야 할 점이 있으니, 대규모 집단의 행위를 나타내는 경제 법칙은 어떤 개인의 행위도 정확하게 나타낼 수 없다는 것이다. 만약 천 명의 개인이 상품에 대한 수요나 공급 능력에서 모두 정확하게 같다고 상정할 수 있다면, 그런 개인들의 행위로부터 연역한 공급과 수요의 평균 법칙은 각 개인의 행위와 일치할 것이다. 그러나 한 사회는 능력, 욕구, 습관, 소유에서 서로 매우 다른 사람들로 구성되

어 있다. 그런 상황에서 그들에게 적용하는 평균 법칙은 내가 다른 곳에서[h] '가상 평균'이라 부른 것에 속한다.[20] 달리 말해 그 법칙은 수치 결과일 뿐이며, 존재하는 어떤 사물의 성격도 나타내지 않는다. 그렇다고 해서 평균 법칙이 — 우리가 그것을 가질 수만 있다면 — 덜 유용하지는 않다. 교역과 산업의 움직임은 개인의 변덕이 아니라 평균과 총합에 달려 있기 때문이다.[21]

무차별 법칙[22]

98. 한 상품이 그 품질에서 완벽하게 균일하거나 동일하다면, 그리고 어느 부분이든 같은 양의 다른 부분을 대신해서 무차별하게 사용될 수 있다면, 한 시장에서 한 순간에는 모든 부분이 하나의 비율로 교환되어야 한다. 한 사람이 정확히 같은 물건을 달리 취급해야 할 이유가 있을 수 없다. 그가 찾는 상품의 이 부분과 저 부분 중 전자의 가격이

---

h. 《과학의 원리》, 1판, 1부, 422쪽; 3판, 363쪽.

20) 이 단락에서 이 문장과 이어지는 문장은 2편에서 추가된 부분이다.

21) 이런 제번스의 설명이 그의 '교역체'를 대표(representative) 거래인과 같은 개념으로 해석하게 한다. 이렇게 해석되는 '교역체'는 구성원들 사이의 차이, 특히 소득의 차이를 사상(捨象)한다. 교역체 개념에 대한 마셜의 비판은 이 점을 강조한다(*Principles of Economics*, 2nd ed., 1891, bk. 3, ch. 3, p. 158n). 그리고 더 중요할 수도 있는 문제는 '교역체'가 구성원들의 상호작용이나 전략적 행위를 사상한다는 것이며, 그럼으로써 거래인의 수가 많고 적음에 따른 행동 및 결과의 차이를 무시한다는 것이다. 에지워스(1891)의 비판은 이 점에 집중된다.

22) 1판에서는 이 절의 제목이 '교환 비율에 대하여'이다. 하지만 2판에서 '무차별 법칙'(law of indifference)이라는 표현의 사용을 제안하는 단락 하나가 추가된 것을 제외하면, 이 절은 달라진 게 거의 없다. 1판에서는 이 절뿐만 아니라 다른 어디서도 그 표현이 사용되지 않았다.

약간이라도 더 높다면, 그는 전자를 대신해서 후자를 가지려 할 것이다. 평형을 잘 잡은 교환에서는 아주 작은 양으로도 저울이 기울고 선택이 바뀐다. 상품의 질에 미세한 차이만 있어도 선호가 생겨나고 교환 비율이 달라질 수 있다. 그러나 차이가 전혀 없으면, 혹은 차이가 전혀 없다고 알려지면, 어떤 선호의 근거도 있을 수 없다. 만약 상인이 통마다 완벽하게 같은 양과 질의 밀가루를 담아 판매하면서 통마다 다른 가격을 제멋대로 붙인다면, 구매자는 당연히 가장 싼 것을 고를 것이다. 구입하려는 물건에 아무런 차이도 없으면, 1,000파운드어치 물건의 가격에 1페니만 더해져도 선택의 타당한 근거가 된다. 이렇게 해서 우리는 의심의 여지가 없는 진실에 적절한 설명과 함께 도달했다. **하나의 공개 시장에서는 어느 한 순간이라도 한 종류의 상품에 두 가격이 있을 수 없다.** 만약 가격에 차이가 있다면, 그 차이는 구매자의 온전치 못한 신용이나 시장에 관한 불완전한 지식과 같은 외부적 상황으로부터 생겨나는 것이다.

99. 앞에서 기술한 원리는 경제학에서 가장 중요한 일반 법칙인데, 나는 그것을 **무차별 법칙**으로 부를 것을 제안한다.[23] 다시 말하면, 두 물체 혹은 상품이 그 목적과 관련해서 어떤 중요한 차이도 없을 경우 구매자는 그 둘 중 어느 것이든 다른 것을 대신하여 완벽히 무차별하게 받아들인다. 이런 무차별한 선택의 행동이 각각 효용도 방정식을 만들어 내며, 이 무차별의 원리에서 우리는 경제 이론의 핵심축 하나를 갖는다.

동일 상품의 가격이 한 순간에는 같아야 하지만 두 순간 사이에는

---

23) 이 단락은 2판에서 추가된 부분인데, 여기서 무차별 법칙(the law of indifference)의 '무차별'은 에지워스(1881)가 창안하여 지금까지 사용되고 있는 무차별 곡선(the curves of indifference)의 '무차별'과 그 의미가 전혀 다르다. 제번스의 무차별은 가격의 차이가 없음을 가리키고, 에지워스의 무차별은 효용의 차이가 없음을 가리킨다. 부록 1의 해설을 참조하라.

달라질 수 있으며, 끊임없는 변화의 상태에 있는 것으로 생각해야 한다. 이론적으로 말하면, 한 상품의 두 부분을 하나씩 이어서 같은 교환 비율에 구매하는 게 언제나 가능하지는 않다. 왜냐하면 첫 부분을 사자마자 효용의 사정이 바뀌기 때문이다.[24] 교환이 큰 규모로 이뤄지면 이 결과가 실제로 증명될 것이다.[i] 가령 한 부호(富豪)가 아침에 10만 파운드를 공채에 투자했다면, 그 거래가 오후에 같은 가격으로 반복될 가능성은 거의 없다. 어떤 시장에서건 한 사람이 계속 많이 사들인다면, 그는 결국 스스로에게 불리한 가격 상승을 불러올 것이다. 따라서 대량 구입을 가장 유리하게 하기 위해서는 조금씩 구입해서 앞선 부분에 매겨지는 비교적 낮은 가격의 이익을 지켜야 한다. 구입량이 아무리 적더라도, 교환이 교환 비율에 미치는 이런 효과가 어느 정도는 있다는 것이 이론에서 고려되어야 한다. 엄밀히 말하면, 한 순간의 교환 비율은 dy의 dx에 대한 비율이다. 즉, 한 상품의 무한히 작은 수량이 그 대가로 건네지는 다른 상품의 무한히 작은 수량에 대해 갖는 비

---

i. 내가 생각하기에 이것은 뉴욕 주식시장에서 증명된다. 여기서는 경매에 나온 총량을 공개하지 않고서 한 묶음씩 차례로 경매를 통해 매각한다. 공급량이 기대 수량을 초과하기 시작하면 뒤따르는 부분은 가격이 낮아져서 그 앞부분을 구매한 사람들이 손해를 본다. 그러나 만일 공급량이 적으면 먼저 구매한 사람들이 이익을 본다. 이런 경매는 시장에서 일반적으로 대규모로 항상 일어나고 있는 일을 축소해서 보여주는 것에 불과하다.

24) 제번스가 1판 서문 13쪽에서 언급하는 "내 이론 전체의 커다란 어려움"이 바로 이 문제로 보인다. 두 교역체 사이의 교환이 시간 속에서 이뤄질 것이고, 둘 사이에서 조금이라도 교환이 이뤄지면 둘의 상품 보유량이 바뀌므로 "효용의 사정"이 바뀌고, 따라서 교환 비율이 변한다. 그렇다면 교환 비율 p는 상수가 아니라 변수이며, 교환 수량의 함수이어야 한다. 즉, $\frac{dy}{dx} = p(x, y)$. 제번스에게는 이것이 "동학"이다. 그의 이런 "동학"은 경제학 고유의 동학과는 사뭇 다르다. 예를 들어 스미스와 밀의 동학은 자연가격을 향한 시장가격의 변동이다. 이 변동은 한 단기 균형에서 다음 단기 균형으로의 이동인 동시에 장기 균형을 향한 이동이다. 제번스에게는 이런 동학이 없다.

율이다. 교환 비율은 실제로 미분계수다. 구매되는 물품의 수량은 그것의 구매에 적용되는 가격의 함수이고, 교환 비율은 그 물품의 수량이 그것의 대가로 건네지는 것과 비교해서 어떤 비율로 증가하는지를 나타낸다.

101. 이와 동시에 우리는 이 주제의 정학과 동학을 조심스럽게 구분해야 한다. 산업의 실제 상태는 영원한 운동과 변화의 상태이다. 상품은 계속해서 제조되고 교환되고 소비된다. 만일 우리가 이 문제 본연의 모든 복잡성 속에서 그것의 완전한 풀이를 갖고 싶어 한다면, 우리는 그것을 운동의 문제, 동학의 문제로 다뤄야 한다. 그러나 더 쉬운 문제도 아직은 매우 불완전하게 처리되고 있는 지금 더 어려운 문제에 대드는 것은 터무니없다. 내가 교환의 행동을 다루려 할 수 있는 것은 순수하게 정학의 문제로서만이다. 상품 보유자들은 교역의 흐름 속에서 연속적으로 상품을 넘기는 게 아니고, 그들이 교환할 일정 수량을 균형에 도달할 때까지 지닌다고 간주될 것이다.

102. 추가 멈추게 될 지점을 찾는 것이, 그 지점을 벗어난 추가 움직이는 속도를 계산하는 것보다 훨씬 쉽다. 이와 마찬가지로, 교역이 모두 끝나고 교환이 멈추는 그 상황을 진술하는 것이, 균형이 달성되지 않은 상태에서 어떤 비율로 교역이 진행될지를 알아내는 것에 비해 훨씬 쉬운 과제다.

그 차이는 이렇게 나타난다. 동학적으로 우리는 교환 비율을 다름 아닌 dy와 dx의 비율, 즉 두 상품의 무한소 수량 사이의 비율로 생각할 수 있다. 그러면 우리의 방정식은 미분방정식으로 간주해서 적분해야 한다.[25] 그러나 그 문제를 정학으로 보면, 유한한 수량 y와 x의 비율로 대체할 수 있다. 그리하여 145~146쪽에서 서술한 자명한 원리,

25) 이 문장은 2판에서 추가되었다. 1871년 11월 11일자 〈토요일 평론〉에 게재된 익명의 서평을 염두에 둔 듯하다. 이 서평에 관해서는 4장 157쪽 역주를 참조하라.

즉 동일한 시장에서는 한 순간이라도 하나의 균일한 상품에 다른 두 가격이 있을 수 없다는 원리로부터 다음 결론이 도출된다. 교환 행위에서의 마지막 증분이 교환되는 비율은 전체 교환량의 비율과 같아야 한다. 사람들이 두 상품을 x 대 y의 비율로 맞바꾸는 경우를 생각해 보자. 이는 x의 m째 부분을 주고 y의 m째 부분을 받는 셈이며, 어느 m째 부분이든 다르지 않다. 상품의 어느 부분을 다른 부분과 달리 취급하는 일은 없다. 계속 증가하는 m을 상정하면서 이 분할을 무한히 수행한다면, 극한에서는 x의 무한히 작은 부분이라도 y의 무한히 작은 부분과 교환되는 비율이 전체 수량의 비율과 같아야 한다. 이 결과를 표현하기 위해 우리는 교환과정에서의 증분이 아래 방정식에 따라야 한다고 말할 수 있다.

$$\frac{dy}{dx} = \frac{y}{x}$$

103. 이 방정식의 용도는 다음 절에서 살펴보기로 한다.

교환이론

경제학의 주요 문제와 교환이론 전부의 핵심이 바로 이 명제에 있다. 두 상품의 교환 비율은 교환이 완료된 뒤 소비에 이용할 수 있는 수량의 상품이 갖는 최종효용도의 비율의 역수에 맞춰진다. 앞에서 인간본성의 원리가 제대로 제시되었다면, 독자는 이 명제의 의미에 대한 약간의 숙고만으로도 그것이 반드시 참임을 알 수 있을 것이다.

곡물만을 소유하고 있는 교역체와 쇠고기만을 소유하고 있는 교역체를 상정해 보자. 이런 상황에서는 곡물의 한 부분이 쇠고기의 한 부분과 교환되면서 효용이 크게 증가하지 않을 수 없다. 교환이 더 이상 득이 되지 않는 지점을 어떻게 정해야 할까? 이 물음은 교환 비율과 효용도를 함께 끌어들인다. 교환 비율이 대략 곡물 10파운드에 대해 쇠고기 1파운드라고 잠시 정해두자.[26] 만약 곡물을 소유하고 있는 교역체에게 곡물 10파운드가 쇠고기 1파운드보다 덜 유용하다면, 그 교역체는 더 많은 교환이 이뤄지기를 바랄 것이다. 쇠고기를 소유하고 있는 상대 교역체가 쇠고기 1파운드가 곡물 10파운드보다 덜 유용하다고 느끼면, 그 교역체도 더 많이 교환하기를 바랄 것이다. 각 당사자가 그렇게 모든 가능한 편익을 얻어서 더 이상의 교환이 효용상실을 가져오기 전까지는 교환이 계속될 것이다. 그리하여 양 당사자가 만족과 균형에 안주하고, 효용도가 그런 수준에 다다른다.

104. 균형점을 알아내는 기준은 무한히 적은 양의 상품이 동일한[27] 비율에 추가로 교환되더라도 효용이 증가하지도 감소하지도 않는 것이다. 달리 말하면, 추가의 상품이 기존 비율에 교환된다면 양 당사자에게 그 부분의 효용이 동등할 것이다. 만약 곡물 10파운드가 효용에서 쇠고기 1파운드와 정확하게 같다면, 이 비율에 더 교환하더라도 효용에 아무런 손실도 이득도 생기지 않는다.

그림을 사용해서 이 이론을 온전히 나타내기는 거의 불가능하지만 〈그림 5〉가 조금은 더 분명하게 해줄 수 있다. 선 *pqr*은 한 상품의 효용 곡선의 작은 부분이고, 파선 *p′qr′*은 다른 상품의 효용 곡선의 작은 부분을 뒤집어서 포개놓은 것이다. 이렇게 뒤집어 놓았기 때문에,

---

26) 이런 제번스의 설정은 거래 당사자들을 가격 수용자(price-taker)로 간주하는 것과 다르지 않다. 가격 수용자의 가정은 거래 당사자가 무수히 많을 경우에나 적용될 수 있을 텐데, 제번스는 두 개인 또는 단체를 상정하면서 이런 가정을 한다. 이 점이 에지워스(1881)가 제기하는 비판의 핵심이다. 에지워스는 같은 비판을 발라스(1874)에도 적용한다.

27) 여기서 '동일한' 비율은 기존의 교환 비율과 같은 비율을 의미한다.

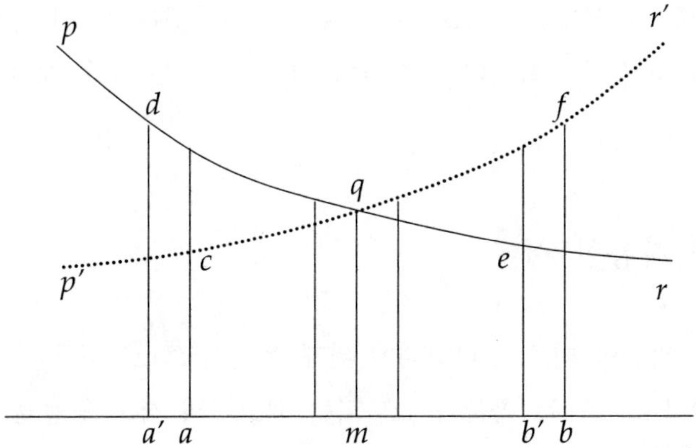

〈그림 5〉

첫째 상품의 수량이 바닥 선을 따라 *a*에서 *b*의 방향으로 측정되는 데 반해, 둘째 상품의 수량이 그 반대방향으로 측정된다. 그리고 각 상품의 한 단위를 같은 길이로 나타내기로 하면, 작은 선 *a′a*는 첫째 상품의 증가분을 나타내는 동시에 둘째 상품의 감소분을 나타낸다. 교환 비율이 한 단위에 대해 한 단위, 즉 1 대 1의 비율이라고 가정하자. 이 경우 한 사람이 상품 *a′a*를 받음으로써 효용 *ad*를 얻는 동시에 효용 *a′c*를 잃으므로 그의 효용은 혼선도형 *cd*의 순이득으로 나타난다.[28] 따라서 그 사람은 교환을 확대하기 바란다. 만일 그가 점 *b′*에 이르고서도 더 나아간다면, 그다음의 작은 교환으로 효용 *be*를 받아들이면서 효용 *b′f*를 떠나보내므로 *ef*의 순손실을 입게 된다. 따라서 그는 너무 멀리 간 것이다. 그가 최대이익을 얻고서 멈출 곳은 교차점 *q*가 될 것임이 분명하다. 바로 그곳에서 순이득이 순손실로 바뀌며, 무한히 작은 수량에 대해서는 이득도 손실도 없다. 무한히 작은 수량이나 지극

28) 여기서 *ad*와 *a′c*도 *cd*처럼 선분이 아닌 도형을 가리키는 것으로 이해해야 한다. *be*, *b′f*, *ef*도 마찬가지다.

히 작은 수량은 그림에 나타낼 수 없다. 그래서 선 mq의 좌우에 작은 수량의 상품 증가 또는 감소가 주는 효용을 나타냈는데, 이 정도 수량의 교환에 따른 순이득이나 순손실이 미미하리라는 것을 보여준다.

기호를 사용한 서술

106. 이 추론 과정을 기호로 나타내기 위해 우리는 Δx로 곡물의 작은 증분을 의미하고, Δy로 곡물과 교환되는 쇠고기의 작은 증분을 의미하기로 한다. 이제 우리의 무차별 법칙이 나서게 하자. 곡물과 쇠고기는 모두 고른 품질의 상품이며, 어느 부분도 다른 부분과 한 시장에서 다른 비율로는 교환될 수 없다. x가 곡물 전체 수량으로서 쇠고기 전체 수량 y를 받고서 주는 것이라면, Δy가 Δx에 대해 갖는 비율이 y의 x에 대한 비율과 같아야 한다. 따라서

$$\frac{\Delta y}{\Delta x} = \frac{y}{x} \text{ 혹은 } \Delta y = \frac{y}{x}\Delta x.$$

균형 상태에서는 각 당사자에게 이 두 증분의 효용이 동등해야 한다. 그래야만 교환을 더 해도 좋을 게 없고, 덜 해도 좋을 게 없다. 이제 쇠고기 증분 Δy는 $\frac{y}{x}$에 곡물 증분 Δx를 곱한 것이며, 그 두 증분의 효용이 동등하기 위해서는 쇠고기의 효용도가 곡물의 효용도와 비교해서 $\frac{x}{y}$배여야 한다. 그리하여 우리는 이 원리에 도달한다. **교환되는 두 상품의 효용도가 갖는 비율은 교환되는 두 증분의 크기가 갖는 비율의 역수다.**

107. 이제부터 우리의 전제는 첫째 단체 A가 애초에 a만큼의 곡물을 소유하고, 둘째 단체 B가 b만큼의 쇠고기를 소유하는 것이다. x만큼의

곡물과 y만큼의 쇠고기를 주고받는 교환이 이뤄지면, 교환 이후의 상태는 다음과 같다.

A가 $a-x$만큼의 곡물과 y만큼의 쇠고기를 가지고,
B가 x만큼의 곡물과 $b-y$만큼의 쇠고기를 갖는다.

A에게 곡물이 갖는 최종효용도를 $\phi_1(a-x)$로 나타내고, 이에 상응하는 B의 함수를 $\phi_2 x$로 나타내자. 또한 쇠고기에 대한 A의 최종효용도를 $\psi_1 y$로 나타내고, 이와 유사한 B의 함수를 $\psi_2(b-y)$로 나타내자.[29] 그러면 150쪽에서 설명한 대로 A는 다음 방정식이 성립하지 않으면 만족하지 않을 것이다.

$$\phi_1(a-x) . dx = \psi_1 y . dy,$$

$$\text{혹은} \quad \frac{\phi_1(a-x)}{\psi_1 y} = \frac{dy}{dx}.$$

그리고 오른쪽 항을 149쪽에서 제시한 방정식으로 대체하면,

29) 제번스는 곡물의 최종효용도를 곡물 소비량만의 함수로 간주하고, 쇠고기의 최종효용도를 쇠고기 소비량만의 함수로 간주한다. 그런데 에지워스(1881)가 강조하고 반영하듯이, 곡물의 최종효용도가 쇠고기 소비량에 따라서도 달라질 수 있고, 쇠고기의 최종효용도가 곡물 소비량에 따라서도 달라질 수 있다. 이 경우 곡물의 최종효용도는 두 변수의 함수이고, $\phi^A(a-x, y)$와 $\phi^B(x, b-y)$로 나타내야 한다. 쇠고기의 최종효용도도 $\psi^A(a-x, y)$와 $\psi^B(x, b-y)$로 바꿔야 한다. 마셜(1890)은 이를 인정하면서도 무시하여, 계속해서 각 재화의 한계효용을 그 재화 소비량만의 함수로 간주한다. 말하자면 제번스와 마셜 모두 가산(additive) 효용함수를 전제하고 이론을 전개한다.

$$\frac{\phi_1(a-x)}{\psi_1 y} = \frac{y}{x}.$$

108. A에게 성립하는 방정식은 적절히 변경하면 B에게도 성립한다. B도 A와 마찬가지로 최종 증분들로부터 정확하게 동등한 효용을 획득해야 한다. 그렇지 않으면, 더 교환하거나 덜 교환하는 것이 그에게 이익이므로 그가 교환의 상태를 흔들려 할 것이다. 따라서 다음 방정식이 성립한다.

$$\psi_2(b-y) \, . \, dy = \phi_2 \, x \, . \, dx.$$

앞에서처럼 대체할 수도 있다.

$$\frac{\phi_2 x}{\psi_2(b-y)} = \frac{y}{x}.$$

그리하여 우리는 결론에 도달한다. 두 상품이 서로 교환되고, 무한히 적은 양으로 더 혹은 덜 주고받을 수 있다면, 교환되는 수량은 두 방정식을 만족시켜야 한다. 그 두 방정식을 간명한 형태로 쓰면,[30)]

30) 제번스는 $\phi_2(x)$, $\psi_1(y)$로 나타내는 대신 괄호 없이 $\phi_2 x$, $\psi_1 y$로 나타낸다. 그리고 아래 첨자 1과 2로 상품이 아니라 개인 또는 단체를 가리킨다. 이런 표기가 혼동을 일으킬 수 있으므로 우리는 위 첨자 A와 B로 소비자를 구분하면서 곡물의 최종효용도를 $\phi^A(a-x)$와 $\phi^B(x)$, 쇠고기의 최종효용도는 $\psi^A(y)$와 $\psi^B(b-y)$로 나타낼 수 있다. 이런 식으로 그의 두 방정식을 고쳐 쓰면, $\frac{\phi^A(a-x)}{\psi^A(y)} = \frac{y}{x} = \frac{\phi^B(x)}{\psi^B(b-y)}$.

$$\frac{\phi_1(a-x)}{\psi_1 y} = \frac{y}{x} = \frac{\phi_2 x}{\psi_2(b-y)}.$$

이 두 방정식은 교환의 결과를 규정하기에 충분하다. 오직 두 개의 미지수만 있기 때문인데, 주고받는 수량 x와 y가 그것이다.[31)]

교환 조건을 방정식 형태로 표현할 수 있다는 생각이 흐릿하게나마 경제학 저자들에게 있었다.[32)] 그래서 존 스튜어트 밀이 말하기를,[k]

---

31) 이 두 방정식은 효용극대화의 조건과 수급일치의 조건을 뒤섞어 나타낸다. 두 조건을 나눠 나타내려면, 수요와 공급을 함께 나타내는 x를 대신하여, x_1으로 A의 공급을 나타내고, x_2로 B의 수요를 나타내야 한다. 마찬가지로 y를 y_1과 y_2로 구분해야 한다. 그런 다음 공급(x_1, y_2)과 수요(x_2, y_1)의 일치를 나타내는 두 방정식이 도입될 수 있다. 즉, $x_1 = x_2$, $y_1 = y_2$. 더 자세한 설명은 부론 1을 보라.

32) 제번스가 서론에서 언급하는 제임스 스튜어트는 1769년 논고에서 "모든 상품의 가격을 규제하는 원리, 즉 수요와 공급 사이의 비율"에 대해 설명한다(*Works, Political, Metaphysical, and Chronological of the Late James Steuart*, vol. 5, 1805, p. 289). 이에 앞서 존 로(John Law, 1671~1729)는 1705년 저서 《화폐와 교역에 대한 고찰》(*Money and Trade Considered*)에서 재화의 가격은 "수요 대비 수량"(the quantity in proportion to demand)에 좌우된다고 주장했다(5쪽). 애덤 스미스도 《국부론》에서 두 수량 사이의 "비율"이 가격을 규제한다고 설명한다(1편, 7장). 이 설명에서 두 수량 중 하나는 시장에 반입된 수량이고. 다른 하나는 자연가격이라고 일컫는 어떤 특정 가격에서 소비자들이 구매하는 수량을 가리킨다. 그리고 이 설명에 따르면, 전자가 후자보다 적으면 가격이 자연가격보다 높아진다. 말하자면, 수요와 공급이 일치되도록 가격이 결정된다는 것이 아니라, '공급'(S_t)이 '수요'$(\overline{D})$보다 많거나 적으면 가격(P_t)이 '자연가격'$(\overline{P})$보다 낮거나 높다는 것이다. 이를 식으로 나타내면, $P_t - \overline{P} = f(S_t/\overline{D})$, $f' < 0$; $f(1) = 0$. 여기에 '공급'과 가격의 관계를 나타내는 식이 더해지면서 고전학파의 가격 및 공급 이론이 완성된다. 즉, $S_{t+1} - S_t = g(P_t - \overline{P})$, $g' > 0$; $g(0) = 0$. 이 식은 가격이 자연가격보다 높을 때 '공급'이 증가함을 나타낸다. 이 이론은 리카도의 《정치경제학과 과세의 원리》에서도 전혀 달라지지 않는다. 하지만 이를 가리켜 "교환 조건을 방정식 형태로 표현"했다고 할 수 없다. 그리고

"수요와 공급 사이의 비율이라는 개념은 어울리지 않으며, 이 문제와는 아무런 관계도 없다. 적절한 수리적 유비(類比)는 방정식이다. 수요와 공급, 수요량과 공급량은 동등해진다". 여기서 밀은 방정식을 단지 적절한 수리적 유비라고 말한다. 하지만 경제학이 진정한 과학이 되기 위해서는 유비에 그쳐서는 아니 된다. 체계를 갖춘 다른 모든 과학이 그러하듯이, 경제학도 진짜 방정식으로 추론해야 한다. 그런데 밀의 방정식은 우리가 앞에서 도달한 어떤 것과도 명시적으로 같지는 않다. 그의 방정식은 A가 주는 수량과 B가 받는 수량의 동등을 의미한다. 단번에 알 수 있듯이, 이 동등은 자명한 이치에 불과하다. 사실 어떤 교환이든 이뤄지기만 한다면 이 동등은 반드시 성립한다.[33] 밀이 길게 설명한 가치이론은 수요량이나 공급량이 어떻게 해서 달라지는지를 보여주지 못하므로 문제의 뿌리에 이르지 못한다. 밀이 알아채지 못한 것이 하나 더 있으니, 모든 교환에는 두 당사자와 두 수량이 있어야 하므로 두 개의 방정식이 있어야 한다는 것이다.[34]

109. 그럼에도 불구하고 우리 이론은 공급과 수요의 법칙과 완벽하게 일치한다. 효용함수가 정해지기만 하면, 그 함수를 바꿔 공급과 수요의 대등을 분명히 표현하는 모양으로 만들 수 있을 것이다. x는 한편에서 수요하고 다른 편에서 공급하는 수량으로 간주될 수 있다. 마찬가지로 y는

---

k. 《정치경제학 원리》, 3편, 2장, 4절.

실제로 제번스가 이렇게 말하면서 가리키는 것은 애덤 스미스나 리카도의 이론이 아니다.

33) 제번스의 비판은 적절하지 않다. 밀은 시장가격이 결정되는 원리를 설명한다. 주어진 공급에 수요가 일치하게끔 시장가격이 결정된다는 것이다. 이러한 제번스의 오해는 그가 효용극대화와 수급일치를 명시적으로 구분하지 않는 것과 무관하지 않아 보인다.

34) 이 비판도 적절하지 않다. 제번스의 교환이론과 직접 비교될 수 있는 밀의 국제가치 이론은 두 개의 방정식을 포함한다. 밀이 말하는 상호수요(reciprocal demand)가 바로 그것을 가리킨다.

한편에서 공급하고 다른 편에서 수요하는 수량이다. 이제 두 방정식이 동시에 성립하게 하면서 우리는 한 방정식에서의 x와 y가 다른 방정식에서의 그것과 같다고 가정하는 셈이다. 그래서 공급과 수요의 법칙은 가치 혹은 교환의 진정한 이론이라고 생각되는 것의 결과이다.

지레 이론과의 유사성[35)]

110. 이 책에서 사용하는 방정식의 일반적 성격에 대해 반대가 있음을 나는 알고 있다. 반대의 요지는 문제의 방정식이 계속해서 무한소 수량을 포함한다는 데 있는 듯하다. 다른 미분방정식처럼 적분해야 하는데 그리하지 않는다는 것이다. 물론 필요하다면 적분을 적용하지 않을 이유가 없다. 그리고 이제 곧 보여주겠지만, 이 책의 방정식도 물리과학의 여러 분야에서 실제로 사용하는 방정식과 일반 성격에서 다르지 않다. 사실 우리가 연속적으로 달라지는 수량을 다룰 때는 항상 최종 방정식이 무한소 사이에 놓인다. 내가 바로 이해했다면, 적분 과정은 방정식을 달리 규정할 뿐이며, 그렇게 규정된 방정식의 진실성은 애초의 미분방정식에서 나온다.[36)]

---

35) 저자가 2판 서문에서 밝히듯이, 이 절은 2판에서 추가된 부분이다. 하지만 교환과 지레의 유사성은 1판 서문에서도 언급되며, 거기서 '가상 속도 원리'(the principle of virtual velocities)도 인용된다.

36) 이 단락도 148쪽의 한 문장처럼 저자가 〈토요일 평론〉에 게재된 서평을 염두에 두고 쓴 것으로 보인다. 이 서평에는 제번스가 '교환방정식'을 도출하기 위하여 사용하는 방정식 $\frac{dy}{dx}=\frac{y}{x}$에 대한 신랄한 비판이 있다. 그 부분을 옮기면(Reprinted in J. C. Wood ed., *William Stanley Jevons: Critical Assessments*, vol. 2, Routledge, 1988, p. 8), "제번스 씨가 미분방정식에 관한 아무 책에서나 배울 수 있듯이, [이 식은] 상수 C에 대해 $y=Cx$라는 진술로부터 곧바로 도출된다. … 제번스 씨가 이 방정식을 자신의 문제에 적

111. 역학의 진정한 기초는 이른바 가상 속도 이론에서 비로소 발견되는데,[37] 대부분의 입문서가 역학을 다루는 방식은 그것을 감추는 경향이 있다. 근대 최고의 입문서로 꼽히는 여러 책에서 볼 수 있는 1종 지레에[38] 대한 서술이 그러하다. 매그너스 씨의 《초급 역학 강의》 128쪽을 읽어 보자.[39]

> 지레 *AB*가 받침점 *C*를 중심으로 자유롭게 돈다고 하자. *P*는 *A*에 가해지는 힘이다. *W*는 *B*에 작용하는 힘, 이겨내는 저항력, 혹은 들어 올리는 무게다. 그리고 지렛대가 돌면서 만든 각이 *ACA′*라고 하자. 만약 *P*와 *W*가 지레팔에 수직으로 작용한다면, *P*가 한 일은 *P*×호*AA′*와 동등하고, *W*가 한 일은 *W*×호 *BB′*와 동등하다. 그러므로 에너지 법칙에 의해

용하려 하면서 뚜렷한 오류로 빠져드는 게 우리에게는 보인다." 제번스가 1874년에 들니 드부후이으에게 보낸 편지를 보면(H. A. Jevons ed., *Letters and Journal of W. Stanley Jevons*, MacMillan and Co., 1886, pp. 309~310), 그가 이 서평을 매우 심각하게 받아들였음을 알 수 있다.

37) 가상 속도 이론 또는 가상 일 원리에 관해서는 1판 서문 11쪽 역주를 참조하라.

38) 지레는 받침점, 힘점, 일점의 위치에 따라 세 종류로 나뉜다. 받침점을 가운데 두고 양쪽에 힘점과 일점이 있는 경우를 1종 지레라 부른다.

39) 제번스가 인용하는 부분은 14강 86절인데, 여기에는 아래 그림도 함께 있다. 우리는 이 그림을 제번스의 〈그림 5[a]〉와 비교해 볼 수 있다.

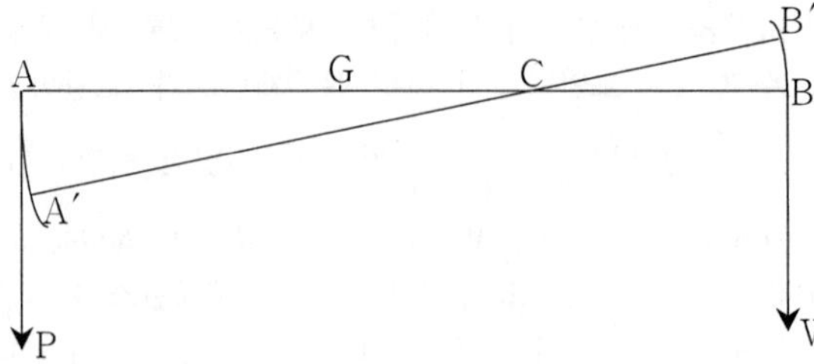

$$P \times AA' = W \times BB', \text{ 그리고 } \frac{AA'}{BB'} = \frac{AC}{BC} \text{이므로}$$

$$P \times AC = W \times BC,$$

혹은 $P \times$지레팔 $= W \times$지레팔.

이와 같은 서술에서는, 우리가 다루는 수량이 분명하고 유한한 듯하며, 어떤 어려움도 드러나지 않는다. 그렇지만 사실은 어려움이 없지 않다. P와 W가 유한한 크기의 호(弧)를 따라서 지레팔에 수직으로 작용한다는 가정에 어려움이 감춰져 있을 뿐이다. 바퀴와 축의 문제에서는 이 조건이 거의 정확하게 실현된다.[1] 이 경우는 무한히 많은 수의 곧은 지레가 결합되어 있어서 계속적으로 작동하는 것으로 간주할 수 있다. 그러므로 이 장치에서는, 대략 말해서, 일정한 길이의 지레팔에 항상 수직으로 무게가 작용한다. 그러나 지레 일반에 있어서는 무한히 작은 변위(變位)에 대해서만 그 이론이 맞다. 지레가 유한한 크기의 호 AA'를 그리며 움직이기 시작하면, P가 한 일이 $P \times$호AA'와 동등하다는 명제는 더 이상 맞지 않다. 그렇지만 정태적으로 고찰되는 지레, 즉 정지 또는 균형 상태의 지레에 대해서는 그 이론이 꽤 정확하다. 왜냐하면 지레가 실제로 움직일 경우의 유한한 크기의 변위 호는, 정지해 있는 대신 무한히 작은 변위를 겪을 경우에 거쳐 갈 무한히 작은 호, 즉 가상 속도에 정확히 비례하기 때문이다.[40]

112. 더욱 흥미로운 사실이 있다. 우리가 가상 속도 원리에 맞춰 지레를 다루는 이론을 취할 때 갖게 되는 방정식은 그 모양이 앞에서 확립한 가치이론의 방정식과 정확히 같다. 가상 속도의 일반 원리에 의하면,

---

1. 매그너스의 《강의》, 91절을 보라.

40) 여기서 가상 속도(virtual velocities)는 가상 변위(virtual displacements)로 바꿔 읽을 수 있다. 가상 변위는 고전역학의 용어이며, 정지된 시간 속의 위치 변동을 가리킨다.

만약 여러 힘이 한 강체의 하나 혹은 여러 지점에서 균형을 이룬다면, 그리고 이 물체가 무한히 작은 움직임을 겪는다면, 각 힘에 그것의 변위를 곱해서 더한 대수합(代數合)이 영(零)과 같다.[41] 1종 지레의 경우에 이 원리의 내용은 결국, 한쪽 힘과 그 변위의 곱이 다른 쪽 힘과 그 음의 변위의 곱에 의해 상쇄된다는 것이다. 그러나 변위가 지레팔의 길이에 정확히 비례하는 한에서 우리는 파생 방정식을 가질 수 있다. 이 방정식은 여러 힘에 각각 그것의 팔을 곱한 결과들이 서로 동등하다는 것이다. 앞의 인용에서 $P \times AC = W \times BC$는 유한한 수량 사이의 방정식임이 분명하다. 그러나 가상 속도 원리로부터 곧바로 도출되는 방정식은 실제로 $P \times AA' = W \times BB'$ 다. 여기서 P와 W는 유한한 데 반해 AA'와 BB'는 엄밀히 말해서 무한히 작은 변위다. 이 방정식을 $\frac{W}{P} = \frac{AA'}{BB'}$로 기술하자. 그런데 $\frac{AA'}{BB'} = \frac{AC}{BC}$이므로 다음과 같이 대체할 수 있다. $\frac{W}{P} = \frac{AC}{BC}$.

113. 내가 이 문제를 이토록 자세히 논의하는 것은 우리가 여기서 갖게 되는 방정식의 모양이 교환방정식의[42] 모양과 정확히 같기 때문이다. 이미 보았듯이, 애초의 방정식은 일반적인 모양이 $\frac{\phi x}{\psi y} = \frac{dy}{dx}$인데, 여기서 ψy와 ϕx는 상품 Y와 X의 효용도를 유한한 것으로 표현하고,[43] dy와 dx는 교환되는 상품의 무한히 작은 수량이다. 그러나 이 무한소가 적어도

---

41) 이를 수식으로 옮기면, $\sum_i F_i \delta q_i = 0$. δq_i은 주어진 제약에서의 가상 변위이며, 1종 지레의 경우에는 $\frac{\delta q_1}{a} = -\frac{\delta q_2}{b}$. 단 a와 b는 각각 지레팔의 길이를 나타낸다.

42) '교환방정식'(the equations of exchange)은 물리학의 '운동방정식'(the equations of motion)을 연상시키는 표현이다.

43) 1판과 2판에는 이 문장에서 ψy와 ϕx가 뒤바뀌어 인쇄되어 있다. 이 오류는 4판에서 고쳐진다.

이 경우에는 제거된다. 무차별 법칙 덕택에 이 무한소는 유한한 교환량 전부에 정확히 비례하기 때문이다. 그래서 $\frac{dy}{dx}$를 $\frac{y}{x}$로 대체한다. 두 방정식의 유사성을 드러내기 위해 위아래로 나란히 쓰면,

$$\frac{W}{P} = \frac{AA'}{BB'} = \frac{AC}{BC'},$$

$$\frac{\phi x}{\psi y} = \frac{dy}{dx} = \frac{y}{x}.$$

114. 아래 그림은 교환이론과 지렛대의 유사성을 가능한 최대로 명료하게 표현하기 위한 것이다. 이 그림에서는 여러 경제적 성질이 그것들에 상응하거나 비례하는 여러 부분으로 나타난다.

정학 문제에는 적분 과정을 적용할 수 없다. 방정식은 상상의 무한소 수량들 사이에 놓이며, 모아서 더할 효과는 없다. 그러나 가상 속도 원리가 적용되지 않는 정학 문제는 없다. 푸아송은[44] 자신의《역

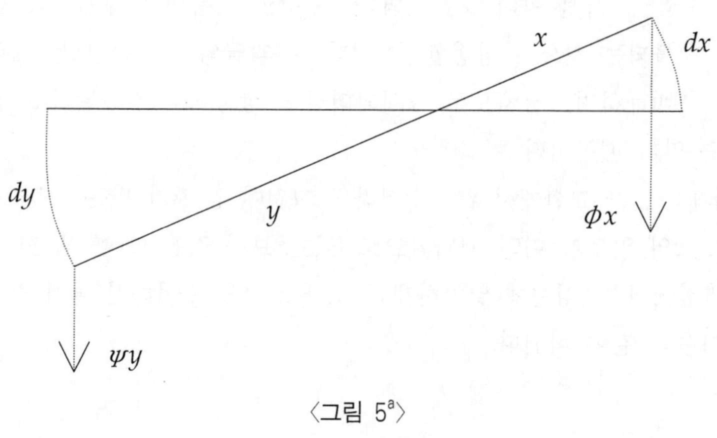

〈그림 5[a]〉

44) 제번스가 프랑스어로 인용하는 푸아송의《역학 원리》(*Traité de mécanique*)의 영어 번역판이 1842년에 출간되었었다.

학 원리》를 정학 공리로 시작하면서 명시적으로 밝히기를,[m] "이 책에서 나는 무한소 수량의 방법만을 사용할 것이다".

교환의 장애

115. 우리는 지금까지 교환이론을 다루면서 아무런 노고나 비용을 들이지 않고서도 교환을 실행할 수 있다고 여겼다. 실제로는 거의 항상 전달 비용이 만만치 않다. 때로는 그것이 문제의 핵심 요소가 되기도 한다. 단순히 운반 비용에 그치지 않고 중개인, 대리인, 포장업자, 선착장, 항구, 등대 등에 지불하는 각종 비용을 포함해야 한다. 상품의 수입이나 수출에 부과되는 모든 조세도 더해야 한다. 이런 부과금은 필요해서든 자의적이든 모두 상업의 여러 장애가 되어 그 이득을 줄이는 경향이 있다. 이런 부과금 중 어느 하나 혹은 교환 비용 총합을 우리 공식에 포함하는 일은 매우 간단하다.

116. 부과금은, 어떤 형태로 지불되든, 수령할 상품의 일부를 넘겨줌으로써 지불되는 것으로 상정할 수 있다. 부과금의 크기는 보통 재화의 수량에 비례하며, 금액으로 표시되더라도 상품으로 전환된다고 간주할 수 있기 때문이다.

이제는 A가 교환에서 x를 주더라도 그것이 곧 B가 받는 수량이 아니다. x의 일부가 미리 제외되므로 B는 x보다 작은 mx를 받는다. B의 관점에서 이 상황에 일치하게끔 교환 조건을 수정하면 둘째 방정식은 다음과 같이 바뀐다.

m. 2판, 파리, 1833, 2절, 1권, 14쪽.

$$\frac{y}{mx} = \frac{\phi_2(mx)}{\psi_2(b-y)}.$$

한편 A는 x를 주지만 y 전부가 아니라 ny를 받으므로 그의 방정식도 마찬가지로 바뀐다.

$$\frac{\phi_1(a-x)}{\psi_1(ny)} = \frac{ny}{x}.$$

그 결과 교환 비율은 하나가 아니라 둘로 나타난다. 그리고 두 교환 비율의 차이가 클수록 교환에서 얻는 이익이 작다. A는 둘째 상품을 전보다 적게 갖고서도 만족하거나, 아니면 그것을 사기 위해 첫째 상품을 더 많이 줘야 한다. 장애를 반영한 교환방정식을 간결하게 만들기 위해 m과 n을 옮길 수도 있다.

$$\frac{\phi_1(a-x)}{n.\psi_1(ny)} = \frac{y}{x} = \frac{m.\phi_2(mx)}{\psi_2(b-y)}.$$

교환이론의 예시

117. 앞에서 말했듯이 교환이론은 그 성격이 다소 추상적이고 난해하게 보일 수 있다. 그러나 거대한 시장의 실제 작동에서 교환이론을 확인시켜 주는 사례를 찾는 일은 어렵지 않다. 보통의 공급과 수요의 법칙을 적절히 진술한다면, 그것이 바로 이론의 현실성을 드러내는 일이다. 이 주제에 관해 손턴 씨가 〈격주 평론〉에 발표한 여러 글과 그의 저서 《노동의 요구》가 적잖은 논쟁을 일으켰다.[45] 밀은 예전에 가치

이론이 완전하고 완벽하다고 주장했었는데(132쪽을 보라), 손턴 씨의 주장을 접하고서는 보완의 필요성을 인정했다.[46]

내가 보기에 손턴 씨의 논의는 대부분 문제의 핵심에서 벗어나 있다. 그는 공급과 수요에 정규적인 법칙이 없음을 보여주기 위하여 정규적인 변동이 생기지 않는 몇몇 사례를 든다. 그런 사례는 얼마든지 쌓을 수 있겠지만 문제의 법칙과는 아무 관련이 없다. 물론 변동의 연속성을 가정하는 법칙을 연속적 변동이 불가능한 경우에 적용하는 게 적절하지는 않다.[47] 그러나 이론을 **이론의 적용**과 구별하지 못하는 경제학자는 결코 어려움에서 헤어날 수 없다. 우리는 소매거래에서, 잉글랜드식이나 네덜란드식 경매에서,[48] 혹은 다른 특정 방식의 교역에서

---

45) 제번스가 인용하는 손턴의 저서는 1869년에 출간된 《노동론》(*On Labour*)인데, 이 책의 부제가 '노동의 부당한 요구와 정당한 몫, 그것의 실제 현실과 가능한 미래'(*Its wrongful claims and rightful dues; its actual present and possible future*)이다. 이 책에서 손턴은 공급과 수요의 법칙에 의해 가격 및 임금이 결정된다는 이론을 비판했다. 이에 대한 여러 반박 중에서 제번스의 관심을 끈 것으로 젠킨(1870)이 있다. 제번스도 이 절에서 손턴의 주장을 반박하는데, 그 방향과 초점이 젠킨의 반박과 같지 않다. 174~182쪽의 '교환방정식의 실패'에 관한 절도 이런 배경과 무관하지 않다.

46) 1판 서문 10쪽 역주에서 소개했듯이, 밀(1848)은 《정치경제학 원리》 2편 11장에서 임금기금설을 주장했으나, 손턴의 《노동론》에 관한 서평에서 임금기금설을 명시적으로 철회했다. 그렇지만 밀은 1871년 출간된 《정치경제학 원리》 7판에서 이와 관련하여 별다른 수정을 하지 않았다.

47) 공급과 수요가 일치하게끔 가격이 결정된다는 이론을 반박하기 위해 손턴(1869)은 세 가지 예를 든다. 그 중 하나가 말 시장의 예인데, 어느 한 마리의 말을 50파운드에 사려는 사람이 2명인 경우와 3명인 경우를 비교하면서 어느 경우에도 그보다 높은 가격을 지불하려는 사람은 없다고 상정한다.

48) 잉글랜드식 경매(English auction)는 경매인이 낮은 가격에서 시작하여 점차 높이면서 구매자를 찾는 방식이며, 대부분의 경매에서 사용된다. 이에 반해 네덜란드식 경매(Dutch auction)는 경매인이 높은 가격에서 시작하여 점차 낮추면서 구매자를 찾는 방식이며, 네덜란드 꽃 시장에서 사용된다. 손턴은 《노동론》 2편 1장에서 두 방식의 경매에서 서로 다른 가격이 정해질

공급과 수요의 법칙이 작용하는 것을 곧바로 보지는 못한다. 그렇다고 해서 그 법칙이 틀렸다고 여기는 일이 조금이라도 있어서는 안 된다. 사실 예상되는 수요와 공급을 포함한다면 그 법칙이 충분히 맞는다는 것을 손턴 씨도 인정하는 듯하다. 그러나 시장의 실제 작동에서는 상인이건 경제학자건 앞날의 일이 미치는 영향을 무시해서는 절대 안 된다.

118. 비록 손턴 씨의 반론이 대부분 문제의 핵심에서 벗어나 있긴 하지만, 그의 논의는 예전의 경제학자들이 공급과 수요의 법칙을 부적절하게 설명했었음을 보여준다. 경제학자들은 무엇이 수요와 공급을 구성하는지를 충분히 신중하게 탐구하지 않았다. 손턴 씨가 지적하듯이, 구매하려는 사람이 아무리 많더라도, 그들이 제안하는 최고 가격이 판매자가 받아들이려는 최저 가격에 미치지 못한다면, 그들의 영향이 소멸해 버린다. 말을 거래하는 경매에서 열 사람이 20파운드에는 사더라도 그 이상을 지불하려 하지 않는다면, 누군가 21파운드를 제안하는 순간 그들의 수요는 곧바로 멈춰 버린다. 나는 그런 견해를 받아들일 뿐만 아니라 거기서 더 나아가려 한다. 한 물품의 가격에서 일어나는 변화는, 그 물품을 다른 가격에서 사거나 사지 않는 다수에 의해서 정해지는 게 아니라, 그 가격 근처에서 교환이 이뤄질 때 사거나 사지 않는 소수에 의해서 정해진다.

119. 우리 이론은 이 생각을 밀고 나간다. 그리하여 매 순간 교환 비율에 작용하는 것은 상대적으로 미미한 수량의 공급과 수요라는 주장에 도달한다. 거대한 시장이라면 어디서나 일어나는 일이 이 주장을 실제로 증명한다. 3퍼센트 통합공채[49] 시장이 그 예다. 잉글랜드 공채의 총

수 있음을 지적하면서 공급-수요 이론을 반박한다.

49) 1752년 영국 정부는 그때까지 발행한 모든 채권을 통합하여 한 가지의 영구채권으로 바꿨다. 이때 적용한 이자율이 3.5%였으나 1757년에 3.0%로 낮췄다. 3퍼센트 통합공채(Consolidated Three Per Cent Annuities)는 이 채권을 가리키는 이름이다.

액이 약 8억 파운드인데, 일반 구매자가 사거나 파는 수량은 이에 비해 훨씬 적다. 1,000파운드어치의 증권도 기존의 공급 총액에 별다른 영향을 주지 않을 만큼의 무한소의 작은 증분으로 여길 수 있다. 우리 이론의 주장이 바로 여기에 있다. 공채의 시장가격에 시시각각 영향을 미치는 것은, 극단적인 가격이라면 매수 또는 매도될 수도 있는 엄청난 금액이 아니라, 현재 가격에서 실제로 매수 또는 매도되고 있는 상대적으로 미미한 금액이다. 현재 가격의 언저리에서 팔려거나 팔지 않으려는 사람들의 성향에 치우침이 있을 경우에는 항상 가격 변동이 생긴다. 콘솔의[50] 가격이 $93\frac{1}{2}$이면서 움직임이 없는 상태라면, 93에서 아무리 많은 매수자가 있고 94에서 아무리 많은 매도자가 있더라도 전혀 상관없다. 그들은 사실 시장 바깥에 있다. 8분의 1만큼 오르거나 내린다면 매수하거나 매도할 사람들만이 영향을 준다. 문제는 가격이 $93\frac{1}{2}$에 머무르는가, $93\frac{5}{8}$로 오르는가, 혹은 $93\frac{3}{8}$으로 내리는가이다. 상대적으로 매우 적은 금액의 매수나 매도가 이것을 결정한다. 약간의 증권이 그만큼의 현금보다 더 이익이 된다고 생각하는 매수자가 가격을 $\frac{1}{8}$만큼 올린다. 만약 공채의 가격이 대단히 고르고 시장이 잠잠하다면, 그 증권이 보유자들 사이에 알맞게 나눠져 있어서 현재 가격에서 얼마간 교환하더라도 다를 게 없는 상태라는 의미이다.

120. 실제로는 어느 시장도 이론의 균형 조건을 오래도록은 충족시키지 못한다. 살림과 사업의 여러 일들로 인해 팔지 않으면 안 될 사람과 갑자기 살 생각을 갖는 사람이 매일 생겨나게 마련이다. 당시의 정치 소식에 따라 수요와 공급에 대한 예상이 바뀌면서 영향을 미치기도 한다. 투기가 공급과 수요의 법칙의 작동을 대단히 복잡하게 만들긴 하지만, 조금이라도 그 작동을 멈추게 하거나 그 본질을 바꾸는 일은 없

---

50) 콘솔(Consols)은 통합공채(Consolidated Annuities)를 줄여 부르는 말이다.

다. 당혹스럽도록 복잡하고 드러나게 방해받는다고 해서 법칙을 알아채지 못한다면 우리는 결코 경제과학을 가질 수 없다.

교환이론의 여러 문제

121. 우리는 지금까지 교환이론의 단순한 경우 하나만을 고려했다. 다른 경우라도 상품이 무한히 분할된다면 원리가 정확히 같겠지만, 세세한 조건은 달라질 수 있다.

우리는 우선 사용 가능한 재화의 수량이 엄청나서 거래인 누구도 혼자서는 교환 비율에 별다른 영향을 미칠 수 없는 큰 시장의 사정을 먼저 표현할 수 있다. 이 경우 교환 비율은 거의 고정되어 있고, 각 거래인은 그 비율에서 자신에게 맞는 만큼을 교환한다. 이런 상황을 나타내기 위해 다음과 같이 상정해 보자. A는 교역체로서 두 가지 상품을 소유하되 그 수량 a와 b가 매우 크다. C는 개인으로서 둘째 상품을 소유하되 그 수량 c가 상대적으로 작으며, 그것에서 y를 주고 a에서 x를 받는 교환을 한다. y는 b와 비교해서 매우 작고, x는 a와 비교해서 매우 작다. 그러면 교환 후에 A는 $a-x$와 $b+y$를 소유하고, C는 x와 $c-y$를 소유한다. 두 방정식은

$$\frac{\phi_1(a-x)}{\psi_1(b+y)} = \frac{y}{x} = \frac{\phi_2 x}{\psi_2(c-y)}.$$

$a-x$, $b+y$는 가정에 의해 a, b와 별로 다르지 않으므로 후자로 대신할 수 있다. 그래서 첫째 방정식을 대신해서 대략

$$\frac{\phi_1 a}{\psi_1 b} = \frac{y}{x} = m.$$

교환 비율은 교역체 A의 사정에 의해 결정되므로 거의 고정된다. 결정되지 않은 수량은 실질적으로 x 하나뿐이다. 그것은 C가 자신에게 득이 되게끔 c의 일부를 지출해서 구입하는 상품의 수량이다. 이 수량을 결정하는 방정식은

$$\frac{\phi_1 a}{\psi_1 b} = \frac{\phi_2 x}{\psi_2 (c - mx)}.$$

122. 이 방정식은 매우 작은 나라가 매우 큰 나라와 한 가지 상품을 교역하는 경우의 사정도 나타낸다. 이 방정식은 거대한 잉글랜드 시장과 해협제도[51] 사이의 교역 상황도 어느 정도 나타낼 수 있다. 그렇지만 이 방정식이 결코 완벽하게는 입증되지 않는다. 왜냐하면 가장 작은 규모의 구매자라도 어느 정도는 시장에 영향을 미치기 때문이다. 이 방정식이 더 정밀하게 나타내는 것은 커다란 사회의 전체 교역과 관련한 개별 소비자의 처지다. 개인은 시중 가격에서 구입해야 하며, 그 가격에 별다른 영향을 미칠 수 없다.

123. 우리가 하는 구매의 대부분은 그 사정을 더 단순한 공식으로 나타낼 수 있다. 많은 경우 우리는 상품의 지극히 적은 부분을 원하므로 그것을 얻기 위해 자신의 소유물에서 내놓아야 할 부분이 매우 작다. 그래서 앞 문제에서 y는 c의 매우 작은 부분이라고 상정할 수 있다. 이 경우 $\psi_2 (c-y)$는 $\psi_2 c$와 별로 다르지 않다. 그리고 앞에서처럼 m을 시중의 교환 비율로 간주하면, 방정식은 하나로 줄어든다.

51) 해협제도(Channel Islands)는 프랑스 노르망디 근처의 여러 섬을 가리킨다.

$$\frac{\phi_2 x}{\psi_2 c} = m,$$

혹은 $\phi_2 x = m \cdot \psi_2 c.$

이 방정식이 의미하는 바는, C는 자신이 구매하는 상품의 효용도가 자신이 내놓는 상품의 효용도 아래로 떨어지기 전까지 구매한다는 것이다. 우리나라 사람들의 지출에서 소금은 사소한 항목이다. 한 사람이 소금에 지출하는 것이 그를 별로 더 가난하게 만들지 않는다. 가격 혹은 비율이 소금 1파운드에 1페니로 형성되어 있다면, 그가 일정 기간에, 예컨대 1년 동안, 구매하는 소금의 양은 추가의 소금 1파운드가 1페니와 같은 효용을 갖지 않을 만큼이다. 위 방정식에서 $m.\psi_2 c$는 1페니가 그에게 주는 효용을 나타내는데, 이 1페니는 그의 소유에서 사소한 부분이므로 그 효용이 별로 달라지지 않는다.[52] 그의 소금 구매는, 그다음 소금 1파운드의 효용과 비슷한 $\phi_2 x$가 1페니의 효용에 비해 같거나 약간 작을 때까지 이뤄진다. 그러나 이 경우를 구매가 구매자의 소유에 상당한 영향을 미치는 경우와 혼동해서는 안 된다. 가난한 가족이 푸줏간에서 고기를 많이 구입한다면, 그 가족은 아마도 다른 것들은 없이 지내야 할 것이다. 더 많이 살수록 고기의 최종효용도는 낮고, 다른 것의 최종효용도는 높다. 그래서 이런 구입은 더 좁게 제한된다.

---

52) "1페니가 그에게 주는 효용"은 1파운드의 소금을 구입하는 데 드는 돈이 그에게 주는 효용으로 이해해야 한다. 이 효용을 정확히 나타내면 $m.\psi_2(c-mx)$. 이것은 소금 구입량 x 또는 그것에 지불되는 돈 mx가 증가할수록 감소한다. 그래서 제번스는 이것의 변동에 대해 "전혀" 대신 "별로"라고 말한다.

교환이론의 복잡한 경우

124. 우리는 지금까지 교환이론을 두 교역체가 두 상품을 소유하고 매매하는 경우에 적용하면서 검토했다. 교환의 사정이 아무리 다양하고 복잡하더라도 정확하게 동일한 원리가 성립한다. 그런데 이론의 결과를 밝혀내면서 꼭 기억해야 할 것이 있다. 만약 상품 전달에 비용이 전혀 들지 않는다면, 한 쌍의 상품은 한 시장에서 오직 하나의 교환 비율을 가질 수 있으며, 그 비율이 각 교역체와 서로들 사이에서 통용되어야 한다. 고려할 교역체와 상품이 더해지면 방정식의 수가 빠르게 늘어나지만, 우리는 교역체가 셋이고 상품이 셋인 경우에 적용되는 방정식을 볼 것이다.

그래서 전제는 이러하다.

A가 면직물을 a만큼 소유하고, 그것에서
x_1을 B에게 주고, x_2를 C에게 준다.
B가 견직물을 b만큼 소유하고, 그것에서
y_1을 A에게 주고, y_2를 C에게 준다.
C가 모직물을 c만큼 소유하고, 그것에서
z_1을 A에게 주고, z_2를 B에게 준다.

여기서 우리에게는 모두 여섯 개의 미지수가 있다. 그것들을 나열하면, x_1, x_2, y_1, y_2, z_1, z_2. 그러나 우리에게는 그것들을 결정하기에 충분한 수단이 있다. 그것들은 다음과 같이 교환된다.

A는 x_1을 주면서 y_1을 받고, x_2를 주면서 z_1을 받는다.
B는 y_1을 주면서 x_1을 받고, y_2를 주면서 z_2를 받는다.
C는 z_1을 주면서 x_2를 받고, z_2를 주면서 y_2를 받는다.

이것들은 모두 독립적인 교환으로 다룰 수 있다. 각 집단이 각 교환에서 만족해야 하므로 우리는 각 집단에 대해 각 상품의 효용함수[53] 혹은 최종효용도를 고려해야 한다. 그 함수를 다음과 같이 표현하기로 한다.

ϕ_1, ψ_1, χ_1는 각각 A의 해당 효용함수를 나타낸다.
ϕ_2, ψ_2, χ_2는 각각 B의 해당 효용함수를 나타낸다.
ϕ_3, ψ_3, χ_3는 각각 C의 해당 효용함수를 나타낸다.

이제 A는 교환 후에 $a-x_1-x_2$만큼의 면직물과 y_1만큼의 견직물을 갖고, B는 x_1만큼의 면직물과 $b-y_1-y_2$만큼의 견직물을 갖는다. 그들 사이의 교환 비율은 y_1 대 x_1이다. 따라서 다음 한 쌍의 방정식이 지배한다.

$$\frac{\phi_1(a-x_1-x_2)}{\psi_1 y_1}=\frac{y_1}{x_1}=\frac{\phi_2 x_1}{\psi_2(b-y_1-y_2)}.$$

A와 C 사이의 교환도 마찬가지로 교환에 따른 각자의 모직물과 면직물의 효용도 비율에 의해 정해진다. 따라서 우리 식은

$$\frac{\phi_1(a-x_1-x_2)}{\chi_1 z_1}=\frac{z_1}{x_2}=\frac{\phi_3 x_2}{\chi_3(c-z_1-z_2)}.$$

교환은 B와 C 사이에도 이뤄지며, 같은 원리에 따라 독립적으로 규정

---

53) 제번스는 최종효용도를 소비량의 함수로 간주하면서 그것을 '효용함수'(function of utility)라 부른다. 말하자면 제번스의 '효용함수'는 요즘 경제학 교과서에서 효용함수의 일차도함수 또는 한계효용함수라 부르는 것이다.

된다. 그래서 우리는 또 한 쌍의 방정식을 가지고 조건을 완성한다.[54)]

$$\frac{\psi_2(b-y_1-y_2)}{\chi_2 z_2}=\frac{z_2}{y_2}=\frac{\psi_3 y_2}{\chi_3(c-z_1-z_2)}.$$

126. 같은 방식으로 계속해서 더 많은 집단 사이의 교환 조건을 나열할 수도 있으나 원리는 정확하게 같다. 교환에서 건네주는 각 상품의 수량에 맞춰 넘겨받는 것이 있어야 한다. 한 집단이 같은 종류의 상품을 여러 집단으로부터 얼마씩 넘겨받는다면, 그 상품의 대가로 건네주는 수량도 여러 부분으로 나눠진다고 생각할 수 있다. 그러므로 가장 복잡한 경우의 교환도 항상 단순한 교환으로 분해할 수 있으며, 관련 수량들을 정하기에 충분하게끔 각 교환이 두 방정식을 만들어 낸다. 각 교역체가 둘 이상의 상품을 소유하는 경우에도 똑같이 그리할 수 있다.

교환에서의 경쟁

127. 교환이론의 여러 경우 중에서 매우 중요한 것이 있다. 그것은 두 편이 함께 셋째 편에게 같은 상품을 공급하면서 경쟁하는 경우다. 한 상품을 a만큼 갖고 있는 A가 다른 한 상품을 B와 C 모두로부터 구입한다고 하자. B와 C는 그 상품을 각각 b와 c만큼 갖고 있다. 모든 관련 수량은 다음과 같다.

A는 a에서 x_1과 x_2를 각각 B와 C에게 주고,

54) 1판과 2판에는 방정식의 좌변 항 분자가 $\phi_2(b-y_1-y_2)$로 잘못 인쇄되어 있다. 그리고 우변 항 분자도 $\psi_2 y_2$로 잘못 인쇄되어 있다. 이 오류는 4판에서 고쳐진다.

B는 b에서 y_1을 A에게 주고,
C는 c에서 y_2를 A에게 준다.

각 상품이 완벽하게 동질적이라고 가정하므로 교환 비율은 두 경우에 같아야 한다. 따라서 우리에게는 다음의 방정이 주어진다.

$$\frac{y_1}{x_1} = \frac{y_2}{x_2}. \tag{1}$$

A가 적절한 수량의 원하는 상품을 갖기만 한다면, 우리는 그의 방정식에서 그 수량의 출처나 향방을 구분할 필요가 없다. 그는 단지 $x_1 + x_2$를 주고, 그 대가로 $y_1 + y_2$를 받는다. 그리고 (1)로부터

$$\frac{y_1 + y_2}{x_1 + x_2} = \frac{y_1}{x_1}.$$

그리하여 우리는 보통의 교환방정식을 갖는다.

$$\frac{\phi_1(a - x_1 - x_2)}{\psi_1(y_1 + y_2)} = \frac{y_1}{x_1}. \tag{2}$$

그러나 B와 C는 모두 자신들 몫의 거래에 제각기 만족해야 한다. 따라서

$$\frac{\phi_2 x_1}{\psi_2(b - y_1)} = \frac{y_1}{x_1}, \tag{3}$$

$$\frac{\phi_3 x_2}{\psi_3(c-y_2)} = \frac{y_2}{x_2}. \qquad (4)$$

미지수는 모두 네 개다. 즉, x_1, x_2, y_1, y_2. 그리고 우리에게는 이들을 결정하는 네 개의 방정식이 있다. 수량 b와 c의 상대적 크기나 관련 함수의 성질에 관해 다양한 가정을 할 수 있으며, 교역에 미칠 영향에 대해 여러 결론을 도출할 수 있다. 일반적 결과를 말하면, 적게 가진 사람이 많이 가진 사람의 가격에 어느 정도 맞춰야 한다.

교환방정식의 실패

128. 앞에서 기술한 것과 같은 방정식이 성립할 수 없거나 그것으로부터 불가능한 결과가 도출되는 사례는 얼마든지 있다. 그런 실패는 교환이 전혀 이뤄지지 않음을 가리킬 수도 있고, 다른 의미를 가질 수도 있다.

129. 첫째 경우에는, A가 소유하는 상품이 A에게는 높고 B에게는 낮은 효용도를 갖는 데 반해, B 소유의 상품이 B에게는 높고 A에게는 낮은 효용도를 갖는다. 이 효용의 차이가 대단히 커다면, B가 넘겨받는 A 소유의 상품이 아무리 적을지라도, B에게는 그것의 최종효용도가 자기 소유의 상품보다 적을 수 있다. 다시 말하면, B는 자기 소유의 상품에서 훨씬 큰 즐거움을 얻을 수 있다. 그런 경우에는 교환으로부터 아무런 편익도 생길 수 없고, 따라서 어떤 교환도 일어날 수 없다. 이런 교환의 실패가 방정식의 실패로 나타날 것이다.[55]

---

55) 이 '실패'는 부등식으로 나타낼 수 있다. 즉, $\frac{\phi_1(a)}{\psi_1(0)} > \frac{\phi_2(0)}{\psi_2(b)}$. 그리고 이어지는 단락에서 말하는 '실패'는 $\frac{\phi_1(0)}{\psi_1(b)} < \frac{\phi_2(a)}{\psi_2(0)}$. 두 경우 모두 에지워스 상

소유하는 상품 전부가 교환되는 일이 있을 수도 있는데, 이때도 방정식이 성립하지 않는다. A는 자기 소유의 상품을 소비하고픈 욕망이 거의 없어서 그것의 마지막 부분조차 그에게는, 교환으로 넘겨받는 상품의 작은 증분보다 적은 효용도를 갖는다. B가 자기 소유의 상품에 대해 갖는 마음의 상태도 이와 같을 수 있다. 이런 상황에서는 한편의 소유물 전부가 다른 편의 소유물 전부와 교환될 수 있고, 교환 비율은 당연히 두 소유물 전량의 비율로 정의된다.[56] 그렇지만 각자는 자신이 넘겨주는 상품의 마지막 부분에 비해 자신이 넘겨받는 상품의 마지막 부분을 더 욕망하며, 따라서 방정식은 성립하지 못한다. 국제 교역에서는 이런 일이 좀처럼 없을 것이다. 왜냐하면, 두 나라는 보통 여러 가지 상품을 교역하는데, 이 사실이 조건을 바꾸기 때문이다.

130. 한편 혹은 양편이 소유하는 상품 혹은 유용한 물품이 분할할 수 없는 것일 경우에도 역시 교환방정식이 가능하지 않다.[57] 우리가 지금까지 줄곧 가정하기를, 상품은 무한히 적은 수량으로 분할해서 더 혹은 덜 가질 수 있다고 했다. 이는 일상의 모든 교역에 거의 들어맞는 가정이며, 산업 대국들 사이의 국제 교역에는 특히 그러하다. 한 자루의 곡물이나 한 토막의 쇠는 잉글랜드와 미국이 교환하는 수량에 비하면 실질적으로 무한소다. 한 배 혹은 한 짐의 곡물이나 쇠조차 전부에 비하면 작은 부분이다. 하지만 예외적인 경우에는 국제 교역에도 분할

자에서 모서리 해로 나타낼 수 있다.

56) 제번스는 이처럼 두 사람 사이에서도 교환 비율이 정해질 수 있다고 말한다. 쌍방 독점의 문제를 인지하지 못하고 있는 것이다.

57) 에지워스(1891, 18~19쪽)에 의하면, 자신이 나열한 완전시장(perfect market)의 네 조건 중 다수성(multiplicity)으로 분류되는 두 조건이 상품의 무한 분할 가능성(indefinite divisibility)을 내포한다. 하지만 유일한 균형이 존재하기 위해 분할 가능성이 필요한 이유에 대한 에지워스의 설명은 제번스의 설명과 같지 않다. 그리고 에지워스는 상품의 분할 가능성보다는 거래인의 수를 더 강조한다.

할 수 없는 물품이 포함될 수 있다. 가령 영국 정부가 이집트 총독에게 '코이누르 다이아몬드'를[58] 주고 그 대가로 '폼페이의 기둥'을[59] 받는다면, 어느 한 물품이라도 분할해서는 소기의 목적을 이룰 수 없을 게 확실하다.[n] 영토의 한 부분 혹은 섬 하나가 한 소유자로부터 다른 소유자로 넘어갈 때는 그 전부를 갖든지 아니면 전혀 갖지 않아야 하는 경우가 많다. 미국이 러시아로부터 알래스카를 사들이면서 그 전부가 아닌 일부만을 사기로 동의할 리 없다. 주택, 공장, 또는 다른 건물을 판매하면서 그것을 분할하고서도 전체의 효용을 크게 줄이지 않을 도리는 현실적으로 없다. 그런 모든 경우에 우리의 방정식이 존립에 실패할 수밖에 없는 것은, 분할할 수 없는 물품의 증분이나 감분은 생각할 수도 없기 때문이다.

131. 예를 들어 A와 B가 제각기 한 권의 책을 갖고 있다고 하자. 그들은 각자의 책을 분할할 수 없다. 만약 그들이 서로 책을 교환하려 한다면 전부를 교환해야 한다. 어떤 조건에서 그렇게 할까? 당연한 조건은 각자가 그렇게 함으로써 효용이 증가한다는 것이다. 여기서 우리는 무한소 수량에 근거한 최종효용도를 다루는 대신 온전한 물품의 효용 전부를 다룬다. 이제 기호를 다음과 같이 부여하자.

---

n. 이 부분을 쓴 뒤 '클레오파트라의 바늘'의 가치가 실제로 해사재판소에서 구조 보상금과 관련하여 판결의 대상이 된 적이 있다. 그러나 사실은 그 물건이 관련된 어떤 교환 행위도 없는 상황에서 가치의 개념은 전혀 적용될 수 없다. 가치가 제아무리 적절히 부여될지라도, 예컨대 25,000파운드로 정해지더라도, 그것은 단지 그런 물건의 구매자가 있다면 지불하리라고 생각해 봄직한 금액을 나타내기 위해 임의로 만들어 낸 허구일 뿐이다. 더욱 흥미롭게도, 이 책 초판이 간행된 뒤 러시아와 일본이 실제로 여러 섬을 교환했다.

58) 오래전부터 전해 내려오는 매우 큰 다이아몬드이다. 1850년 영국이 인도로부터 전쟁배상금으로 받아 영국 왕실이 소유하게 되었다.

59) '폼페이의 기둥'은 이집트 알렉산드리아에 있는 유적으로서 3세기에 세워진 주랑의 일부이다. 이름과는 달리 폼페이와는 상관이 없다.

u_1 = A의 책이 A에게 주는 효용
u_2 = A의 책이 B에게 주는 효용
v_1 = B의 책이 A에게 주는 효용
v_2 = B의 책이 B에게 주는 효용

그러면 교환의 조건은 단순하다.

$v_1 > u_1$,
$u_2 > v_2$.

한편에서는 두 효용이 정확히 동등한 경우를 이론적으로는 생각할 수 있다. 그래서

$v_1 > u_1$,
$u_2 = v_2$.

이 경우 B는 교환에 대해 아무런 차이도 느끼지 않을 것이다. 그가 교환에 동의할지 말지를 결정할 어떤 방법도 내게는 없다. 하지만 이런 경우가 좀처럼 없기 때문에 우리가 이 경우를 고려할 필요는 별로 없다. 만약 둘 모두에게 두 물건의 효용이 정확히 동등하다면, 교환의 동기가 전혀 없을 게 분명하다. 그리고 만일 어느 한쪽이 조금이라도 효용을 잃는다면, 거래는 완전히 막힐 것이다. 왜냐하면 지금 우리의 가정은, 다른 상품이 수중에 있어서 별도의 유인을 허용한다는 것도 아니고, 각자의 편의에 대한 단순한 욕망 이외의 어떤 동기가 이 문제에 개입한다는 것도 아니기 때문이다.

132. 훨씬 더 어려운 문제가 생기는 것은 분할 불능 물품이 분할 가능 상품과 교환되는 경우를 상정할 때다. 러시아가 알래스카를 팔아넘길 때

알래스카는 실질적으로 분할 불능의 물건이다. 그러나 그것은 돈으로 샀고, 돈은 무한히 작은 수량만큼 더 혹은 덜 줄 수 있다. 이런 종류의 매매는 매우 흔하다. 사실 그런 거래는 주택, 저택, 부동산, 공장, 선박, 혹은 다른 온전한 전체가 돈에 팔릴 때면 빠짐없이 발생한다. 양쪽 모두에 대해 상품 증분을 포함하는 우리의 교환방정식은 여기서 명백히 실패한다. 이 문제는 어떤 한계 안에서 불확정으로[60] 남으며, 그런 점에서 우리의 교환이론은 매우 불만족스런 해답을 준다고 생각된다.

133. 분할할 수 없는 물품을 X라 하자. u_1은 그것이 소유자 A에게 주는 효용이고, u_2는 B에게 주는 효용이다. 그 물품에 대한 대가로 주어지는 상품은 무한히 분할할 수 있다고 상정하는데, 그것의 수량을 y라 하자. 그리고 A가 생각하는 y의 총효용을 v_1이라 하고, B가 생각하는 y의 총효용을 v_2라 하자. 그러면 분명해진다. 교환이 발생하려면 반드시 v_1이 u_1보다 더 커야 하고, u_2가 v_2보다 더 커야 한다. 앞에서 말했듯이, 둘 모두에게 효용 증가가 있어야 한다는 것이다. 수량 y가 너무 커서 B에게서 이득을 모두 앗아가 버려서도 안 되고, 너무 작아서 A에게서 이득을 모두 앗아가 버려서도 안 된다. 다음은 손턴 씨의 저작에서 발췌한 것으로서 이 문제를 정확하게 표현한다.

> 마주 보는 두 극단이 있다. 하나는 상품 가격이 지나쳐서 오를 수 없는 극단이고, 다른 하나는 상품 가격이 지나쳐서 내릴 수 없는 극단이다. 두 극한 중 높은 쪽은 상품이 소비자에게 실제로 주거나 준다고 여겨지는 효용에 의해 매겨지고, 낮은 쪽은 상품이 판매자에게 주거나 준다고 여겨지는 효용에 의해 매겨진다. 한 사람이 어떤 상품의 대가로 기꺼이 주려는 돈의 수량 혹은 값어치

60) 원문의 'indeterminate'를 '불확정'으로 옮긴다. 에지워스(1881)의 가장 중요한 주제가 가격의 '불확정성'(indeterminateness)이다. 그리고 이 문제는 손턴(1869)이 이른바 수요와 공급의 법칙에 대해 제기한 비판의 핵심이기도 하다.

는, 그가 생각하기에, 그 상품 자체보다 더 유용할 만큼 클 수가 없다. 한 사람이 어떤 상품의 대가로 기꺼이 받으려는 돈 혹은 다른 어떤 것의 수량은 그의 생각에 그 상품보다 덜 유용할 만큼 작을 수가 없다. 결국 주고받게 될 가격은 두 극단 중 어느 하나이거나 둘 사이의 중간 어디쯤일 것이다.[o]

134. 세 가지 다른 경우가 있을 수 있는데, 구체적인 예를 들어 보이는 게 가장 좋겠다. 가옥을 사고파는 두 당사자의 생각을 우리가 읽을 수 있다고 상정하자. 만약 A는 1,200파운드가 자신을 만족시킬 가장 낮은 가격이라 말하는 데 반해 B는 800파운드가 자신에게 이익이 될 가장 높은 가격이라고 버틴다면, 어떤 교환도 도저히 이뤄질 수 있다. 만약 A가 보기에 1,000파운드가 자신의 가장 낮은 가격인데 마침 B가 같은 금액을 자신의 가장 높은 가격으로 제시한다면, 그 거래가 종결되면서 가격이 정확히 정해진다. 하지만 마지막 상정으로, A가 진실로 기꺼이 900파운드에 팔려 하는데 B는 1,100파운드에 살 준비가 되어 있다면, 우리가 어떤 방식으로 그 가격을 이론적으로 정할 수 있을까? 나에게는 이 문제를 풀 방안이 없다. 900파운드와 1,100파운드 사이에서는 어떤 가격도 두 편 모두에게 이익을 남기고, 합의에 이르지 못하면 두 편 모두가 손해를 보게 된다. 내가 생각하기에 그런 거래는, 순수하게 경제적인 것이 아닌 어떤 근거에서 타결되어야 한다. 흥정의 결과를 크게 좌우하는 것은 각자가 상대방의 처지와 필요에 대해 갖고 있거나 거래 과정에서 알아낸 지식의 상대적 양이다. 그래서 사업에서는 다른 사람의 생각을 읽어내는 능력이 매우 중요하다. 구매자에게 가장 중요한 흥정 기술은, 자기가 기꺼이 지불하려는 최고 가격은 가급적 밝히지 않으면서도, 판매자가 자기 물품을 기꺼이 넘겨주

o. 손턴, 《노동론: 노동의 부당한 요구와 정당한 몫, 그것의 실제 현실과 가능한 미래》, 1869, 58쪽.

려 하는 최저 가격을 알아내는 데 있다. 두 당사자의 성향과 성격, 그들의 상대적 완고함, 사업의 경험과 재치—혹은 정의나 친절에 대한 생각일 수도 있다—등도 결정에 영향을 미칠 수 있다. 이것들은 어느 정도 경제학 이론의 바깥에 있는 동기들인데도 이 문제와 관련해서는 고려해야 할 필요가 있어 보인다. 이런 종류의 불확정 거래는 아마도 중재자나 제 3자에 의해 가장 잘 조정될 것이다.[61)]

135. 분할할 수 있긴 하지만 무한히 작은 수량으로는 분할할 수 없는 상품의 경우에도 교환방정식이 실패할 수 있다. 어느 소매거래에서나 구입에 편리한 단위의 하한이 있어서 그 아래로는 내려가지 못한다. 종이는 첩이나 상자 단위로 살 수 있고, 더 분할해서 사는 게 바람직하지 않을 것이다. 포도주는 한 번에 한 병보다 적게 상인에게서 구입할 수 없다. 그러한 모든 경우에 교환은, 이론적으로 말해, 완벽히 조정될 수 없다. 정수(整數)의 단위가 교환방정식을 정밀하게 증명할 확률이 무한히 작기 때문이다. 실로 대부분의 경우에는 교환되는 전체 수량에 비해 그 단위가 너무도 작아서 실질적으로 무한히 작다고 할 수 있다. 그렇지만 한 사람이 잉크를 사는데 1실링어치를 담은 병으로만 가질 수 있는 상황이라고 하자. 만약 한 병의 잉크로는 미처 충분하지 않다면, 그가 둘째 병을 살지 말지를 어떻게 결정할까? 분명히 그는 그 둘째 병에 든 잉크 전부의 효용을 1실링과 비교하여 추정할 것이다. 만약 초과한다면 틀림없이 그것을 구매할 테고, 계속해서 셋째 병이 바람직한지 아닌지를 생각할 것이다.

136. 이 경우를 〈그림 6〉으로 설명할 수 있다. 이 그림에서 면 oq_1, p_1q_2,

---

61) 제번스가 상품의 분할 불가능성(indivisibility)에 따른 가격 불확정성(indeterminateness)의 구체적인 예로서 가옥 거래를 들지만, 여기에는 쌍방 독점이 뒤섞여 있다. 더욱이 그의 설명이, 아마도 그의 의도와는 달리, 쌍방 독점의 문제에 더 비중을 두고 있다. 에지워스(1881, 30쪽)는 이 부분을 인용하면서 '다수성'(multiplicity)의 문제로 규정한다.

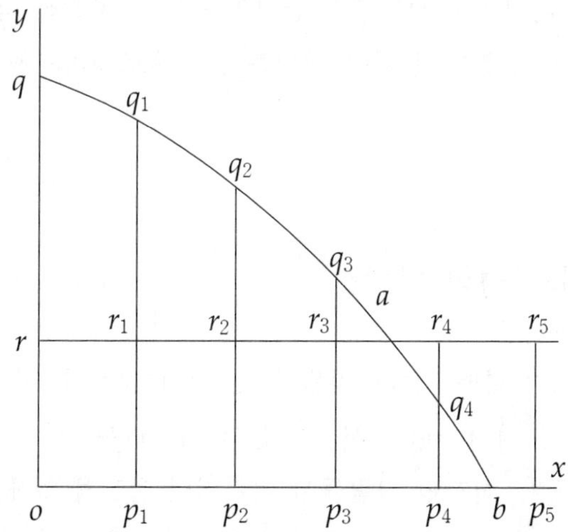

〈그림 6〉

p_2q_3 등은 이어지는 잉크 한 병의 총효용을 나타내고, 동등한 면 or_1, p_1r_2 등은 이어지는 1실링의 총효용을 나타낸다. 셋째 병은 분명히 구매하겠지만, 넷째 병은 혼선도형 $p_3q_3q_4p_4$가 넓이에서 직사각형 $p_3r_3r_4p_4$를 넘지 않으면 구매하지 않을 것이다.

137. 이런 종류의 경우는 174~179쪽에서 살펴본 경우와 비슷하다. 거기서는 상품을 분할할 수 없었는데, 여기서는 이어지는 각 단위에 대하여 교환할지 말지의 문제가 거듭해서 다시 제기된다. 그리고 그때마다 문제를 결정하는 것은, 줘야 할 한 단위의 총효용보다 받게 될 한 단위의 총효용이 더 큰지의 여부이다. 사실 방정식이 성립할 수 있는 경우와 그렇지 않은 경우 사이에는 완벽한 조화가[62] 있다. 상품의 분할

62) 원문의 'harmony'를 '조화'로 옮긴다. 제번스가 세 차례 더 사용하는 이 단어에 대해 화이트는 제번스의 '교역체'와 관련하여 특별한 의미를 부여한다. Cf. M.V. White, "Indifference in exchange: disinterring Jevons's trading bodies," *The Manchester School* 69:2, 2001, pp. 208~226.

할 수 없는 단위에 대해서는, 그 단위의 크기가 무한히 작아져서 결국에는 여러 효용 증분의 동등이 성립하는 경우로 차츰 옮겨 간다고 생각하면 된다.

음의 가치와 영의 가치[63)]

지금까지 오직 몇몇 경제학자들만이, 그리고 눈에 띄게는 매클라우드 씨가 자신의 여러 저작에서,[64)] 음의 가치라는 게 있을 수 있다는 사실을 인지했다. 하지만 사람들이 이런저런 물건을 없애 버리기 위해 노동을 하거나 다른 노동자들에게 돈을 지불한다는 데에는 조금도 의심의 여지가 없다. 그리고 만일 그 물건이 해롭지 않다면, 달리 말해 효용에 반대되는 성질 혹은 비(非)효용을 갖지 않는다면, 사람들이 그리하지 않을 것이다. 물이 광산 안으로 들어가면 다시 끌어내는 데 적잖은 비용이 들며, 광산에 물이 차서 망한 사람도 많다. 채석장이나 광산은 대부분 분탄, 잡석, 폐기물, 부스러기 등으로 불리는 아무 가치도 없는 돌이나 흙을 쏟아 내는데, 이런 쓸모없는 물질을 파내서 옮겨야 하는 필요나 그것을 쌓아둘 땅을 찾아야 하는 필요 때문에 발생하는 비용이 전체 작업 비용에서 결코 만만찮은 부분을 차지한다. 모든 용광로는 탄재, 찌꺼기, 불순물을 만들어 내는데, 그것들을 돈을 받고 파는 일은 좀처럼 없다. 그리고 집마다 쓰레기, 재, 구정물 등 버릴 게 많은데 이것들을 이런저런 방법으로 없애 버리려 비용을 들인다. 이처럼 조금만 생각해 보면 곧바로 알 수 있듯이, 우리가 실용 경제학에서 다루는 가치의 결코 적잖은 부분이 **음의 가치**이게 마련이다.

138. 음의 가치도 양의 가치와 같은 방식으로 연속적으로 변동한다는 것

63) 저자가 2판 서문에서 밝히듯이, 이 절은 2판에서 추가된 부분이다.

64) 예를 들어 매클라우드의 1858년 저서 《정치경제학 요론》 64절과 65절을 보라.

을 자세히 보여줄 필요는 별로 없다. 오랜 가뭄 뒤에 비가 많이 내리기 시작하면, 처음에는 큰 혜택이라며 환호한다. 성공적인 농사가 달리 가능하지 않은 시기에는, 빗물이 작물을 키우는 매우 가치 있는 것이기 때문이다. 비가 굶주림을 막아줄 수 있다. 그러나 비가 꽤 오랜 시간 내린 뒤에는 농업인도 비가 충분했다고 생각하기 시작한다. 더 많은 비는 그의 작업을 늦추고 작물 성장에 해가 된다. 비가 계속 내리면 그는 더 큰 피해를 염려한다. 물이 그의 땅에 넘치고, 토양과 작물이 모조리 씻겨 내려가는 곤경도 있다. 그러나 불행히도 비가 점점 더 세게 쏟아져서 어쩌면 마침내 작물, 토양, 가옥, 가축, 그리고 농업인 자신까지 모두 휩쓸려 가버릴지 모른다. 동일한 물이라도, 그 양이 적당할 때는 최대 가능 편익이지만, 갈수록 많아지면 해로워져서 결국에는 농업인의 파멸을 가져오고 죽음까지 불러온다. 오스트레일리아의 홍수와 가뭄에 대해 아는 사람이라면 이것이 결코 꾸며낸 이야기가 아님을 알 것이다.[p]

139. 다른 많은 경우에도 이와 마찬가지로 사물은 — 우리는 이것을 도저히 상품이라 부를 수 없다 — 치워 버려야 할 수량이 많아질수록 점점 더 높은 정도의 **비효용**을 갖게 된다는 것을 보여줄 수 있다. 대도시의 오물과 광산, 염색공장 등의 오수나 폐수가 그런 경우다. 일체의 장애물 역시 비(非)상품으로 간주될 수 있다. 철도를 놓기 위해 뚫어야 할 산이 그러하고, 많은 비용을 들여 둑을 쌓고서 채워야 하는 분지가 그러하다. 건축 부지를 사용 가능하게 만들기 전에 땅 고르기와 물 빼기에 비용을 들여야 한다면, 그 토지가 그렇지 않다면 가질 가치에서 이 작업 비용을 빼는 게 당연하다. 재산의 모든 유리한 점이 그 가치를 올리듯이, 모든 불리한 점이 그 가치를 낮춘다.

140. 이제 우리가 맞닥뜨릴 문제는 우리 방정식에서 음의 가치를 어떻게

---

p. 저자의 "뉴 사우스 웨일스의 홍수와 가뭄의 역사," 《오스트레일리아 연감》, 시드니, 1859, 61쪽을 보라. 그리고 러셀 씨의 《뉴 사우스 웨일스의 기후》.

나타내야 하는가이다. 어떤 상품을 a만큼 소유하는 사람이 그것을 부족하게 여긴다고 하자. 그러면 그 상품은 그에게 양의 효용을 갖는다. 즉 $\phi(a)$가 양이다. a에 x가 더해지고 점차 증가한다고 하자. 그러면 $\phi(a+x)$는 점차 감소할 것이다. 우리는 그것이 x의 어떤 한 값에 대해 영이 된다고 가정한다. 그러면 그 값을 넘는 x의 증가는 효용을 비효용으로 바꾸고, $\phi(a+x)$는 음이 될 것이다. 우리가 앞에서 사용한 방정식에서는 각 항이 모양으로나 내용으로나 양인 것으로 나타났는데, 이 방정식의 타당성에 그 음의 기호가 어떤 영향을 미칠까? 당연한 말이지만, 우리는 양의 수량이 음의 수량에 일치하도록 만들 수 없다. 하지만 만일 우리가 음의 효용을 도입하는 동시에 상품의 각 증분에도, 교환에서 그것을 받느냐 주느냐에 따라, 양의 기호나 음의 기호를 부여한다면 그런 어려움이 생기지 않는다. 다시 말해, 증분을 교환인의 소유물에 보태면 양의 기호를, 소유물에서 덜어내면 음의 기호를 부여하는 것이다.

A와 B가 제각기 상품 X와 Y를 a와 b만큼 갖고 있으면서 dx와 dy를 교환한다고 하자. 그러면 152~154쪽 논의의 일반성격으로부터 분명해지듯이, 거기서 채택된 기본방정식이 보다 일반적인 형태로 포함될 것이다. 즉,

$$\phi(a \pm x) \, . \, dx + \psi(b \pm y) \, . \, dy = 0.$$

이 방정식에서 어떤 항의 어떤 인자도 본질적으로 음이 될 수 있다. 한편 x와 y 앞의 ± 기호는 교환에서 주는 경우와 받는 경우를 모두 가능하게 한다.

141. 네 가지 가능한 경우가 발생한다. 첫째 경우는 두 상품 모두가 두 사람 모두에게 효용을 갖는다. 즉, ϕ와 ψ가 모두 양의 함수다. 그러나 A가 X의 일부를 주고 그 대가로 Y의 일부를 받는다. 이는 dx가 음

이고 dy가 양이라는 뜻이고, 교환 이후의 소유 수량은 $a-x$와 $b+y$이다. 그래서 방정식은

$$-\phi(a-x) . dx + \psi(b+y) . dy = 0.$$

이 방정식에서 음의 항을 다른 편으로 이동하고, $b=0$을 가정하면, 우리는 153쪽의 방정식을 가질 수 있다.

둘째 경우로, A에게 Y가 비효용을 가져서 ψ가 그에게 음이 된다고 하자. 그는 y를 없애 버리기 위해 그것과 함께 x를 지불해야 하며, 이 두 수량은 dx와 dy처럼 모두 음의 기호가 주어진다. 그러면 방정식의 형태는

$$\phi(a-x) \times (-dx) - \psi(b-y) \times (-dy) = 0,$$

또는

$$-\phi(a-x) . dx + \psi(b-y) . dy = 0$$

셋째 경우는 바로 앞 경우의 반대로서 B의 처지를 나타낸다. B는 x와 y를 모두 받는데, 그에게 둘 중 하나는 비(非)상품이기 때문이다. 그러나 문제를 A의 경우와 같게 설정하여, 우리는 ϕ가 양이고 ψ가 음이라고 가정한다. 그리고 x, y, dx, dy 모두에게 양의 기호를 부여한다. 그래서 우리가 갖는 방정식은

$$\phi(a+x) . dx - \psi(b+y) . dy = 0.$$

142. 우리는 사람들이 두 비(非)상품을 교환하는 넷째 경우도 생각해 볼 수 있다. 해로운 물질을 없애 버리는 대신, 덜 해롭다고 느끼지만 여전히 비효용을 갖는 물질을 받아들이는 것이다. 이 경우 ϕ와 ψ가 모두 음이고, 교환되는 두 수량 중 하나가 음이다. x와 dx를 양으로 하

고, y와 dy를 음으로 하면, 방정식이 갖는 형태는

$$-\phi(a+x)\,.\,dx-\psi(b-y)\,.\,(-dy)=0,$$

또는

$$-\phi(a+x)\,.\,dx-\psi(b-y)\,.\,dy=0.$$

이 마지막 종류의 교환을 실제로 찾기는 어려울 것이다. 일반적으로 말하면, 한 사람이 어떤 장해물을 없애기 위해 노력 지원을 받을 때, 그 장해물 제거를 돕는 사람의 근로에 대해 그가 지불하는 것은 돈이나 다른 상품이다. 제거하는 사람 자신이 어떤 장해물을 갖고 있어야 하고, 그 방해물은 상대방이 교환의 조건으로 받아들이기에 적합해야 하는데, 이런 경우는 대단히 드물 것이다. 그렇지만 드문 일도 때때로 일어날 수 있고, 실제로 일어난다. 예를 들어, 접해 있는 두 땅의 소유자가 합리적으로 합의하여, A의 허락을 받은 B가 자기 광산의 폐기물을 A의 땅에 버리고, A는 허락을 받아 자기 광산에서 B의 광산으로 물을 빼는 것이다. B는 많은 양의 자기 폐기물이 물에 비해 상대적으로 더 곤혹스러울 수 있고, A는 폐기물을 쌓아둘 공간은 있으나 큰 어려움 없이 물을 없애버릴 다른 방법이 없을 수 있다. 그렇다면 불편의 교환이 명백히 득이 될 것이다.

143. 앞에서 기술한 네 경우에서 얻은 방정식을 보면 분명히 알 수 있듯이, 일반 교환방정식은 양의 항 하나와 음의 항 하나를 합해서 영과 같게 만드는 것이며, 따라서 우리는 효용함수의 기호와 증분의 기호를 모두 무시할 수 있다. 그리하여 기본방정식을 일반 형태로 쓸 수 있다.

$$\frac{\phi(a\pm x)}{\psi(b\pm y)}=\frac{dy}{dx}$$

우리는 이 이론의 결과를 일반항으로 표현하기 위하여, 교역행위에서

의 마지막 증분에 대해, 받아들이거나 떠나보내는 효용이나 비효용의 대수합(代數合)이 항상 영이 된다고 말할 수 있다. 그리고 이로부터의 추론을 기호를 고려하지 않고 말하면, 증분은 그 크기가 효용도 혹은 비효용도에 반비례한다. 독자들은 가상 속도 원리에 맞춰 고려된 두 힘의 균형에 관한 이론과 이 이론 사이에서 놀라운 유사성을 놓치지 않을 것이다. 강체 지레가 두 힘의 작용 하에서 균형을 유지하려면, 각 힘에 그것의 무한히 작은 변위를 곱하여 모두 더한 대수합이 영이어야 한다. 힘을 양 혹은 음의 효용도로 대체하고, 무한히 작은 변위를 교환되는 상품의 무한히 작은 수량으로 대체하면, 두 원리는 똑같다.

144. 우리가 아직 살펴보지 못한 가상의 경우가 있다. 물질이 효용이나 비효용 어느 것도 갖지 않는데도, 또는 그렇게 여겨지는데도, 유한한 수량으로 교환되는 경우다. y와 x의 비율로 dy와 dx의 비율을 대체하면,

$$\frac{\phi(a \pm x)}{\psi(b \pm y)} = \frac{y}{x}.$$

이 일반 방정식에서 나오는 값은, 두 효용함수 모두 영이므로, $\frac{y}{x} = \frac{0}{0}$. 이 결과의 의미는, 효용이론의 범위 내에서는 교환 수량이 정해지지 않는다는 것이다. 만일 한 물질이 효용을 갖는데 다른 물질은 효용을 갖지 않는다면, 교환 비율은 $\frac{y}{0}$ 또는 $\frac{0}{y}$, 무한대 또는 영이 될 것이다. 이는 우리 이론에서는 효용을 갖는 물건과 갖지 않는 물건 사이에서 어떤 비교도 없음을 뜻한다. 현실적으로 말해 그런 경우는 없다. 있더라도 엇비슷하게만 있다. 소각재, 대팻밥, 분뇨 등과 같은 물건들은 낮은 효용도 또는 비효용도를 갖는다. 청소부가 그것들을 무료로 가져간다면, 그에게는 그것들이 수거비를 보상하기에 충분할 정도의 효용이 있기 때문이다. 쓰레기에서 골라 보면 보통은 일부의 효용

이 나머지의 비효용을 상쇄하기에 충분하다는 게 드러나다. 그리고 우리는 가정주부와 청소부 중 누구의 관점에서 보느냐에 따라 둘째 또는 셋째 형태 교환방정식의 사례를 갖는다.

상품의 등가

145. 수요와 공급의 문제에 대한 통계적 탐구에서 많은 혼동을 일으키는 상황으로서, 한 상품이 종종 다른 상품을 대신하여 동일한 목적을 어느 정도 완벽하게 달성할 수 있는 경우가 있다. 우리는 종종 동일하거나 거의 동일한 물질을 두세 가지 원천에서 얻는다. 밀, 보리, 귀리, 호밀 등은 똑같지는 않더라도 매우 비슷하다. 채소는 거의 모든 경우에 대부분이 동일한 화학성분으로 구성되어 있다. 고기 역시 어느 짐승에서 나온 것이든 거의 동일한 구성을 갖는다. 맛이나 질의 차이에 끝이 없긴 하지만, 이 차이도 종종 한 종류를 대신해서 다른 종류를 내놓지 못하게 하기에는 충분하지 않다.

146. 이처럼 서로 다른 상품들이 같은 목적에 사용되는 경우에는 언제나 그것들에 대한 수요와 교환의 조건이 서로 무관하지 않다. 그런 상품들 사이의 교환 비율은 그것들의 효용의 비율에 의해 엄밀히 정해지므로 크게 달라질 수 없다. 이를테면 쇠고기와 양고기는 그 차이가 너무도 미미하여 사람들이 그것들을 거의 구별하지 않고 먹는다. 하지만 양고기의 도매가격은 평균적으로 쇠고기 가격에 비해 9 대 8의 비율로 더 높다. 그러므로 우리의 결론은 사람들이 일반적으로 소고기에 비해 양고기를 이 비율로 더 높이 평가한다는 것이어야 한다. 그렇지 않다면 사람들이 더 비싼 고기를 살 까닭이 없다. 이 두 고기의 최종효용도가 9 대 8의 비율을 갖는다는 것이다. 달리 말해, ϕx를 양고기의 효용도라 하고 ψy를 쇠고기의 효용도라 하면,

$$8.\phi x = 9.\psi y$$

물론 극단적인 상황에서는 이 방정식이 성립하지 않는다. 양고기가 상대적으로 희소해지면 그것을 진미로 여겨 기꺼이 더 높은 가격을 지불할 사람이 여럿 있을 수도 있다. 그러나 양고기와 쇠고기 사이의 교환 비율은, 효용방정식이 성립하는 한, 8 대 9를 벗어나지 않을 게 확실하다. 쇠고기 공급이 약간 줄어들면, 사람들은 쇠고기에 대해 더 높은 가격을 지불하기보다는 양고기를 더 많이 먹을 것이다. 양고기 공급이 줄어들면 사람들은 쇠고기를 더 많이 먹을 것이다. 공급 조건이 교환 비율에 아무런 영향도 미치지 않는다. 사실 우리는 쇠고기와 양고기를 서로 다른 강도를 가진 한 가지 상품으로 취급해야 한다. 이는 18캐럿 금과 20캐럿 금이 — 전자의 스무 부분은 후자의 열여덟 부분과 대등하다 — 두 가지가 아닌 한 가지 상품으로 여겨지는 것과 같다.

147. 18세기 초부터 근년에 이르기까지 금과 은의 교환 비율이 15 대 1에서 크게 벗어난 적이 없는데, 이런 특이한 영구성도 이 원리로 설명해야 한다. 이는 케언스의 견해와도 조화를 이룬다. 이런 비율의 고정성이 생산량이나 생산 비용에 전적으로 달려 있지는 않음을 증명하는 것으로서 오스트레일리아와 캘리포니아에서 발견된 금의 영향이 매우 사소했다는 사실을 들 수 있다. 거기서 발견된 금이 은의 금 가격을 대략 $4\frac{2}{3}$퍼센트 이상 상승시킨 적이 없고, 그것의 영구적인 효과는 $1\frac{1}{2}$퍼센트를 넘지 않는다. 이러한 상대가치의 영구성은 금과 은이 정확히 같은 목적에 사용될 수 있다는 사실에 부분적으로 기인했을 것이다. 또한 금의 광채가 워낙 뛰어나, 은에 비해 금이 약 15배 혹은 $15\frac{1}{2}$배로 비싸지만 않다면, 사람들이 금을 선호했을 수 있다. 그렇지만 이 사실에 대한 훨씬 더 타당한 설명은 프랑스를 비롯한 여러 대륙 국가의 통화에서 금과 은이 교환되는 비율이 $15\frac{1}{2}$ 대 1로 고정되어 있었다는 데서 찾아야

한다. 프랑스의 1811년 통화법은 인위적으로 방정식을 성립시켰다.

$$금의\ 효용 = 15\frac{1}{2} \times 은의\ 효용$$

이와 관련하여 볼로브스키를 포함한 여러 프랑스 경제학자들이 이 대체 법칙의 중요한 효과로서 금과 은의 관계에서 일어날 수 있었던 교란의 방지를 지목했는데, 이는 근거가 없지 않은 견해이다.

148. 이 책 초판이 나온 뒤, 볼로브스키의 견해는 지난 삼사 년 사이에 있었던 은 가치의 유례없는 하락으로 여실히 증명되었다. 은과 금의 등가 무게 비율은 그때까지 16 대 1을 넘어서 오른 적이 없었는데, 1874년에 오르기 시작하여 한때는(1876년 7월) 런던 시장에서 무려 22.5 대 1을 기록했다. 이 비율은 그 후 떨어지긴 했으나 계속해서 빈번하게 상당히 큰 변동을 거쳤다. 네바다에서 은이 대량 생산되면서 이 특이한 결과에 기여했을 수 있지만, 주요 원인은 프랑스의 복본위법 정지와 독일, 스칸디나비아 등의 은화 유통 중지임에 틀림없다. 나는 이미 다른 저작에서 은 가치와 복본위제에 대해 논의했으므로[q] 여기서 이 주제를 더 논의할 필요는 없다.

---

q. 《금 가치의 심각한 하락》, 1863, 33쪽. 《화폐와 교환 기제》(국제과학총서), 7장. 이 장은 그레이브즈에 의해 번역되어 《유용한 도서관》(*Bibliothèque Utile*), 64권, 파리, 1878에 수록되었다. 그리고 1877년 9월 5일 사라토가에서 열린 미국사회과학협회, 1877년 보스턴, 그리고 〈은행가 잡지〉 1877년 12월호에 발표된 논문 "은 문제"를 보라.[65)]

65) 제번스가 인용하는 자신의 1863년 저서 《금 가치의 심각한 하락》(*A Serious Fall in the Value of Gold*), 그리고 〈은행가 잡지〉(*Bankers' Magazine*)에 게재된 1877년 논문 "은 문제"(The silver question)는 1884년 폭스웰이 편집하여 간행한 《통화금융 탐구》에 수록되었다. 그리고 《화폐와 교환 기제》(*Money and Exchange Mechanism*), 국제과학총서(*International Scientific Series*), 17권은 1875년 간행되었다.

상품의 취득효용

149. 위에서 설명한 대로 교환이론은 전적으로 효용의 수량에 대한 고려에서 나오며, 노동이나 생산 비용에 대해서는 언급조차 않는다. 분할 가능한 상품의 가치를—이 위태로운 용어를 잠시 사용해도 좋을지 모르겠으나,—측정하는 것은 그 상품의 총효용이 아니라 그것의 최종효용도다. 다시 말하면, 상품의 가치는 우리가 그것을 더 많이 필요로 하는 강도에 의해 측정된다. 그러나 한 상품을 다른 상품과 교환하는 능력은 효용의 영역을 크게 넓힌다. 우리는 이제 더 이상 한 상품의 효용도를 그것의 직접 소유자의 욕구와 관련해서 고려하는 데 그쳐서는 안 된다. 왜냐하면 그 상품이 다른 사람에게 더 높은 유용성을 가질 수 있고, 그 소유자에게 더 높은 효용도를 가진 어떤 상품과의 교환으로 다른 사람에게 넘어갈 수 있기 때문이다. 교환의 일반적인 결과는 모든 상품이 마지막으로 소비되는 부분에서 어떤 동일한 수준의 효용으로 가라앉는 것이다.

우리가 교환이론에서 보듯이, 분할 가능한 상품의 소유자가 그것의 일부를 교환할 때는 다음 증분이 그것의 대가로 받을 다른 생산물의 증분과 정확히 동등한 효용을 갖게 한다. 이는 그 소유자가 갖고 싶어 하는 상품의 종류가 아무리 많더라도 성립한다. 우리는 한 사람이 한 종류의 상품만을 소유한다고 상정하면서 그 상품을 돈 혹은 소득으로 간주할 수 있다. 그리고 그가 자신의 소득을 쪼개서 구입하는 다른 상품들의 수량을 p, q, r, s, t 등으로 나타내기로 한다. x는 그가 교환하기를 바라지 않는 돈의 불확정 수량이다. 이들 수량 x, p, q, r 등 사이에 무슨 관계가 존재할까? 이 관계는 교환 비율에도 부분적으로 좌우되고, 이들 상품의 최종효용도에도 부분적으로 좌우된다. 우선 잠시 모든 교환 비율이 동등하다고 가정하자. 항상 한 상품의 한 단위가 다른 상품의 한 단위로 구매된다고 가정하는 것이다. 그러면 분명히 우리는 효용도가 동등해지도록 해야 한다. 그러지 않으면 더 높은 효용도를 가진 상품을 더 많이 취득하는 게 유리할 것이다. 기호 ϕ를 써서 효용함수를 나타내는데,66) 이 함수는 경우마다 다르다. 그러면 우리는 단순한 방정식을 갖게 된다.67)

$$\phi_1 x = \phi_2 p = \phi_3 q = \phi_4 r = \phi_5 s = \text{등}$$

하지만 사실은 교환 비율이 좀처럼 혹은 결코 1 대 1로 되지 않으며, 교환되는 수량이 동등하지 않을 때는 효용도가 동등하지 않을 것이다. 가령 1파운드의 견사로 3파운드의 면사를 가질 수 있다면, 면사의 효용도는 견사의 효용도의 3분의 1이어야 하고, 그렇지 않으면 교환이 득이 된다. 그래서 문명국에 널리 퍼진 교환의 편의가 가져다줄 일반적 결과는, 한 사람이 여러 상품을 구해서 가질 때 그것들의 수량은 각 쌍의 상품의 최종효용도가 그 두 상품의 교환 비율의 역수가 되도록 한다는 것이다.

151. 한 사람의 소득에서 p, q, r, s 등에 각각 지불되는 부분을 x_1, x_2, x_3, x_4 등으로 나타냄으로써 우리가 갖게 되는 방정식은

$$\frac{\phi_2 p}{\phi_1 x} = \frac{x_1}{p}, \quad \frac{\phi_3 q}{\phi_1 x} = \frac{x_2}{q}, \quad \frac{\phi_4 r}{\phi_1 x} = \frac{x_3}{r},$$

등이다.68) 이론이 이렇게 해서 나타내는 사실은, 사람들은 자신이 소

66) 여기서 '효용함수'는 앞에서와 마찬가지로 총효용이 아닌 최종효용도를 나타내는 함수다.

67) 제번스는 이 수식에서 아래 첨자 1, 2, 3, 4, 5로 돈과 여러 상품을 가리킨다. 이에 반해 앞에서는 함수의 아래 첨자로 여러 교역체 또는 사람을 가리켰으며, 한 교역체 또는 사람에 대해 여러 상품의 최종효용도를 나타내기 위해서는 함수를 달리하여 ϕ_1, ψ_1, χ_1 등으로 나타냈다.

68) 마셜(1890, 부론 2 & 3)은 이 방정식을 인용하면서 개인의 수요곡선을 도

비하는 모든 상품의 최종 증분의 효용이 동등해지게끔 자신의 소득을 분배한다는 것이다. 웅덩이로 흘러 들어가는 물은 거기가 모두 메워져서 같은 수준이 될 때까지 멈추지 않는다. 모든 지출 분야로 흘러 들어가는 부(富)도 다르지 않다. 이러한 분배는 사람들마다 매우 다르다. 그렇지만 한 사람이 어떤 순간에 가장 절실하게 느끼는 필요가 곧 그가 자신의 다음 소득 증분을 지출할 곳임은 자명하다. **그리고 한 사람의 소득을 가장 유리하게 지출하는 데 있어서, 받거나 보내는 상품의 수량 각각에 그것의 최종효용도를 곱해서 계산한 대수합은 영(零)이다.**[69]

출한다. 하지만 제번스가 $\phi_1 x$로 나타내는 소득의 효용을 그는 $\frac{d\mu}{dm}$을 바꿔 나타낸다. 제번스의 첫 방정식에서 상품의 효용을 나타내는 $\phi_2 p$은 $\frac{du}{dx}$로 바꿔 나타낸다. 소득 또는 화폐를 x가 아닌 m을 사용해서 나타내고 상품을 p가 아닌 x를 사용해서 나타낸 것이다. 따라서 교환 비율의 역수 $\frac{x_1}{p}$은 $\frac{m_1}{x}$이나 $\frac{dm}{dx}$으로 바꿔야 하겠으나, 마셜은 $\frac{dp}{dx}$로 나타낸다. 그리하여 제번스의 첫 방정식이 $\frac{d\mu}{dm}\frac{dp}{dx} = \frac{du}{dx}$로 바뀐다. 이어서 마셜은 상품의 (수요) 가격 $\frac{dp}{dx}$가 그 상품의 수량 x의 함수라고 말하지만 $\frac{d^2p}{dx^2}$의 부호에 대해서는 아무 말도 하지 않는다. 하지만 본문에서는 별다른 설명 없이 수요곡선을 우하향하게 그린다. 많은 수량이라면 낮은 가격을 지불하려 한다는 것이다(bk. 3, ch. 2, §4~7). 이는 실질적으로 소득의 한계효용 $\frac{d\mu}{dm}$이 불변이라고 가정하는 셈인데, 그 후 비판의 대상이 된다.

69) 여기서 '그것의 최종효용도'는 교환 이후의 최종효용도를 가리킨다. 그리고 '보내는 상품'은 소득인데, 그 기호는 음(陰)이다. 예를 들어 본문의 둘째 방정식처럼 둘째 상품을 q만큼 받으면서 x_2만큼의 소득을 보낸다면

$$-x_2 \cdot \phi_1 x + q \cdot \phi_3 q = 0.$$

혹은 이런 방정식을 모두 더하여

152. 이제 우리는 돈의 효용, 혹은 한 사람의 소득을 구성하는 상품 공급의 효용을 엄밀한 방식으로 인식할 수 있다. 그것의 최종효용도는 그가 소비하는 다른 상품들의 최종효용도로 측정된다. 예를 들어 1년에 50파운드를 버는 가난한 가족에게 1페니의 효용은 무엇인가?[70] 1페니는 그들의 소득에서 사소한 부분이므로 무한히 작은 증분을 그것으로 나타낼 수 있으며, 1페니의 효용은 그것으로 구입할 수 있는 만큼의 빵, 차, 설탕 등 여러 물품의 효용과 대등하다. 1년에 1,000파운드를 갖는 가족에게도 1페니의 효용이 정확히 같은 방식으로 측정될 수 있는데, 그 효용이 훨씬 작을 것이다. 무슨 상품이든 그것에 대한 그들의 필요는 훨씬 큰 정도로 채워졌거나 충족되었으므로 1페니어치의 어떤 물품에 대한 필요의 긴박성이 훨씬 줄었다.[71]

교환의 일반적 결과는 이처럼 한 사람에 대해 여러 상품 사이에서 일정한 효용의 동등을 만들어 내는 것이다. 하지만 여러 사람 사이에서는 그런 동등이 만들어지기 어렵다. 경제학에서 우리는 상업적 거래만을 검토할 뿐이고, 자선의 동기에서 나오는 부(富)의 균등화는 고려하지 않는다. 매우 부유한 사람에게 부의 효용도는 그가 느끼기에 더 많이 가질 필요가 가장 큰 지출 분야에서의 효용도에 좌우된다. 그의 일차적 필요는 오래전에 충분히 충족되었을 것이다. 그는 천 명에게 내놓을 좋은 음식도 필요하다면 찾을 수 있다. 그런 그이기에 당연히 자신을 위해서 적어도 자신이 바라는 만큼은 확보했을 것이다. 그렇긴

$$-(x_1 + x_2 + x_3 + \cdots) . \phi_1 x + p . \phi_2 p + q . \phi_3 q + r . \phi_4 r + \cdots = 0.$$

이 식에서 x는 소득 가운데 '받는 상품'에 지출되지 않은 부분이다. 혹은, 제번스가 앞에서 사용한 표현을 따르면, "교환하기를 바라지 않는 돈의 불확정 수량"이다.

70) 당시 영국의 1파운드는 240펜스였다.

71) 여기서 제번스는 (한계) 효용의 개인 간 비교를 말하고 있다. 그러나 1장 75쪽에서는 그런 비교의 가능성을 부인한다.

하지만, 어느 사회에나 있는 부의 불균등과 양립하는 한에서는, 모든 상품이 교환을 통해 분배됨으로써 최대의 편익을 만들어 낸다. 누구든지 어떤 물건을 다른 물건보다 더 많이 바란다면, 다른 면에서 충분한 희생을 치를 수 있기만 하면 자신이 원하는 것을 획득한다. 누구도 결코 자신이 덜 바라는 것을 위해 자신이 더 바라는 것을 주도록 요구받지 않으며, 따라서 완전한 교환의 자유가 모두에게 유리할 것이다.

교환의 이득

153. 이 이론의 가장 중요한 결과는 교환 비율이 교환 행위로부터 나오는 실제 편익을 나타내지 않는다는 것이다. 많은 교역이 사고파는 일에 쏠려 있고, 낮게 사서 높게 팔아 이윤을 얻는다. 그래서 교역의 모든 편익이 가격의 차이에 달려 있다고 믿는 잘못된 경향이 생겨난다. 높은 가격을 지불하기보다 없이 지내는 편이 좋다는 생각이 생겨나고, 한 국가의 전체 금융체제가 틀린 이론을 실행하려는 노력으로 왜곡될 수 있다.

154. 이는 존 스튜어트 밀이 '국제 교역 이론'에서 한 말이 가져올 수 있는 결과다. 그의 이론은 항상 재치 있고, 내가 보기에 거의 항상 참이다. 하지만 그는 그 이론으로부터 다음 결론을 이끌어 낸다.[r]

> 가장 유리한 조건으로 무역을 수행하는 국가는 자국 상품에 대한 외국의 수요는 많고, 외국 상품에 대한 자신의 수요는 가장 적은 국가다. 이로부터 여러 결과가 도출되는데, 다른 조건이 같다면 가장 부유한 나라가 일정 크기의 무역에서 가장 적은 이득을 얻는다는 것이 그 중 하나다. 상품 일반에 대한 수요가 더 큰 나라는 해외 상품에 대한 수요도 더 크기 쉽고, 그런 만큼 교환 조

r. 《정치경제학 원리》, 3편, 18장, 8절의 끝.

건이 자신에게 불리하게 조정되기 쉽다. 무역에 의한 총이득은 분명 일반적으로 부유한 나라가 가난한 나라보다 큰데, 그것은 부유한 나라가 더 많은 무역을 수행하기 때문이고, 대량소비에서 낮은 가격의 편익을 얻기 때문이다. 그러나 소비되는 개별 물품에서 얻는 이득은 적다.

155. 어떤 다른 설명도 없으므로 이 문구의 의미를 무역의 이익이 교환조건에 달려 있다는 것과 국제 교역이 부유한 나라에 덜 유리하다는 것으로 받아들여야 한다. 그러나 그런 결론은 두 가지 다른 것에 대한 혼동을 포함한다. 상품의 가격과 총효용이 그것이다. 한 나라는 단순히 큰 상업회사처럼 재화를 사고팔아 가격 차이에서 이윤을 올리는 게 아니다. 한 나라는 재화를 소비하기 위해 구입한다. 그러나 소비자가 상품으로부터 끌어내는 편익을 측정하기 위해 척도로 삼아야 하는 것은 총효용이며, 교환 조건을 좌우하는 최종효용도가 아니다.

이 진실을 설명하기 위해 〈그림 7〉의 곡선을 사용하여 두 상품의 효용함수를 나타낼 수 있다. 오스트레일리아에서 생산되는 양모를 선 *ob*로 나타내고, 그것이 오스트레일리아에서 갖는 총효용을 곡직선도형 *obrp*의 넓이로 나타내자. 둘째 상품, 예컨대 면직물이 오스트레일리아에서 갖는 효용을 마찬가지로 그 아래 곡선으로 나타내어, *o′b′*로 측정되는 수량의 상품이 도형 *o′p′r′b′*로 표시되는 효용을 준다. 그런데 가령 오스트레일리아가 그 양모의 절반 *ab*을 주고 *o′a′*로 표시되는 수량의 면직물을 받는다면, 오스트레일리아는 효용 *aqrb*를 잃지만 더 큰 넓이 *o′p′q′a′*로 표시되는 이득을 얻는다. 따라서 여기에 적잖은 효용의 순이득이 있다. 바로 이것이 교환의 실제 목표이다. 오스트레일리아가 자신의 양모를 더 낮은 가격에 팔아 면직물을 단지 *o′c*의 수량까지만 얻었더라도, 그것의 효용 *o′p′sc*는 그것에 대한 대가로 주는 양모의 효용을 능가했을 것이다.[72)]

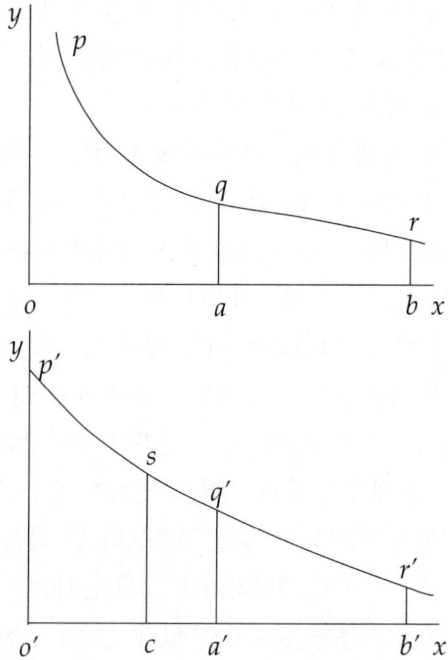

〈그림 7〉

156. 밀의 진술이 근본적으로 틀린 만큼 진실은 반대 방향에 있다고 나는 믿는다. 한 나라가 다른 나라의 생산물에 대해 지불할 의사와 능력이 있는 가격의 크기는 일반적으로 그 나라가 수입품으로부터 얻을 편익의 크기를 측정하거나, 아니면 적어도 그 편익을 드러낸다. 높은 가격을 지불하는 사람은 둘 중 하나일 수밖에 없다. 그가 구매하는 것에 대한 필요가 대단히 크거나, 그가 대가로 지불하려는 것에 대한 필요가 대단히 작거나이다. 어느 경우라도 교환의 이득이 존재한다. 이런

72) 리카도와 밀의 비교우위이론은 무역의 이익을 생산에 필요한 노동량 또는 생산비의 감소로 측정한다. 이에 반해 제번스는 소비에서 얻는 효용의 증대로 측정해야 한다는 것이다. 마셜(1872)은 서평에서 제번스의 이 주장을 호의적으로, 그러면서도 유보적으로, 인용한다.

종류의 물음에서는 오직 하나의 원칙만 안전하게 밝힐 수 있다. 구매해서 이익을 기대할 수 없는 물건을 사는 사람은 없으며, 따라서 완전한 교환의 자유가 효용극대화로 이끈다.

157. 신중하게 연구한 경제학 이론이 우리에게 주는 이익은, 그다지 단순치 않은 성격의 문제에 대해서는 매우 신중한 결론을 내리게 한다는 데 있다. 어느 상품이건 그것의 총효용은 대단히 불완전하게만 추정할 수 있다는 사실이 우리를 막아서서, 예컨대 교역의 편익을 측정하려는 시도를 하지 않게 한다. 그리하여 나는 밀이 자신의 국제 교역 이론에서 출발하여 과세 이론을 거쳐 도달한 결론에 대하여 감히 그 결과의 진실성을 의심한다. 그에 의하면,[s] 한 나라가 수입상품에 부과하는 조세는 "그 나라가 전 세계 노동과 자본의 일반적 생산성 증대에서 외국인들을 희생시키면서 그리하지 않을 경우보다 더 많은 몫을 차지하는" 수단이 될 수 있다.[73] 내가 생각하기에 그의 논의는 상품의 교환 비율과 총효용 사이에서 혼동을 일으키고 있다. 조세의 진정한 효과를 추정하기 위해서는 경제 법칙에 대해 지금껏 누구도 갖지 못한 훨씬 엄밀한 지식이 필요하다. 관세가 재정 수입을 높이는 수단으로 필요할 수 있다. 하지만 교역을 조절하기 위해서나 효용을 증대시키는 교환의 자연스런 경향에 간여하기 위해서 관세를 사용하는 데 대해 경제학자들이 약간이라도 지지하던 때는 이미 지났다.

---

s. 《정치경제학 원리》, 5편, 4장, 6절.

73) 밀은 여기서 한 나라의 관세가 교역 조건을 그 나라에 유리하게 바꿀 수 있음을 주장한다. 이 주장은 나중에 에지워스(1894)가 무차별 곡선과 상호수요곡선을 이용하여 다시 논증한다("Theory of international values: Part I, II, III," *Economic Journal* 4:13, 14, 16, 1894, pp. 35~50, 424~443, 606~638).

효용 법칙의 수치 결정

158. 경제학이 앞으로 엄격한 과학으로 진보하는 데 있어서 결정적인 것은, 이론에서 다루는 변량(變量)에 대해 보다 엄밀한 개념을 갖는 일이다. 교역이나 제조에서 일어나는 변화의 효과를 제대로 알 수 있으려면 효용 변동의 법칙을 진실에 가깝게 수치로 나타낼 수 있어야 한다. 그러기 위해서는 전체 인구가 여러 가격에서 구매한 상품의 수량에 관한 엄밀한 통계가 필요하다. 한 상품의 가격은 그 상품이 구매자에게 주는 효용의 유일한 검증이다. 개별 물품의 가격이 상승할 때 사람들이 그것의 소비를 얼마나 줄이는지 정확하게 알 수 있다면, 경제학에서 가장 중요한 요소라 할 최종효용도의 변동을 적어도 비슷하게는 결정할 수 있을 것이다.

159. 우리가 이런 계산에서 먼저 사용할 수 있는 것은 169쪽에서 제시된 단순한 방정식이다. 한 사람의 소득에서 얻는 일반효용이 상품 가격의 변동에 영향을 받지 않는다는 가정이 첫째 어림으로 가능하다. 그 방정식을 다시 쓰면,[74]

$$\phi x = m.\psi c.$$

우리는 이 방정식의 x와 m에 해당하는 여러 다른 수치를 가질 수 있고, 돈의 효용 ψc 를 상수(常數)로 취급할 수 있다. 그리고 최종효용도함수 ϕx의 일반적인 성질을 결정할 수 있다. 이 함수는 분명 순

---

74) 이 방정식에서 m은 소득이 아니라 그 수량이 x로 표시되는 상품의 (상대) 가격이다. c가 소득 혹은 지출이다. 이 방정식은, x가 매우 작아서 그 상품에 대한 지출 mx를 무시할 수 있는 경우를 상정한 것이지만, 엄밀하게는 옳지 않다. 정확하려면, 제번스가 168쪽에서 그리하듯이, $\phi x = m.\psi(c-mx)$로 써야 한다.

수하게 경험적인 것이며, 오직 통계적 사실에 따라 합계가 달라지도록 만들어진 여러 항의 묶음일 뿐이다. 이 주제는 너무 복잡해서, 중력의 법칙처럼 단순하면서도 정밀한 법칙에 대한 우리의 기대를 허용하지 않는다. 설혹 우리가 그런 법칙을 갖더라도 그것에 대한 정확한 설명을 제시할 수 없다. 그 법칙의 성격은 여러 물리과학에서 사용되는 경험적 공식과 같아서, 수치 표를 대체하려는 의도에서 만든 수학 기호의 묶음에 지나지 않는 것이다.[t] 그럼에도 불구하고 그 법칙의 결정이 경제학을 여러 물리과학처럼 정확한 과학으로 만들 것이다. 이를테면 기상학이 매우 오랜 시간이 걸려 도달할 법한 정도로 정확한 과학으로 만들 것이다.

그러나 앞에서 설명한 효용함수 결정의 방법은 지출의 주요 항목에는 잘 적용되지 않는다.75) 예를 들어 빵 가격은 문제의 방정식 안에 적절히 놓을 수 없다. 왜냐하면, 빵 가격이 많이 오르면, 가난한 사람

---

t. 제번스의 《과학의 원리》, 22장, 신판, 487~489쪽과 거기에 인용된 문헌을 보라.

75) 우리가 총효용을 한 재화로부터의 효용과 그 외 모든 재화 조합의 효용으로 나눠 나타낼 수 있다면

$$u = \Phi(x) + \Psi(y) = \Phi(x) + \Psi(c - mx).$$

이 효용을 극대화하는 조건은

$$\frac{\partial \Phi(x)}{\partial x} - m.\frac{\partial \Psi(y)}{\partial y} = 0.$$

만약 다른 재화 조합의 한계효용 $\frac{\partial \Psi(y)}{\partial y}$가 일정하다면, 한 재화의 가격 m과 구매량 x의 통계로부터 한계효용함수 $\frac{\partial \Phi(x)}{\partial x}$을 추정할 수도 있다. 그러나 $\frac{\partial \Psi}{\partial y}$은 mx를 통해 영향을 받는다. 즉

의 자원이 압박을 받기 때문이다. 그에게서 돈이 더욱 희소해지고, 돈의 효용 ψc가 커진다.[76] 그것의 자연스런 결과는 다른 방향의 지출을 줄이는 것이다. 달리 말하면, 가난한 사람의 필요가 채워지는 만족의 정도는 식품이 비쌀 때가 쌀 때보다 낮다. 과학 진보의 긴 경로에서 적절한 통계의 충분한 공급이 마침내 이뤄진다면, 여러 상품의 효용도를 표현하는 함수를 찾아내는 일은 그다지 어렵지 않은 수학 문제가 될 것이다. 첫 단계들 중 지극히 당연한 하나는, 식품의 여러 다른 가격에서 가난한 사람들이 자신의 지출에서 얼마만큼을 식품 구입에 할당하는지 알아보는 일이다. 그러나 사람들의 여건이 현저히 달라서 이

$$\frac{d}{dm}\left(\frac{\partial\Psi}{\partial y}\right) = -\frac{\partial^2\Psi}{\partial y^2}.\frac{d(mx)}{dm}.$$

따라서 $\frac{d(mx)}{dm}$가 크다면 통계로부터 한계효용함수를 추정할 수 없다.

76) 위 역주의 식에서

$$\frac{d(mx)}{dm} = x + m.\frac{dx}{dm} = x(1-\epsilon)$$

그런데 재화 조합의 한계효용이 체감하므로 $\frac{\partial^2\Psi}{\partial y^2} < 0$. 그리고 만일 $\epsilon = -\frac{m}{x}.\frac{dx}{dm} < 1$이면,

$$\frac{d}{dm}\left(\frac{\partial\Psi}{\partial y}\right) = \frac{d\psi}{dm} > 0.$$

즉, 해당 재화에 대한 수요의 가격탄력성이 1보다 작다면, 해당 재화의 가격이 오를 때 다른 재화 조합에 대한 지출의 한계효용 $\frac{\partial\Psi}{\partial y}$이 커진다. 제번스의 말로는, "돈의 효용 ψc가 커진다". 어찌 말하건, 이런 경우 가격 m과 구매량 x만의 통계로부터는 한계효용함수 ϕx, 즉 $\frac{\partial\Phi(x)}{\partial x}$를 정확히 추정할 수 없다.

런 탐구의 길에 커다란 장애가 된다. 더욱 큰 어려움을 주는 것은 한 상품이 다른 상품을 대체하거나 역할을 대신하는 복잡한 방식이다.

가격 변동에 관한 여러 의견

160. 경제학자의 저작에서 상품 공급의 변화와 그에 따른 가격 상승 사이의 관계에 관한 기술을 찾는 일은 전혀 어렵지 않다. 효용 변동의 일반 원칙은 많은 저자들에게 잘 알려져 있다.

161. 일반적으로 생활필수품의 경우에 가격 변동이 훨씬 더 뚜렷하다. 이 결과는 애덤 스미스가 관찰한 사실로부터 도출된다. 그가 말하기를, "식품에 대한 욕망은 모든 사람에게서 위장의 작은 용량에 의해 제한된다. 그러나 건물의 편의품과 장식품, 의복, 마차, 가구 등에 대한 욕망은 어떤 한계나 경계도 없는 듯하다".[77] 내가 역설하듯이 가치는 더 많은 것에 대한 욕구에 달려 있다면, 식품의 과도한 공급은 사치품의 경우보다 훨씬 더 큰 폭으로 가격을 낮출 것이다. 반면 식품의 부족은 덜 필요한 물품의 경우에 비해 훨씬 더 큰 폭으로 식품 가격을 올릴 것이다. 이 결론은 여러 사실과 잘 맞아떨어진다. 찰머스에 의하면,[u] "생활의 필수품은 수량 변동이 가격에 미치는 영향이 생활의 사치품에 비해 훨씬 더 강력하다. 곡물 수확이 평년에 비해 3분의 1이 모자란다고 하자. 혹은 시장에서 국내 생산이나 해외 수입을 통한 곡

---

u. 찰머스의 《국가의 기독교와 경제체제》, 2권, 240쪽.[78]

77) 제번스가 출처를 밝히지 않지만, 《국부론》 1편 11장 2부에 있는 구절이다.

78) 찰머스의 《국가의 기독교와 경제체제》는 1821년에 두 권으로 간행되었으며, 1856년에 출간된 《토마스 찰머스 저작집》(*Select Works of Thomas Chalmers*) 10권에 포함되었다. 제번스가 인용하는 네 구절은 각각 10권의 412, 413, 418, 419쪽에 있다.

물 공급이 그만큼 줄어들었다고 하자. 그러면 곡물 가격에서는 3분의 1보다 훨씬 더 큰 상승이 일어날 것이다. 공급에서 3분의 1 혹은 4분의 1이 부족하면 가격은 배 이상이 되리라는 것도 결코 터무니없는 예측이 아니다".

162. 그가 계속해서 꽤 길게 설명하면서 말하기를, 이런 일이 럼주 같은 물품에서는 생기지 않는다. 서인도로부터의 럼주 공급이 부족하더라도 가격 상승이 그다지 크지 않을 것이다. 왜냐하면 다른 종류의 술로 대체하거나 소비를 줄일 것이기 때문이다. 사람은 사치품 없이도 살 수 있으나 필수품 없이는 살 수 없다. "식품 공급에서 절반에 이를 정도의 부족은 생활의 첫째 필수품의 가격을 네 배 이상으로 만들고, 하층민들에게 한결 무거운 부담이 될 것이다. 전 세계의 모든 포도원에서 같은 정도의 실패가 있어도 포도주 가격의 상승은 이 비율 근처에도 가지 않을 것이다. 사람들은 부르고뉴에 평소 가격의 네 배를 지불하느니 클라레로 내려가거나, 아니면 거기서 포트로 내려가거나, 아니면 거기서 우리나라 포도주로 내려가거나, 아니면 거기서 우리나라 증류주로 내려가거나, 아니면 거기서 우리나라 발효주로 내려갈 것이다."[x] 그는 큰 폭의 가격 상승에 의해 소비에서 광범위하게 내쳐질 물품으로 설탕을 지목하는데,[y] 설탕이 사치품인 동시에 지출에서 상당히 중요한 항목이기 때문이다. 하지만 총지출에서 매우 작은 양을 차지하는 물품의 가격 변동은 그것의 소비에 큰 영향은 미치지 않으리라는 게 그의 생각이다.

163. 그가 육두구에 관해 말하기를, "대영제국에서 한 가족이 1년에 6펜스어치도 그것을 소비하지 않는다. 그 물품에 1기니 이상을 쓰는 가족은 아마도 전혀 없을 것이다. 그래서 그것의 가격이 가령 두 배 혹은 세 배가 되더라도 수요에는 눈에 띌 만한 변화가 없을 것이다. 평소의

x. 찰머스의 《국가의 기독교와 경제체제》, 2권, 242쪽.

y. 찰머스의 《국가의 기독교와 경제체제》, 2권, 251쪽.

탐닉을 조금이나마 포기하기보다는 오른 가격을 지불하는 편을 스스럼없이 택한다. 이와 같은 일이 정향, 계피, 카옌 후추, 그리고 동양의 모든 값비싼 향신료에도 일어난다. 그리하여 일반적으로 필수품의 가격과 사치품의 가격이 그토록 크게 다른 데 반해, 그 오르내림의 폭에 있어서는 필수품 중에서도 가장 흔한 것과 사치품 중에서도 가장 드문 것 사이에서 이런 이상한 유사성이 존재한다".[z]

이 흥미로운 관찰에서 찰머스는 특정 상품에 대한 욕망의 효과와 다른 상품들에 대한 욕망의 효과를 옳게 구분한다. 육두구에 드는 비용은 다른 물건들에 대한 지출 일반에 그다지 영향을 미치지 않기 때문에 169쪽의 방정식이 적용된다. 그러나 만일 설탕이 희소해지면, 전처럼 소비하기 위해서는 다른 방향에서 소비를 줄여야 한다. 그리고 설탕보다 더 필요한 물품의 효용도가 설탕의 효용도보다 훨씬 더 빨리 높아지면서, 선호에 의해 사용에서 내쳐지는 쪽은 설탕이 된다. 이것은 훨씬 더 복잡한 경우이며, 여기에는 곡물을 비롯하여 모든 대량소비 물품의 경우도 포함된다.

164. 찰머스가 설탕 가격에 대해 펼친 주장은 1855~1856년에 있었던 설탕 시장의 경과와 관련된 여러 사실에 의해 강력히 뒷받침된다. 투크의 《가격의 역사》에 기술되어 있듯이,[a'] 1855년에 설탕 공급에서 발생한 제법 큰 감소가 갑작스레 관심을 끌었다. 설탕 가격이 빠르게 상승했으나, 그것이 최고점에 도달하기도 전에 수요가 거의 완전히 정지되었다. 소매상들이 창고를 다시 채우려 하지 않았을 뿐만 아니라 광범위한 계층의 사람들이 당장, 때로는 일절, 설탕 소비를 중단했다. 소매식품상들 사이에서는 대중이 만족해하는 적당한 수준으로 가격이 되돌아갈 때까지 단 1파운드의 설탕도 팔지 않겠다는 움직임도 있었다.

---

z. 전게서, 252쪽.

a'. 5권, 324쪽 등.

곡물 가격의 변동

165. 육두구 소비에 대한 찰머스의 독창적인 주장은 적어도 부분적으로는 옳아 보인다. 위에서 설명한 원리를 그도 어느 정도는 고려하고 있다. 그 원리를 다시 말하면, 소득의 적은 수량만으로도 충분히 풍족하게 구매할 수 있는 그런 종류의 상품이라면, 소득의 효용도는 그것에 지불되는 가격으로부터 별다른 영향을 받지 않을 것이다. 말하자면 ψc가 거의 일정하게 유지된다(169쪽). 그 결과 $\frac{\phi x}{m}$가 일정하다. 달리 말하면, 소량 구매하는 상품의 최종효용도는 그것의 가격에 직접 비례하게 마련이다. 만일 그 가격이 많이 오르면, 소비자는 그 상품 사용을 거의 완전히 포기하거나, 아니면 약간의 소비 감소조차 싫어할 정도로 그 상품의 필요성을 느껴야 한다. 우리의 효용 곡선을 보면서 말하자면, 우리는 그 곡선에서 y축에 매우 가까운 부분으로 물러나거나, 아니면 그 곡선의 모양이 우리가 원점을 향해 움직일 때 빠르게 올라가는 것이어야 한다. 여기서 찰머스는 육두구에 대해 후자의 경우를 가정한다. 그것을 사용하는 데 익숙해진 사람들은 그것을 너무 좋아하여, 자신들의 소비를 많이 줄이기보다는 훨씬 더 높은 가격을 지불하려 한다. 이는 육두구가 그들에게 높은 효용도를 가진다는 의미인데, 그 효용도를 능가하려면 반드시 ψc의 수치에 꽤 심각한 증가가 있어야 한다. 여기서 ψc의 수치는 궁극적으로 생활필수품의 필요를 의미한다.

166. 매우 기이한 일이지만, 정치경제학의 진정한 근본에 이르는 이 주제에서 우리는 요즘 저자들보다 예전 저자들에게서 더 많은 도움을 받는다. 경제학이 존재하기도 전에 이미 정치산술[79] 저자들이 도달한 곳

---

79) 원문의 'Political Arithmetic'을 '정치산술'로 옮긴다. 국가와 사회에 대한 수량적 연구를 가리킨다. 페티(William Petty, 1623～1687)의 저서 《정치산

이 요즘 우리가 도달한 곳에서 멀지 않다. 1737년 소책자에서 말하기를,[b'] "교역을 이해하는 사람이라면 쉽사리 동의하듯이, 시장에서 상품의 1할이 왕성한 수요를 초과해서 있다면, 그것이 시장을 어쩌면 20퍼센트 혹은 30퍼센트까지 낮추기 쉽다. 그리고 1할이 부족하면 엄청난 상승을 가져올 것이다". 존 댈림플 경이 다시 말하기를,[c'] "상인들이 목격하듯이, 시장에서 상품이 평균 수량 아래로 3분의 1만큼 감소하면, 가치는 거의 두 배가 된다. 평균 수량 위로 3분의 1만큼 증가하면, 가치는 거의 절반으로 내려간다. 만약 수량이 더 감소하거나 증가한다면, 수량과 가격 사이의 이런 불비례는 훨씬 커질 것이다". 사실 이런 주장들에는 엄밀성의 증거가 거의 없다. 더욱이 저자들은 상품 일반에 대해 그것들의 가격이 모두 비슷한 정도로 달라지는 듯이 말했다. 어쩌면 그들은 곡물이나 다른 종류의 더 요긴한 식품을 생각했을지 모른다. 통상 소비되는 수량의 곡물보다 1할이 더 생산되면 곡물 가치는 절반으로 줄어들 것이라는 추측을 〈목격자〉에서[80] 발견할 수 있다.[d'] 주요 식품의 가격과 공급 사이의 관계처럼 중요한 문제에서 우리가 가진 가장 정밀한 추정이 한두 세기 전에 살았던 저자들에 의한

---

b'. 로드데일, 《공부(公富)의 본질과 기원에 관한 연구》, 2판, 1819, 51~52쪽에 인용되어 있다.

c'. 전게서.

d'. 200호. 로드데일, 50쪽에 인용되어 있다.

술》(*Political Arithmetick*)에서 그 용어가 나왔다. 페티의 정치산술은 대버넌트와 그레고리 킹에 의해 이어졌다. 하지만 애덤 스미스(1776)는 "정치산술을 별로 신뢰하지 않는다"고 잘라 말했으며(bk. 4, ch. 5; Glasgow edition, 1976, p. 534), 리카도와 그 후계자들은 대부분 성찰과 일상적 관찰에 의존하면서 추상과 연역을 통한 이론 전개에 몰두했다. 제번스가 앞에서 인용하는 찰머스가 정치산술을 계승했다고 할 수 있으나 예외적이다. 제번스는 뒤에서 '킹-대버넌트의 가격 법칙'을 인용한다.

80) 〈목격자〉(*Spectator*)는 1711~1712년에 영국에서 간행된 일간지이며, 그 후 여러 차례 영인본으로 출간되었다.

것이라는 사실보다 통계학자와 경제학자들에게 더 부끄럽고 이상한 일을 나는 알지 못한다.

167. 곡물 가격의 변동에 관한 잘 알려진 추정이 있는데, 내가 알기로 수많은 경제학 저작이 이를 인용하였다. 그 추정은 보통 그레고리 킹의 것으로 일컬어진다. 그의 이름은 잉글랜드 통계과학의 아버지들 중 한 명으로 명예롭게 기록되어야 한다. 1648년 리치필드에서 태어난 킹은 수학 연구에 몰두하였고, 종종 통계 작성에도 종사했다. 그가 맡은 주요 공직은 랭커스터 부관과 재정위원회 비서이다. 하지만 그의 명성을 높인 것은 그가 1696년에 완성한 잉글랜드의 인구와 교역에 관한 훌륭한 통계표다. 그의 1696년 저작은 제목이 《잉글랜드의 상태와 조건에 대한 자연적·정치적 관찰과 결론》이다. 이 저작이 저자 생전에 출판된 적은 없으나, 그 내용은 대버넌트 박사에게[81] 가장 자유로운 방식으로 전해졌다. 대버넌트는 정보의 출처를 적절히 밝히면서 그것을 근거로 《무역수지에서 인민을 수익자로 만드는 적당한 방법에 관한 소론》을 저술했다.[e'] 그레고리 킹의 결론에 관한 우리의 지식은, 조지 찰머스가[83] 자신의 유명한 《대영제국의 상대적 실력에 관한 추정》 3판 말미에 그 저작 전부를 수록하기 전까지는, 대버넌트의 《소론》을 비롯한 여러 논고에서 나온다.[84]

---

e'. 《찰스 대버넌트의 정치 상업 저작집》, 2권 163쪽.[82]

81) 대버넌트는 옥스퍼드 대학으로부터 법학박사(LL. D) 학위를 받았다.

82) 대버넌트의 《무역수지에서 인민을 수익자로 만드는 적당한 방법에 관한 소론》은 1699년 출간되었으며, 1771년에 총 5권으로 간행된 《찰스 대버넌트의 정치 상업 저작집》, 2권, 163~381쪽에 수록되었다.

83) 조지 찰머스는 제번스가 앞에서 인용한 토머스 찰머스보다 한 세대 앞서 활동했다.

84) 제번스에 앞서 투크(1838)가 《가격의 역사》 1권의 12쪽에 《대버넌트 저작집》 2권의 224~225쪽 세 단락을 옮겨 놓았는데, '킹의 결론'은 여기서 많이 재인용되었다. 뒤에서 제번스가 언급하는 휴얼(1862)도 그러하다.

168. 내가 여기서 논의하려는 추정은 대버넌트에 의해 다음과 같은 말로 제시된다.[f'] "말하자면 이렇다. 수확 결손은 곡물 가격을 다음의 비율로 올린다.

결손		통상률을 넘어
1할		3할
2할	때문에	8할
3할	오르는	16할
4할	가격은	28할
5할		45할

그리하여 곡물이 통상률의 세 배로 오르면, 우리에게 부족한 부분이 통상 산출의 $\frac{1}{3}$을 넘는다고 상정할 수 있다. 그리고 만일 우리에게 통상 산출의 $\frac{5}{10}$ 혹은 절반이 부족하다면, 가격이 통상률의 다섯 배에 가깝게 오를 것이다."

169. 이 추정이 줄곧 그레고리 킹의 것으로 일컬어지긴 하지만, 나는 그것을 그의 출판 저작에서 찾을 수 없었다. 그리고 다른 곳에서는 킹에게서 가져온 것을 분명히 밝히는 대버넌트가 여기서는 그 추정을 자기

f'. 전게서, 224쪽.[85)]

85) 다음은 대버넌트의 저서 224쪽에 있는 표 형식의 수치이다. 제번스는 이 표를 거의 그대로 인용한다.

Defect.		Above the common rate.
1 Tenth		3 Tenth.
2 Tenth		8 Tenth.
3 Tenth	Raises the price	1.6 Tenth.
4 Tenth		2.8 Tenth.
5 Tenth		4.5 Tenth.

친구에게 돌리지 않는다. 그렇다면 그것은 대버넌트가 작성했을지도 모른다.[86)]

우리는 이 추정을 다음과 같은 방식으로 다시 기술할 수 있다. 곡물의 평균 수확과 평균 가격을 1로 두면,

곡물의 수량	1.0	.9	.8	.7	.6	.5
가격	1.0	1.3	1.8	2.6	3.8	5.5

많은 저자들이 이 추정에 대해 말했다. 손턴이[87)] 보기에는,[g'] 그것이 아마도 너무 개략적이고, 결손을 총재고량에서 잡았는지 아니면 오직 한 해의 수확에서 잡았는지 확실하지 않다. 한편 투크의 생각에[h'] — 이런 문제에 관해 그보다 더 높은 권위자는 없다 — 킹의 추정이 "진실에서 그다지 멀지 않다고 판단할 수 있는 근거는, 이 나라에서 최고로 높게 계산한 수확 결손이 평균 수확의 16분의 1에서 3분의 1 사이를 넘지 않을 때도 곡물 가격이 100 내지 200퍼센트 혹은 그 이상으로

g'. 《대영제국 지폐 신용의 본질과 효과에 관한 연구》, 270~271쪽.

h'. 《가격의 역사》, 1권, 13~15쪽.

86) 제번스가 인용하는 수치는 '그레고리 킹의 법칙' 또는 '킹-대버넌트의 법칙'으로 불린다. 이때 '법칙'은 가격 법칙으로 이해해야 한다. 그 수치는 수확량 변동에 따른 가격 변동에 관한 것이기 때문이다. 그것을 '수요 법칙'이라 부르거나 그렇게 해석하는 것은 타당하지 않다. Cf. G.H. Evans, "The law of demand — the roles of Gregory King and Charles Davenant," *Quarterly Journal of Economics* 81:3, 1967, pp. 483~492; S.M. Stigler, "Jevons on the King-Davenant law of demand: a simple resolution of historical puzzle," *History of Political Economy* 26:2, 1994, pp. 185~191.

87) 제번스는 앞에서 윌리엄 손턴(1869)을 길게 인용했다. 여기서는 헨리 손턴(1802)을 인용한다. 후자는 1939년에 하이에크의 소개와 함께 다시 간행되었는데, 이 1939년 판에는 제번스가 인용하는 부분이 243쪽에 있다.

상승하는 일이 반복해서 있었다는 사실이다".

170. 나는 대버넌트의 수치가 들어맞는 법칙을 알아내려 애썼는데, 그래서 얻은 수리 함수는 우리가 기대할 수 있는 것에서 그다지 많이 다르지 않다. 곡물 가격이 결코 영으로 내려가지 않으리라고 생각할 수 있다. 만일 곡물이 충분하다면 말, 가금, 가축에게 먹일 수 있고, 지금은 너무 많은 비용이 드는 다른 목적에도 사용할 수 있기 때문이다. 인도에서는 물론이고 미국에서도 가끔 곡물이 연료로 사용된다고 한다. 이와 반대로 수량이 크게 감소하면 가격이 빠르게 올라서, 수량이 영이 되기도 전에 가격이 무한대가 된다. 이때면 이미 굶주림이 바로 앞에 있기 때문이다. 감자나 다른 종류의 식품에 의한 대체가 이 굶주림의 시점을 매우 불확실하게 만들지만, 곡물의 완전 결손은 다른 식품으로 메울 수 없다는 게 내 생각이다. 이제 이런 조건을 충족하는 모양의 함수는 $\frac{a}{(x-b)^n}$이다. 이것은 x가 b로 줄어들 때 무한대가 되고, 더 큰 값의 x에서는 x가 증가할 때 항상 감소한다. 수치 데이터를 검토하면 알 수 있듯이 n은 2에 가깝다. 그래서 나는 n이 정확히 2라고 가정하면서 a와 b의 최대 확률 값을[88] 찾았는데, 그것은 $a = .824$

---

88) 원문의 'the most probable value'를 '최대 확률 값'으로 옮긴다. 제번스는 《과학의 원리》에서도 이 용어를 사용하면서 최소자승법(the method of least squares)의 원리를 설명한다. '최대 확률'은 당시 널리 사용되던 용어로서 '값' 외에도 '원인,' '결과,' '오류' 등과 붙여서 사용되었다. 이때 최대 확률은 사후적 확률(posterior probability)을 가리킨다. 보다 일반적으로는, E를 관찰 또는 경험했을 때 그것의 원인이 A_i 등이 아니라 A_k일 확률은

$$P(A_k|E) = \frac{P(A_k)P(E|A_k)}{\sum_{i=1}^{n} P(A_i)P(E|A_i)}$$

여기서 $P(A_i)$는 사전 확률(prior probability)이며, 다른 이유가 없다면 모든 i에 대해 동일하다. 그러나 제번스가 "a와 b의 최대 확률 값"을 찾으면서

그리고 $b = .12$이다. 그리하여 그 공식은 이제

$$곡물\ 가격 = \frac{.824}{(x - .12)^2},$$

$$혹은\ 대략 = \frac{.5}{6\left(x - \frac{1}{8}\right)^2}.$$

171. 아래 수치는 이 공식의 첫째 항과 대버넌트의 데이터 사이에서 근접성의 정도를 보여준다.

수확	1.0	.9	.8	.7	.6	.5
대버넌트의 가격	1.0	1.3	1.8	2.6	3.8	5.5
계산한 가격	1.06	1.36	1.78	2.45	3.58	5.71

나는 여기서 대버넌트의 추정이 경험에 얼마나 가깝게 일치하는지 단언할 수 없다. 하지만 위 수치가 보여주는 긴밀한 근접성을 고려할 때, 우리는 그의 수치를 안전하게 경험적 공식으로 대체할 수 있다. 그리고 이미 말한 다른 이유로도 이 공식이 진실로부터 멀지 않다고 상정할 수 있다. 거칠게 말해서, 곡물 공급이 특별히 적지 않다면, 곡물 가격은 공급의 제곱에 반비례하여 변한다. 내가 보기에 이 결론은

이 정의를 엄격히 적용하지는 않은 것 같다. 특히 제번스가 추정하려는 함수가 계수 *a*와 *b*에 관해 선형이 아니므로 최소자승법을 적용하기 어렵다. Cf. J. Kim, "Jevons's curve fitting," *Korean Economic Review* 12:1, 1996, pp. 155~165; S. M. Stigler, "Jevons on the King-Davenant law of demand: a simple reconstruction," *History of Political Economy* 26:2, 1994, pp. 185~191.

휴얼이 동일한 수치로부터 도출한 것과 거의 같다. 그가 말하기를,[i'] “위 수치를 수리적 규칙의 근거로 삼는다면, 가격은 공급의 제곱에 반비례하여 변하거나 더 높은 비율로 변한다는 것을 발견할 수 있다”.

곡물 가격이 수량의 역(逆) 비율보다 더 빠르게 변한다고 믿을 이유가 더 있다. 투크의 추정에 의하면,[k'] 1795년과 1796년에 잉글랜드 농업인들이 밀 수확에서 있었던 8분의 1의 결손으로 인해 얻은 이득은, 다른 농업 생산물 가격의 상승에 따른 상당한 이윤을 포함하지 않고서도, 한 해 700만 스털링에 이른다. 1799년과 1800년에도 다시 농업인들은 결손으로 인해 아마도 1,100만 스털링의 이득을 얻었을 것이다. 만약 밀 가격이 단순히 수량의 역 비율로만 변했다면, 농업인들은 득도 실도 없었을 것이다. 그들이 상당한 득을 보았다는 사실은 위에서 제시한 우리 공식과 일치한다.

172. 수학자들은 효용 변동을 간과하지 않았다. 그들은 같은 금액의 돈이 다른 사람들에게 매우 다른 효용을 갖는다는 사실을 인식하지 않고서는 확률이론을 상업이나 게임에 적용할 수 없다는 것을 지난 세기 초반에 이미, 그리고 사실은 어떤 정치경제과학도 없던 때부터, 알아챘었다. 매년 10,000파운드를 갖는 사람과 매년 100파운드를 갖는 사람 사이에서 평등하고 공정한 내기 하나를 생각해 보자. 두 사람 모두에게 50파운드를 딸 가망성과[91] 잃을 가망성이 동등하다고 하자. 부유한 사람은 어떤 경우에도 그다지 다르게 느끼지 않겠지만, 가난한 사

i'. 《정치경제학 여섯 강의》, 케임브리지, 1862.[89]
k'. 《가격의 역사》.[90]

89) 제번스는 쪽을 적시하지 않는다. 그가 인용하는 부분은 휴얼(1862)의 3강, 51~52쪽에 있다.
90) 제번스는 쪽을 적시하지 않는다. 관련된 내용은 《가격의 역사》 1권 4부의 2장 1절과 3장 1절에 있다. 투크는 이 두 절에서 각각 1793~1798년과 1799~1801년의 밀 수확과 가격 변동에 관해 논의한다.
91) 1장 70쪽 역주에서 설명하듯이, 원문의 ‘chance’를 ‘가망성’으로 옮긴다.

람은 50파운드를 따서 누릴 편익에 비해 잃어서 겪을 피해가 훨씬 클 것이다. 가난한 사람에게는 돈의 효용이 그 금액과 함께 빠르게 변하고, 부유한 사람에게는 덜 그렇다. 그래서 대니얼 베르누이는[92] 확률 문제에서 **도덕적 기대**와[93] **수리적 기대**를 구분했다.[94] 후자는 단순히 얼마만큼의 재물을 얻을 가망성이고, 전자는 그 기회가 그 사람에게 주는 효용으로 측정되는 가망성이다. 효용 변동을 수치로 확인할 수단이 없었던 베르누이는 임의로 가정해야 했는데, 그럼으로써 많은 중요한 물음에 합리적인 답을 얻을 수 있었다. 한 사람의 총재산이 증가하면서 돈의 효용이 감소한다는 것은 거의 자명하다. 이를 인정하면, 도박이 결국에는 효용을 잃는 확실한 길이라는 결론이 곧장 뒤따른다.

---

92) 제번스가 재인용하는 대니얼 베르누이의 저작은 1738년 발표된 논문 "위험 측정의 새 이론 해설"이다. 여기서 그는 '상트페테르부르크 역설'을 일종의 기대효용이론으로 풀었다.

93) 원문의 'moral expectation'을 '도덕적 기대'로 옮긴다. '사회적 기대'로 의역하는 편이 그 뜻을 더 잘 나타낼 수 있으나, 앞에서 'moral sciences'를 '도덕과학'으로 옮기기로 한 결정을 여기서도 적용한다. 'moral expectation'은 토드헌터(1865)가 채택한 용어이며, 베르누이(1738)가 'emolument medium'이라 부른 것을 가리킨다. 여기서 emolument는 보상(payment)이나 이득(advantage)보다 효용(utility)으로 번역하는 것이 더 적절하다는 주장이 있다. 그러나 이때도 '효용'은 개인적, 심리적 의미보다는 사회적 또는 상호주관적 의미에서 사용된다. Cf. D. Teira, "On the normative dimension of the St. Petersburg paradox," *Studies in History and Philosophy of Science* 37:2, 2006, pp. 210~223.

94) 원문의 'mathematical expectation'을 '수리적 기대'로 옮긴다. 이것을 식으로 나타내면, $EX = \sum_{i=1}^{n} p_i x_i$. 이에 비해 '도덕적 기대'는 $EU = \sum_{i=1}^{n} p_i u(x_i)$. 여기서 i는 발생 가능한 경우를 가리키며, p_i는 그 경우가 발생할 확률이고, x_i는 그 경우에 갖게 될 돈이다. 베르누이는 효용함수 $u(x) = \log(w + x)$를 사용하여 '상트페테르부르크 역설'을 해소했는데, 제번스는 베르누이가 채택한 효용함수에만 주목한다. 제번스는 3장 123~125쪽에서 자신의 예상 효용이론을 전개하면서는 베르누이의 '도덕적 기대'를 언급하지 않는다.

그리고 모든 사람은 가능하다면 위험을 나눠야 한다. 달리 말하면, 100파운드를 가질 하나의 가망성보다는 50파운드를 가질 두 개의 동등한 가망성을 선호해야 한다.[95] 모든 종류의 보험의 이익도 동일한 이론으로부터 증명된다. 라플라스는 이와 비슷한 구분을 물리적 가치와 도덕적 가치[96] 사이에서, 혹은 한 사람의 소득의 실제 금액과 그것이 그에게 주는 편익 사이에서 내렸다.[l']

173. 한 독자의 독창적인 반대에 대한 응답으로서 말해둘 게 있다.[97] 여기서 도박이 효용을 잃는 확실한 길이라고 말할 때, 우리는 도박 그 자체의 추구가 수반하는 즐거움 또는 효용을 전혀 고려하지 않는다. 일정한 소득이 있는 사람이 그것의 일부를 다른 방법으로 지출하기보다 놀이에서 잃을 위험을 감행하는 편을 선호한다면, 정치경제학자가 정치경제학자로서 어떤 결정적 반대도 내놓을 수 없다는 데에는 당연히 동의해야 한다. 만일 도박꾼이 다른 어떤 취미도 없어서 돈을 도박판에 지출하는 게 그가 발견할 수 있는 최선의 지출이라면, 경제학적으로 더 이상 할 말이 없다. 그러면 그 문제는 도덕, 법, 정치의 문제이다. 도박, 내기, 음주, 아편처럼 그 자체로서 항상 해롭지는 않은 오

l'. 토드헌터, 《확률이론의 역사》, 11장 등.

95) 제번스가 생각했을 법한 식은

$$p.u(100) < 2p.u(50).$$

제번스가 베르누이의 이론을 제대로 이해했다면 다른 식을 생각했을 수도 있다. 즉

$$p.u(100)+(1-p).u(0) < 2p.u(50)+(1-2p).u(0).$$

두 부등식 모두 $u(x)=\log(w+x)$에 대해서는 성립한다.

96) 원문의 'fortune physique'와 'fortune morale'을 각각 '물리적 가치'와 '도덕적 가치'로 옮긴다. 라플라스(1812)가 《확률 분석론》에서 사용한 용어들이다.

97) 이 단락은 2판에서 추가된 부분이다.

락의 원천도, 적잖이 빈번하게 지나치고 참담한 결과로 이끈다면, 비도덕적인 것으로 간주할 수 있다. 그러나 이 문제는 순수 경제 이론을 다루는 이 책에서는 적절히 논의할 수 없는 부류의 주제로 우리를 이끌 게 분명하다.

가치의 기원

174. 내 생각이 틀리지 않다면, 앞에서 제시한 가치의 본질에 관한 설명은 대부분 그 주제에 관한 이전의 견해와 조화를 이룬다. 대부분의 다른 경제학자들처럼 리카도도 효용이 가치에 절대적으로 필요하다고 말했다. 그러나 그는 이렇게도 말했다. "효용을 가진 여러 상품은 자신의 교환가치를 두 원천에서 이끌어 내는데, 하나는 상품의 희소성이고, 다른 하나는 그것을 획득하는 데 필요한 노동의 수량이다." [m'] 시니어 역시 부(富), 혹은 가치를 지닌 물체를 훌륭하게 정의했다. "그것은 반드시 양도할 수 있어야 하고, 공급이 한정돼야 하고, 직접 혹은 간접으로 즐거움을 주고 괴로움을 막을 수 있어야 한다."[98] 이처럼 가치의 가장 분명한 두 정의가 가리키는 것은 오로지 양도할 수 있는 물건, 즉 이 손에서 저 손으로 넘길 수 있는 물건인데, 우리는 그 두 정의가 **효용**과 **희소성**을 핵심적인 성질로 인지하고 있음을 발견한다. 하지만 우리가 어떤 상품 전부의 총효용과 각 부분의 효용도를 구분하기에 이르면, 그 순간 우리는 희소성이 최종효용도의 하락을 막는다고

---

m'. 《정치경제학과 과세의 원리》, 3판, 2쪽.

98) 제번스는 여기서도 출전을 밝히지 않지만, 3장에서처럼 《엔사이클로피디아 메트로폴리타나》에 수록된 시니어의 논고 "정치경제학"에서 인용한다. 《엔사이클로피디아 메트로폴리타나》, 2판, 1836, 131; 시니어, 《정치경제학》, 5판, 1863, 7쪽.

말할 수 있다. 빵은 생명을 지탱시켜 주므로 거의 무한한 효용을 갖는다. 그것이 삶과 죽음의 문제가 될 때, 적은 양의 식품이 다른 모든 물건들을 가치에서 능가한다. 그러나 우리가 통상적인 음식 공급을 즐기고 있을 때는 한 조각의 빵이 거의 아무런 가치를 갖지 않는다. 우리 식욕이 일상의 음식으로 채워지고 있다면, 더해지는 한 조각은 효용이 적을 것이다.

175. 나는 '가치'라는 말이 지나치게 애매해서 안전한 사용이 도저히 불가능하다고 지적했었다. 그리고 어떤 물품이 특정 비율로 교환된다는 단순한 사실을 표현하려 할 때는 그 말 대신에 모호하지 않은 표현으로 **교환 비율**을 사용하자고 제안했었다. 그러나 비율은 대부분의 사람들이 '가치'라는 말에 부여하는 의미가 아니라는 게 내 믿음이 되려 한다. 우리는 한 물건에 대해, 그것이 다른 여러 물건과 교환되는 비율에 대한 뚜렷한 관념과는 별도로, 어떤 의미의 평가 혹은 호감을 가질 수 있다. 내 생각을 말하자면, 이 뚜렷한 가치의 느낌이 아마도 최종효용도와 똑같을 것이다. 애덤 스미스가 자주 인용하는 **사용가치**는 상품의 총효용인 데 반해, **교환가치**는 **종말효용**에[99] 의해 정의된다. 즉, 우리 혹은 다른 사람이 더 많이 소유하려는 잔존 욕망에 의해 정의된다.

176. 가치의 한 요소로서 노동의 문제가 남아 있다. 모든 물체의 가치는 그것에 노동이 지출되었다는 사실로부터 나온다고 단언하면서 노동을 가치의 원인으로 내세우는 경제학자들이 항상 있었다. 가치가 노동에

---

99) 원문의 'terminal utility'를 '종말효용'으로 옮긴다. 여기서 처음이자 마지막으로 나타나는 표현이다. 비저(Friedrich von Wieser)가 1884년 저서 《경제적 가치의 기원과 법칙》(*Über den Ursprung und die Hauptgesetze des Wirtschaftlichen Werthes*)에서 사용하여 널리 알려지게 된 용어 'Grenznutzen'은 제번스의 'terminal utility'를 번역한 것이라는 추측이 있다. Cf. Richard S. Howey, *The Rise of the Marginal Utility School*, Colombia University Press, 1989, Ch. 13.

비례한다는 것도 말로는 아니더라도 뜻으로 전해졌다. 이 학설은 사실에 직접 반하며, 한 순간도 성립할 수 없다. 리카도가 그런 의견을 버리는 것은 그가 이렇게 말할 때다.[n'] "일부 상품은 그 가치가 희소성만으로 결정된다. 그런 재화는 어떤 노동으로도 수량을 늘리지 못하며, 따라서 공급이 늘어나서 가치가 낮아지는 일은 있을 수 없다. 희귀한 조각이나 그림, 희소한 책이나 주화, 특정 토양에서 자란 포도로만 만들 수 있어서 그 양이 극히 한정된 독특한 품질의 포도주 등이 모두 여기에 해당된다. 그것들의 가치는 그것들의 생산에 필요한 애초 노동의 양과는 전적으로 무관하며, 그것들을 갖고 싶어 하는 사람들의 부(富)와 성향이 달라지면 함께 달라진다."

177. 희귀한 고서, 주화, 골동품 등과 같이 높은 가치를 지니지만 이제는 절대 생산할 수 없는 물건이 많다는 단순한 사실이, 가치가 노동에 좌우된다는 생각을 흩뜨린다. 노동으로 얼마든지 생산할 수 있는 물건들도 그것들의 가치에 정확히 맞춰 교환되는 경우는 드물다.[o'] 유력한 가치이론에 따르면, 곡물, 면직물, 쇠, 그리고 다른 많은 물건의 시장 가격이 자연가치 혹은 비용가치보다 높거나 낮게 오르내릴 수 있다. 물체에 들인 노동의 양과 그것에 궁극적으로 붙여지는 가치 사이에는 얼마든지 괴리가 있을 수 있다. 대서부 철도나 테임즈 터널과 같은 대규모 사업이 엄청난 양의 노동을 동원하겠지만 그 가치는 전적으로 그

n'. 《정치경제학과 과세의 원리》, 3판, 1821, 2쪽.

o'. 사잔트 씨가[100] 자신의 《최근의 정치경제학》, 런던, 1867, 99쪽에서 이렇게 쓰고 있다. 엔필드 장총을 제작하기로 계약이 맺어졌는데, 똑같은 형태의 장총에 대해 가격을 한 정에 70실링에서 20실링으로 내리거나 혹은 더 낮게 하기로 했다. 작업자의 임금이 한 주에 40실링 혹은 50실링에서 15실링으로 바뀌었다. 이런 경우에 의해 명백해지듯이, 가치를 규정하는 것은 희소성이고, 생산자의 임금을 결정하는 것은 생산물의 가치다.

100) 제번스가 인용하는 사잔트의 저서 《최근의 정치경제학》은 포셋의 《정치경제학 편람》을 중심으로 여러 경제 이론을 소개하고 해설한다.

것을 유용하게 여기는 사람들의 수에 달려 있다. 대동부 증기선에서 아무 쓸모도 찾을 수 없다면, 일부 자재의 효용을 제외하고서는 아무런 가치도 없을 것이다. 이와는 달리 대서양 전선(電線)의 경우처럼 커다란 효용을 갖게 된 성공적인 사업은 적어도 얼마 동안은 그것에 들인 것을 훨씬 초과하는 가치를 가질 수 있다. 요컨대, 일단 지출된 노동은 어떤 물품의 미래 가치에도 전혀 영향을 미치지 않는다. 노동은 가버렸고 영원히 사라졌다. 상업에서는 지나간 것은 완전히 지나간 것이다. 우리는 항상 매 순간 새로 시작하며, 미래 효용을 바라보면서 물건의 가치를 판단한다. 산업은 본질적으로 미래 지향이지 과거 회고가 아니며, 어떤 사업도 좀처럼 그 결과가 발기인의 첫 의도와 정확히 일치하지 않는다.

178. 노동이 결코 가치의 원인은 아니지만 많은 경우에 가치를 결정하는 사정이긴 하다. 그 방식은 이러하다. 가치는 오로지 최종효용도에 달려 있다. 우리가 어떻게 최종효용도를 바꿀 수 있을까? 그 방법은 소비할 상품을 더 혹은 덜 갖는 것이다. 우리가 어떻게 더 또는 덜 가질 수 있을까? 그 방법은 공급 확보에 노동을 더 또는 덜 지출하는 것이다. 이 견해에 따르면, 노동과 가치 사이에는 두 단계가 있다. 노동은 공급을 바꾸고, 공급은 효용도를 바꾼다. 이 효용도가 가치 혹은 교환 비율을 규정한다. 이 중요한 일련의 관계에 대해 어떤 실수도 생기지 않게끔 그것을 표 형식으로 다시 기술하겠다.101)

---

101) 이 문장과 아래 문장은 2판에서 추가된 부분이다. 마셜은 아래 문장을 제번스의 핵심명제로 간주하여 꼼꼼히 따진다. 마셜에 의하면, 제번스가 "상호인과의 관계를 원인의 사슬(a catena of causes)로 대체"하는 오류를 범했다(*Principles of Economics*, 3rd ed., 1895, appendix i, §3). 마셜을 따라 아래 세 줄의 문장은 '제번스의 사슬'(Jevons's catena)로 불리게 된다.

생산비가 공급을 결정하고,
공급이 최종효용도를 결정하고,
최종효용도가 가치를 결정한다.

179. 그러나 노동을 가치의 조정자로 생각하면서 너무 나가 버리기 쉽다. 노동은 그 자체로 가치가 동등하지 않다는 것도 함께 기억해야 한다. 리카도는 매우 과격한 가정에 의해 균일한 것으로 간주되는 노동의 수량 위에 자신의 가치이론을 세웠다. 노동이 질과 효율성에서 무한히 다르다는 것을, 그리고 그 종류마다 더 혹은 덜 희소하기에 높거나 낮은 요율의 임금이 지불된다는 것을 리카도는 알고 있었다. 그에게는 이런 차이가 용인해야 할 교란 요인이었다. 그러나 그의 이론은 노동이 동등하다는 가정 위에 있다. 내 이론은 전혀 다른 토대 위에 있다. 내 주장은 노동이 본래 가변적이라는 것이며, 생산물의 가치가 노동의 가치에 의해 결정되는 게 아니라 노동의 가치가 생산물의 가치에 의해 결정된다는 것이다. 인부, 목수, 연철공, 교사, 법률가의 생산력을 선험적으로 비교할 수 없다는 게 내 주장이다. 따라서 내 방정식은 어느 것도 이 사람의 노동과 저 사람의 노동 사이에서 비교를 나타내지 않음을 알 수 있을 것이다. 그런 방정식을 구태여 찾는다면, 한 사람이 둘 이상의 다른 직업을 가진 경우를 나타내는 방정식이 있다. 이 주제는 그 안에서 복잡한 행동과 대응이 일어나며, 다음 장에서 노동이론을 설명할 때까지는 미뤄야 하는 내용이다.

제 5 장

노동이론

노동의 정의

181. 애덤 스미스의 말이다. "모든 것의 실질 가격, 즉 그것을 획득하고 싶어 하는 사람에게 실질적으로 지워지는 비용은 그것을 획득하는 고역과 노고이다. … 노동은 모든 것에 대해 지불되는 최초 가격이자 원천 구매화폐다."[a] 이 유명한 문구가 대부분의 독자에게 처음에는 완전한 진실로 보일지라도, 꼼꼼히 따지면 꼭 그렇지만은 않다는 게 증명될 수 있다.[1] 하지만 이 문구는 상당한 진실이다. 경제학자가 다루는 과정의 결말과 목적이 소비에 있듯이, 노동이 그 과정의 시작이라는 사실을 이 문구가 명료하게 표현한다. 쿠르셀-스뇌와[b] 헌이[2] 최고의 진실과 간결로 말하기를, 경제학의 문제는 우리의 욕구를 최소 가능 합(合)의 노동으로 충족시키는 것이다.[3]

---

a. 《국부론》, 1편, 5장.

b. 《정치경제학 이론 및 실용》, 2판, 1권, 33쪽.

1) 이 문장과 다음 문장은 2판에서 더해진 것이다. 노동과 함께 절제(abstinence)도 생산 비용으로 간주하는 시니어 등의 가치이론을 염두에 둔 듯하다.

2) 헌(1863)의 《부학》에 붙여진 부제가 '인간의 욕구를 채우기 위한 노력에 관한 이론'이다. 그러나 이 책에서 "최소 가능 합의 노동"이란 문구는 등장하지 않는다.

182. 경제학자의 목적을 위해 **노동**을 정의할 때, 우리는 두 경로 사이에서 선택할 수 있다. 첫째로는 **몸이나 마음의 모든 노력**을 노동에 포함하는 것이다. 이 경우에는 크리켓 경기도 노동이다. 그러나 만약 그 시합이 오로지 재미를 위해 하는 것이라면, 우리가 그것에 관심을 기울일 필요가 있을지 의문스럽다. 동떨어진 별개의 목적을 지향하지 않는 모든 노력에는 동시적인 보답이 있어야 한다. 나중에 견줄 좋고 나쁨의 계정은 없다. 그런 경우를 경제학 이론에 포함하지 못하게 막는 것은 없다. 사실 우리의 노동이론은 당연히 그런 경우에도 적용된다. 그러나 미분학을 요구하지 않는 그런 경우에 우리의 주의를 뺏길 필요는 없다. 우리가 순간의 재미만을 위하여 노력할 때 우리에게 필요한 규칙은 오직 하나, 멈추고 싶을 때 멈추는 것이다. 다시 말해 즐거움이 더 이상 괴로움과 동등하지 않을 때 멈추는 것이다.

그러므로 우리는 둘째 경로를 선택하는 편이 아마도 나을 것이다. 당장의 결과로는 완전한 보답이 되지 않는 그런 노력에 우리의 주의를 집중하는 것이다. 이렇게 함으로써 우리는 장바티스트 세와 거의 같은 정의를 갖는다. 그의 정의에 의하면, 노동은 "하나의 목적을 향해 지속되는 행위"이다.[4] 나는 이렇게 정의한다. 노동이란 **마음이나 몸의 괴로운 노력으로서 그 일부 혹은 전부가 앞날의 쓸모를 생각해 행해지는 것이다.**[C] 물론 노동이 지금 당장에도 좋으면서 앞날의 쓸모가 있을 수 있다. 하지만 노동이 좋은 것은 노동량이 적을 때뿐이다. 대부분 사람들은 자신의 욕구에 떠밀려서 그렇지 않을 경우보다 더 오

---

3) 제번스는 3장 98쪽에서는 쿠르셀-스뇌의 《이론 및 실용》으로부터 프랑스어 그대로 인용하면서 따옴표로 표시하고, 여기서는 따옴표 없이 영어로 바꿔 인용하면서 이탤릭체로 쓴다. 두 인용을 약간 달리 옮기기로 한다.

4) 제번스는 3장에서처럼 여기서도 세를 프랑스어로 인용하면서 출전을 적시하지 않는다. 세는 《정치경제학 강론》 1편 7장 서두에서 노동을 정의하지만 제번스의 인용과 정확히 같지는 않다.

래 더 심하게 스스로를 사역한다. 노동자가 멈추고 싶어 하는 것은 그가 분명히 싫은 느낌을 갖는 때다. 그 사역이 너무 괴로워 다른 모든 사정을 덮을 그런 지경이 우리 이론의 대상이다. 그런 지경에 이르기 전의 노동이 유익했고 좋았다면, 그만큼을 노동자의 순이윤으로 간주할 수 있다. 그러나 그것은 우리 문제가 아니다. 우리가 고찰하려는 것은 오직 노동이 노력(努力)이 되는 때이며, 헌이 잘 말했듯이,[d] "그런 노력이 문자 그대로 어느 정도 힘들어지는" 때다. 곧 분명히 밝혀질 사실이지만, 우리는 노동이 수반하는 괴로움의 크기로 노동을 측정해야 한다.

---

c. 나의 이 정의는 1판에서 내린 정의에 그 일부 혹은 전부가라는 문구를 넣어서 수정한 것이며, 이것은 단지 내가 지금 잠정적으로 제시할 수 있는 최선의 정의일 뿐이다. 이 주제는 나에게 가장 어려운 문제로 다가온다. 진정한 해결은 노동을 음의 효용, 혹은 음과 양이 섞인 효용의 경우로 다루는 데 있다. 그럼으로써 우리는, 2판 서문에서 서술했듯이, 헤르만 하인리히 고센의 훌륭한 저작에서 이미 조짐을 드러낸 것으로 보이는 더 높은 일반화에 도달할 것이다. 생산 또는 소비의 모든 행동은 벤담이 한 묶음의 즐거움과 괴로움이라 부른 것을[5] 생산한다고 간주해도 좋다. 이 두 과정을 구분한다면, 소비의 경우 그 묶음의 대수(代數) 값이 양의 효용 잉여를 가져오고, 생산의 경우 그것이 — 적어도 노력의 대부분을 포함하는 노동 부분에 있어서는 — 음 혹은 괴로움의 잉여를 가져온다. 행복한 삶에서는, 소비에서 생기는 양의 즐거움 잉여가 생산에 관련된 음의 잉여를 상쇄하고도 남음이 있다.

d. 《부학》, 24쪽.

5) 벤담의 《도덕과 입법의 원리 서설》 4장의 제목이 '한 묶음의 즐거움 또는 괴로움의 가치, 어떻게 측정해야 할까'(Value of a lot of pleasures or pains, how to be measured)이다. 제번스는 1장 71쪽과 2장 87~88쪽을 비롯하여 여러 곳에서 이 책을 인용한다.

노동의 수량적 의미

184. 우리가 노동량으로 의미하는 것에 대해 명료한 생각을 갖도록 하자. 당연히 지속 시간이 그것의 한 요소다. 균일한 노동이라면 두 달 동안의 노동이 한 달 노동의 두 배로 간주돼야 한다. 그러나 노동은 그 강도에서도 다를 수 있다. 한 사람이 같은 시간에 더 긴 거리를 걸을 수도 있고, 더 짧은 거리를 걸을 수도 있다. 더 많은 양의 목재를 톱질할 수도 있고, 더 적은 양의 목재를 톱질할 수도 있다. 더 많은 양의 물을 퍼 올릴 수도 있고, 더 적은 양의 물을 퍼 올릴 수도 있다. 줄여 말하면, 근육과 신경의 힘을 많이 혹은 적게 쓸 수 있다. 따라서 노동량은 2차원의 수량이며, 그 강도가 균일할 경우 강도와 시간의 곱이다. 강도가 달라지는 경우에는 곡선의 넓이로 나타나는 합이다.

185. 그러나 노동 강도는 하나 이상의 의미를 가질 수 있다. 그것은 수행한 일의 양을 의미할 수도 있고, 일을 수행하는 노력의 괴로움을 의미할 수도 있다. 이 둘은 신중하게 구분돼야 하며, 둘 모두 우리 이론에서 매우 중요하다. 하나는 노동의 보상이고, 다른 하나는 노동의 형벌이다. 그런데 우리에게 이로운 것은 오직 효용을 갖는 생산물이므로 노동이론에서 다뤄지는 수량이 세 가지라고 할 수도 있다. 괴로운 노력의 양, 생산물의 양, 얻는 효용의 양이 그것들이다. 가진 상품의 수량에 따라 변동하는 효용에 대해서는 이미 고찰했고, 생산량의 변동은 다음 장에서 다룬다. 여기서는 노동이 수반하는 괴로움의 변동에 주목하기로 한다.

경험이 보여주듯이, 노동이 연장되면서 노력이 점점 더 괴로워지는 게 일반규칙이다. 하루에 대여섯 시간만 하는 일은 힘들지 않게 여겨질 수 있다. 그러나 몸에서 활력이 빠져나가 버리면 일을 계속하는 게 괴로울 수 있다. 나중에는 기진맥진하여 더 이상의 노력을 견딜 수 없게 된다. 제닝스가 이미 이 노동 변동의 법칙을 매우 명료하게 기술하

였으므로 그의 말을 인용하겠다.[e]

이 두 점 — 노력 개시의 점과 괴로운 고통의 점 — 사이에서 고역감(苦役感)의[6] 정도가 수행하는 일의 양에 비례해서 달라지지 않고, 마치 움직이는 물체의 속도에 대해 장애물이 일으키는 저항처럼, 훨씬 더 빠르게 증가한다.

186. 노동계급이 겪는 여러 고역감에 이 관찰을 적용하려 할 때 편리한 방법은, 노동의 평균량에 상응하는 고역감의 평균량을 중간점에 고정하고, 이 점으로부터 변이도(變異度)를 측정하는 것이다. 예시를 위해 이 평균량이 열 시간의 지속에 상응하는 것이라고 가정하자. 그런데 만약 어느 시기에 노동량이 다섯 시간으로 줄어든다고 상정할 수 있다면, 적어도 대부분의 사람에게서는 노동의 느낌이 직업과 운동의 즐거움 속으로 거의 몰입되어 버리는 것을 보게 될 것이다. 수행하는 일의 양이 단지 절반으로 줄어들 뿐인데도 그렇다는 것이다. 이와 반대로 만약 노동량이 스무 시간으로 늘어난다고 상정할 수 있다면, 생산되는 작업량이 단지 두 배로 될 뿐인데도 겪는 고역의 양은 지탱할 수 없을 정도가 될 것이다. 그래서 만일 평균량보다 많거나 적게 생산된 양을 동등한 크기의 여러 부분으로 나눌 수 있다면, 이어지는 각 증분에 상응하는 고역감의 크기가 그 앞 증분에 상응하는 것보다 더 크게 나타날 것이다. 그리고 이어지는 각 감분에 상응하는 고역감의 크기가 그 앞 감분에 상응하는 것보다 더 작게 나타날 것이다.

187. 이 주장의 일반적 진실성에는 의문이 있을 수 없으나, 정확한 변동 법칙을 부여할 데이터가 우리에게는 없다. 생산물에 비례하는 노동의

---

e. 《정치경제학의 자연적 요소》, 119쪽.

6) 원문에서 인용되는 제닝스의 'toilsome sensations'을 '고역감'으로 옮긴다.

괴로움이 〈그림 8〉의 곡선 *abcd*로 나타나는 경우를 상상해 볼 수 있다.[7] 이 도해에서 선 *ox* 위 점의 높이가 즐거움을 표시하고, 그 아래

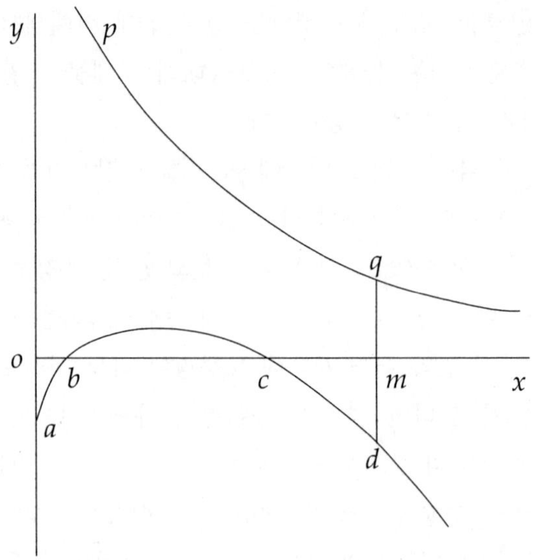

〈그림 8〉

7) 제번스가 2판 서문에서 지적하듯이, 그의 〈그림 8〉은 아래 옮겨 놓은 고센(1854, 41쪽)의 〈그림 17〉과 그 내용이 다르지 않다. 여기서 점 g, l, f, p, e를 연결하는 직선은 노동량이 늘어나면서 즐거움에서 괴로움으로 바뀌는 것을 나타낸다. 그래서 최적 노동량은 점 d로 정해진다. 이때 '즐거움의 총합'(die Summe des Genussess)은 'cge = adec + afg − def'이다.

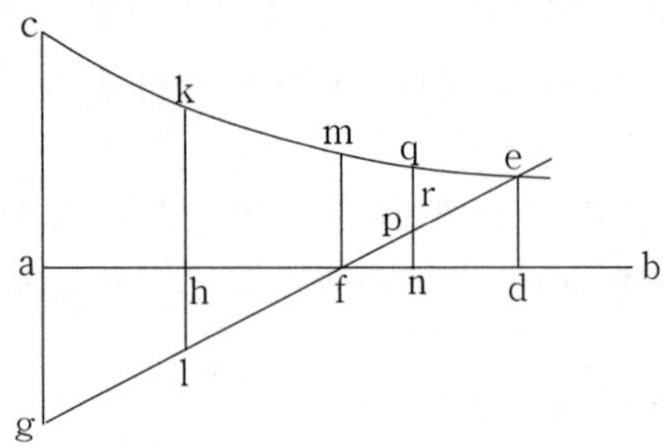

〈그림 17〉

깊이가 괴로움을 표시한다. 마음과 몸이 일에 열중할 때보다 노동을 시작할 순간이 더 싫고 힘들다. 그래서 처음에는 괴로움이 *oa*로 측정된다. *b*에서는 괴로움도 즐거움도 없다. *b*와 *c* 사이에서는 노력 자체로 인한 초과 즐거움이 나타난다. 그러나 *c*를 넘어서면 활력이 급격히 소진되기 시작하고, 그에 따른 괴로움은 하향하는 선 *cd*로 나타난다.

188. 선 *ox*를 따라 생산물의 양이 측정된다면, 그 생산물의 효용도(效用度)는 *pq* 같은 곡선으로 나타낼 수 있다. 이 곡선은 이미 제시한 이론과 일치하며, 더 많은 임금을 벌수록 증분에서 나오는 즐거움이 작다는 것을 보여준다. 그러면 반드시 어떤 점 *m*에서 $qm = dm$, 즉 얻어낸 즐거움이 견뎌낸 노동과 정확히 동등하다. 이제 그 점을 약간이라도 지나치면, 저울이 괴로움으로 기운다. 노동을 바라는 동기는 점차 작아지고, 노동을 피하려는 동기는 점차 커진다. 노동자는 명백히 점 *m*에서 멈춘다. 일의 괴로움이 지나쳐서 노력의 모든 동기를 포함한 소유 욕망을 넘어서는데도 일하는 것은 인간본성에 맞지 않는다.[8)]

우리가 고려할 사항이 있는데, 노동 지속 시간은 하루의 노동 시간 수로 측정한다. 지구에서 낮과 밤의 교체는 사람의 습관과 행동에 본연의 순환이 있게 했다. 자연스럽고 건전한 상태에서 사람은 스물네 시간마다 정확히 같은 상태로 되돌아와야 한다. 그리고 아무튼 그 순환은 한 주일의 일곱 날 안에 끝나야 한다. 그래서 노동자의 정상 체력이 늘어나거나 줄어든다고 상정해서는 안 된다. 하지만 수확 철처럼 일을 마무리 짓기 위해 여러 날 혹은 여러 주 잇달아 진행되는 특수한

---

8) 요즘 경제학 교과서에서는, 주어진 임금률에서 효용을 극대화하는 여가와 소득의 조합을 도출하고, 이것으로부터 노동 공급 함수를 도출한다. 우리는 이런 분석을 제번스가 이 절과 다음 절에서 전개하는 노동이론과 비교해 볼 수 있다. 그렇지만 제번스는 여기에 그치지 않고, '노동의 분배'에 대해서도 논의하는데, 그 절과 이어지는 절에서 제시되는 노동이론은 일반균형이론에 더 가깝다.

노력에도 이 이론을 적용할 수 있다. 적당한 동기가 과로를 이끌어 내고 받아들이게 하지만, 오래 계속된다면 과도한 노동은 체력을 떨어뜨리고 지탱할 수 없게 된다. 더 오래 계속되면 더 나빠진다는 이 법칙은 주기적 노동에서도 어느 정도 비슷하다.

기호를 사용한 서술

189. 노동의 이러한 조건을 엄밀하게 나타내기 위해서는 적어도 네 가지 수량을 고려해야 한다. 그것들은 다음과 같이 표시하기로 한다.

t = 시간, 또는 노동 지속 시간.

l = 노동량, 또는 노동이 수반하는 — 생산물을 고려하지 않은 — 괴로움의 비교 총량.

x = 생산되는 상품의 양.

u = 그 상품의 총효용.

생산되는 상품의 양은 경우마다 매우 다르다. 어떤 경우에는 생산율이[9] 균일하다고 가정하면서, 생산된 수량 전부를 생산 시간으로 나눠 생산율을 정한다. 그러면 생산율은 $\frac{x}{t}$가 된다. 하지만 만일 생산율이 달라질 수 있다면, 생산율은 오직 매 순간에 대해 소량의 생산물을 그것의 생산에 들어간 작은 토막 시간과 비교함으로써 정할 수 있다. 더

9) 원문의 'rate of production'을 '생산율'로 옮긴다. 곧 이어지는 제번스의 설명에서 알 수 있듯이, 이것은 노동의 생산율 혹은 생산성을 가리킨다. 제번스는 'productivity'는 사용하지 않는다. 그리고 2판에 새로 포함된 절에서 제번스는 같은 것을 가리키기 위해 '생산성 정도'(degree of productiveness) 라는 표현을 사용한다. 이 책 242쪽 이하를 보라.

엄격하게 말하면, 무한히 작은 수량의 생산물과 그것에 상응하는 무한히 작은 길이의 시간 사이의 비율을 확인해야 한다. 그래서 **생산율**을 적절히 나타내는 것은 $\frac{\Delta x}{\Delta t}$, 또는 극한에서 $\frac{dx}{dt}$이다.

190. 노동이 수반하는 괴로움의 정도 역시, 그것이 달라지지 않고 그대로 있다면, $\frac{l}{t}$이다. 하지만 그것이 대단히 가변적이므로 우리는 작은 증분들을 비교해야 한다. $\frac{\Delta l}{\Delta t}$, 또는 극한에서 $\frac{dl}{dt}$가 **노동의 괴로움 정도**를 바르게 나타낸다. 그런데 우리가 고려해야 할 사실이 또 있으니, 상품의 효용이 일정하지 않다는 것이다. 가령 어떤 사람이 규칙적으로 하루에 열두 시간을 일한다면, 그가 열 시간에 생산하는 수량보다 더 많이 생산할 것이다. 그러므로 그가 생산하는 상품의 최종효용도는, 그 자신이 그것을 소비하든지 아니면 그것을 다른 것과 교환하든지 상관없이, 그가 덜 생산하던 때만큼은 높지 않을 것이다. 이 효용도는 앞에서처럼 상품 증분에 대한 효용 증분의 비율 $\frac{du}{dx}$로 표시한다.

191. 이제 노동의 보상을 $\frac{dx}{dt}.\frac{du}{dx}$로 나타낼 수 있다. 달리 말하면, 시간 대비 생산되는 상품의 비율에 생산량 대비 효용의 비율을 곱한 것이다. 그래서 하루의 열두 시간 중 마지막 두 시간의 일에는 두 가지 이유로 적은 보상이 주어진다. 첫째로는 들어간 시간에 비해 적은 생산물이 만들어지기 때문이며, 둘째로는 그 앞의 열 시간으로 자신을 부양하기에 충분한 양을 만드는 사람에게는 그 생산물이 덜 필요하고 덜 유용하기 때문이다.

우리는 이제 가장 유리한 조건의 노동으로 선택되어야 할 시간의 길이를 확인할 수 있다. 자유로운 노동자가 일이 힘든데도 견디는 까닭은, 그가 그 생산물을 사용해서 얻으리라 예상하는 즐거움이나 모면하리라 예상하는 괴로움이 그 노력의 괴로움을 능가하기 때문이다. 노동을 함으로써 피하게 되는 폐해보다 노동 그 자체의 폐해가 더 크게 되면, 더 이상의 노력을 기울일 동기가 없으므로 노동을 멈춘다. 괴로움이 커져서 그에 상응해서 얻어지는 즐거움과 동등해지는 바로 그 점에서 노동을 멈춘다. 따라서 우리는 아래 방정식으로 결정되는 t를 갖는다.[10]

$$\frac{dl}{dt}=\frac{dx}{dt}\cdot\frac{du}{dx}.$$

경제학의 다른 문제에서처럼 여기서도 모든 것이 마지막 증분에 달려 있다. 우리는 위 공식에서 **노동과 효용의 최종 등가**를 표현했다. 사람마다 자신의 노동 시간 내내 초과효용을 얻는다고 간주해야 한다. 그가 생산하는 것이 그것에 들이는 노동과 정확히 대등하다고 간주해서는 안 된다. 만약 그러하다면, 그가 노동을 하든 말든 아무 차이가 없을 것이다. 그에게 이득이 되는 한 계속 노동하고, 이득이기를 멈추면 노동을 멈춘다.

192. 어떤 경우에는 일부 기계 노동에서처럼 생산율이 균일하거나 거의 균일한데, 이때는 적절한 단위를 선택해서 그 생산율을 1로 만들 수 있다. 그러면 그 결과를 더 단순하게 기술할 수 있다. 노동 지출이 잇달아 적은 수량 Δl로 이뤄지고, 각각은 이를테면 15분간 지속된다고 생각할 수 있다. 각 노동으로부터 나오는 편익을 Δu로 표시한다. 이제 Δu가 즐거움의 크기에서 Δl의 괴로움 또는 음의 수량을—기호가 다르다는 것은 무시하고—능가하는 동안에는 노동을 계속하게 할 이득이 존재한다. Δu가 Δl 아래로 떨어지면 노동은 득보다 실이 된다. 그러므로 노동과 무위의 경계는 Δu와 Δl의 동등에 의해 정해지며, 극한에서 우리가 갖는 방정식은

10) 이 방정식은 총효용이 즐거움과 괴로움의 합으로 나타날 때, 즉 $v=u(x(t))-l(t)$, 그 총효용의 극대화를 위한 조건이다.

$$\frac{du}{dx} = \frac{dl}{dt}.$$

노동의 차원[11)]

193. 앞선 두 장에서 내가 효용과 가치의 차원 이론을 바르게 전개했다면, 노동에 대해 그 비슷한 이론을 서술하는 데 큰 어려움이 없어야 한다. 사실 우리는 노동을 단순히 **비(非)효용** 또는 음의 효용의 한 사례로 취급해도 좋다. 말하자면 그것은 상품을 획득하는 행동에서 견뎌야 하는 괴로움, 아니면 적어도 즐거움과 괴로움의 저울질에서 일반적으로 괴로움 쪽으로의 치우침이다. 따라서 노동의 차원은 효용의 차원과 같다고 기술할 수 있다. 그리하여 효용도를 나타내기 위해 U가 사용된 것과 마찬가지로 U가 노동 강도 또는 노동 정도를 나타낼 것이다. 만일 우리가 생산되는 상품의 수량과 관련하여 노동을 측정한다면, 그래서 만일 우리가 상품을 변수로 한다면, 총노동량은 U dM의 적분이 될 것이다.[12)] 그리고 노동량의 차원은 총효용의 차원과 같은 MU이다.

만일 어떤 편의를 이유로 우리가 노동의 차원을 표현하기에 특별히 적절한 새 기호를 대신 사용하기로 한다면, 그래서 만일 어떤 상품 생산에 들어간 **총노동량**을 UM으로[13)] 나타내면서 노동 강도를 인내의 E

11) 저자가 2판 서문을 시작하면서 밝히듯이, 이 절은 '경제 수량의 차원'을 다루기 위해 2판에서 추가한 여러 절 가운데 셋째다.

12) 'U dM의 적분'은 적절하지 않은 기술이다. 우리는 U dM을 $l'(t)\,dt$로 바꿔 읽을 수 있다. 4장 139쪽 역주를 참조하라.

13) 여기서 M은 질량(mass)의 첫 글자로서 상품의 차원을 나타낸다. 제번스는 2판 서문에서 상품이 질량으로만 측정되지 않는다는 찰스 크리스티 대령의 지적에 동의하면서, 독자들이 M을 Q로 바꿔 읽기 바란다.

로 나타내기로 한다면, 그 변화는 단지 편의의 문제일 뿐이라는 것을 기억해야 한다. U와 E는 본래 같은 성질의 수량이다. 다른 점이 있다면 그것은, U로 기호화한 수량과 비교해서 E로 기호화한 수량이 거의 항상 음이라는 사실에서 생겨난다. 그렇지만 노동은 종종 일감이나 생산품이 아닌 시간을 단위로 하여 측정되고 판매된다. 이 경우 E는 여전히 노동 강도를 표시하고, ET가 노동량의 차원을 표시한다.

194. 생산율은 당연히 소비율과 같은 차원 MT^{-1}을 갖는데(120쪽), 시간으로 측정한 노동과 생산물로 측정한 노동 사이에서 이 수량이 연결고리가 되어준다. 왜냐하면 $ET \times MT^{-1} = ME$이기 때문이다. 다른 여러 경제 수량을 생각해 낼 수도 있다. 이를테면 **생산 가속도**가 있는데, 그것의 차원은 MT^{-2}다. 그러나 그런 수량들이 어떻게 경제 이론에 들어가는지 분명해지기 전에는 그것들에 대해 더 생각할 필요가 없어 보인다.

필요와 노동 사이의 균형

이 노동이론을 들여다보면 흥미로운 물음이 떠오른다. 만일 상황에 따라 생산물과 노동의 관계가 달라진다면, 사람들이 해내는 노동의 양에 이 변동이 어떤 영향을 줄까? 두 가지 영향을 생각해 볼 수 있다. 노동이 상품을 더 많이 생산하게 되면, 보상이 더 많으므로 노동의 동기가 더 크다. 한 직공이 한 시간에 6펜스 대신 9펜스를 벌게 되면, 이 증가한 결과가 그 직공을 이끌어 그의 노동 시간을 늘리게 하지 않겠는가? 여기서 우리가 의심 없이 단언할 수 있으려면, 그가 이전에 받던 것의 절반이나 더 받게 되었다는 바로 그 사실이 그에게서 추가분이 갖는 효용을 낮추는 일이 없어야 한다. 그는 이제 동일한 길이의 시간에서 나온 생산물로 자신의 욕망을 더 완전하게 충족시킬 수 있다. 그리고 만일 노동의 고생스러움이 최고점에 도달해 있었다면, 그는 더 많은 생산품들을 소비하기보다 그 노동을 완화함으로써 더 큰 즐거움을 얻을 수 있다. 그래서 문제는 더해지는 상품의 효용과 길어지는 노동의 괴로움 사이에서 저울이 기우는 방향에 달려 있다.

195. 우리가 효용함수나 노동함수의 정확한 모양을 알지 못하면서 선험적 방식으로 이 문제를 판정하기는 불가능하다. 그러나 저울이 거의 언제나 기울게 되는 방향을 알려주는 몇몇 사실이 있다. 포터가 자신의 《국가의 진보》에 기술한 바에 따르면,[f] 금세기 초 식품 가격이 갑작스레 상승했을 때 노동자들이 노동 시간을 연장했으며, 적당한 일자리를 구할 수만 있으면 두 군데서 일하기도 했다는 것이다. 식품 가격이 상승하면 동일한 화폐임금과의 교환으로 취득할 수 있는 생활필수품의 양이 감소하므로 실질적으로 노동생산물이 감소하는 것과 같다. 그래서 우리는 이런 결론을 내릴 수 있다. 생활필수품 이외에는 소비하는 게 거의 없는 잉글랜드 노동자들은 생산물이 적을수록 더 열심히 일한다. 그리고 같은 말이 되겠지만, 그들은 생산물이 증가할수록 일을 적게 한다.

196. 이런 영향을 보여주는 증거는, 여러 작업장과 공장에 고용된 노동자의 향상된 실질 임금 덕택에 노동 시간이 줄어드는 오늘날의 일반적 경향에서 찾을 수 있다. 직인, 직공, 그리고 다른 여러 노동자는 일반적으로 더 많은 돈보다는 더 큰 안일을 선호하는 것 같다. 이는 노동의 괴로움이 매우 빠르게 변해서 효용 증가를 쉽게 능가해 버린다는 것을 증명한다. 동일한 원칙이 상업 종사자들에게도 널리 적용된다. 상인들은 부유하게 될수록 사업에 덜 헌신하게 된다. 성공한 상인은 대개 감독하는 노동을 자기가 계속해서 떠맡기보다는 자기 이윤의 상당 부분을 동업자나 관리인 혹은 서기에게 기꺼이 넘긴다. 늘어난 안

f. 1847년 판, 454~455쪽.

락과 풍요에 기인하는 노동 시간 단축의 일반적 경향이 상업에도 있다는 것이다.

그러나 이런 종류의 문제에는 여러 복잡한 사정이 있게 마련이다.[14) 작업자가 바라는 대로 작업시간을 조정하는 게 언제나 가능하지는 않다. 어떤 사업에서는 하루에 서너 시간만을 일하겠다는 사람은 할 일이 전혀 없을 것이다. 법률, 의료 등 전문직에서는 성업 중이라는 명성이야말로 새 고객을 끌어들이는 가장 좋은 수단이다. 그래서 성공한 변호사나 의사는 일반적으로 성공할수록 더 열심히 일한다. 그 일을 조수가 쉽게 수행할 수 없다는 사실도 부분적으로는 이런 결과의 원인이다. 성공한 변호사 역시 머지않아 법원이나 의회의 높은 자리라고 하는 별도의 보상을 쳐다보기 시작한다. 그러나 뛰어난 법무사, 건축가, 기술사의 경우에는 그 일의 많은 부분을 직원이 하고, 그 일이 사회적 혹은 정치적 보상과 관련이 없는데도, 가장 성공한 사람이 가장 많은 노동을 하고, 가장 오래 계속해서 일터를 지킨다. 이것의 의미는 그 노동의 고생스러움이 증가하더라도 커지는 보상의 효용을 능가하지는 않는다는 것이다. 요컨대 어떤 사람에게나 어떤 직업에서는 일 자체의 성격이 재미있고 고무적이어서 노동의 성공은 새로운 노력을 촉진할 뿐이다. 하지만 일반 원칙은 그 반대의 영향을 가리킨다. 어느 정도 성공한 사람은 더 많이 노동하기를 꺼린다는 것이다. 덧붙여 말하면, 철학자, 과학자, 예술가 등의 노동처럼 가장 높은 노동에서는 과연 어느 정도까지 커다란 성공과 안일이 양립할 수 있을지 의문이다. 정신력은 끊임없는 발휘에 의해서 완벽히 단련되어 있어야 하는데, 이는 경주마나 조정 선수가 끊임없는 훈련을 필요로 하는 것과 다르지 않다.

198. 이런 종류의 문제는 명백히 인종의 성격에 크게 좌우된다. 정력적인

---

14) 이 단락은 1판에 비해 두 배 가까이 길어졌다.

성향의 사람들은 보통 사람들에 비해 노동을 덜 괴롭게 느낄 것이다. 그리고 만일 그들이 어쩌다 다양하고 예민한 감수성을 가지고 있다면, 더 많이 획득하고 싶어 하는 그들의 욕망은 결코 그치지 않을 것이다. 예컨대 흑인처럼 열등한 인종에 속하는 사람은 소유를 덜 좋아하고 노동을 더 싫어하며, 그래서 그의 노력이 일찍 멈춘다. 불쌍한 미개인은, 자신들이 채취하는 공짜와 다름없는 천연 과일이 자신들의 생계를 유지하기에 충분하다면, 그로써 만족할 것이다. 그들을 노력하게 만드는 것은 오로지 육체의 욕구다. 현대 사회에서 부유한 사람은 그가 욕망할 수 있는 모든 것을 분명히 다 갖췄는데도 종종 더 많은 것을 위해 끊임없이 노동한다. 바클리 주교가 자신의 《질문자》에서 묻기를,[g] "욕구를 창출하는 것이 인민에게서 근면을 불러내는 가장 확실한 방법이 아닌가? 그리고 우리의 [아일랜드] 농민들이 쇠고기를 먹고 신발을 신는 관습을 익힌다면 한층 더 근면해지지 않을까?"

노동의 분배

우리는 이제 한 나라에서 생산되는 여러 상품의 상대적 수량을 규정하는 사정을 고찰하기로 한다. 이론적으로 말하면, 사람마다 여러 가지 상품을 생산할 수 있어서 자신의 노동을 일정한 규칙에 따라 여러 용도로 분할해서 사용한다고 간주할 수 있다. 물론 그런 분할이 없는 경우를 언급하는 것도 불가능하지 않다. 하지만 상업과 분업의 결과로 대부분의 경우 한 사람이 한 가지 일만 하는 게 유리하게 되었다. 그런데도 나는 한 사람에게 적용되는 공식을 제시할 텐데, 그 이유는 단지 그런 공식이 일반 성격에서 한 나라 전체에 적용되는 공식과 같기

g. 질문 20호.

때문이다.

199. 한 개인이 두 종류의 상품을 생산할 수 있다고 상정하자. 그의 유일한 목적은 당연히 최대량의 효용을 생산하는 것인데, 이 목적은 한편으로는 두 상품의 상대적 효용도에 달려 있고, 다른 한편으로는 상품 생산의 상대적 용이도에 달려 있다. 이미 생산된 두 상품의 수량을 각각 x와 y로 나타내고, 그 개인이 곧 추가의 노동을 사용하려 한다고 가정하자. 그가 그 노동의 추가분을 어느 상품에 쓸까? 가장 많은 효용을 가져다주는 상품에 쓸 게 분명하다. 이제 만약 노동 증분 Δl이 상품 증분 Δx 혹은 Δy을 가져다주면, 우리 문제의 한 요소를 이루는 노동 대비 생산물 비율은

$$\frac{\Delta x}{\Delta l} \text{ 그리고 } \frac{\Delta y}{\Delta l}.$$

그러나 이들 상품의 상대적 효용을 계산하기 위해서는 각 비율에 다른 비율을 곱해야 한다. 즉

$$\frac{\Delta u_1}{\Delta x} \text{ 그리고 } \frac{\Delta u_2}{\Delta y}.$$

예컨대 첫째 상품을 조금 더 생산해서 얻을 수 있는 효용의 크기는

$$\frac{\Delta u_1}{\Delta x}\cdot\frac{\Delta x}{\Delta l_1}.$$

만약 이것이 다른 상품에 대한 같은 표현보다 크다면, 첫째 상품이 어떤 초과효용도 낳지 않을 때까지 그 상품을 더 많이 만드는 것이 명백한 최선이다. 그리하여 노동이 최종적으로 분배되었을 때는 여러 사용

으로부터의 효용 증분이 동등할 것이다. 그리고 우리는 극한에서 아래 방정식을 갖는다.

$$\frac{du_1}{dx}\cdot\frac{dx}{dl_1}=\frac{du_2}{dy}\cdot\frac{dy}{dl_2}.$$

이 방정식이 성립하면, 노동의 분배를 변경할 동기도 후회할 이유도 없고, 생산된 효용이 최대가 된다.

200. 이 문제에서 미지의 수량은 두 개로서 두 상품에 할당된 두 부분의 노동이다. 그것들을 결정하기 위해 위 방정식 말고 방정식 하나가 더 필요하다. 그래서 방정식이 추가된다.

$$l=l_1+l_2.$$

우리에게는 여전히 결정해야 할 미지의 수량 l이 있는데, 이를 결정하는 방정식은 노동의 원리에서 나온다(225~230쪽). 노동에서 나오는 효용 증분이 괴로움 증분과 평형을 이룰 때까지 노동이 계속된다.[15] 이는 노동의 첫째 사용에서 나오는 효용 증분 du_1과 그것을 얻기 위해 사용된 노동 증분 dl_1이 느낌의 크기에서 동등하다고 말하는 셈이다. 그래서 더 나아간 방정식이 우리에게 주어진다.[16]

---

15) 1판에서는 이 절이 여기에서 끝난다.

16) 총효용이 즐거움과 괴로움의 합으로 나타난다면

$$u=u_1(x)+u_2(y)-l_1-l_2.$$

이 총효용의 극대화를 위한 조건들 중 하나가 제번스의 방정식이다.

$$\frac{du_1}{dx}\cdot\frac{dx}{dl_1}=1.$$

$$\frac{du_1}{dx} \cdot \frac{dx}{dl_1} = 1.$$

부호에 주의한다면 기억해야 할 것이 있다. dl이 du와 같은 단위로 측정될 때 그것은 본래 음의 수량이다. 그러나 dl은 du를 받으면서 그 대가로 내놓는 것이기에 이 점에서 음의 수량으로 간주되며,[17] 따라서 위 방정식이 성립한다.[h]

노동이론과 교환이론의 관계

201. 앞에서 제시한 이론이 옳다는 확신을 독자들에게 주기 위하여, 잘 알려진 법칙이 그 이론으로부터 곧바로 도출되는 것을 보여줄 수 있다. 그 법칙을 경제학자들의 일상 언어로 기술하면, 가치는 생산비에 비례한다. 같은 법칙을 내가 선호하는 방식으로 표현하면, 상품들의 교환 비율은 장기적으로 **생산성 비율**에[18] 일치한다. 그리고 후자는 생산비 비율의 역수와 같다. 이들 수량 사이의 다소 혼란스런 관계에 대

h. 이 판을 개정하면서는 이론의 다른 부분도 그러하지만 특히 이 부분을 더 간결하고 일반적으로 기술할 수 있을 듯하다. 그러나 여기 제시된 것도 상당히 진실하고 옳기에 지금은 그대로 둬야겠다.

그리고 여기서 l은 노동 시간이 아니라 노동의 괴로움이며, 소비의 즐거움 u와 비교할 수 있는 수량이다. 그리고 x와 y는 각각 l_1과 l_2의 함수다.

17) 3판의 편집자(H. A. Jevons)는 원문의 "이 점에서 음의 수량으로 간주되며"에서 '음'을 '양'으로 바꿔 읽어야 한다고 지적한다. 4판과 5판의 편집자(H. S. Jevons)는 이 부분의 표현에 개선의 여지가 있음을 지적한다.

18) 원문의 'ratio of productiveness'를 '생산성 비율'로 옮긴다. 제번스가 1판에서는 생산비율(ratio of production)로 썼으나 2판에서 이렇게 고쳤으며, 이어서 그것과 생산비 비율의 관계에 대한 언급을 덧붙인다. 이 관계는 2판에 새로 포함된 다음 절 243쪽에서 설명한다.

해서는 다음 절에서 충분히 설명하기로 하고, 여기서는 위 결과를 기호를 사용해서 증명한다.

202. 단순한 표현을 위해 기호 ω로 **생산율** $\frac{dx}{dl}$을[19] 대체한다. ω_1, ω_2는 노동 증분으로 생산된 두 가지 상품의 상대적 수량을 가리킨다. 그러면 우리는 237쪽의 방정식을 다음 방정식으로 바꿔 쓸 수 있다.

$$\phi x.\omega_1 = \psi y.\omega_2.$$

이렇게 노동하는 사람이 다른 사람과의 교환에 들어가는 경우를 상정하자. 이제 생산의 사정이 변경될 게 확실하다. 왜냐하면, 교환 수량이 x_1과 y_1이라면, 상품 수량이 어쩌면 x에서 $x+x_1$로 증가하고 y에서 $y-y_1$으로 감소할 수 있기 때문이다. 만일 그리된다면, 교환이론에서 보았듯이, 우리가 갖는 방정식은

$$\frac{\phi(x+x_1)}{\psi(y-y_1)} = \frac{y_1}{x_1}.$$

이제 우리의 생산방정식이 수정된다.

$$\phi(x+x_1).\omega_1 = \psi(y-y_1).\omega_2.$$

또는

---

19) 229쪽에서는 생산율을 $\frac{dx}{dt}$로 정의했다. 다시 말하면, 노동의 괴로움 l이 아닌 노동 시간 t에 대한 생산물의 비율로 정의했다.

$$\frac{\phi(x+x_1)}{\psi(y-y_1)}=\frac{\omega_2}{\omega_1}.$$

그러나 이 방정식의 첫 항은 위에 제시된 교환방정식의 첫 항과 같다. 이렇게 해서 우리는 곧장 그토록 중요한 방정식을 가질 수 있다.

$$\frac{\omega_2}{\omega_1}=\frac{y_1}{x_1}.$$

203. 독자가 기억하듯이, ω는 노동에 대한 생산물의 비율을 가리킨다. 그리하여 우리는 어느 시장에서나 상품이 교환되는 비율은 동일한 양의 노동으로 생산되는 수량의 비율임을 증명했다. 여기서 노동 증분은 항상 최종 증분이므로 우리의 방정식이 표현하는 진실은 이렇다. **물품들이 교환되는 수량의 비율을 뒤집으면 그것의 가장 비싼 부분의 비율, 즉 마지막으로 추가된 부분의 생산 비용의 비율이 된다.**[20] 뒤에서 밝혀지겠지만, 이 결과는 지대이론에서 대단히 중요하다.

주목할 사실은 교환이론과 생산이론이 통합되면서 해당 상품의 수량에 이중의 복잡한 조정이 이뤄진다는 것이다. 교환 비율에 맞춰 저마다 자신의 물품소비를 조정할 뿐만 아니라 자신의 물품생산도 조정한다. 생산이 교환 비율을 규정하는 만큼 교환 비율이 생산을 규정한다. 예를 들면, 잉글랜드에서 곡물법이 폐지된 뒤 그 영향은 밀 경작 파괴가 아니라 감축이었다. 밀 성장에 덜 알맞은 땅은 상대적으로 말해 더 이익이 되는 목축이나 다른 목적들로 전환되었다. 이와 마찬가지로 홉이나 달걀 또는 다른 식품이 수입되더라도 이 나라에서 생산되

20) '마지막으로 추가된 부분의 생산 비용'을 기호로 나타내면 $1/\omega_1$과 $1/\omega_2$. 따라서 두 '생산 비용의 비율'은 $\frac{1/\omega_1}{1/\omega_2}=\frac{\omega_2}{\omega_1}$.

는 수량은 줄지 않는다. 단지 공급을 늘리기 위해 더 많은 비용이 드는 방식에 의존해야 할 필요가 없어진다. 교환 비율이 최종적으로 어떻게 결정되는지 말로 표현하기는 쉽지 않다. 교환 비율은 최종효용도로 측정되는 수요와 구매력 사이의 일반적 평형에 의해 결정된다. 모든 추가 공급은 최종효용도를 낮추는 경향이 있지만, 그 공급이 어떤 한 나라에서 실제로 올지 말지는 그 나라가 다른 여러 상품을 생산하는 상대적 능력에 달려 있다.

204. 한 나라의 협소한 지역이 여러 상품의 상대적 공급에 뚜렷한 영향을 미칠 수는 없으며, 따라서 그 지역의 생산은 시장의 일반적 상태에 맞춰 조정되어야 한다. 예를 들어 베드퍼드 지방의 모든 땅이 곡물 재배에 투입될지 목축에 투입될지가 곡물이나 치즈 또는 가축 시장에 별다른 영향을 주지 않을 것이다. 그러므로 베드퍼드셔의 농업이 상황에 적응해야 하며, 각 토지가 경작지로 사용될지 목축지로 사용될지는 시중 가격이 어느 편을 더 유리하게 만드는가에 따라 정해진다. 만일 오스트레일리아의 경작 가능한 땅 전부가 양모 대신 포도주 생산으로 돌려질 수 있다면, 양모 시장이 올라가고 포도주 시장이 내려갈 것이다. 만일 미국 남부의 여러 주가 면화를 버리고 사탕에 매달린다면, 이들 시장에서 격변이 일어날 것이다. 오스트레일리아가 양모로 되돌아가고 미국이 면화로 되돌아갈 수밖에 없다. 이런 것들이 교환과 생산의 상호관계를 예시한다.

경제 수량들 사이의 관계[21)]

205. 나는 앞에서 전개한 수리적 이론으로부터 도출할 수 있는 결과를 훗날 훨씬 두꺼운 책에서 상세하게 설명할 수 있기를 바란다.[22)] 여기서는 그 결과를 함축적으로 내놓을 뿐이다. 그렇지만 우리가 교환에서 다른 주제로 넘어가기에 앞서 더 이상 미루지 말고, 지금까지 도출된 결과가 정치경제학의 통설과 어떻게 연결되는지를 밝히는 게 좋을 듯하다. 나는 엄밀성을 위해 **가치**라는 단어를 피해 왔다. 대부분의 경제학 저작에서 계속 나타나는 **생산비**라는 표현도 여기서는 오히려 그 부재가 두드러진다. 그래서 독자가 내 결과를 다른 익숙한 것들과 비교하려 할 때는 웬만큼 조심하지 않고서는 혼란을 피하기 어렵다. 이런 이유로 나는 가치, 교환, 생산에 관한 논의에서 가장 흔히 사용되는 여러 수량 표현 사이의 관계를 드러내어 밝히려 한다.

206. 첫째로 교환 비율은 주고받는 수량의 비율로서 실제 숫자다. X와 Y가 상품의 이름이고, x와 y는 각 상품의 수량이라고 하자. 그래서 교환 비율은 x에 대한 y의 비율이다. 그러나 교환에서 한 상품의 가치가 클수록 받는 수량이 적다. 따라서 거래하는 수량의 비율은 상품 가치 비율의 역수인데, 여기서 가치는 상품 한 단위의 가치를 의미한다. 따라서 이렇게 말할 수 있다.

$$\frac{y}{x} = \frac{\text{X의 단위당 가치}}{\text{Y의 단위당 가치}}.$$

---

21) 저자가 2판 서문에서 명시하지는 않으나, 이 절은 2판에서 추가된 부분이다.

22) 제번스는 《경제학 원론: 사회의 산업적 기제에 관한 논의》(*Principles of Economics: A Treatise on the Industrial Mechanism of Society*)를 준비했으나 완성하지 못했다. 힉스(Henry Higgs, 1864~1940)가 1905년 이 책의 미완성 초고를 편집하여 출간했다.

물론 가치는 대부분 가격으로 측정된다. 즉, 해당 상품과 교환할 수 있는 돈의 수량으로 측정된다. 사실은 가격도 가치와 마찬가지로 모호하다. 그것은 전체 수량의 가격을 의미하기도 하고, 단위 수량의 가격을 의미하기도 한다. p_1이 X의 단위당 가격이고, p_2가 Y의 단위당 가격이라고 하자. 그러면 $y \times p_2$가 y의 전체 가격이고, $x \times p_1$가 x의 전체 가격이다. 이 둘은 서로 동등해야 하므로

$$\frac{y}{x} = \frac{p_1}{p_2}.$$

207. 이렇게 확인할 수 있듯이, 가격이 단위당 가격을 의미할 때는 교환되는 수량의 비율이 가격 비율의 역수다. 그리고 가격이 전체 수량의 가격을 의미할 때는 주고받은 두 수량이 항상 같은 가격을 갖는다.

이제 상품 생산으로 넘어간다. 생산비가 생산성 정도에[23] 반비례하여 변동한다는 것은 엄밀한 해석만으로도 충분히 명백해진다. 임금률이 그대로라면, 일정량의 임금으로 생산되는 수량이 많을수록 상품의 단위당 비용이 당연히 낮아야 한다. 방정식으로 나타내면[24]

$$\frac{\text{Y의 생산성 정도}}{\text{X의 생산성 정도}} = \frac{\text{X의 생산비}}{\text{Y의 생산비}}.$$

그리고 239~240쪽에서 보았듯이, 교환되는 수량은 생산성 정도에 정비례한다. 혹은

---

23) 원문의 'degree of productiveness'를 '생산성 정도'로 옮긴다. 이 표현은 2판에 새로 포함된 이 절에서만 사용된다. 이 장의 다른 절에서는 '생산율'(rate of production)로 쓴다. 5장 228쪽 역주를 참조하라.

24) 5판 편집자가 지적하듯이, 이 식에서 'Y의 생산성 정도'(Degree of productiveness of Y)는 'Y를 생산하는 노동의 생산성 정도'로 이해해야 한다. X에 대해서도 마찬가지다.

$$\frac{y}{x} = \frac{\text{Y의 생산성 정도}}{\text{X의 생산성 정도}}.$$

그런데 가치의 비율은 $\frac{y}{x}$의 역수고, 생산비의 비율은 위 식 오른편 항의 역수다. 따라서

$$\frac{\text{X의 단위당 가치}}{\text{Y의 단위당 가치}} = \frac{\text{X의 단위당 생산비}}{\text{Y의 단위당 생산비}}.$$

달리 말하면, 가치는 생산비에 비례한다. 그리고 두 상품의 최종효용도 비율이 교환되는 수량의 비율의 역수이므로 단위당 가치가 최종효용도에 직접 비례한다.

208. 여러 수량 사이의 이런 관계를 마음에 충분히 명확하게 새기는 것이 정치경제학도에게 절실히 요구되기에 이 결과를 여러 형태로 반복하여 나타내기로 한다. 그 비율들을 모두 모으면,

$$\text{교환비율} = \frac{y}{x} = \frac{\text{주거나 받는 Y의 수량}}{\text{주거나 받는 X의 수량}}$$

$$= \frac{\text{X의 단위당 가치}}{\text{Y의 단위당 가치}} = \frac{\text{X의 단위당 가격}}{\text{Y의 단위당 가격}}$$

$$= \frac{\text{X의 최종효용도}}{\text{Y의 최종효용도}} = \frac{\text{X의 단위당 생산비}}{\text{Y의 단위당 생산비}}$$

$$= \frac{\text{Y의 생산성 정도}}{\text{X의 생산성 정도}}$$

209. 이 내용을 더 간략하게 말로 나타낼 수도 있다. 교환에서 주거나 받는 상품들의 수량은 그것들의 생산에 사용된 노동의 생산성 정도에 정비례하고, 그 상품들의 가치와 가격 및 단위당 생산비 그리고 그것들의 최종효용도에 반비례한다. 나는 같은 주장을 표 형태로 한 번 더 반복하겠다.

교환되는 상품의 수량은

동일 노동으로	그것의 (1) 가치,
생산되는	(2) 가격,
수량에	(3) 생산 비용,
	(4) 최종효용도에
정비례한다.	반비례한다.

노동이론의 여러 가지 경우

우리가 이제 경제학의 주요 문제에 도달했으므로 우리 방정식의 의미와 결과를 얼마간 자세히 들여다보는 게 좋겠다.

첫째로 분명한 사실은 상품 생산의 절대적 용이도가 교역의 성질과 양을 결정하지 않는다는 것이다. 교환 비율 $\frac{y_1}{x_1}$은 ω_1이나 ω_2 어느 하나에 의해 결정되지 않고 그것들의 상대적 크기에 의해 결정된다. 한 나라의 생산력이 갑절이 되더라도 그 증대가 생산의 모든 분야에서 동등하다면, 그 나라의 교역 조건에는 아무런 직접적 영향도 미치지 않을 것이다. 이는 대단히 중요한 것으로서 리카도가 옳게 인지했고 존 스튜어트 밀이 충분히 설명했다.

210. 그러나 비록 그런 직접적 영향은 없을지라도 상이한 물품의 효용도 변동을 통한 간접적 영향은 있을 수 있다. 모든 상품이 더 많이 생산될 수 있을 때 그 증대가 모든 소비 분야에서 동등하게 욕구될 것 같지 않다. 어떤 경우에는 다른 경우보다 효용도가 더 많이 떨어질 것이다. 교환 비율에 변동이 없을 수 없고, 덜 필요한 상품은 더 필요한 상품에 비해 생산이 그다지 많이 늘지 않을 것이다. 이런 사정은 우리에게 새 증거가 되어, 가치가 노동이 아니라 효용도에 달려 있음을 보여준다.

마찬가지로 분명한 사실이 있다. 정확히 같은 생산력을 지닌 나라들이라면 서로 교역해서 얻을 게 없으며, 따라서 그런 교역은 인위적 규제가 전혀 없더라도 이뤄지지 않는다. 우리는 이 결과를 다음과 같이 이끌어 낸다. 앞에서처럼 ω_1과 ω_2로 첫째 나라의 최종 생산성 비율을 나타내고,[25] μ_1과 μ_2로 둘째 나라의 최종 생산성 비율을 나타내자. 만일 생산 조건이 정확히 유사하다면,

$$\frac{\omega_2}{\omega_1} = \frac{\mu_2}{\mu_1}.$$

그러나 한 나라가 교역을 전혀 하지 않는다면, 그 나라의 노동과 소비는 아래 조건에 맞춰 분배된다.

$$\frac{\phi x}{\psi y} = \frac{\omega_2}{\omega_1}.$$

25) 원문의 'ratios of productiveness'을 '생산성 비율'로 옮긴다. 하지만 우리는 '비율'을 빼고 읽거나 '정도'(degrees)로 바꿔 읽어야 한다. 5판 편집자가 제안하듯이, 전체를 '생산율'(rates of production)로 바꿔 읽을 수도 있다. 238쪽을 보라.

이제 이들 방정식으로부터 당연히 도출되는 방정식은

$$\frac{\phi x}{\psi y} = \frac{\mu_2}{\mu_1}.$$

말하자면 생산과 소비가 이미 둘째 나라의 생산 조건에 합치되며, 그 나라와의 교역이 가능해지더라도 어떤 변동도 겪지 않을 것이다.

211. 이것은 대부분의 정치경제학 저작에 기술되어 있는 학설로서 거기에는 충분한 근거가 있다. 그러나 만일 두 나라의 소비 조건이 매우 다르다면 이 설명은 타당하지 않다는 게 내 생각이다. 쇠고기와 곡물을 생산하는 능력에 있어서 정확히 같은 두 나라가 있을 수 있다. 만일 그들의 소비 습관 역시 정확히 같다면 이 두 물품의 무역은 없을 것이다. 그러나 첫째 나라가 비율로 따져 더 많은 쇠고기를 소비하고, 둘째 나라가 더 많은 곡물을 소비한다고 하자. 그런데도 무역이 없다면, 토지의 생산력에 다른 부담이 지워질 것이고, 다른 교환 비율이 통용될 것이다. 무역의 자유가 곡물과 쇠고기의 교환을 가져올 것이다. 그리하여 내 결론은 생산 능력뿐만 아니라 소비 습관도 같아야만 무역이 아무런 득도 되지 않는다는 것이다.

212. 무역의 일반적 효과는 한 나라의 노동 분배 방식을 그 나라에 득이 되게끔 흔들어 놓는 것이다. 운송비를 비롯하여 상업의 다른 비용을 감안하지 않는다면, 다음이 항상 타당하다.

$$\frac{\omega_2}{\omega_1} = \frac{y_1}{x_1} = \frac{\mu_2}{\mu_1}.$$

만약 애초에 ω_2가 ω_1과의 비율에서 이 방정식에 합치하는 것보다 작았다면, 노동 일부가 y 생산에서 x 생산으로 이동하며, 그 이동은 ω_2

의 커진 크기와 ω_1의 작아진 크기에 의해 둘의 동등이 이뤄질 때까지 계속된다.

교환이론에서 그러하듯이, 생산이론에서도 이 방정식의 일부가 성립하지 않을 수 있으며, 그 의미는 해석이 가능하다. 그래서 아래 방정식이 성립할 수 없다고 하자.

$$\frac{\omega_2}{\omega_1} = \frac{y_1}{x_1}$$

이 경우 두 상품 y와 x 모두의 생산이 지속되기는 불가능하다. 그들 중 하나는 교환으로 가질 수 있는 비율에서 계속 벗어나서 노동을 지출하면서 생산된다. 예를 들어 만약 우리가 오렌지를 해외에서 수입할 수 없다면, 아마도 우리나라 노동의 일부가 현재의 용도에서 오렌지 재배로 돌려지겠지만, 그 생산비는 교환을 통해 간접적으로 그것을 획득하는 비용보다 언제나 높을 것이다. 그래서 자유무역은 반드시 그런 낭비적인 산업 분야를 부숴 버린다. 우리가 포도주, 차, 설탕, 커피, 향료 등 갖가지 물품을 모조리 해외에서 수입하는 것이 바로 이런 원리에서다.

213. 어느 두 상품이건 그 교환 비율은 소비 조건과 생산 조건 사이에서 일종의 투쟁에 의해 결정된다. 그러나 여기서 다시 방정식이 성립하지 않는 일이 벌어진다. 가장 중요한 방정식을 보자.

$$\frac{\phi(x+x_1)}{\psi(y-y_1)} = \frac{\omega_2}{\omega_1} = \frac{y_1}{x_1}$$

이 방정식에서 ω_2는 우리가 y를 얼마나 쉽게 늘릴 수 있는지를 나타낸다. 만일 우리가 기계를 사용해서든 아니든 전과 다름없는 난이도로 무한정 y를 늘리는 방법을 찾아낸다면, 우리는 교환 비율 $\frac{y_1}{x_1}$을 거기에 상응하는 정도로 변경하지 않을 도리가 없다. 그러나 만일 그 나라의 영향권 안에 대규모 인구가 있어서, 소비할 수 있는 y_1이 제아무리 많더라도 그것을 소비하려는 욕망이 결코 감소하지 않는다면, $\frac{y_1}{x_1}$가 $\frac{\omega_2}{\omega_1}$와 같아지는 일은 결코 없다. 그리고 y의 생산자는 지대 성격의 큰 이득을 취한다.

결합생산[26]

214. 존 스튜어트 밀의 《정치경제학 원리》에서 가장 흥미로운 장 가운데 하나인 3편 16장에서 그는 자신이 '가치의 몇몇 특수한 경우'라고 부르는 것을 다룬다. 이 제목으로 그가 가리키는 것은, 여러 상품이 제각기 분리된 과정에 의해 생산되는 게 아니라 동일 공정의 동시 혹은 결합 산물로 나타나는 경우이다. 그는 이렇게 말한다. "두 가지 상품이 결합생산비라고 부를 수 있는 것을 갖는 일이 종종 있다. 둘 모두 동일 공정 혹은 일련의 공정에서 생산되며, 비용은 둘 모두를 위해 함께 지출된다. 하나를 위해 일부가 지출되고 다른 하나를 위해 일부가 지출되는 게 아니라는 것이다. 그렇게 생산에서 서로 연결된 상품들이 적지 않다. 예를 들어 코크스와 석탄가스가 모두 동일 물질로부터 동일 공정에 의해 생산된다. 더 부분적인 의미에서는 양고기와 양털, 쇠고기와 가죽과 쇠기름, 송아지와 유제품, 닭고기와 달걀 등이 그 예이다. 생산비는 서로 연결된 상품들 사이의 상대적 가치를 정하는 일과

---

26) 저자가 2판 서문에서 언급하지는 않으나, 이 절은 2판에서 추가된 부분이다.

는 아무 상관이 없다. 생산비는 그것들의 결합가치만을 결정한다. … 그 둘 사이에서 생산 비용을 나누는 데에는 원리가 없다." 그는 계속해서 설명한다. 생산비 원리로는 되지 않으므로 우리는 생산비 이전의 더 근본적인 가치법칙, 즉 공급과 수요의 법칙으로 되돌아가야 한다.

215. 그 이전의 가치법칙인 공급과 수요의 법칙으로 되돌아간다는 밀의 생각에 오류가 있음을, 그리고 사실은 그가 생산비 원리를 도입하면서도 결코 공급과 수요의 법칙을 떠난 적이 없음을, 나는 다른 경우를 들어 더 충분히 설명할 수 있다. 생산비는 단지 공급을 지배하는 하나의 상황으로서 가치에 간접적으로 영향을 미친다.

거듭 말하건대 이런 결합생산의 사례들은 결코 "몇몇 특수한 경우"가 아니다. 오히려 그것들이 일반 규칙을 형성하며, 그 규칙의 명백하고 중요한 예외를 찾아내기가 어렵다. 모든 주요 상품은 정도의 차이는 있으나 반드시 소소한 상품들과 함께 생산된다. 예를 들어 곡물의 경우에는 짚, 왕겨, 겨, 그리고 다양한 품질의 밀가루 혹은 곡식이 모두 동일 공정의 생산물이다. 면화의 경우에는 면화 외에도 씨, 기름, 부산물, 폐기물 등이 더 있다. 맥주를 만들 때는 정기적으로 보리가 일정한 가격으로 되돌아간다. 목재로 쓰기 위해 쓰러뜨린 나무는 목재뿐만 아니라 나뭇가지, 나무껍질, 나뭇조각 등을 내놓는다. 그러나 이런 경우들이 나서서 더욱 뚜렷이 보여주는 것 역시 가치를 다스리는 것은 생산비가 아니라 생산물의 공급과 수요라는 사실이다.

216. 이런 결합생산의 사례들이 갖는 커다란 중요성을 감안해서, 우리는 그것들을 어떻게 우리 이론 아래로 들여놓을 수 있을지 숙고하지 않으면 안 된다. 이렇게 상정하자. 두 상품 X와 Y가 한 공정에서 나오는데, 그 둘의 생산 비율이 언제나 일정하다. 이를테면 X가 m만큼 생산되는 동안 Y가 n만큼 생산된다. 이제 언뜻 보기에는 이 비율이 생산성 정도의 비율과 일치하는 듯하여, 우리는 몇 쪽 앞에서 본 대로 말할는지 모른다. 즉

$$\frac{m}{n} = \frac{\omega_2}{\omega_1} = \frac{y_1}{x_1}.$$

그리하여 우리는 결합생산물들이 항상 생산성의 비율로 교환된다는 결론에 도달하기 쉽다. 그러나 이는 순전히 오류이다. 왜냐하면 새 노동 증분을 투입할 때마다 이것과 저것 중 어느 것이든 생산할 자유가 있을 때만 위 방정식이 성립할 수 있기 때문이다. 각각의 수량을 바꿀 자유가 있어야만 생산물이 그에 대한 필요에 맞춰지고, 효용도의 비율과 생산성의 비율 그리고 교환 수량의 비율이 동등해진다. 하지만 결합생산의 경우에는 그런 자유가 없다. 한 물질은 다른 물질과 함께 어떤 고정된 비율로서만 생산될 수 있으며, 그 다른 물질은 효용이 거의 혹은 전혀 없을지도 모른다.

217. 그렇지만 그런 경우도 단순히 결합생산물들의 증분의 효용을 합하기만 하면 우리 이론 아래로 끌어넣을 수 있음을 쉽게 알 수 있다. 만약 dx와 dy가 동일 노동 증분 dl의 생산물이어서 반드시 함께 생산되어야 한다면, 노동 대비 생산물 비율은 아래와 같이 말고는 달리 쓸 수 없다.

$$\frac{dx + dy}{dl}.$$

노동을 나눠서 얼마는 X를 생산하는 데 쓰였고 얼마는 Y를 생산하는 데 쓰였다고 말하기란 불가능하다. 그러나 우리는 dx의 효용과 dy의 효용을 각각 추정해야 하며, 그러기 위해 그것들의 효용도 $\frac{du_1}{dx}$와 $\frac{du_2}{dy}$를 그것들에 곱한다. 그리하여 우리가 갖는 것이 노동 대비 효용 총비율이다. 즉

$$\frac{du_1}{dx}\cdot\frac{dx}{dl}+\frac{du_2}{dy}\cdot\frac{dy}{dl}.$$

말할 필요도 없이 이 생산 조건으로부터 아무 방정식도 생겨나지 않는다. X와 Y의 교환 비율을 지배하는 것은 오로지 효용도뿐이다. 그러나 만일 우리가 X와 Y를 생산과 관련하여 제 3의 상품 Z와 비교한다면, 우리는 아래 방정식에 도달한다.

$$\frac{du_1}{dx}\cdot\frac{dx}{dl}+\frac{du_2}{dy}\cdot\frac{dy}{dl}=\frac{du_3}{dz}\cdot\frac{dz}{dl}.$$

달리 말하면, 노동 증분을 Z 생산에 투입하여 얻는 효용 증분은 같은 노동 증분을 결합생산물 X와 Y 생산에 투입했다면 얻었을 효용 증분의 합과 동등해야 한다. 위 방정식이 단독으로는 세 수량 dx, dy, dz 사이의 비율에 대해 아무런 정보도 우리에게 주지 않는다. 우리가 교환 비율을 알아내려면 먼저 X의 효용도와 Y의 효용도 사이의 방정식을 하나 더 가져야 한다. 말하자면

$$\frac{du_1}{du_2}=\frac{dy}{dx}.$$

그렇지만 일반 규칙으로서 어느 두 생산 공정이나 모두 결합생산물을 내놓으며, 따라서 생산성 방정식이 양쪽의 효용 증대 합에 대해 성립한다. 이를 간략하게 쓰면

$$du_1+du_2+\cdots=du_n+du_{n+1}+\cdots.$$

이런 방정식은 임의의 두 관련 상품 사이의 교환 비율에 대한 영향이 매우 경미한 일종의 조건 방정식이 된다. 그리고 만일 이런 방정식의 어느 한쪽이 하나 또는 두 항으로 줄어드는 경우가 있다면, 그것은 아마도 다른 생산물 증분들이 거의 혹은 전혀 효용을 갖지 않기 때문이다. 재, 부스러기, 톱밥, 잔류 염료, 감자 줄기, 왕겨 등등의 경우처럼 거의 모든 산업 과정은 그 효용이 영이거나 영에 가까운 폐기물을 내놓는다. 하지만 이 문제를 제대로 풀기 위해서는, 다른 곳에서 설명했듯이, 우리가 음의 효용을 받아들여서 노동 증분 *dl*로부터의 효용 증분이 실제로 아래 모양을 갖게 해야 한다.

$$du_1 \pm du_2 \pm du_3 \pm \cdots.$$

예를 들어 화학공장의 폐기물은 때때로 매우 낮은 가치를 가지며, 어떤 때에는 강을 더럽히고 이웃 땅에 해를 입히지 않고서는 없애기가 어렵다. 이런 경우 그 폐기물은 비(非) 상품으로서 방정식에서 음의 기호를 갖는다.

과잉생산

219. 노동 분배 이론을 통해 우리는 **과잉생산**의 의미를 분명히 알 수 있다. 초기 경제학 저자들은 소비자의 필요를 넘어서는 생산 능력으로부터 생겨난다는 이른바 **과잉**을[27] 항상 두려워했다. 이 경우 산업이 정지하고, 고용이 소멸하고, 부자 말고는 모두가 상품이 넘쳐나서 굶주

27) 원문의 'glut'을 '과잉'으로 옮긴다. 앞의 '과잉생산'은 원문의 'over-production'을 옮긴 것이다.

린다고 한다. 이 학설은 명백히 부조리하고 자가당착이다. 적절한 상품의 획득이 산업과 교역의 목적 전부이고, 공급이 많이 이뤄질수록 산업이 그것의 목적을 더욱 완벽하게 성취했다 할 것이다. 보편적 과잉을 일으키는 것은 곧 노동생산물의 극대화라는 경제학자의 목표를 완전히 달성하는 것이다. 그러나 공급이 적절해야 한다. 말하자면 여러 공급이 인구의 여러 필요에 비례해야 한다. 과잉생산이 산업의 모든 분야에서 동시에 생길 수는 없으나, 어떤 분야에서 다른 분야에 비해 생길 수는 있다. 만일 잘못된 계산으로 인해 너무 많은 노동이 어느 한 상품, 예컨대 견직물 생산에 사용된다면, 우리 방정식이 성립하지 않을 것이다. 사람들이 면직물이나 모직물 등 다른 제품보다 견직물에 더 많이 몰릴 것이며, 따라서 지출된 노동에 상응하는 교환 비율로는 견직물을 구입하려 하지 않을 것이다. 그리고 생산자들이 교환으로 받는 상품의 효용은 그들이 노동을 더 잘 분배했더라면 가졌을 효용보다 작을 것이다.

220. 그러므로 우리가 산업을 확장할 때는 인구의 모든 요구에 비례해서 확장하도록 주의해야 한다. 더 많이 확장할수록 구매자의 욕망을 더 잘 충족시켜 모든 상품의 효용도를 더 낮춘다. 하지만 우리는 여러 상품의 효용도를 상응하는 방식으로 낮춰야 한다. 그리하지 않으면 과잉처럼 보이는 게 나타나고 노동 상실이 실제로 일어난다.

노동 강도의 한계

221. 나는 앞에서(224쪽) 노동이 지속 시간이나 강도에서 다를 수 있다고 말하면서도 강도에 대해서는 별로 주의를 기울이지 않았다. 경제학에서 중요한 것은 힘을 쓰는 데 따르는 괴로움뿐이긴 하지만, 우리는 일정 시간에 발휘된 물리적 힘의 양으로 노동 강도를 대략 측정할 수

있다. 행해진 일의 양과 노동 강도를 연결하는 흥미로운 법칙이 존재하여 왔거나 탐지되었다. 이 법칙이 인지되지 않은 곳에서도 오랜 경험이 일종의 무의식적 실험 과정과 귀납적 추론을 통해 사람들을 이끌어 가장 유리한 작업률을 선택하게 했다.

땅파기처럼 단순한 종류의 일을 살펴보자. 삽은 여러 크기로 만들 수 있다. 그리고 가령 시간당 동일한 수의 삽질을 한다면, 요구되는 노력은 삽날 길이의 세제곱에 거의 맞춰 달라진다. 그러나 매우 큰 삽으로는 한 번의 삽질마다 많은 양의 일을 하겠지만 피로가 너무 커서 노동자가 오래 계속해서 자기 일을 할 수 없다. 그러므로 노동자를 혹사하여 종일 노동을 할 수 없게 하기보다는, 되도록 많은 일을 해낼 수 있게끔 적당한 중간 크기의 삽이 선택된다. 삽의 크기는 얼마간 땅의 굳기와 무게에 따라, 그리고 얼마간 노동자의 체력에 따라 정해져야 한다. 인부들이 딱딱한 찰흙을 파헤치면서 작고 튼튼한 삽을 사용하는 것을 볼 수 있다. 반면 보통의 정원 일에는 큰 삽이 사용되고, 모래나 석탄을 뜨는 데에는 넓고 많이 담기는 삽이 사용되고, 곡물이나 맥아 또는 퍼석하고 가벼운 가루를 옮기는 데에는 더욱 큰 도구가 사용된다.

222. 대부분의 근육노동에서 몸이나 팔다리의 무게가 대단히 중요하다. 가령 편지 한 통을 운반하기 위해 고용된 사람이라면, 아마도 반 온스밖에 되지 않을 편지를 전달할 목적으로 그가 실제로 움직이는 무게는 이를테면 체중 160파운드이다. 가령 그가 스무 통의 편지를 운반하더라도 인지할 만한 노동 증가는 없을 것이며, 그의 효율은 스무 배로 늘 것이다. 백 통의 편지는 어쩌면 약간의 부담이 될 수도 있는데, 설혹 그렇더라도 수행한 일에서는 커다란 이득이 있을 것이다. 하지만 분명한 사실은 우체부의 피로가 과도해질 때까지 계속해서 편지 하중을 늘릴 수 있다는 것이다. 그리하면 극심한 피로를 유발하지 않는 최대 하중으로 극대의 유용한 결과를 얻을 터인데, 그 무게는 실험을 통해 곧바로 꽤 엄밀하게 정할 수 있다.

223. 짐꾼에게 가장 유리한 하중을 조사한 쿨롱이 발견한 바에 의하면, 아무 짐도 지지 않고 계단을 올라갔다가, 내려오면서 자기 몸무게를 이용하여 짐을 올리는 사람이 가장 많은 일을 할 수 있다. 그렇게 해서 하루에 올려놓을 수 있는 짐은, 가장 유리한 하중의 자루를 자기 등에 지고 나르는 사람이 하루에 옮기는 짐의 네 배이다.[28] 이 커다란 차이는 당연히 근육이 사람 몸을 올리는 일에 완벽하게 적응된 데 반해 더해진 무게는 근육에 고르지 못하고 지나친 압박을 가한다는 데서 생긴다. 찰스 배비지[29] 역시 그의 훌륭한 저서 《제조업 경제학》에서 이 문제에 관해 말했는데, 모든 인간 노동의 계산에서 몸의 팔이나 다리의 무게가 한 요소임을 지적했다.

사람 뼈대의 근육에 생기는 피로는 각 노력에서 실제로 사용된 힘에만 달려 있지 않고, 부분적으로는 그것이 발휘되는 진도에 달려 있다. 각 작업을 수행하는 데 필요한 노력은 두 부분으로 이뤄진다. 하나는 연장이나 도구의 작동에 필요한 힘의 지출이고, 다른 하나는 그 작용을 만들어 내는 동물의 팔다리 동작에 필요한 노력이다. 못을 나무에 박는 작업의 하나는 망치를 끌어 올려 그 머리가 못을 향해 돌진하게 하는 것이고, 다른 하나는 팔을 들어 올려 망치를 사용할 수 있게 움직이는 것이다. 만일 망치의 무게가 상당하다면, 앞부분이 노력의 대부분을 이룰 것이다. 만일 망치가 가볍다면, 팔을 들어 올리는 노력에서 피로의 대부분이 생

28) 이 내용은 배비지의 《기계와 제조업의 경제학》에도 인용되어 있다(24~25쪽; 3판, 1833, 30~31쪽). 제번스는 곧이어 배비지의 책에서 길게 인용한다.

29) 배비지의 저서 《기계와 제조업의 경제학》은 1832년에 1판과 2판이, 1833년에 3판이, 1835년에 4판이 출간되었다. 제번스가 인용하는 것은 3판 또는 4판이다. 존 스튜어트 밀은 《정치경제학 원리》에서 이 책을 여러 차례 인용하거나 언급했는데, 1편 9장에서는 규모의 경제와 관련하여 인용했다(1848, 158쪽; 1965, 131쪽).

길 것이다. 사소한 힘을 필요로 하는 작업이 자주 반복되면, 힘든 작업보다 더 효율적으로 피로하게 만드는 까닭이 여기에 있다. 그 외에도 근육의 작용에는 넘을 수 없는 속도가 있다.[i]

224. 얼마 전에 나는 이것이 흥미로운 탐구의 주제가 되겠다는 생각이 들어서, 근육이 수행한 일의 양과 피로율 사이의 관계를 몇 가지 실험을 통해 알아내려 했다. 한 가지 실험은 팔을 최대 길이로 뻗은 채 1파운드에서 18파운드까지 무게를 달리하는 물건을 손에 잡고 있는 것이다. 이 실험의 횟수는 238번이고, 매회 적어도 1시간의 간격을 두어 한 회의 피로가 다음 회에 영향을 미치지 않게 했다. 그리하여 무게마다 지탱될 수 있는 시간의 평균이 아래와 같음을 발견했다.

무게(파운드)	18	14	10	7	4	2	1
시간(초)	15	32	60	87	148	219	321

225. 만일 팔이 어떤 종류의 유용한 일에 사용되었더라면, 잡고 있는 무게와 지속 시간의 곱으로 그 유용한 효과를 추정했어야 한다. 그 결과는 파운드-초로 아래와 같을 것이다.

무게	18	14	10	7	4	2	1
유용한 효과	266	455	603	612	592	438	321

여기서 유용한 효과의 극대치는 7파운드 근처에서 나타나는데, 이는 대략 아령이나 다른 운동구에서 많이 선택되는 무게이다. 다른 실

i. 배비지, 《기계와 제조업의 경제학》, 32절, 30쪽.

험의 상세한 내용은 1870년 6월 30일자 〈네이처〉에 실린 논문에 소개되어 있다(2권, 158쪽).[30]

내가 이 실험을 수행한 것은 단지 경제학의 물리적 기초를 형성하는 법칙들을 알아내는 방식을 예시하기 위해서였다. 새뮤얼 호턴 교수가 이미 실험을 통해 근육활동 이론에 도달하여 1862년에 왕립협회에서 발표했다는 사실을 나는 모르고 있었다. 호턴 교수가 〈네이처〉에 실린 두 논문에서 지적했듯이[k] 나의 완전히 독립적인 결과가 그의 원리와 놀랍도록 일치하는 것으로 판명되었음을[32] 발견하고서는 기뻐했다.

226. 나는 도보나 행진에 대해 어떤 정확한 실험이 이뤄졌는지 모르지만, 호턴 교수가 내게 말했듯이, 군대의 이동에서 그런 실험을 쉽게 수행할 수 있을 것이다. 인내의 한계까지 강행된 행군마다 소요된 시간과 주파한 거리를 기록하기만 하면 된다. 시간, 공간, 피로의 정확한 관

---

k. 2권, 324쪽; 3권, 289쪽.[31] 그리고 호턴, 《동물 역학의 원리》, 1873, 444~450쪽을 보라. 이 문제는 미국 미주리 주 세인트루이스 소재 워싱턴 대학의 프랜시스 니퍼 교수에 의해 매우 신중하고 유능하게 다뤄졌다. 그의 실험은 상세한 내용이 〈미국 과학 저널〉, 9권, 130~137쪽, 10권 등, 그리고 〈네이처〉, 11권, 245쪽, 276쪽 등에서 볼 수 있을 것이다.

30) 제번스는 〈네이처〉 논문에서 세 가지 실험의 내용을 소개했다. 여기서 다시 소개하는 것은 셋째 실험이고, 첫째는 물건의 무게를 달리하며 멀리 던지는 실험이다. 그는 이 첫째 실험으로부터 무게(w)와 거리(x)의 관계를 $x = \frac{p}{w+q}$로 상정한 뒤 "최소자승법(the method of least squares)을 사용하여 [계수들의] 최대 확률 값(their most probable value)을 $p = 115.7$, $q = 3.9$로 정한다"(2권, 158쪽). Cf. J. Kim, "Jevons's curve fitting," *Korean Economic Review* 12:1, 1996, pp. 155~165; H. Maas, *Williams Stanley Jevons and the Making of Modern Economics*, Cambridge University Press, 2005, Ch. 8.

31) 제번스는 연도를 밝히지 않는데, 호턴의 두 논문은 각각 1870년 8월 18일자, 1871년 2월 9일자 〈네이처〉에 실렸다.

32) 호턴은 제번스의 첫째와 셋째 실험결과가 자신이 1862년에 밝힌 근육활동의 두 법칙과 일치함을 보인다.

계를 알아낸다면 많은 흥미로운 문제를 풀 수 있다. 가령 한 사람이 다른 사람을 앞질러야 한다면, 그들의 상대적 보행률(步行率)은 무엇이어야 할까? 피로가 시간과 속도의 곱의 제곱에 비례해서 커진다면, 우리는 정확한 풀이를 쉽게 구할 수 있다. 말하자면 피로의 총합은 앞지르기를 하는 사람이 앞지르기를 당하는 사람보다 2배 빨리 걸을 때 최소가 된다.

다른 경우의 근육활동에서 우리는 다른 문제와 마주친다. 가장 유리한 행군율(行軍率)은 시간 손실과 피로 가운데 무엇이 가장 중요한지에 따라 좌우된다. 시간당 4마일로 행군하면 곧 엄청난 피로가 몰려오므로 매우 긴급한 상황에서만 할 일이다. 시간당 3마일 또는 2.5마일로 행군할 때, 피로 대비 이동 거리 비율이 훨씬 높을 수 있다. 그러나 만일 속도를 더 낮추면, 몸을 앞으로 움직이는 것 말고 단순히 지탱하는 데 사용되는 부분 때문에 체력 손실이 다시 증가할 것이다.

227. 노동 경제학은 항상 이런 종류의 문제를 포함한다. 어떤 일을 짧은 시간에 끝내야 할 때, 일꾼들이 평소보다 훨씬 많은 양의 일을 하도록 특별 보수로 부추길 수 있다. 일의 속도가 어떤 점을 넘으면 항상 피로가 빠르게 증가하므로 여분의 성과가 실제로는 훨씬 더 비싸게 먹힌다. 정상적이고 항상적인 고용에서, 일꾼들이 하루 또는 아무리 길어도 한 주마다 모든 피로에서 회복하여 전과 다름없는 활력으로 새로 시작할 수 있게 하는 그런 율(率)을 선택함으로써, 언제나 가장 큰 성과를 얻는다.

제 6 장

지대이론

지대에 관한 일반적 견해

228. 앞 장에서 제시한 견해가 잉글랜드 저자들이 거의 한 세기 전부터 받아들이고 있는 지대이론과 매우 닮았다는 사실로부터 높은 확률로 그 견해의 일반적 타당성이 도출된다. 이 이론이 수학 기호로 서술된 경우는 흔치 않고, 그 대신 서투른 수치 예가 사용된 적은 있다. 그러나 이 주제에 가장 잘 적용될 수 있는 수학 분야가 미분학이라는 것은 쉽게 보여줄 수 있다.

지대이론을 처음 발견하고 명료하게 기술한 것은 1777년에 출간된 제임스 앤더슨의 논고 《곡물법의 본성에 관한 탐구, 스코틀랜드를 위해 제안된 곡물법안을 보면서》이다. 이 저작의 발췌가 맥컬로크 판 《국부론》 453쪽에서 발견되는데,[1] 토지의 비옥도가 서로 달라서 생기는 결과를 가장 명료하게 설명하고, 지대가 토지 생산물의 가격을

1) 맥컬로크 판 《국부론》은 1828년, 1838년, 1863년에 출간되었다. 제번스가 인용하는 것은 1838년 판에 덧붙여진 맥컬로크의 〈보론〉(Supplementary notes and dissertations)을 가리킨다. 맥컬로크는 이 책 444~453쪽에서 지대의 본질, 기원 등에 관해 논의하면서 453쪽 각주에 앤더슨의 《곡물법의 본성에 관한 탐구》 45~47쪽을 옮겨 놓았는데, 제번스는 이것의 일부를 재인용한다.

결정하는 게 아니라 토지 생산물의 가격이 지대를 결정함을 보여준다. 다음 단락은 앤더슨 자신의 말일 것이다.[a]

229. … 모든 나라에는 다양한 토지가 있어서 그 비옥도가 서로 꽤 많이 다르다. 여기서 우리는 이 토지가 여러 등급으로 배열되어 있다고 가정하고, 그것들을 A, B, C, D, E, F 등으로 나타내기로 한다. 등급 A는 가장 높은 비옥도의 토지를 아우르고, 다른 문자들은 다른 등급의 토지를 표시하되 첫째에서 멀어질수록 비옥도가 차츰 낮아진다. 이제 가장 덜 비옥한 토지가 가장 비옥한 들판에 비해 경작하는 비용이 같거나 크므로, 만일 각 경작지에서 생산된 동등한 수량의 곡물이 동일한 가격에 팔릴 수 있다면, 가장 비옥한 토양을 경작해서 갖는 이윤이 그 외의 토지를 경작해서 갖는 이윤보다 훨씬 클 것이다. 그리고 이것은 척박도가 증가할수록 계속 감소하여, 마침내는 열등한 토지의 일부를 경작하는 비용이 전체 생산물의 가치와 동등해지기 마련이다.

지대이론은 내가 무차별 법칙이라 부른 원리 위에 세워진다. 이 원리에 의하면, 동일한 상품은 동일한 시장에서 오직 하나의 가격 혹은 교환 비율을 갖는다. 따라서 다른 성질의 땅에서 다른 양의 생산물이 같은 노동으로 생산된다면 어느 한편에 초과 이윤이 있어야 한다. 노동의 통상 임금을 지불하지 못해서 경작되지 않는 땅도 있다. 그런 땅은 어쩌다 경작되더라도 곧 버려질 것이다. 어떤 땅은 간신히 통상 임금을 지불한다. 더 나은 땅은 그 이상을 지불하는데, 그런 땅의 소유는 경쟁의 대상이 된다. 그리고 노동의 통상 임금을 충분히 지불하고도 남는 부분 모두를 소유자가 경작자로부터 지대로 가져갈 수 있다.

---

a. 《탐구》, 45쪽; 〈보론〉.

230. 지대의 원천이 하나 더 있다. 같은 땅에 노동과 자본이 더 혹은 덜 투입되면 생산물이 노동량에 비례해서 증가하지 않는다. 한 농장의 산출이 계속해서 끝없이 증가하기란 도저히 불가능하다. 만약 그럴 수 있다면, 한 농장이 나라 전체의 식량을 댈 수 있을 것이다. 그렇지만 어떤 정해진 한계는 없다. 더 나은 경작으로 수확을 조금이나마 늘리는 것은 항상 가능하다. 그러나 생산물의 마지막 증분이 그것의 생산에 필요한 노동에 대해 갖는 비율은 점점 낮아지며, 조만간 모든 땅에서 더 이상의 노동 투입이 바람직하지 않게 된다.

맥컬로크 판 《국부론》에는[b] 〈보론〉이 있는데, 여기서 맥컬로크는 최고의 명료함과 과학적 엄밀성으로 이 이론의 본질을 설명한다. 이 해설은 내가 보기에 여태껏 이 이론을 가장 잘 서술하고 있다. 그래서 나는 그가 확립한 원리의 요체를 인용하겠다.

1. 만일 토지의 산출이 언제나 거기에 들인 경비에 비례해서 증가할 수 있다면, 지대 같은 것은 없을 것이다.
2. 토지의 산출은 평균적으로 지출에 비례해서 증가할 수 있는 게 아니라 더 낮은 비율로 한없이 증가한다.
3. 지출 중 가장 덜 생산적인 부분은 일반적으로 말해 마지막 부분인데, 이 부분이 자재의 보통이윤을 만들어 내야 한다.
4. 다른 부분들이 이보다 많이 그리고 보통이윤을 초과하여 만들어 내는데, 그것이 모두 지대이다.

231. 이 이론의 가장 만족스런 설명이 제임스 밀의 《정치경제학 요론》에도 있다.[3] 나는 이 저작을 읽으면서 그것의 간결하고 명료하고 강렬

b. 신판, 1839, 444쪽.[2]

2) 제번스가 인용하는 신판은 1838년에 출간되었다. 이 책 444쪽에서 맥컬로크의 〈보론 3〉이 시작된다. 제번스가 인용하는 부분은 447쪽에 있다.

한 문체에 탄복하지 않은 적이 없다. 제임스 밀은 계속해서 **분량**(分量)의 **자본**이라는[4] 표현을 사용한다. 그가 말하기를, "둘째 등급의 토지에 의탁하거나 둘째 분량의 자본을 첫째 등급의 토지에 덜 생산적으로 투입해야 하는 때가 온다".[5] 그가 말하는 **분량의 자본**이란 약간의 추가 자본임이 분명하다. 그 이름이 독특하긴 하지만 그 의미는 단순히 자본 증분인 것이다. 분량 혹은 증분의 수가 단지 셋인데, 이는 분명히 설명이 복잡해지는 것을 피하기 위해서다. 자본 전부가 더 많은 수의 분량으로 나눠지는 경우를 고려하지 말아야 할 이유가 없다. 첫째보다 둘째 분량이 덜 생산적이게 하는 바로 그 일반 법칙이, 일반적으로 말해, 100번째 분량이 앞선 99번째 분량보다 덜 생산적이게 만들 것이다. 이론적으로 말해 어느 한도에서 멈출 필요도 가능성도 없다. 수리법칙은 이론에서 언제나 연속적이고, **분량**이라는 것은 그 크기가 무한히 작고 그 수가 무한히 많다. 그래서 나는 제임스 밀의 표현 양식이 내가 이 책의 앞부분에서 채택한 양식과 정확히 대등하다고 여긴다. **분량** 또는 **증분**을 표현하는 정밀한 방식을 수학자들이 창안하여 충분히 인정받았는데, 다른 모든 과학에서 편리한 것으로 판명된 언어를 경제학에서 배제해야 하는 이유를 나는 모른다.[6] 다른 모든 과학에서 **증분**이라고 하는 완벽히 수립된 용어로 부르는 그것을, 경제학에서는 **분량**이라고 부르려 고집하는 것은 현학일 뿐이다.

233. 다음은 지대의 본질에 관한 제임스 밀의 일반적 결론이다.[c]

---

3) 제번스가 인용하는 제임스 밀의 《정치경제학 요론》은 1821년에 출간되었고, 1826년에 3판이 출간되었다. 제번스가 6장에서는 1821년 판을 인용하고, 7장에서는 1826년 판을 인용한다.

4) 원문의 'dose of capital'을 '분량의 자본'으로 옮긴다. 제번스가 사용하는 'increment of capital'은 '자본 증분'으로 옮긴다.

5) 《정치경제학 요론》, 1821, 15쪽. 1826년 판에서는 표현을 약간 달리하여 31쪽에 나온다.

6) 1판에서는 여기서 이 단락이 끝난다. 이어지는 문장은 2판에서 추가되었다.

자본 투입에서, 비옥도가 다른 여러 등급의 토지에 투입하든지, 아니면 동일 토지에 여러 분량을 이어서 투입하든지, 그렇게 해서 사용되는 자본의 어떤 일부는 더 많은 산출을, 다른 일부는 더 적은 산출을 가져온다. 산출이 가장 적은 부분에서, 자본가에게 상환과 보상을 하는 데 필요한 만큼의 산출이 나온다. 자본가는 그가 사용하는 자본의 어느 부분에 대해서도 이 보상 이상은 받지 않는데, 그것은 다른 자본가들로부터의 경쟁이 그를 막기 때문이다. 이 보상 이상의 산출은 모두 지주가 차지할 수 있다. 그러므로 지대는 두 수익 사이의 차이인데, 하나는 효과가 가장 작은 토지에 사용된 부분의 자본에서 생기는 수익이고, 다른 하나는 효과가 그보다 큰 토지에 사용된 다른 모든 부분의 자본에서 생기는 수익이다.

기호를 사용한 서술

앞에서 설명한 지대이론은 거의 혹은 전혀 아무런 수정 없이도 수학기호로 표현할 수 있다. 나는 자본 분량 또는 증분을 노동 증분으로 대체하는데, 그 이유들 중 하나는 자본의 기능이 다음 장에서 다뤄진다는 것이고, 다른 하나는 제임스 밀, 존 스튜어트 밀, 그리고 맥컬로크가 자본 투입과 노동 투입을 동의어로 간주한다는 것이다. 이 가정은 제임스 밀의 설명에 함축되어 있고(13쪽), 존 스튜어트 밀의 '자본의 본질에 관한 첫째 근본명제'에 명시되어 있다.[d] 그리고 맥컬로크는 모든 자본이 근원적으로는 노동에 의해 생산되었으므로 추가 자본의 투입은 추가 노동의 투입이라고 분명히 밝히기 위해 각주를 단다.[e]

c. 《요론》, 17쪽.

d. 1편, 5장 1절.

"앞 문구와 뒤 문구는 구분 없이 사용될 수 있다."[8] 이 학설은 그 자체로서는 모조리 오류이지만, 투입된 노동 증분 모두가 자본의 지원을 동등하게 받는다고 가정하는 것이 문제를 단순화하는 방식으로서는 오류가 아니다. 같은 노동을 다른 수량의 자본이 지원할 때 지대나 이자가 어떻게 발생하는지를 결정하는 것은 따로 뒤따르는 문제이다.

234. 나는 한 노동자가 여러 조각으로 나뉜 땅에 노동을 지출하는 경우를 상정한다. 이때 노동자 대신 노동자 집단을 상정하더라도 달라질 게 전혀 없다. 노동자 혹은 노동자 집단은 어떤 원리로 자신의 노동을 여러 조각에 분배할까? 각 조각의 땅에 일정량을 투입하고 있는데, 작은 양 Δl을 더 투입하려 한다고 가정하자. 두 조각의 땅이 있고, 각 조각으로부터 기대되는 산출 증분이 Δx_1과 Δx_2라고 하자. 그들은 당연히 가장 많은 수확이 있게끔 노동을 토지에 투입할 것이다. 노동을 달리 사용해서 조금이라도 득이 되는 한에는, 가장 유리한 사용이 반드시 선택될 것이다. 따라서 그들이 이뤄진 분배에 완벽하게 만족할 때는 동일 노동으로부터의 산출 증분이 모든 경우에서 동등할 것이다. 혹은

$$\Delta x_1 = \Delta x_2.$$

과학적 엄밀성을 기하기 위해 우리는 그 증분을 무한히 줄여야 하는데, 그렇게 해서 얻는 방정식은

$$\frac{dx_1}{dl} = \frac{dx_2}{dl}.$$

---

e. 《국부론》, 445쪽.[7]

7) 제번스가 앞에서 인용한 맥컬로크 판 《국부론》의 〈보론〉을 가리킨다.

8) 1판에서는 여기서 이 단락이 끝난다. 이어지는 두 문장은 2판에서 추가되었다.

이제 $\frac{dx}{dl}$은 마지막 투입 노동 증분의 생산율 혹은 노동생산성을[9] 나타낸다. 그리하여 우리는, 노동자 혹은 노동자 집단이 완벽한 경제성으로[10] 그들의 노동을 여러 조각의 땅에 분배할 때는 언제나, **노동 대비 산출의 최종 비율**이 어디서나 같다고 말할 수 있다.

235. 이제 우리가 검토할 수 있게 된 일반 법칙에 의하면, 점점 더 많은 노동이 같은 땅에 투입될 때 산출 증분이 마침내는 노동에 비례해서 증가하지 않는다. 이는 x가 일정 수량을 지나치면서 함수 $\frac{dx}{dl}$가 영(零)을 향해 끝없이 감소하는 것을 의미한다. 한 조각의 땅으로부터 나온 산출 전부를 x로 나타내고, 그 땅에 지출된 노동 전부를 l로 나타내자. l이 바뀌면 x가 따라서 바뀌는데, l이 증가할 때 x가 결코 감소하지 않는다. 우리는 x가 l의 함수라고 말할 수 있는데, 그것을 Pl이라 부르기로 한다.[11] 노동이 조금 더 투입될 때 산출 증분 dx는 dPl이다. $\frac{dPl}{dl}$은 최종생산율인데, 앞에서는 같은 것을 $\frac{dx}{dl}$로 나타냈다.

236. 노동이론에서 확인했듯이, 노동 증분이 지출되기 위해서는 산출에서 충분한 보상이 있어야 한다. 효용 증분이 그것을 획득하는 과정에서 생기는 괴로움 증분과 정확히 동등해질 때까지 노동이 투입된다. 이익이 되도록 투입되는 노동량의 정확한 정의를 여기서 찾을 수 있다.

노동이론에서 확인한 것이 더 있다. 마지막 노동 증분이 가장 괴롭다. 그리고 노동자가 땅에 투입한 마지막 노동 증분에 대해 그것의 생산율 $\frac{dx}{dl}$로 보상을 받는다면, 그가 투입한 노동 전부가 그 비율로 충

9) 제번스가 함께 사용하는 생산율(rate of production)과 생산성(productiveness)이라는 용어와 관련하여 5장 243쪽 역주를 참조하라.

10) 원문의 'economy'를 '경제성'으로 옮긴다. 이 책의 다른 곳에서는 이 단어가 경제 또는 경제학을 의미한다.

11) 제번스는 Pl 대신 $P(l)$로 나타낼 수도 있었다.

분한 보상을 받을 수 있다. 노동 전부가 l이므로 그 전부에 걸쳐 동등한 보상을 받는다면 그 결과는 $l.\frac{dx}{dl}$이다. 따라서 노동자는 필요한 보상보다 많이 받으며, 그 차이는 아래와 같다.

$$Pl - l.\frac{dx}{dl}.$$

이것을 달리 쓸 수도 있다.

$$Pl - l.P'l.$$

여기서 $P'l$은 Pl의 미분계수로서 최종생산율이다. 이 표식은 노동자가 땅을 소유함으로써 얻는 이익이며, 다른 방법의 노동 투입과 비교해서 추가로 얻는 이윤이다. 그러므로 그것은 노동자가 땅을 다른 사람에게 내놓으면서 요구할 지대이며, 그가 다른 사람의 토지를 사용한다면 지불할 수 있고 지불하려 할 지대다.

237. 동일한 분석이 여러 필지의 땅에도 적용될 수 있다. 한 사람 혹은 한 노동자 집단이 여러 조각의 땅을 경작하더라도 각 조각에서 $P'l$은 같은 크기를 갖는다. 그러나 노동의 수량과 노동의 함수는 조각마다 다를 것이다. 그래서 두 조각의 땅이라면 지대는 다음과 같다.

$$P_1 l_1 + P_2 l_2 - (l_1 + l_2) P'l.$$

여러 조각에 대해 일반적으로 말하면, Pl 형태의 수량들의 합에서 $l.P'l$ 형태의 수량들의 합을 뺀 것이[12] 지대다.

---

12) 제번스의 표기방식을 따르면

지대이론의 예시

238. 지대이론을 그림으로 보여주기는 매우 쉽다. 선 *ox* 위의 거리로 노동의 수량을 가리키고, 곡선 *apc*로 생산율의 변동을 나타내면, 곡선의 면적으로 산출이 측정된다. 그리하여 노동이 *om*만큼 투입되었을 때 산출이 면적 *apmo*와 상응한다. 작은 새 노동 증분 *mm'*이 투입되고, 생산율이 그 증분 전부에 걸쳐 동등하다고 하자. 그러면 작은 평행사변형 *pp'm'm*이 산출된다. 이것은 수량에서 *pm*에 비례하며, 따라서 선 *ox* 위 한 점에서 수직으로 올린 곡선 위 한 점의 높이가 그 노동 투입의 점에서의 생산율을 나타낸다.

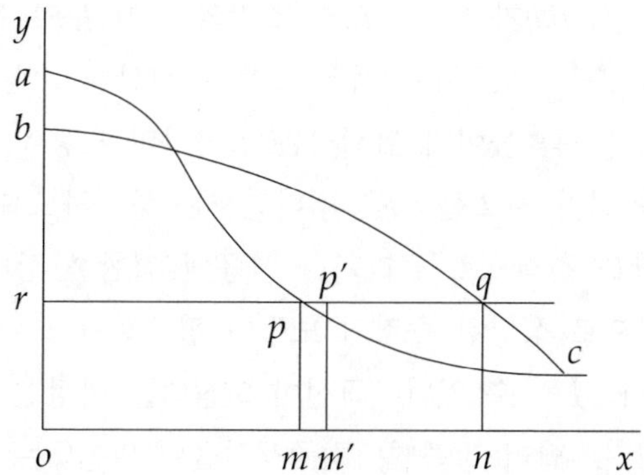

〈그림 9〉

$$\sum_{i=1}^{n} P_i l_i - \sum_{i=1}^{n} l_i P'l.$$

단,

$$P'l = P_1'l_1 = P_2'l_2 = \cdots P_n'l_n.$$

$P'l$과 $P_i'l_i$은 도함수로서 $P'(l)$과 $P_i'(l_i)$로 표기할 수도 있다.

계속 상정해 보자. 노동자가 자기 노동 *mm*′이 산출 *pm*′에 의해 상환된다고 여긴다면, 그의 노동의 다른 부분이 동일한 율로 상환되지 않아야 할 이유가 없다. 그래서 점 *p*를 지나는 수평선 *rpq*를 그리면, 그의 노동 전부 *om*이 면적 *orpm*으로 표시되는 산출에 의해 상환될 것이다. 따라서 위에 얹힌 면적 *rap*는, 그 자신이 그 토지의 주인이 아니라면, 그에게서 지대로 빼낼 수 있는 초과 생산물이다.

239. 동일인이 다른 조각의 땅을 경작한다고 가정하면서, 우리는 곡선 *bqc*로 그것의 생산성을 나타낼 수 있다. 이 경우에도 앞의 경우와 같은 생산율이 그 노동자에게 상환될 것이다. 그래서 동일한 수평선 *rpq*와 그 곡선이 교차하면서 노동의 최종점 *n*을 결정한다. 그 노동 전부 *on*에 대한 충분한 보상이 면적 *rn*으로 측정된다. 그리고 초과 생산물 또는 지대는 면적 *rbq*가 된다. 토지 조각의 수가 무엇이든 비슷한 방식으로 살펴볼 수 있다. 아주 적은 노동은 생산율이 형편없을 수 있고, 토지의 비옥도를 높이기 위해서는 일정량의 노동이 필요한데, 이를 반영하여 곡선이 시초선 *oy*를 떠나면서는 증가하도록 그림을 그릴 수도 있다. 땅을 경작으로 돌리거나 사용에 적합한 상태로 유지하는 데만도 일반적으로 상당한 수량의 노동이 필요하기에 이런 경우가 종종 또는 언제나 있을 수 있다. 곡선이 마침내는 바탕선 *ox*를 향해 내려가게 마련이다. 달리 말하면, 최종생산율이 마침내는 영을 향해 가라앉기 마련이다. 지대법칙은 이 확실한 원리에 기대고 있다.

제 7 장

자본이론

자본의 기능

241. 자본의 본질과 원리를 고찰하면서 우리 주제의 새 분야로 들어간다. 자본 사용과 교환 과정 사이에는 밀접하거나 필연적인 관계가 없다. 자본 사용과 교환이 모두 우리가 얻는 효용의 합을 크게 증가시키는 방법이지만, 교환 이익 없이도 자본 이익을 누리는 일을 생각해 볼 수 있다. 알렉산더 셀커크처럼[1] 다른 사람과의 교역이 끊기고 고립되어 버린 사람도 자신이 가진 식량, 도구, 그리고 작업을 돕는 다른 여러 수단에서 편익을 느낄 것이다. 그렇다면 경제학은 교환 혹은 가치의 과학일 뿐만 아니라 자본화의[2] 과학이기도 하다.

내가 이 주제에 대해 애써 세우려는 견해는 리카도가 채택한 것과 근본적으로 합치한다. 그러나 내 의도는 리카도 이후의 일부 경제학자들이 했던 것보다 더 단순하고 시종일관하게 자본이론은 제시하는 것이다. 생산을 쉽게 하기 위해 사용하는 부(富)가 자본을 구성한다고

---

1) 셀커크(Alexander Selkirk, 1676~1721)는 스코틀랜드 태생의 선원인데, 1704년에 남태평양의 한 무인도에 남겨져 4년 4개월 동안 혼자 살았다. 1719년에 출간된 소설 《로빈슨 크루소》가 그를 소재로 했을 가능성이 크다.

2) 원문의 'Capitalisation'을 '자본화'로 옮긴다. 이 책에서 단 한 번만 사용되는 표현이다.

하는데, 그것은 완벽한 진실이다. 그러나 경제학자들이 그런 부의 품목을 나열하면서부터는 그 주제가 흐려진다. 맥컬로크에 의하면,[a] "한 나라의 자본은 그 나라에 존재하는 산업생산물의 일부로 이뤄지며, 사람을 부양하거나 생산을 돕는 데 직접 사용할 수 있는 것들이다". 포셋 교수도 이렇게 말한다.[b] "자본은 노동자를 먹여 살릴 식품에 한정되지 않는다. 자본은 기계와 건물 그리고 노동생산물이면서 사람의 작업을 돕는 데 사용할 수 있는 모든 것을 포함한다. 그러나 식품 형태의 자본이 기계 형태의 자본과 같은 방식으로 그 기능을 수행하는 것은 아니다. 전자를 가리키는 용어가 유동자본이고, 후자를 가리키는 용어가 고정자본이다."

242. 자본의 일부라고 불리는 것이 실제로는 전부라는 사실을 인지하는 순간 자본의 개념이 새로운 단계의 단순성을 갖는다. 자본은 일에 종사하는 모든 종류 혹은 계급의 노동자를 유지하는 데 필요한 상품 총합으로 구성될 뿐이다. 식품이 자본의 주된 요소다. 그렇지만 의복, 가구, 그리고 일상적으로 사용하는 다른 모든 물품도 역시 필요한 자본의 일부다. 시중의 생계수단은 자유롭거나 회수된[3)] 형태의 자본을 구성한다. 자본의 유일하면서 매우 중요한 기능은 노동자로 하여금 오래 걸리는 일의 결과를 기다릴 수 있게 해주는 것이며, 사업의 시작과 종료 사이에 기간을 둘 수 있게 하는 것이다.

243. 자본 덕택에 우리는 자본 없이는 불가능했을 큰일을 벌일 수 있을 뿐만 아니라, 매우 많은 노동을 들여야 했을 물품들의 생산이 훨씬 쉬워지기도 한다. 우리에게 자본이 있기에 도구, 기계, 혹은 다른 예비

---

a. 《정치경제학 원리》, 100쪽.

b. 《정치경제학 편람》, 2판, 47쪽.

3) 원문의 'uninvest'를 '회수'로 옮긴다. 곧이어 나오는 'invest'는 '투하'로 옮긴다. 그리고 자본 또는 노동과 관련하여 사용되는 'apply'와 'expend'를 각각 '투입'과 '지출'로 옮긴다. 뒤에 나오는 '환수'는 'withdrawn'을 옮긴 것이다.

작업에 많은 지출이 이뤄질 수 있는데, 이들은 여러 긴요한 상품 생산을 유일한 목적으로 삼으면서, 우리가 생산에 착수할 때 그것을 훨씬 쉽게 해준다.

자본은 시간과 관련이 있다

여러 경제학자들이 명백히 인지했듯이, 일의 시작과 종료 사이의 경과 시간으로 인한 어려움을 우리는 자본의 도움을 받아 극복한다. 그래서 제임스 밀이 이렇게 말한다. "짐승으로 연명하는 사람이 하루 안에 짐승을 잡으리라 확신할 수 없다면 그는 적어도 하루 동안의 식량을 미리 갖지 않으면 안 된다. 한 주 혹은 한 달이 걸리는 사냥을 떠난다면 여러 날의 식량이 필요하다. 사람들이 그들의 노동으로 땅에서 키우며 한 해에 한 번만 익는 산물에 기대어 살게 되면서는, 한 해 동안의 식량이 미리 마련되어 있어야 한다는 것이 명백해졌다."[c]

244. 훨씬 최근에는 헌 교수가 '부학'이라는 제목의 훌륭한 저작에서 이렇게 말했다.[d]

> 자본이 산업의 보조물로 직접 작용하는 첫째이자 가장 명백한 방식은, 완수하려면 상당한 시간이 필요한 작업의 수행을 가능하게 하는 것이다. 가장 단순한 농업 작용에서 파종기와 수확기가 있다. 포도 농원은 용도에 완전히 적합해지기에 앞서 적어도 3년 동안은 아무것도 생산하지 못한다. 금 채굴에서는 금에 도달하기까지 오래 걸리는 경우가 많으며, 때로는 5년 내지 6년이 걸리기

c. 《정치경제학 요론》, 3판, 1826, 9쪽.

d. 《부학, 또는 인간 욕구를 만족시키려는 노력에 관한 이론》, 1864, 맥밀런, 139쪽.

도 한다. 가난한 사람이 그런 광산을 개발할 수 있으려면 가게 주인이 광부에게 신용을 제공해야 한다. 혹은 달리 말하면, 모험에 자본을 공급해야 한다. 이 대단한 효과에 덧붙여, 결코 덜 중요하지 않은 다른 결과도 함께 자본이 가져온다. 그 결과 중 하나가 노동이 갖는 지속성과 연속성이다. 사람은 자본의 지원을 받을 때, 자신의 일이 끝나도록 그 일에 머무를 수 있고, 끝나지 않은 일을 떠나 한동안은 필요한 호구지책을 찾아 나서도록 강요받지 않는다. 노동자가 기댈 수 있는 자금이 축적되어 있지 않으면, 자신의 기초적 욕구를 채우는 것과 관련되지 않는 다른 어떤 직업에 단 하루도 온전히 머물며 종사할 수 없다. 이런 욕구 말고도 노동자는 때때로 그가 작업하려는 원료를 찾아 나서야 한다.

245. 내가 보기에 이들 문구는 자본의 본질과 목적에 대해 명확한 통찰을 내포한다. 하지만 그 저자들은 자신들의 생각에서 나오는 결과를 충분히 과감하게 추적하지 않았다. 우리가 이 주제에 대해 포괄적인 시야를 갖는다면, 자본의 으뜸 목적이자 하나뿐인 목적이 위에 기술된 그대로임이 보일 것이다. 자본은 단순히 **노동을 미리 지출하게** 해준다. 곡식을 키우기 위해서는 땅을 갈아야 한다. 만약 우리가 곧바로 일에 착수한다면, 그리고 자연이 우리에게 준 손가락을 사용한다면, 우리는 엄청난 양의 괴로운 노동을 들이고서도 약간의 성과만을 거둘 것이다. 그러므로 우리 노동의 첫 부분은 나머지 부분의 노동을 도울 삽 혹은 다른 도구를 만드는 데 쓰는 게 훨씬 낫다. 삽은 그만큼의 노동이 투하되고 지출됐음을 나타낸다. 그러나 만약 삽의 수명이 3년이라면, 삽의 비용이 3년에 걸쳐 나눠 상환되는 것으로 간주할 수 있다. 삽 만드는 노동은 땅 가는 노동과 마찬가지로 그 목적이 곡물 재배이며, 이 노동의 본질적인 차이는 오직 곡물 생산을 더 긴 간격으로 앞서야 한다는 것이다. 삽에 노동이 투하되어 있는 시간의 평균 길이는

3년의 절반이다. 만약 우리에게 더 많은 자본이 있어서 내구연한이 20년인 쟁기를 만드는 데 그것을 지출한다면, 우리는 20년에 걸쳐 나눠 상환될 노동, 따라서 평균 10년 동안 투하되어 있을 노동을 초기에 많이 투하하는 셈이다.

246. 근대 산업에서 동일인이 삽이나 쟁기를 만든 다음 그 도구를 사용하는 일은 드물거나 없다. 분업 덕택에 나는 도구 제작에 전념하는 사람으로부터 그 도구를 구입하는 데 내 자본의 일부를 지출하는 편이 훨씬 유리하다. 그 사람은 아마도 자신의 일을 쉽게 하기 위해 그 전에 자본을 지출했을 것이다. 그러나 이로 인해 문제의 원리가 달라지지 않는다. 내가 삽을 사면서 지불한 자본은 단지 제조업자가 삽이 요구되리라 예상하고 이미 투하했던 것을 대체할 뿐이다. 정확히 같은 고찰이 훨씬 더 복잡한 자본 사용에 적용될 수 있다. 면화와 관련된 모든 산업의 궁극적인 목적은 면직물 생산이다. 그러나 이런 재화를 생산하는 전 과정은 많은 부분으로 나뉘며, 한 재화가 완성되기 오래전에 노동을 지출하는 게 필요하다.

247. 우선 목화를 재배할 땅을 갈기 위해 노동이 필요한데, 아마도 밭을 처음 일군 때부터 면화가 공장에 도착하는 때까지 적어도 2년이 걸릴 것이다. 그리고 면화공장은 매우 튼튼하고 오래가는 구조물이어야 하며, 매우 비싼 기계를 들여야 하는데, 오랫동안 사용해야만 소유주에게 상환될 수 있는 것이다. 예전 방식이나 캐시미어에서 하는 방식으로 실을 뽑고 천을 짜서 면직물을 만들 수도 있으나, 그리하면 생산물에 비해 엄청나게 많은 노동이 필요하다. 대량의 노동과 자본을 들여 큰 공장을 지어 가장 좋은 기계로 채우는 편이 훨씬 더 경제적이다.[4)]

---

4) 원문의 'economical'을 '경제적'으로 옮긴다. 여기서는 이 단어가 '효율적이고 유리하다'는 의미로 사용되고 있다. 제번스가 이 단어를 이런 의미로 사용하는 것은 이곳과 다음 장에서뿐이다. 그는 이 단어를 주로 경제 또는 경제학을 가리키기 위해 사용한다. 'economic'도 마찬가지다.

그리하면 30년 넘게 손상 없는 효율성으로 계속 작동할 것이다. 이는 제품이 생산되는 동안 기계 관리에 지출되는 노동에 더하여, 대량의 노동이 1년에서 30년까지 미리, 또는 평균 15년 미리 지출되었음을 의미한다. 이 지출은 30년에 걸친 연간 이윤으로 상환된다.

248. 노동이 처음 발휘되어 결과를 향유하기까지의 기간이 더 늘어날 수도 있다. 원료가 기계에 다다르기에 앞서 창고에 놓여 있는 시간이 있고, 제품을 소매상들에게 분배하여 그들을 통해 소비자에게 분배하는 데 들어가는 시간이 있기 때문이다. 이 시간 동안에도 자본이 투하된다고 보이며, 오직 실제로 사용될 때에만 그에 상응하여 향유되는 효용에 의해 지출이 상환된다.

그리하여 나는 가장 일반적으로 말하겠다. 상품 공급에서의 개선을 위해서는 반드시, 노동이 발휘된 순간과 그것의 궁극적 결과 또는 목적이 달성되는 순간 사이의 평균 기간이 늘어나야 하며, 그런 개선은 자본 사용에 달려 있다. 그리고 덧붙이자면, 이것이 자본의 유일한 용도다. 분화된 노동과 빈번한 교환이 가져온 여러 무관한 복잡성을 무시하면, 모든 자본 사용은 산업의 시작과 종료 사이에서 시간이 경과한다는 사실로 환원된다.[5)]

---

5) 빅셀에 이어 영이 지적하듯이(K. Wicksell, *Über Wert, Kapital und Rente*, 1893, pp. 130~144; A. A. Young, "Jevons's *Theory of Political Economy*," *American Economic Review* 2:3, 1912, pp. 576~589), 자본을 시간으로 환원하면서 생산성과 연결하는 제번스의 이론은 뵘바베르크의 우회생산 이론과 그다지 다르지 않다. 그러나 뵘바베르크는 자신과 제번스의 차이를 더 강조한다(Eugen von Böhm-Bawerk, *Kapital und Kapitalzins I: Geschichte und Kritik der Kapitalzins-Theorien*, 1884, ch. 13).

자본에 관한 수량적 개념

249. 이 주제에서 분명히 해둬야 할 것은 **투하 자본량**과 **자본 투하량**의[6] 차이다. 전자는 오직 1차원 수량으로서 자본의 수량이다. 후자는 2차원 수량인데, 한 차원은 자본의 수량이고 다른 차원은 그것이 투하되어 있는 기간이다. 만약 하루의 노동이 투하되어 2년 동안 머무른다면, 그 자본은 단지 1일과 대등한 것이다. 그러나 그 자본이 1년 동안만 머무를 경우에 비해 두 배나 오래 갇혀 있다. 자본의 가장 유리한 사용을 고찰함에 있어서 모든 문제는 투하의 양만큼이나 그 기간에 달려 있다. 같은 자본이 어떤 기간의 절반 동안만 흡입 또는 투하된다면 두 배로 많은 산업에 종사할 수 있다.

자본 투하량을 분명히 결정하려면 각 시점에서 투하된 자본의 양에 그것이 투하되어 머무르는 기간을 곱하면 된다. 1파운드가 투하되어 5년 동안 머무르는 것은 5파운드가 투하되어 1년 동안 머무르는 것과 같은 결과를 낳으며, 둘 모두 그 곱이 **5파운드-년**이다. 그렇지만 가장 흔하게는 투하가 연속적으로 또는 간헐적으로 진행되므로 이에 대한 분명한 개념이 필요하다. 만약 한 노동자를 1년 동안 어떤 일에 고용하고, 그 일의 결과를 그 기간의 끝에 완료하여 향유한다면, 자본 흡입을[7] 구하기 위해서는 매일의 임금에 그 기간 끝에 이르기까지의 일수를 곱한 다음 그런 곱의 결과들을 모두 더하면 된다. 매일의 임금이 4실링이라면, 자본 투하량은 다음과 같이 계산된다.[8]

---

6) 원문의 'amount of capital invested'와 'amount of investment of capital'을 각각 '투하 자본량'과 '자본 투하량'으로 옮긴다.

7) 원문의 'absorption of capital'을 '자본 흡입'으로 옮긴다. 이 표현은 7장에서 세 번 쓰인다.

8) 이 계산은 단리(單利)에만 적용된다. 280쪽 역주를 참조하라.

$$4 \times 364 + 4 \times 363 + 4 \times 362 \ldots\ldots + 4 \times 1$$

$$= 4 \times \frac{365 \times 364}{2}$$

$$= 265{,}720 \text{ 실링-일}$$

250. 〈그림 10〉으로도 투하를 나타낼 수 있다. 직선 *ox*에서 길이가 투하 기간을 나타내고, *a* 혹은 각 점에서의 높이는 투하된 자본의 양이다. 그러나 기간 *oa* 동안의 투하량을 측정하는 것은 점 *a*까지의 여러 직사각형의 전체 면적이다.

지속된 노동의 결과가 모두 한 순간에 소비되고 향유되는 경우는 많지 않다. 그 결과는 일반적으로 일정 기간 동안 지속된다. 그렇다면 우리는 자본이 점진적으로 회수된다고 간주해야 한다. 단순한 예시를 위해, 심고 거두는 노동이 한 해의 9월 1일부터 다음 해의 같은 날까지 연속적으로 균등하게 지출되는 경우를 상정하자. 수확이 완전히 끝나자마자 소비가 시작되어 다음 열두 달 동안 균등하게 지속된다. 그러면 자본 투하량은 〈그림 11〉처럼 이등변삼각형의 면적으로 나타난다. 이 삼각형의 밑변은 2년의 기간에 대응한다.

삼각형의 면적은 높이에 밑변의 절반을 곱한 것과 같은데, 높이가 나타내는 것은 최대 투하 자본량으로서 수확이 완료되는 9월 1일에 투하되어 있는 자본의 양이고, 밑변의 절반 혹은 1년이 전체량의 평균

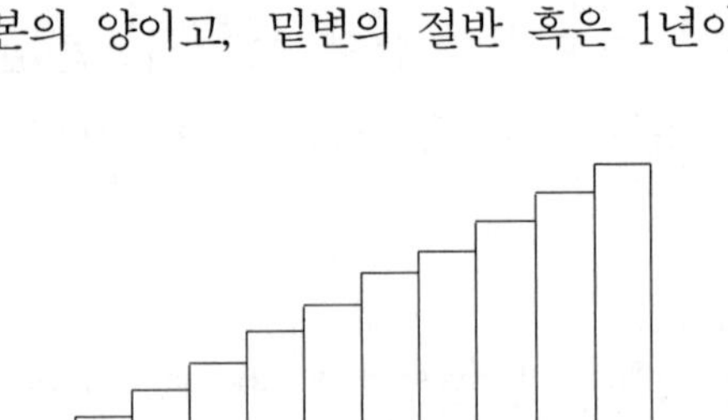

〈그림 10〉

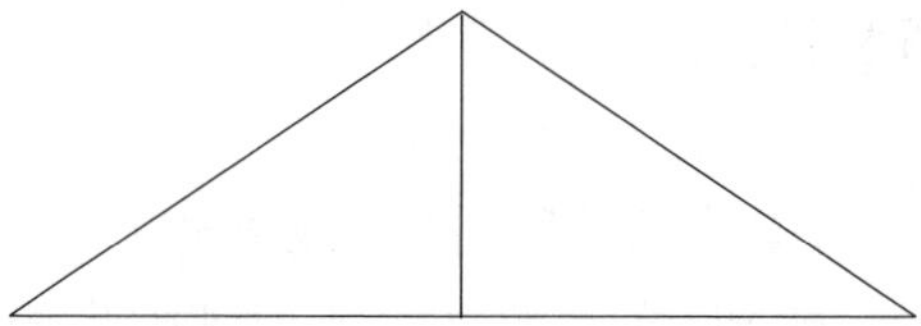

〈그림 11〉

투하시간이다.[9]

251. 유클리드의 첫째 책[10] 37번 명제가 증명하듯이, 동일한 밑변을 가지면서 동일한 평행선 사이에 있는 모든 삼각형은 그 면적이 같다. 그래서 우리는 이런 결론을 이끌어 낼 수 있다. 자본이 시간에 단순 비례하여 연속적으로 투하되고 회수되면, 우리가 고려해야 할 것은 오직 투하된 최대량과[11] 최대 투하시간이다. 그 자본이 모두 갑자기 투하되어 차츰 환수되든, 차츰 투하되어 갑자기 환수되든, 차츰 투하되어 차츰 환수되든, 그 어떤 경우에나 투하량은 투자의 시작에서 종료까지 경과한 시간의 반을 최대 자본량에 곱한 것이다.

9) 원문의 'the average time of investment'에서 'time'은 시각이 아닌 시간으로 이해해야 한다. 따라서 '평균 투하시간'으로 옮긴다. 하지만 이 평균은 복리(複利)의 경우 이자율에 따라 그 크기가 달리 정해져야 한다. 단리의 경우에도 고정자본이 존재하면 역시 이자율에 따라 그 크기가 달리 정해져야 한다. 그래서 이 평균은 이자율을 전제하지 않고서는 정할 수 없는 변수이다. 한편 제번스는 283쪽에서 복리를 언급하지만 분석을 피한다. 부론 1의 해설을 참조하라.

10) 유클리드의 《원론》을 가리킨다. 1장 81쪽 역주를 참조하라.

11) 여기서 '투하된 최대량'(the greatest amount invested)은 다음 문장의 '최대 자본량'(the greatest amount of capital)과 같은 것이다. 둘 모두 2차원의 수량이 아니라 1차원의 수량이며, 〈그림 11〉에서 삼각형의 면적이 아니라 높이로 나타난다.

투하량에 관한 표식

252. 이 문제에 관한 우리의 생각을 더욱더 정확하고 일반적인 것으로 만들기 위해 우리는 한 번 더 수학 기호에 기대기로 한다.

Δp로는 Δt의 시간에 투하된다고 생각되는 자본의 양을 나타내고,[12] t로는 그 결과가 향유되기 전에 경과하는 시간을 나타내되 그 향유가 Δt의 시간 동안에 일어나는 것으로 한다. 여기서 Δt는 t와 비교하면 무시해도 좋은 것이다. 그리하여 $t.\Delta p$가 투하량이다. 만일 투하가 반복되면, 총투하량은 $t.\Delta p$의 성질을 가진 수량들의 합이며, 관례적 표현 방식으로는 $\sum t.\Delta p$이다.[13] 그러나 결과의 각 부분에 정확히 상응하는 노동 부분을 지정하기란 좀처럼 가능하지 않다. 땅을 갈

---

12) 1판에서는 p로 "한 시점에서 순간적으로 투하되는 양"을 나타냈으나 2판에서는 Δp로 바꾸면서 설명도 그에 맞도록 고친다.

13) 여기서도 제번스는 논의를 단리로 제한한다. 단리와 이산(discrete) 시간을 전제하면서 $T-t$기의 투하자본을 Δp 대신 I_t로 나타내면, 이자율 r에 대해 평균 투하시간 τ를 규정하는 방정식은

$$\sum (1+rt) I_t = (1+r\tau) \sum I_t.$$

이 방정식에서 r이 소거될 수 있으므로

$$\sum t I_t = \tau \sum I_t.$$

그래서 '자본 투하량'과 '평균 투하시간'이 모두 간단히 정의되고 계산된다. 그러나 복리의 경우에는 사정이 다르다. 평균 투하시간 τ를 규정하는 방정식이

$$\sum (1+r)^t I_t = (1+r)^\tau \sum I_t.$$

이 방정식에서는 r이 소거될 수 없으며, '평균 투하시간'이 이자율 r에 따라 달리 계산된다. 그리고 '자본 투하량'을 $\sum tI_t$으로 정의하는 것은 적절하지 않다. $\tau\sum I_t$으로 정의할 수는 있는데, 그리하면 그것도 당연히 이자율 r에 따라 달리 계산된다. 더 자세한 설명은 부론 1의 해설을 참조하라.

고, 목화를 재배하고, 채취하고, 수송하고, 세탁하고, 실을 잣고, 천을 짜고, 염색하는 사람들의 근로의 총합에서 면제품이 나온다. 우리는 각 노동자의 일에 대한 보상이 제각기 지불되는 순간을 판별할 수 없다. 이 어려움을 피하기 위해서는, 모든 노동이 보상을 받고 공장과 기계가 소모되어 팔리고 면제품이 소비되어, 모든 거래가 마무리되는 어떤 순간을 고정해야 한다. 어느 한 순간부터 이렇게 계산을 마무리하는 최종 순간까지 경과한 시간을 t로 나타내기로 한다. Δp는 앞에서처럼 투하자본 증분이다. 그리고 Δq는 생산물이 판매되어 소비자들에 의해 향유되는 데 따른 회수 자본의 증분이다. 그리하여 수량 $t.\Delta p$의 합에서 수량 $t.\Delta q$의 합을 빼면 자본 총투하가 된다. 이것을 기호로 표현하면, $\sum t.\Delta p-\sum t.\Delta q$.

자본, 신용, 채무의 차원[14]

253. 지금 이 주제가 스스로를 드러내듯이, 자본은 단순히 상품으로 간주할 수 있다고 보인다. 그리하여 자본의 차원은 M으로 나타내고, 자본투하량은 시간이라는 추가의 차원을 가지므로 기호로는 MT로 나타낼 수 있다. 그렇다면 우리는 시니어가 절제라고 부른 그것, 즉 자본이 존재하려면 꼭 필요한 향유의 일시적 희생의 수량적 성질을 어떻게 정해야 할까? 시니어는 자신이 그 단어로 의미하는 것을 드러내어 정의했다.[e] "우리가 절제라는 단어로 표현하려는 것은, 노동이나 자연의 작용과는 구분되면서, 자본이 존재하려면 함께 발현해야 하는 작용이며,

e. 나소 시니어의 《정치경제학》, 5판, 1863, 59쪽.

14) 저자가 2판 서문을 시작하면서 밝히듯이, 이 절은 2판에서 '경제 수량의 차원'을 다루기 위해 추가한 여러 절 가운데 넷째다.

이윤에 대한 그것의 관계는 임금에 대한 노동의 관계와 같다." 그가 이어서 설명하기를, 절제는 언제나 노동을 동반하지만 노동과 구분된다고 말한다. 시니어의 말을 숙고하면 알 수 있듯이, 현실에서 절제란 욕구를 참아내는 것이고, 향유할 수도 있는 효용의 향유를 멀리하는 것이다. 여기서 욕구의 정도 또는 강도는 상품을 소비했을 경우의 효용도로 측정된다. 큰 효용도는 큰 욕구를 의미할 뿐이며, 따라서 절제의 한 차원은 U이어야 한다. 그리고 시간 역시 명백하게 절제의 한 요소이므로 절제의 차원을 기호로 표시하기 위해서는 UT가 필요하다. 이 결과는 이윤에 대한 절제의 관계가 노동에 대한 임금의 관계와 같다고 말하는 시니어의 정의에 만족스럽게 합치한다. 그리하여 UT가 M에 대해 갖는 관계는 ET가 M에 대해 갖는 관계와 똑같다. E는 노동의 괴로움 정도를 나타내는데, 기호를 제외하고는 U와 조금도 다르지 않다.

255. 절제 UT가 총효용 MU에 대해 갖는 관계 역시 우리의 결과를 확인해 준다. 우리가 소비를 위해 상품을 공급함으로써 절제를 만족으로 바꿀 수 있는데, 이 행동을 기호로 나타내기 위해 UT에 MT^{-1}를 곱하면 MU, 즉 효용이 나온다.

채무와 신용의 차원은, 빌리고 빚지는 것만을 고려하면, 상품의 차원 M일 뿐이다. 상업 관행에 따르면 채무 계약이란 1온스의 금, 1톤의 무쇠, 1통의 야자유처럼 특정 물품을 물리적으로 정해진 어떤 수량만큼 돌려주는 계약이다. 빚을 갚을 때 그것이 주는 효용이 빌릴 때와 같아지도록 그 수량을 정하려는 어떤 시도도 없다. 빌리는 사람과 빌려주는 사람은 이것을 운에 맡기기도 하고, 지불할 이자율에서 이에 대비하기도 한다. 다른 의미에서 신용 또는 채무의 양이 작용 기간에 비례하여 차원 MT를 갖는다는 것도 마찬가지로 분명하다.

작업 지속 시간의 효과

자본이론에서 가장 흥미로운 점은 아마도 신속하게 수행하는 데서 생기는 이익일 것이다. 물론 최종 결과가 같으면서 어렵지 않게 할 수 있는 일의 경우이다. 이 점을 살피기 위해 가정하기를, 집 한 채를 짓기 위해 지불되는 임금 총량이 w인데, 그 일에 걸린 시간 t가 일정한 범위 안에서 아무리 달라지더라도 이 금액이 바뀌지 않는다. 만일 그 일이 연속적으로 진행된다면, 우리는 각 단위 시간마다 w의 t분의 1과 동등한 투하량을 갖는다. 따라서 전체 자본 투하량은 밑변 t와 높이 w를 가진 삼각형의 면적으로 나타난다. 말하자면 투하는 $\frac{1}{2}tw$이다. 이처럼 전체 지출이 궁극적으로 동일할 때, 투하량은 시간에 단순 비례한다. 그 시간 동안의 복리 이자 누적을 고려한다면 그 결과는 더욱 심각하다. 하지만 복리 이자는 공식을 매우 복잡하게 만들 뿐이고, 우리 목적을 위해서는 고려할 필요가 없다.[15)]

256. 우리는 앞에서 노동량이 동일하면서 더 긴 시간에 걸쳐 분포되는 경우를 다뤘는데, 시간에 비례하여 노동이 증가하는 경우와는 분명히 구분해야 한다. 후자의 경우에는 자본 투하가 훨씬 빠르게 증가한다. 도구, 원료 등 여러 준비물의 초기 비용을 무시하고, 첫날의 노동 비용이 a라고 하자. 둘째 하루 동안 이것이 투하되어 있으면서 자본량 a가 추가되고, 그다음 날에도 같은 추가가 이뤄진다. 투하 자본량은 명백히

둘째	하루의	시작에	$a,$
셋째	〃	〃	$a+a,$
넷째	〃	〃	$a+a+a,$

15) 280쪽 역주와 비교하라.

등등이다. 만일 그 일이 $n+1$일 동안 계속된다면, 자본 총투하량은

$$a+2a+3a+4a+\cdots+na.$$

이 급수의 합은

$$a\left(\frac{n}{2}+\frac{n^2}{2}\right).$$

이것은 시간의 제곱을 포함하는 항에 의해 증가한다. 따라서 자본의 고용은 삼각수에 비례해서 증가한다. 즉

1, 3, 6, 10, 15, 21 등.

257. 투하가 연속적으로 이뤄지는 경우라면 전체 자본 흡입이 직각 삼각형의 면적으로 나타나는데(〈그림 12〉), 여기서 ob_1, b_1b_2, b_2b_3 등은 이어지는 단위 시간들이다. 선분 a_1b_1, a_2b_2의 높이는 그 시간의 끝에 투하되어 있는 양을 나타낸다. 하루의 투하가 a이면, 투하 총량이

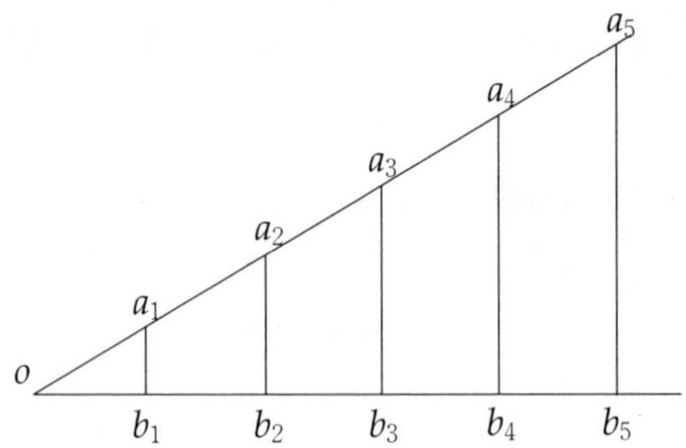

〈그림 12〉

$a\frac{n^2}{2}$이어서 시간의 제곱과 함께 증가한다.

258. 이런 종류의 경우가 계속 생긴다. 필요한 깊이를 미리 엄밀하게 알기가 어려운 광산을 파 내려가는 경우가 그러하다. 방파제, 제방, 큰 다리의 기초, 도크, 터널, 수로 준설 등 모든 대규모 공사는 이와 비슷한 성질의 문제를 갖는다. 노동과 자본이 얼마나 필요할지 도무지 모른다. 만일 공사가 예상보다 훨씬 오래 끌면 그 결과는 대개 재정 파탄이다.

자본 투하의 예시

자본이 투하되어 머물러 있는 시간과 자본이 투하되고 다시 생산되는 사정은 자본이 어디에 사용되는가에 따라 매우 다르다. 배추를 재배하는 경우라면, 배추가 몇 달 지나지 않아 다 자라므로, 그것을 심고 돌보는 노동은 밭을 갈고 거름을 주는 노동의 일부와 더불어 그 결과를 거의 아무런 지체 없이 내놓는다. 하지만 나무를 심고 키우는 경우라면, 일정량의 노동이 지출되고서 30년이나 40년 혹은 50년이 지나기까지는 아무 결과도 얻지 못한다. 울타리를 치고, 자리를 고르고, 묘목을 심는 데 드는 초기 비용이 만만치 않다. 얼마 뒤에는 잘라낸 가지와 솎아낸 나무로 관리와 보수의 비용을 충당할 수 있지만 그래도 자본 흡입이 워낙 크다. 그래서 식목이 별로 많이 이뤄지지 않는 이유가 설명된다. 포도주 숙성도 얼마간 비슷한 경우이다. 일정량의 노동이 지출되고서 10년 혹은 15년 동안 아무 결과가 없고, 그동안 줄곧 저장 비용이 들어간다. 이런 모든 경우에 그 기간이 끝나는 시점에서의 제품의 실제 가치를 추정하려면 반드시 복리 이자를 더해야 하는데, 이것이 빠르게 증가한다. 사업 시작과 함께 투하된 1파운드는, 이자율이 5퍼센트라면, 10년 뒤에는 1.63파운드가 되고, 50년 뒤에는

11.47파운드가 되고, 한 세기 뒤에는 131.50파운드를 넘는다. 그래서 50년 동안 저장한 포도주의 가치가 그것이 새 포도주이었을 때에 비해 12배를 넘지 않으면 이윤을 남길 수 없다. 참나무를 심어 한 세기 동안 자라게 하는 것이 이익이 되려면, 그 목재가 재배 비용을 132배로 갚아야 한다.

259. 비용이 아무리 작더라도 매년 들어가야 한다면(예컨대 저장하고 관리하는 비용처럼) 그 지출은 더욱 놀랍게 쌓일 것이다. 그래서 만일 투하 비용이 매년 1파운드라면, 5퍼센트의 복리 이자를 더한 투하량이 10년 뒤에는 12.58파운드가 되고, 50년 뒤에는 209.35파운드가 되고, 한 세기 뒤에는 엄청나게도 2,610.03파운드가 된다. 우리는 거의 언제나 투하의 원천 비용과 연속 비용을 함께 고려해야 한다. 만일 100파운드어치의 포도주가 50년간 보관되어 있으면서 저장 비용이 매년 1파운드라면, 그 기간이 끝날 때의 총비용은 1,147.0파운드의 원천 비용에 209.35파운드의 저장 비용을 더해 모두 1,356.35파운드가 된다.

260. 공공사업을 포함한 여러 장기 사업의 비용을 계산할 때 빠르게 쌓이는 복리 이자를 간과하는 경우가 자주 있는데, 이는 두려워해야 할 일이다. 거대한 요새, 방파제, 운하(예컨대 칼레도니아 운하) 등은 종종 시작한 지 20년이 되도록 완성되지 않으며, 그동안 거의 혹은 전혀 아무런 쓸모가 없다. 가령 그 비용이 매년 1만 파운드라면, 전체 비용이 20만 파운드로 보이겠으나, 5퍼센트의 이자를 감안하면 실제로는 33만 파운드이다. 프랑스의 공학자이자 경제학자인 미나드는 이 점을 충분히 이해했다.[f] 그가 보여주었듯이, 셰르부르 항구의 대제방이나 운하와 같은 공공사업이 적절한 결과를 가져오기까지 공사에 반세기가

---

f. 미나드, 《도로 교량 연보》, 1850, 전편, 57쪽.[16)]

16) 제번스는 2판 서문 34쪽에서도 《도로 교량 연보》에 게재된 뒤피의 논문을 인용했다.

걸리기도 하는데, 그것의 실제 비용은 단순히 지출된 돈의 합계로 표시되는 것과는 비교할 수 없을 만치 크다. 생 캉텐의 첫 운하가 그랬듯이, 공사가 오래 진행된 뒤에 버려져서 초기 비용과 이자만큼의 손실이 엄청나게 큰 경우도 있다. 건지 항구가 바로 그런 경우이고, 비슷한 사례를 잉글랜드의 조선소들이 얼마든지 제공한다.

261. 자본 투하의 흥미로운 사례가 금과 은의 경우에서 나타났다. 금과 은은 많은 양이 돈이나 접시 또는 장신구의 형태로 유지된다. 금은을 채굴 또는 채광하는 데 들어간 노동은, 금은이 계속 사용되는 전 기간 동안 그것을 소유하는 데서 생기는 만족 또는 쓸모에 의해 차츰 보상을 받는다. 그리하여 자본 투하는 금은의 평균 지속 시간에 걸쳐져 있다. 이제 만일 금 보유량이 줄지 않도록 유지하기 위해 보유량의 1퍼센트가 필요하다면, 한 조각의 금이 사용되면서 머무르는 기간은 명백히 평균 100년이다. 만일 $\frac{1}{2}$퍼센트로 충분하다면, 평균 지속 시간은 200년이다. 우리는 이 결과를 이렇게 기술할 수 있다.

금 또는 은의 연간 손실		사용되는 각 부분의 평균 지속 시간
1퍼센트	....	100년
$\frac{1}{2}$퍼센트	....	200년
$\frac{1}{4}$퍼센트	....	400년
$\frac{1}{10}$퍼센트	....	1,000년

262. 문명국에서 귀금속의 마모와 손실은 접시, 장신구, 돈을 추정에 포함해서 아마도 매년 $\frac{1}{200}$을 넘지 않을 것이며, 따라서 평균 투하는 200년간이다. 이상하게 들릴 텐데, 만일 우리가 매년 닳아 없어지는 금의 양을 남아 있는 양의 일정한 비율로 간주한다면, 어떤 부분의 지속 시

간은 무한하지만 평균 지속 시간은 유한하다. 지금 우리가 갖고 있는 금에는 분명히 로마인들이 갖고 있던 금의 일부가 섞여 있고, 그 금의 어떤 작은 부분은 인류가 존재하는 한 후대에 전해질 것이다.

고정자본과 유동자본

경제학자들은 오래전부터 자본을 고정자본과 유동자본으로 구분하는 데 익숙해져 있다. 애덤 스미스는 손에서 손으로 옮아가면서 떠남으로써 수익을 가져다주는 자본을 유동자본이라 불렀다. 그렇지만 자주 교환된다는 사실은 우연스런 상황으로서 어떤 중요한 결과도 가져오지 않는다. 리카도는 단어의 용법을 바꿔, 자주 소멸되기에 다시 생산되어야 하는 것에 유동이라는 이름을 붙였다. 그는 명료하게 말한다.[g] "고정자본은 내구성이 적을수록 유동자본의 성질에 가까워진다. 제조업자의 자본을 유지하기 위하여, 더 짧은 시간에 자본이 소비되고 그 가치가 재생산된다." 우리가 이 학설을 받아들여 끝까지 밀어붙이면, 두 종류 사이에 정밀한 선을 그을 수 없다고 말해야 한다. 자본의 지속 시간은 하루에서 수백 년까지 다양하며, 가장 유동적인 것의 내구성이 가장 낮고, 가장 고정적인 것의 내구성이 가장 크다.

자유자본과 투하자본

263. 내가 생각하기에 자본이론을 명료하게 설명하기 위해서는 자유자본이라는 용어를 사용할 필요가 있는데, 지금까지 이를 인식한 경제학자

---

g. 《정치경제학과 과세의 원리》, 1장, 5절, 3판, 36쪽.

가 없다. 내가 자유자본으로 의미하는 것은 노동의 임금이며, 일시적 형태로서 화폐일 수도 있고, 실질적 형태로서 식품과 여러 생활필수품일 수도 있다. 자신의 일에 종사하는 온갖 계층의 노동자를 부양하는 데 필요한 일상의 생계가 실제로 자본의 진정한 형태이다. 상인의 일상 언어와 합치되려면, 공장, 도크, 철도, 선박 등을 가리켜 그것이 '자본이다'고 말하지 말고, '사업에 매몰된 만큼의 자본을 그것이 나타낸다'고 말해야 한다. 자본을 투하하는 것은 어떤 일을 완수하는 데 돈을 쓰는 것, 또는 돈으로 산 식품과 생필품을 쓰는 것이다. 그 일이 최초 비용과 대등한 이윤을 이자와 함께 돌려줄 때까지 그 자본은 투하 혹은 매몰되어 머물러 있다.

264. 경제학의 언어를 상업의 언어에 더 가깝게 일치시킴으로써 커다란 명료성을 얻을 수 있다. 그래서 나는 철도를 가리켜 그것이 '고정자본이다'고 말하지 않고, '자본이 그것에 고정됐다'고 말하겠다. 자본은 철도가 아니라 철도를 만든 사람의 식품이다. 한 나라에 자유자본이 풍부하다는 것은 식품, 의복, 그리고 사람들이 가지려 하는 모든 물품이 매우 많다는 것을 의미한다. 달리 말하면, 모든 종류의 생필품과 편의품을 풍부하게 얻을 수 있고, 그 나라의 노동이 큰 부담 없이 그것들을 공급할 수 있는 상황을 의미한다. 이런 상황에서는 그 나라의 노동자들 중 일부가 효용과는 거리가 먼 일에 고용되고, 그런데도 아무도 부족함을 느끼지 않을 수 있다.

이자율의 균일성

이 주제의 가장 중요한 원리는, 자유자본은 어느 분야 또는 종류의 산업에서나 다름없이 사용될 수 있다는 것이다. 바로 앞에서 보았듯이, 자유자본은 온갖 종류의 식품, 의복, 식기, 가구를 포함하여 공동체가 일상의 생계를 위해 필요로 하는 여러 물품의 알맞은 조합으로 구성된다. 사람들이 자신의 생계를 꾸리려 일하는 제조업 또는 산업의 분야가 무엇이든, 그들과 가족은 대체로 같은 종류의 상품을 소비한다. 그래서 자유자본의 성질에는 이 종류가 아닌 저 종류의 산업에 사용되도록 하는 것이 전혀 없다. 화폐임금이든 아니면 화폐로 구입하는 실질임금이든 상관없이 임금은 기계공, 직조공, 광부, 목수, 석수 등 모든 종류의 노동자를 가리지 않고 부양한다.

265. 그래서 당연한 결과인데, 자유자본은 모든 사용에서 그 이자율이 균일성을 향하여 가까이 다가간다. 자본시장은 다른 모든 시장과 같다. 한 물품에는 한 시점에 오직 하나의 가격만 있을 수 있다. 그것이 무차별 법칙이다(145쪽). 해당 물품이 동일하고, 따라서 그것의 가격이 동일해야 한다. 잘 알려져 있듯이, 이자율은 위험이나 곤란 등 여러 방해 요인에 대한 고려에서 벗어나면 모든 산업에서 동일하다. 어떤 제조업자나 사업가가 일정량의 노동을 부양하기 위해 자본을 사용하되 그로부터의 수익이 다른 사업에서보다 적다면, 그는 손해를 보는 것이다. 왜냐하면 그가 그것을 다른 사업가에게 빌려줘서 현행 이율을 가질 수 있기 때문이다.

이자율의 일반적 표식

266. 만약 일정한 양의 노동에서 나오는 생산물이 그 노동의 지출부터 그 결과의 향유까지 걸린 시간의 어떤 연속 함수가 되어 변동한다고 가정할 수 있다면, 각 용도의 자본에 대한 이자율을 일반적으로 표현하는 게 가능하다. 경과한 시간을 t로 나타내고, 일정한 양의 노동에서 나오는 생산물을 t의 함수 Ft로 나타내기로 한다.[17] Ft는 항상 t와 함께 증가한다고 가정할 수 있다. 이제 시간을 $t+\Delta t$로 늘리면, 생산물이

$F(t+\Delta t)$로 되어 생산물 증분은 $F(t+\Delta t)-Ft$이다. 이 증분이 자본 투하 증분에 대해 갖는 비율이 이자율을 결정할 것이다. 시간 t가 끝나는 시점에서 우리는 생산물 Ft를 갖게 되는데, 이것이 바로 Δt만큼 시간을 늘릴 시점에 투하되어 있는 자본의 양이다. 따라서 자본 투하량의 증가는 $\Delta t.Ft$이다. 그리고 이것으로 생산물 증분을 나누면

$$\frac{F(t+\Delta t)-Ft}{\Delta t}\times\frac{1}{Ft}.$$

Δt의 크기를 무한히 줄이면, 위 표식 첫 항의 극한은 Ft의 미분계수다. 따라서 이자율은 아래와 같이 표현된다.[18]

$$\frac{dFt}{dt}.\frac{1}{Ft} \quad 혹은 \quad \frac{F't}{Ft}.$$

---

17) 여기서 시간 t는 제번스가 278쪽에서 정의한 평균 투하시간이어야 한다. 하지만 279쪽 역주에서 지적했듯이, 복리를 적용하거나 고정자본이 존재하는 경우에는 동일한 물리적 또는 기술적 조건에서도 평균 투하시간이 이자율에 따라 달리 정해진다. 따라서 Ft와 그것의 미분계수로 이자율을 설명하려는 제번스의 시도는 논리적 결함을 피할 수 없다. Cf. I. Steedman, "Jevons's theory of capital and interest," *Manchester School of Economics and Social Studies* 40:1, 1972, pp. 31~52.

18) 제번스가 주장하는 것은 $i=\frac{F'(t)}{F(t)}$. 하지만 이 방정식은 자본의 투하 기간(t)과 이자율(i)의 관계를 기술할 뿐이고, 두 변수의 결정 원리를 온전히 기술하지는 못한다. 그런데도 제번스는 이 방정식이 이자율 결정 원리인 듯이 말한다. 그의 이런 분배 이론이 마셜(1872)에 의해 집중적인 비판의 대상이 되는데, 이에 관해서는 312쪽 역주를 보라. 다른 이유에서 제번스를 비판하는 뵘바베르크는 이자율을 결정하는 요소로서 시차 선호(inter-temporal preferences)를 함께 강조한다(Eugen von Böhm-Bawerk, *Kapital und Kapitalzins II: Positive Theorie des Kapitales*, 1889, bk. 4, ch. 1&2).

달리 말하면, 자본의 이자는 총생산물로 나눈 생산물 증가율이다. 하지만 이 증가율은, 계속 유지할 방법이 발견되지 않으면, 빠르게 영으로 접근한다. 물체가 빠르게 증가하는 속도로 움직이지 않으면, 그것이 단위 시간에 움직이는 거리가 언젠가는 처음부터 움직여 온 전체 거리에 비해 무시해도 좋을 정도가 된다. 일반적으로 말해, 더 많은 자본의 사용으로 그렇게 엄청난 생산물 증가를 얻을 수 있는 산업이 있을 것 같지 않다. 모든 새로운 기계나 대단한 발명은 보통 일정한 평균 시간 동안 자본 고정을 필요로 하며, 그에 대해 이자를 지불할 수 있다. 그러나 그 평균 시간에 도달하면, 투하시간을 더 늘리더라도 돌아오는 게 없다.

267. 예를 들기 위해 노동의 생산물이 절제의 기간 t에 비례하는 경우를 상정하자. 그러면 $Ft = a.t.$ 여기서 a는 미지의 상수다. 이제 미분계수 $F't$는 a다. 그리고 이자율은 $\frac{a}{Ft}$ 혹은 $\frac{a}{at}$ 혹은 $\frac{1}{t}$. 말하자면 이자율이 투하시간에 반비례한다.

이자의 차원[19]

268. 우리가 앞 절에서 이끌어 낸 공식은 저명한 수학자로부터 면밀한 검토를 받았다. 그는 몇몇 다른 공식을 제안했으나 결국에는 이 문제에 대한 나의 해결이 옳다고 승인했다. 그렇지만 애덤슨 교수는 동시에 그 공식에 몇 가지 반대를 제기했다. 이에 그것의 의미와 도출 방식을 1판에서보다 더 충분히 설명하는 게 좋을 듯하다.

우선 차원이론과 관련하여 그 공식은 명백히 옳다. 이자율은 자본

---

19) 저자가 2판 서문에서 적시하지는 않으나, 이 절과 다음 절도 다른 네 절과 함께 '경제 수량의 차원'에 관한 것으로서 2판에서 추가된 부분이다.

의 대부(貸付)에 대해 매년 지불되는 연간 총액이 자본에 대해 갖는 비율을 나타낸다. 이자와 자본은 같은 성질의 수량이며, 그들 사이의 비율은 추상적인 숫자이다. 시간의 길이로 나누는 이자율은 그 차원이 T^{-1}이다.

우리는 이렇게도 말할 수 있다. 이자는 매년 또는 매월, 아니면 다른 시간 단위마다 지불되는데, 그 단위의 크기가 작을수록 이자율의 수치 표식이 작아야 한다. 연 5퍼센트의 단리 이자는 월 0.416… 퍼센트이고, 등등이다. 이렇게 시간이 음으로 들어오므로 이자율의 차원이 T^{-1}이다. 우리는 또 기호로 말할 수도 있다. 선대(先貸) 자본의 차원을 M으로 볼 수 있고, 연간 상환은 그 차원이 MT이다.[20] 그리고 전자를 후자로 나누면 다음 식이 생긴다.

$$\frac{M}{MT} = T^{-1}$$

269. 이제 공식 $\frac{F't}{Ft}$가 이 결과와 명백히 일치한다. 분모가 자본 선대 시간[21] t의 어떤 모르는 함수이다. 그것을 t의 거듭제곱의 유한급수로 나타낼 수 있다면,[22] 분자는 그 함수의 미분계수이므로 Ft보다 한 제

20) 4판과 5판의 편집자(H. Stanley Jevons)가 지적하듯이, MT를 MT^{-1}로 바꿔 읽어야 한다. 그리고 이어지는 문장에서도 '전자'와 '후자'를 서로 바꿔 읽고, 수식을 $\frac{MT^{-1}}{M} = T^{-1}$로 고쳐 읽어야 한다.

21) 원문의 'time of advance'를 '선대 시간'으로 옮긴다. 여기서 단 한 번 사용되는 표현인데, '투하 시간'과 같은 뜻이다.

22) 제번스가 말하는 '거듭제곱의 유한급수'는 맥클로린 급수인 듯하다. 즉

$$F(t) = F(0) + F'(0)\,t + F''(0)\,\frac{t^2}{2!} + \cdots F^{(n)}(0)\,\frac{t^n}{n!}.$$

곱이 적은 수이다. 따라서 그 공식의 차원은

$$\frac{T^{n-1}}{T^n} \text{ 또는 } \frac{1}{T} \text{ 또는 } T^{-1}.$$

조심해서 기억해야 하는데, 차원이 T^{-1}인 것은 이자율이지 이자 그 자체가 아니다. 이자는 단순히 일종의 상품이어서, 그 성질이 같은 상품의 차원 M을 가지며, 동일한 차원을 갖는다.

자본의 기능은 단순히 이러하다. 어떤 상품이 욕구 충족을 위해 당장 필요했더라면 그 상품을 생산했을 노동이, 시간 t가 지난 뒤에 m_2를 생산하도록 사용된다. 이런 지연의 이유는 m_2가 대개 m_1보다 크다는 데 있다. 그리고 이 차이 또는 이자 m_2-m_1은 m_1과 같은 차원을 갖는 상품이다. 그러므로 이자율은, 시간의 문제를 별도로 하면, m_2-m_1을 m_1으로 나눈 것이다. 두 수량은 성질이 같으므로 그 비율은 차원이 없는 추상적인 숫자이다. 그러나 그 상품의 수량이 중요하듯이 노동의 결과가 미뤄지는 시간도 중요한 문제이다. 지연의 양이 m_1t이므로 이자율은 m_2-m_1을 m_1t로 나눈 것이며, 이것의 차원은 T^{-1}이다.

270. 그렇지만 우리가 다른 시각에서 자본 사용을 보더라도 정확히 같은 결과를 얻는다. 생산, 즉 재화의 제조를 늘리기 위해서만 자본과 소비 지연이 필요한 게 아니다. 소비를 동등하게 하고, 효용이 최고점에 있을 때 상품을 소비하게 하기 위해서도 필요하다. 어떤 상품이 어떤 시간 동안에 소비될 때, 생산된 효용은 우리가 보았듯이 $MUT^{-1}T$ 또는 MU의 차원을 갖는다. 이제 달리 가정하여, 그 상품이 그 기간 안에 소비되지 않고, 조금이라도 소비되기 전에 일정 시간 동안 보관된다고 하자. 그러면 효용 지연의 양은 효용이 지연되는 시간과 지연되는 효용 모두에 비례한다. 그러므로 지연의 양이 갖는 차원은 MUT이다. 지연에 의한 효용 증가는 분명히 앞에서 정해진 것과 같은 차원, 즉

MU를 갖는다. 따라서 이 지연의 양에 대한 증분의 비율은 $\frac{M}{MT}$ 또는 T^{-1}의 차원을 갖는다. 이 결과는 우리가 달리 도달한 이자율의 차원과 일치한다.

이자율의 차원에 관한 피콕의 이론[23)]

271. 이들 수량에 대한 우리의 개념을 형성하는 데에는 주의가 필요하다는 것을 보여주는 사실이 있다. 50년 남짓 전에 고(故) 피콕 주임사제처럼 심원하고 철학적인 수학자가 이 문제를 완전히 잘못 파악한 것이다. 1830년에 출간된 그의 명저 《대수론》 초판에서 그는 입체로 나타낼 수 있는 수량, 즉 3차원 수량의 한 예로 화폐 이자를 제시했다(111절, 91쪽). 그는 이렇게 말한다.

> 쓰지 않고 견디거나 빌려주는 돈의 금액 또는 원금을 p로 나타내고, (1파운드에 대한 1년간의) 이자율을 r로 나타내고, 햇수를 t로 나타낸다면, 축적되거나 지불해야 할 이자는 prt로 나타낼 수 있다. r이 1파운드에 대한 1년간의 이자라면 pr은 p로 표시되는 금액의 돈에 대한 이자이고, prt는 이 이자의 t년 동안의 금액이다. 이런 것이 바로 산술대수의 원리에 따른 결과이다.
>
> 이제 우리가 prt를 각각 선으로 나타내고, 그 선을 모서리로 삼아 평행육면체를 만들면, 그 입체가 축적되거나 지불해야 할 이자를 나타낸다. 달리 말하면, 우리가 일반공식 prt의 각 기호에 어떤 특정한 값이나 의미를 부여하여 나타낼 수 있는 것이라면 무엇이든지 그 입체로 나타낼 수 있다. 왜냐하면 우리가 세 기호

23) 저자가 2판 서문에서 밝히듯이, 이 절은 2판에서 추가된 부분이다.

prt 중 무엇이 어떻게 달라진다고 가정하더라도 그 입체는 그것과 같은 비율로 달라지기 때문이다.

272. 가정에 의해 p, r, t의 단위 수를 나타내는 선들은 서로 동등하든 그렇지 않든 관계없이 완전히 자의적이다. 서로 다른 성질의 수량인 p와 t의 경우에 분명히 그렇다. 셋째 수량도 마찬가지로 앞의 두 수량과 다르다. 셋째 수량이 나타내는 것은 1파운드에 대한 이자와 1파운드 사이의 관계, 혹은 100파운드에 대한 이자와 100파운드 사이의 관계이며, 한 수량을 같은 성질의 다른 수량으로 나눈 부분이다. 가령 이자가 5퍼센트라면 r은 $\frac{5}{100}$ 또는 $\frac{1}{20}$이다. 가령 4퍼센트라면 r은 $\frac{4}{100}$ 또는 $\frac{1}{25}$이다. 다른 경우에도 이와 같다. 그러므로 r이 가리키는 추상적 단위를 나타내는 선은 p와 t의 단위를 나타내는 두 선과는 무관하며, 그 두 선처럼 마음대로 정할 수 있다.

p와 t를 나타내는 두 선이 곱의 기하학적 표현인 직사각형의 면적을 만든다. 단지 숫자일 뿐인 셋째 수량 r은 이제 막 검토한 경우에서처럼 선으로 나타낼 수 있는데, 이때는 평행육면체가 만들어져 prt를 나타낸다. 아니면 면적 pt로 하여금 $r = 1$일 경우의 곱 prt를 나타내게 할 수 있다. 이때 다른 경우의 곱도 직사각형으로 나타내는데, 직사각형 pt에 대한 그 직사각형의 비율이 1에 대한 r의 비율과 같게 한다. 그러려면 그 직사각형의 한 변을 필요한 비율로 늘리거나 줄이면 된다. 이처럼 곱 prt는, 그 요소들 중 하나가 추상적 숫자일 경우, 입체나 면적 어느 것으로도 옳게 나타낼 수 있다.

273. 그가 도달하는 결론에는 결함이 있다. 그는 같은 종류의 수량을 입체나 면적 어느 것으로도 나타낼 수 있다고 생각한다. 사실은 피콕이

세 요소의 곱을 세 차원의 수량으로 혼동한 것이다.[24] 말하자면 그는 화폐 M, 이자율 R, 시간 T를 그대로 세 차원으로 생각했다. 피콕이 처음에 그리하듯이 단순히 이것들을 곱하면, 우리는 3차원으로 보이는 수량 MRT를 갖는다. 피콕의 그다음 생각대로 R을 추상적 숫자의 양으로 취급하면, 우리에게는 2차원, 즉 MT가 남는다. 그는 r을 "(1파운드에 대한 1년간의) 이자율"로 기술하면서도, 이자율이 시간을 음으로 포함한다는 사실을 간과한다. 옳게 말하면, 이자의 수량 prt의 차원은 $M \times T^{-1} \times T$ 또는 M이다. 그리고 이것은 선대된 돈의 차원에 지나지 않는다.

274. 예컨대 만일 당신이 300파운드에 대한 연 5퍼센트의 5년간 단리 이자가 75파운드라고 말하면, 이 결과에는 시간에 관한 언급이 남아 있지 않다. 75파운드는 단지 75파운드이고, 그 성질이 이자를 낳는 300파운드와 정확히 같다.

피콕이 그 후 이 절에서 오류 또는 어려움을 발견했음 직한데, 이는 그가 2판에서 이 예시를 모두 뺐다는 사실에 의해 뒷받침된다. 그러나 내가 아는 한에는 그는 어떤 설명도 하지 않는다.

---

24) 이 부분은 제번스가 혼동한 것이다. prt가 1차원의 수량이더라도 얼마든지 입체의 부피로 나타낼 수 있다. 그리고 prt가 1차원의 수량이라고 말할 때의 '차원'은 입체가 3차원에 존재한다고 말할 때의 '차원'과 그 의미가 다르다. Cf. G. G. Reid, "Jevons's treatment of dimensionality in *The Theory of Political Economy*: an essay in the history of mathematical economics," *Manchester School of Economics and Social Studies* 40:1, 1972, pp. 85~98.

이윤의 극소화 경향

애덤 스미스의 시대부터 경제학자들의 사랑을 받아온 학설이 있다. 사회가 진보하고 자본이 축적되면서 이윤율, 혹은 더 엄격히 말해서, 이자율이 하락하는 경향이 있다는 것이다. 그들 생각에 이 비율이 반드시 언젠가는 매우 낮아져서 더 이상의 축적을 이끌어 낼 유인이 사라진다. 이 학설은 우리가 앞에서 다소 추상적으로 분석한 탐구의 결과와 놀랍도록 일치한다. 우리의 이자율 공식이 보여주듯이, 기술 진보 없이 자본 축적이 계속된다면, 이자율은 반드시 영으로 떨어지는 경향을 갖는다. 역사에서 이 결론을 확인시켜 줄 통계적 사실도 충분하다. 여기서 생길 수 있는 유일한 의문은 이 경향의 실제 원인에 대한 것이다.

275. 애덤 스미스는 모호하게 자본가들의 경쟁을 지목했다.[h] "임금을 끌어올리는 자본 증가는 이윤을 낮추는 경향이 있다. 여러 부유한 상인들의 자본이 같은 사업에 투하될 때 그들 사이의 경쟁이 자연스럽게 이윤을 낮추는 경향이 있다. 한 사회에서 영위되는 사업들 모두에서 이처럼 자본이 증가하면, 모든 사업에서 이와 같은 경쟁이 반드시 이와 같은 효과를 낳는다."

그 후 경제학자들은 다른 견해를 갖게 되었다. 그들은 이자 하락을 노동 비용 상승의 탓으로 돌렸다.[25] 그들에 의하면, 노동생산물이 자본가와 노동자 사이에서 나눠지는데, 노동에 많이 줘야 하면 자본에 남겨지는 게 적으므로 이윤율이 하락한다. 이 이론의 타당성에 대해서는 마지막 장에서 논의하기로 하고, 여기서는 그것이 이자의 기원에 관한 나의 대담한 견해와 합치하지 않음을 지적하는 데 그치기로 한

h. 《국부론》, 1편, 9장, 둘째 문단.

25) 여기서 제번스가 가리키는 것은 리카도의 가치분배 이론이다. 리카도학파는 임금과 이윤의 역관계를 결론으로 도출하면서 강조한다.

다. 내가 보기에는 노동자가 획득할 수 있게 된 생산물의 증분이 이자를 결정한다. 이자는 그가 노동의 대가로 받는 총보수와는 완전히 무관하다. 우리 공식이 보여주듯이(291쪽), 만약 $F't$로 측정되는 자본 증가의 이득이 불변이라면, 총생산물 Ft가 적을수록 이자율이 크다. 잘못 통치되는 여러 나라에서 땅이 초라하게 경작되고 있는데, 이들의 평균 생산이 적은데도 이자율이 높다. 그 이유는 단순히 보안 부재가 적절한 자본 공급을 막기 때문이다. 더 많은 자본이 긴급히 요구되고, 그 가격이 높다. 아메리카와 영국 식민지에서는 종종 생산이 높으면서도 이자가 높은데, 모든 수요를 충족하기에 충분한 자본이 축적되지 않았기 때문이다. 잉글랜드와 다른 오래된 나라에서 이자율이 일반적으로 낮은 것은 자본이 풍부해서 긴급히 더 많아야 할 필요가 그다지 느껴지지 않기 때문이다.

276. 나는 자본에 돌아가는 수익과 노동에 돌아가는 수익은 서로에게서 독립적이라고 생각한다.[26] 만일 토지의 산출이 적고, 자본이 그 산출을 늘리지 않는다면, 수익성이 더 높은 용도로 그 자본이 빨려 들어가지 않는 한, 임금과 이자가 모두 낮다. 만일 토지의 산출이 많고, 자본이 그 산출을 늘린다면, 임금과 이자가 모두 높다. 만일 토지의 산출이 많고, 자본이 그 산출을 늘리지 않는다면, 자본이 다른 투자처를 찾아내지 않는 한, 임금은 높고 이자는 낮다. 그러나 이 문제는 지대가 끼어들면서 매우 복잡해진다. 우리가 산출이 많은 토지라고 말할 때는 **총산출**과 **최종산출률**을 구분해야 한다. 미국 서부의 여러 주에서는 토지의 총산출이 크고 최종산출률이 높으며, 따라서 노동자가 그 결과를 향유한다. 잉글랜드에서는 총산출은 크지만 최종산출이 작아서, 지주가 많은 지대를 받고 노동자가 적은 임금을 받는다. 여기서는

---

26) 여기서 제번스가 말하려는 것은 이자율 및 이자액이 임금과 무관하게 결정된다는 것이다. 그는 다음 절에서 임금을 생산물에서 이자를 뺀 잔여로 설명한다.

더 비옥한 토지가 오래전부터 경작되고 있었더라도, 노동자의 임금은 그가 경작하더라도 겨우 본전밖에 돌려주지 않을 불모지를 경작해서 벌 수 있는 것으로 측정된다.

자본이 산업에 주는 이익

277. 우리는 자본에 대한 이자율을 자본이 산업에 가져다주는 이익 전부로 혼동하지 않게 매우 조심해야 한다. 이자율은 자본의 마지막 증분이 주는 이익에 달려 있다. 그리고 이 이익에 비해 앞선 증분이 주는 이익은 얼마든지 더 클 수 있다. 우리가 효용 법칙을 검토하면서 발견했듯이, 곡물이나 물처럼 굉장히 큰 총효용을 지닌 물품이 매우 낮은 최종효용도를 가지는데, 이는 그런 물품에 대한 우리의 욕구가 거의 다 충족되었기 때문이다. 하지만 교환 비율을 좌우하는 것은 언제나 최종효용도이지 그 앞의 효용도가 아니다. 이 점은 자본도 마찬가지다. 어떤 자본은 제조업자에게 없어서는 안 되며, 그 자본이 가져다주는 편익이 무한히 크다. 그리고 만일 그 자본을 더 이상 가질 수 없다면, 제조되는 물품이 필요하다고 가정할 때, 요구될 수 있는 이자율은 거의 무한하다. 그렇지만 막상 더 많은 자본 공급이 가능해지자마자 앞선 자본의 편익은 간과된다. 자유자본은 언제나 그 질이 동일하며, 필요하다면 둘째 부분으로 첫째 부분이 대체될 수 있다. 그래서 자본가들은 결코 그들의 자본이 가져다주는 이익 전부를 노동자들로부터 뽑아낼 수 없다. 그들은 마지막 증분의 이익에 의해 결정되는 이율만을 뽑아낼 수 있다. 자본을 빌려주는 사람이 3,000파운드를 빌리기 원하는 사람에게 이렇게 말할 수는 없다. "나는 1,000파운드가 당신 사업에 꼭 필요하다는 것을 안다. 그러므로 나는 당신에게 그것에 대해 100퍼센트의 이자를 물리겠다. 덜 필요한 둘째 1,000파운드에 대해서

는 20퍼센트를 물리겠다. 그리고 당신이 통상이윤만을 벌 수 있는 셋째 1,000파운드에는 5퍼센트만을 요구하겠다." 돌아오는 대답은, 자기 자본으로 단지 5퍼센트만을 벌고 있어서 이것에 약간 보탠 이자로 기꺼이 넉넉히 빌려주려는 사람이 많다는 것이다. 빌려주는 사람이 누구인지는 관심 가질 문제가 아니다.

278. 이자의 균일성 경향이 가져오는 일반적 결과는 자본 사용자들이 언제나 최저의 통상이율에 자본을 구한다는 것이다. 그들은 언제나 다른 사람들이 가장 덜 필요로 하는 자본을 빌린다. 그리고 모든 초과 이익은 노동자들 자신이 차지하거나 일반 소비자로서의 대중이 차지한다. 이 결과를 예시하기 위해 〈그림 13〉을 그리는데, 어떤 산업 분야에서 고정된 숫자의 노동자를 고용하는 자본의 수량을 선 *ox* 위의 길이가 나타낸다. 그리고 곡선의 면적이 노동과 자본의 전체 생산물을 나타낸다. 그리하여 자본 *on*에게는 두 수직선 *oy*와 *qn* 사이의 곡직선도형 면적으로 측정되는 생산물이 생긴다. 그러나 자본 증분에 기인하여 증가한 생산물의 양은 선분 *qn*에 의해 측정되며, 따라서 그것이 *F′t*를 나타낸다(291쪽). 자본의 이자는 그것의 금액 *on*에 이율 *qn*을 곱한 것이

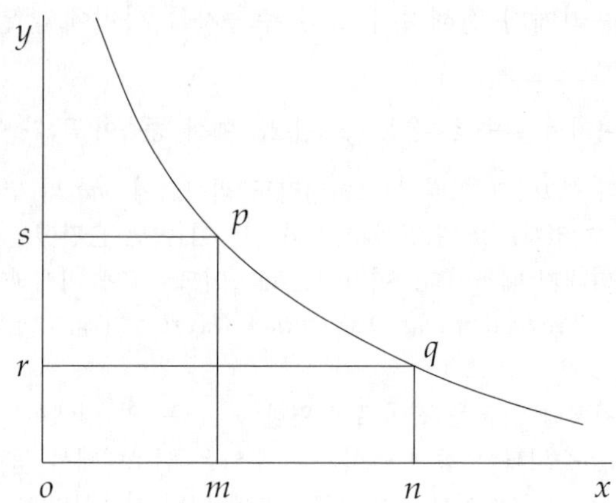

〈그림 13〉

다.[27] 나머지 생산물 *pqry*는 노동자에게 돌아간다. 그러나 만일 사용할 수 있는 자본이 이보다 적었더라면, 예컨대 *om*을 넘지 않았더라면, 그것의 이자율이 *pm*에 의해, 이자액이 직사각형 *op*에 의해 측정되었을 것이며, 이에 반해 노동자는 더 적은 몫 *psy*에 만족해야 했을 것이다.[28] 나는 위 그림이 자본, 생산물, 임금, 이자율, 이자액의 관계를 적확하게 나타낸다고는 말하지 않겠다. 하지만 그것들의 관계를 거칠게나마 예시하는 데 이 그림이 도움이 된다. 자본이론을 그림의 형태로 정확하게 나타내는 방법이 내게는 보이지 않는다.

소비자 손에 있는 물품은 자본인가?

280. 이 장에서 표현된 자본의 본질에 관한 견해는 리카도와 그 외 여러 경제학자들의 견해와 일반적으로 일치한다. 하지만 한 가지 점에서는 이 이론이 나로 하여금 거의 모든 저자들과 의견을 달리하게 한다. 재화가 소비자의 소유로 넘어가는 순간 모조리 자본의 속성을 더 이상 갖지 않게 된다는 의견을 나는 결코 채택할 수 없다. 이 학설은 애덤 스미스 때부터 우리에게 전해져서 그의 추종자들 사이에서 일반적으로 의

---

27) 제번스는 여기서 실수를 한다. 〈그림 13〉에서 종축이 $F't$가 아닌 $\frac{F't}{Ft}$를 나타내야 한다. 그리고 이렇게 고치더라도 직사각형 *onqr*의 면적으로 이자액을 나타낼 수 없다. *qn*은 일정 기간의 이율이 아닌 순간이율(instantaneous rate)을 나타내기 때문이다. 이자액은 wle^{it}이므로 *it*에 비례하지 않는다. Cf. G. Stigler, *Production and Distribution Theories*, Transaction Publishers, 1994, ch. 2.

28) 제번스는 이처럼 임금을 잔여로 설명한다. 그는 앞 절에서도(299쪽) "자본에 돌아가는 수익과 노동에 돌아가는 수익은 서로에게서 독립적"이라고 말한다. 그의 이런 분배이론이 마셜(1872)에 의해 집중적인 비판의 대상이 된다. 312쪽 역주를 참조하라.

심 없는 동의를 받아왔다. 추종자들은 일반적으로 그런 재화들을 마치 경제학자의 시야에서 사라진 것처럼 다루면서 고려 대상에서 완전히 제외하여 왔다. 애덤 스미스가 비록 소유자의 소유물을 자본이라 부르기를 거부하긴 했으나, 그것을 사회의 자재(資財)의 일부로 열거했다. 그는 한 나라의 일반 자재를 세 부분으로 나누는데, 둘째와 셋째는 고정자본과 유동자본이고, 첫째에 대해서는 다음과 같이 기술한다.[i]

281. 첫째는 당장의 소비를 위해 비축된 부분인데, 수입이나 이윤을 가져다주지 않는다는 것이 그것의 특성이다. 그것은 소비자에 의해 구입되었으나 아직 완전히 소비되지 않은 식품, 의복, 가구 등으로 구성된다. 모든 주택들 역시, 어느 한 시점에 그 나라에 존속하면서, 이 첫 부분의 일부가 된다. 가옥에 들어가는 자재는, 그 가옥이 소유주의 주택이라면, 그 순간부터 자본으로 기능하기를 멈춘다. 즉 자재의 소유자에게 수익을 가져다주기를 멈춘다. 주택은 그 자체로서 거주자의 수입에 아무런 기여도 하지 않는다. 그 가옥이 틀림없이 거주자에게 대단히 유용하겠지만, 그의 의복과 가구가 그러하듯이, 유용하되 그의 수입이 아니라 비용의 일부가 된다.

맥컬로크는 자신이 편집한 《국부론》에서 이 구절에 대해 이렇게 말했다(121쪽). "그런 사람들을 위한 집을 짓는 데 들어가는 자본은, 그것이 그들 각자의 사업에서 쓰이는 도구나 기계에 투하되었을 경우와 마찬가지로, 공공의 이익을 위해 사용되는 것이다." 맥컬로크는 사실은 그 학설을 반박하는 것으로 보인다. 놀랍게도 경제학자들은, 애덤 스미스의 견해가 명백한 모순으로 이끌더라도, 그것을 일반적으로 묵

i. 《국부론》, 2편, 1장, 열두 번째 단락.

인해 왔다. 그 학설에서 나올 수 있는 터무니없는 결론에 의하면, 동일한 목적을 달성하는 동일한 물건이 우연한 소유 관계에 따라서 자본이기도 하고 아니기도 하다. 좋은 포도주를 얻기 위해서는 그것을 여러 해 동안 보관해야 하는데, 포도주 상인이 이런 목적으로 보관하고 있는 포도주가 자본임을 애덤 스미스는 부인하지 않을 것이다. 왜냐하면 그 포도주가 상인에게 수입을 가져다주기 때문이다. 만일 소비자가 새 포도주를 구입하여 좋아지도록 보관한다면, 그것은 자본이 아닌 게 된다. 그가 그것을 낮은 가격에 사서 상인처럼 이윤을 얻는 게 분명한데도 그렇다. 만일 석탄 상인이 비쌀 때 팔기 위해 쌀 때 석탄을 비축한다면 그것은 자본이다. 하지만 만일 소비자가 석탄을 비축한다면 그것은 자본이 아니다.

282. 애덤 스미스의 견해는, 토지가 곡물 수확이나 목초를 내놓듯이 자본이 매년 수입이나 부(富)의 증가를 가져다주어야 한다는 생각에 기초하고 있는 것으로 보인다. 주거용 가옥에 대해 그는 이렇게 말한다.

> 만일 그 가옥이 임대료를 받으려고 세입자에게 내어준 것이라면, 가옥 자체는 아무것도 생산할 수 없으므로, 세입자는 언제나 임대료를 그가 노동이나 자재나 토지로부터 얻는 어떤 다른 수입에서 지불해야 한다. 비록 가옥이 이런 식으로 소유주에게 수입을 가져다주면서 하나의 자본으로 기능을 수행하기도 하지만, 공공에게는 그것이 아무것도 줄 수 없어서 자본의 기능을 수행할 수 없으며, 인민 전체의 수입이 그것으로 인해 약간이라도 증가하는 일이 결코 있을 수 없다. 의복과 가구도 이와 같은 방식으로 어떤 때는 특정인에게 수입을 가져다주고, 그럼으로써 하나의 자본으로 기능을 수행한다. 가장무도회가 유행하는 나라에서는 가장무도회 복장을 하룻밤 대여하는 것이 하나의 사업이다. 가구상들도 종종 가구를 한 달 또는 한 해씩 대여한다. 장의사들이 장례 용구를 하

루 또는 한 주씩 대여한다. 많은 사람들이 가구가 비치된 가옥을 대여하고서는 가옥 사용에 대해서만 아니라 가구 사용에 대해서도 임대료를 받는다. 그렇지만 그런 물건에서 나오는 수입은 언제나 결국에는 어떤 다른 수입원에서 끄집어내야 하는 것이다.[k]

283. 사람들이 그들에게 들어오는 일종의 순수입으로 살아간다는 생각은 옛 프랑스 경제학자들로부터 나온 것으로 보이며, 현대 경제학에서는 아무 역할도 하지 않는다. 주택보다 더 필요한 것은 없으며, 필요한 장소의 집을 빌릴 수 없는 사람은 집을 지을 자본을 구해야 한다. 주택에 매몰된 자본을 한 나라의 고정자본에 포함하지 않으려는 경제학자는 없으리라 본다. 자본은 우리가 빵을 얻는 농사에 매몰되고, 우리가 옷을 얻는 방적공장에 매몰되는데, 우리가 거주하는 가옥에는 왜 매몰되지 않겠는가? 토지에서 매년 곡물, 양모, 우유, 쇠고기 등 여러 필수품이 수입으로 생기면, 집에서는 주거와 안락이 수입으로 생긴다. 모든 산업의 유일한 목적은 우리의 욕구를 채우는 것이다. 주거, 가구, 부엌 용품을 공급하기 위해 자본이 필요한 게 틀림없는데, 다른 모든 사용에 붙여지는 이름을 그것에는 왜 거부하는가?

284. 호텔 주인의 재산이 자본이고 그 소유자에게 수입을 가져다준다는 것을 우리가 부인할 수 있는가? 하지만 그 자본은 솥과 냄비, 침대, 그리고 온갖 종류의 일상 가구에 투하되어 있다. 미국에서는 사람들이 평생을 여관이나 하숙집에서 사는 게 이상한 일이 아니다. 우리는 제도가 진보하여 가사를 직업으로 하는 사람 말고는 아무도 하지 않는 때가 오리라는 생각도 얼마든지 할 수 있다. 이제 우리가 호텔, 가구 딸린 임대 가옥, 여인숙 등등에 투하된 것을 자본으로 인정한다면, 우리가 어떻게 일상 가옥을 자본이 아니라고 할 수 있을지 나는 모르겠다. 그리

k. 《국부론》, 2편, 1장, 열두 번째 단락 중.

하여 우리는 온갖 종류의 불합리에 봉착할 수밖에 없다.

예를 들어 두 사람이 각자 자신의 가옥에서 산다고 하자. 현재 의견에 따르면, 그 두 가옥은 자본이 아니다. 만일 그들이 가옥을 바꾸고 서로에게 임대료를 지불한다면, 그 두 가옥은 자본이다. 브라이턴처럼 훌륭한 연안에서는 가옥을 임대하여 가구를 넣은 다음 그것을 단기로 대여하는 게 정규 사업이다. 이 사업에 들어간 것은 틀림없이 자본이다. 만일 한 개인이 마침 필요로 하지 않는 가옥과 가구를 소유하고 있어서 그것을 대여한다면, 우리가 그의 가옥과 가구를 자본으로 간주하지 않을 수 있을까? 한 사람이 어떤 물품을 제공하고, 다른 사람이 그것을 사용하며 임대료를 지불한다면, 거기에는 반드시 자본이 있다. 단언컨대, 동일인이 그것을 사용하고 소유하더라도 그 물건의 성질은 근본적으로 다르지 않다. 돈이 지불되어야 할 필요가 없다. 회계를 엄밀하게 하는 사람이라면 그가 가옥과 가구에 투하한 것에 대해 매년 청구되는 이자와 감가를 차변에 기재해야 한다. 가사는 다른 모든 사업처럼 임금, 자본, 이자를 포함하는 직업이며, 단지 소유자가 그 결과 전부를 소비한다는 게 다를 뿐이다.

285. 이 문제에 관한 이런 견해를 받아들임으로써 우리는 끝없는 어려움을 피할 수 있다. 예컨대 극장을 우리는 무엇이라 말할까? 그것이 자본의 산물이 아닌가? 그것이 자본 없이 세워졌는가? 그것이 성공한다면 방적공장이나 증기선처럼 이자를 돌려주지 않을까? 이에 동의하는 경제학자라면 같은 근거에서 인정해야 하듯이, 극장, 호텔, 학교, 강의실 등 좁은 의미에서는 이 나라의 산업에 속하지 않으면서도 모든 산업의 유일한 목표인 주민의 욕구에 봉사하는 각종 시설에 이 나라의 총자본의 매우 큰 부분이 투하되어 있다.

286. 여기에 덧붙이자면, 식품과 의복 그리고 광범한 계층의 다른 많은 소유물이 때때로 어김없는 자본이다. 그것들은 신용으로 구입되고, 판매상이 그것들에 매몰한 자본에 대해 이자가 어김없이 지불된다. 런

던에서 유행을 좇는 사람치고 자기 소유의 옷을 입고 걷는 사람이 거의 없을 텐데, 재단사는 이런 관행에서 매우 유리한 투자처를 찾는다. 가난한 계층에서는 아니더라도, 그리고 때로는 그런 계층에서도, 식품이 완전히 소비되기 전에 그 값이 지불되는 경우가 드물다. 여기에 흡입된 자본에 대해 어떤 식으로든 이자가 지불되어야 한다. 소비자 수중에 있는 이런 물품들이 '자본'이든 아니든, 그것들에는 어쨌거나 자본이 투하되어 있다. 말하자면 노동이 그것들에 지출되었고, 그것들이 주는 편익 전부가 곧바로 향유되지는 않는다.

나는 또한, 존 스튜어트 밀과 포셋 교수 그리고 다른 대부분의 경제학자들이 한 말에 따르더라도, 이 나라에 있는 식품과 의복 그리고 생존에 필요한 다른 여러 물품의 재고가 자본의 주요 부분이라는 것을 얼마든지 길게 논증할 수 있다. 이런 물품들이 어딘가에 있기만 하다면, 그것들이 어쩌다 중계상의 창고에 쌓여 있건, 아니면 개인 가옥에 놓여 있건, 실제로 무슨 차이가 있겠는가? 현재의 관행은 농업인과 곡물상이 수확물을 대중이 구입해서 소비할 때까지 보유하는 것이다. 그러나 만일 각 주부가 곡물을 가을에 사들여 개인 저장고에 보관하는 게 관행이더라도, 그 곡물이 정확히 같은 방식으로 인구 부양의 기능을 수행하지 않을까? 곡물과 관련해서 농업인과 곡물상에게 그 사업의 대가를 지불하는 대신 각자가 자기 자신의 자본가가 된다는 것을 제외하면, 모든 것이 정확히 같게 진행되지 않을까?

제 8 장

맺음말

인구 학설

288. 앞에서 제시한 이론의 결과 모두를 완전히 드러내어 밝히는 것은 내가 이 책에서 의도하는 목적이 아니다. 가치의 본질에 대한 견해와 경제 문제를 다루는 일반적 방법으로서의 미분학 사용이 널리 인정받고 수용될 때에야 그 결과를 생각해 볼 일이다. 여기서는 단지 약간의 지면을 할애하여, 지나쳐 버린 경제학의 몇 분야를 지적하면서 그것들과 내 이론의 관계를 보여줄 생각이다.

이 책에서 인구 학설이 다뤄지지 않은 것은 내가 그 학설의 진실성이나 중요성을 의심해서가 전혀 아니고, 인구가 직접적으로는 경제학의 문제가 되지 않아서다. 우리는 애초에 생산의 기초 요소인 노동에서 출발해서 그것의 가장 경제적인 사용을 지향한다. 그런 노동을 변하는 수량으로 간주하는 것은 문제의 앞뒤를 바꾸는 일인데, 내 기억에는 지금껏 이 점이 지적되지 않았다. 내가 생각하는 경제학의 문제는 이렇다. 주어진 것은 일정한 인구이며, 그 인구가 여러 가지 필요와 생산력을 지니면서 일정한 토지 및 여러 재료의 원천을 소유한다. 구하는 것은 그 인구의 노동을 사용해서 생산물의 효용을 극대화하는 방식이다. 처음에는 고정된 수량이었던 노동이 나중에 달라지는 경우를 다룰 수 있는데, 이는 수학자들이 변수의 치환이라고 부를 만한 것이다. 이는 문제의 조건을 변경하는 것과 같으며, 변경할 때마다 새 문제를 내는 것이다. 다른 조건의 변화를 상정해도 일반적으로 같은 결과를 얻을 것이다. 인구는 일정한데 그들이 가진 토지와 자본이 증가하거나 감소하는 경우를 상정하여 그 결과를 추적해서 확인할 수 있다. 그 결과는 여러 면에서 토지와 자본은 그대로인데 인구가 증가하거나 감소하는 경우에도 적용될 수 있을 것이다.

임금과 이윤의 관계

289. 경제학에서 문제의 앞뒤가 종종 바뀌는 주제가 또 있다. 노동은 생산의 출발점이고, 노동자의 이해(利害)는 경제학의 주요 주제다. 그런데도 경제학자들은 얼마 가지 않아 갑자기 돌아서서 노동을 자본가들이 사들이는 상품으로 취급한다. 노동은 노동생산물의 분배에서 작용하는 법칙의 대상이기보다 그 자체가 공급과 수요의 법칙의 대상이 된다. 경제학자들은 자본이 노동을 사들이는 가격에 관해 매우 단순한 이론을 만들어 내기도 했다. 그들에 의하면, 임금 지불에 할당된 자본의 총량을 임금을 받을 노동자의 수로 나누면 평균 임금률을 알아낼 수 있다. 그러면서 그들은 이것이 그 문제를 해결한다고 우리가 믿어주기를 바란다. 그러나 조금만 생각해 보면, 이 명제는 자명한 이치일 뿐이다. 평균 임금률은 그 목적에 할당된 것을 그것을 나눠 가질 사람의 수로 나눈 것과 같아야 한다. 문제의 핵심은 그 목적에 할당될 부분을 정하는 것이며, 그 부분이 유동자본 전부일 필요가 없다. 밀이 분명히 말했듯이, 자본이 산업의 한계를 정한다고 해서 산업이 항상 그 한계에 도달하리라 생각해서는 안 된다.[a] 사실 우리는 낮은 이자율에도 얼마든지 자본을 구할 수 있으나 많은 수의 장인들이 일자리 부족으로

굶주리는 경우를 종종 본다. 임금기금이론의 적용이 어떤 제한적 진실성은 가질 수 있긴 하겠으나, 그것을 문제의 실질적 해결로 생각한다면 착각이다.

291. 경제 이론의 또 다른 부분은 자본가의 이윤율을 매우 단순한 방식으로 결정한다. 산업의 전체 생산물은 지대, 조세, 이윤, 임금으로 분할되어야 한다. 조세는 예외적이고 별로 중요하지 않기에 제외할 수 있다. 지대도 제외할 수 있다. 지대는 본질적으로 변동하며, 가장 열악한 경작지의 경우에 영으로 줄어든다. 따라서 우리는 단순한 방정식을 갖는다.

생산물 = 이윤 + 임금

이 공식으로부터 단순한 결과가 도출된다. 임금이 상승하면 이윤이 하락하고, 그 역도 성립한다. 그러나 이 이론은 근본적으로 틀렸다. 이 이론은 한 방정식으로 두 미지의 수량을 결정하려는 시도를 포함한다. 생산물이 고정된 수량이라면, 임금이 상승할 때 이윤이 하락해야 하고, 그 역도 성립한다. 만약 리카도의 이론처럼 노동자를 부양하기에 모자라지 않을 만큼의 자연임금률이 지불되는 게 사실이라면, 이 이론에서 의미 있는 결과를 도출할 수 있다. 그러나 나는 그러한 임금률의 존재를 전혀 믿지 않는다.

이 나라에서 노동자의 임금은 주당 10실링에서 40실링까지 다양하다. 한 지방의 최저임금과 다른 지역의 최저임금이 다르다. 생계에 반드시 필요한 것이 무엇인지를 정확히 정하기도 전혀 가능하지 않다. 그래서 나는 임금률에 관해 기존의 이론을 모두 배격하는 쪽으로 기운다. 비록 그 이론이 어느 한 부류의 노동자에게 적용될 수 있을지라도, 다

---

a. 《정치경제학 원리》, 1편, 5장, 2절.

른 산업에서 통하는 매우 다른 임금률을 설명해야 하는 추가의 어려움이 있다. 이 주제에 대한 리카도의 포괄적인 단순화를 우리가 언제까지나 받아들일 수는 없다. 그 단순화에 포함된 그의 가정은, 평범한 노동에 지불되는 통상의 자연임금률이 있고, 그보다 높은 임금은 모두 예외적인 경우일 뿐이어서 다른 근거로 설명할 수 있다는 것이다.

292. 임금률에 대해 내가 받아들이는 견해는 기존 견해보다 이해하기에 더 어렵지 않다. 그것은 이렇다. 노동자의 임금은 궁극적으로 그의 생산물에서 지대, 조세, 자본의 이자를 공제한 것과 일치한다.[1] 내 생각에 아래 방정식에서 생산물의 수량은 본질적으로 변동하고, 이윤은 가장 먼저 결정되는 부분이다.

생산물 = 이윤 + 임금

이윤을 감독자의 임금, 위험에 대한 보험, 이자로 분해한다면, 그 첫째 부분은 그 자체가 실제로 임금이다. 둘째 부분은 여러 다른 사용의 결과를 동등하게 만든다. 이자는 앞 장에서 설명한 방식으로 결정된다. 독자들은 여기서 중요한 조건을 목격하게 된다. 임금은 오직 궁극적으로 이렇게 결정된다. 장기적으로 그리고 평균적으로 각 분야에서 그렇게 결정된다는 것이다.

293. 노동자들이 자기 자신의 자본가가 아니라는 사실이 이 문제에 복잡성을 보탠다. 자본가 또는 기업가들이 별도의 이해관계자로 들어온다. 바로 그들이 생산 분야를 기획하고 관리하며, 예상되는 생산물에 대해 추정한다. 바로 이 생산물의 양이 그들을 부추겨서 자본을 투하하고 노동을 구매하게 한다. 그들은 필요한 종류의 노동에 대해 가장 낮은

---

1) 마셜은 서평에서 이 문장과 이어지는 설명을 인용하면서 제번스의 분배이론을 집중적으로 비판한다(A. Marshall, "Mr. Jevons' Theory of Political Economy," *The Academy* 1, 1872, pp. 141~146).

현행 임금률을 지불한다. 만약 생산물이 평균을 초과하면, 그 분야에 가장 먼저 들어간 자본가들이 큰 이윤을 얻는다. 이것이 곧바로 다른 자본가들의 경쟁을 유발한다. 경쟁자들이 좋은 노동자를 구하려 나서면서 임금률을 높인다. 경쟁이 멈추는 것은, 투하된 자본이 단지 시장 이자율만을 얻게 될 때이다. 이와 동시에, 생산물의 가격이 떨어져 대중이 소비자로서 그 편익을 가져가지 않는다면, 노동자들이 초과생산물을 모두 갖는 수준으로 임금이 오른다. 전자의 결과가 뒤따를지 아닐지는 그 일에 적합한 노동자의 수에 달려 있다. 많은 숙련과 교육이 요구되는 경우에는, 폭넓은 경쟁이 가능하지 않아서 영구히 높은 임금률이 계속된다. 반면 평범한 노동만 요구되는 경우에는, 재화의 가격이 유지될 수 없고 임금이 종전 수준으로 떨어져서, 대중이 저렴한 공급의 이익을 얻는다.

294. 이 문제에 관한 이상의 설명이 임금기금이론의 일시적 적용을 포함한다는 것을 알 수 있다. 결과가 달성되기까지 노동을 유지하는 것이 자본가의 고유한 기능이다. 소정의 결과에 도달하기 훨씬 전에 큰 지출을 필요로 하는 산업 분야가 많으므로 자본가들이 궁극이윤을[2] 엄밀하게 알지 못하는 산업 분야의 위험을 떠안아야 한다. 그러나 우리는 이제 어떤 사업에서 얼마만큼의 자본이 임금 지불에 들어갈지를 어느 정도 짐작할 수 있다. 자본의 양은 예상이윤의 양에 달려 있으며, 적당한 노동자를 구하기 위한 경쟁이 노동자들로 하여금 궁극의 생산물에서 자신들의 정당한 몫을 어김없이 확보하게 한다.

예를 들어 전화선을 깔기 위한 여러 계획이 세워졌다고 하자. 궁극이윤은 전화선의 비용 대비 효용에 달려 있어서 매우 불확실하다. 자

2) 원문의 'ultimate profits'를 '궁극이윤'으로 옮긴다. 뒤에 나오는 'anticipated profits'를 '예상이윤'으로 옮긴다. 그리고 앞에 나오는 'common profit'은 '통상이윤'으로 옮긴다. 그보다 앞에서 나오는 맥컬로크의 'ordinary profits'은 '보통이윤'으로 옮긴다.

본가들이 이 이윤을 크게 추정한다면, 그들은 당장 전화선 제작에 많은 자본을 투하한다. 곧바로 동원될 수 있는 유능한 모든 노동자들을 고용하고, 필요하다면 높은 임금을 지불한다. 특수한 기술, 지식, 경험을 갖고 있어서 유익한 기여를 할 수 있는 사람이라면 어떤 비용이 들더라도 고용할 것이다. 이 시점에서 작용하는 것은 임금기금이론이다. 그러나 몇 년 뒤에는 사정이 완전히 다를 것이다. 자본가들은 전화선의 이윤이 무엇일지 경험으로 정확히 알게 된다. 평균액의 이윤을 찾을 만큼의 자본이 그 일에 투하된다. 통신비가 경쟁에 의해 줄어들어 당사자 누구도 초과 이윤을 얻지 못한다. 따라서 각종 노동의 임금률이 그 노동의 숙련 정도에 알맞은 평균으로 줄어든다. 그러나 만일 그 일의 어떤 분야에서 매우 특수한 종류의 기술과 경험을 가진 노동이 요구된다면, 그 노동은 이런 방식의 경쟁에 의한 영향을 받지 않고, 임금이나 급여가 여전히 높을 것이다.

295. 언뜻 보기에는 그토록 다른 두 이론이지만 이런 식으로 얼마든지 어울리게 할 수 있다고 나는 생각한다. 임금기금이론은 오로지 일시적으로 작용한다. 궁극적으로 모든 노동자는 자본가에게 절제와 위험에 대한 보상으로 적당한 부분을 지불한 뒤 자신의 생산물에서 마땅한 가치를 받는다. 그와 동시에 숙련 정도가 상이한 작업자들은 결과에 기여하는 자신의 노동이 흔하고 드묾에 따라 매우 다른 몫을 받는다.

헌 교수의 견해

296. 내가 경제학의 일반 문제에 관해 이처럼 다소 이단적인 견해를 내놓으면서 더 큰 즐거움과 확신을 갖는 이유는, 그것과 거의 동일한 견해에 멜버른 대학의 헌 교수가 도달했다는 것이다. 우리 사이의 의견 합치를 정확히 밝혀내는 것은 꽤 긴 작업이 되겠지만, 자본가는 그가 고

용하는 노동자들과 그가 관리하는 사업의 전망을 일시적으로 사들일 뿐이라는 생각을 헌 교수는 분명히 채택한다. 그리하여 그는 이렇게 말한다.

> 협력자가 기업에서 자신의 지분을 갖는 대신 자신의 노동이나 자신의 자본을 약정 가격에 판매한다. 그러므로 이 경우는 보통의 교환 조건 안에 들어온다. 노동의 가격과 자본의 가격이 결정되는 방식은 다른 모든 가격 문제가 결정되는 방식과 같다. 하지만 동업의 일반적 성격은 파괴되지 않는다. 비록 각각의 거래가 판매이긴 하지만, 사업의 지속을 위해 더 긴밀한 연결이 생겨난다. 비록 사업이 실패하면 모든 사업 손실이 최종소유자에게 돌아가고, 다른 참여자의 이익은 미리 확보되어 있긴 하지만, 그래도 그런 손실이 그것을 발생시키는 거래의 반복을 막는다. 대체되었어야 하는, 그리고 만일 대체되었더라면 노동을 고용하고 다른 자본에 대한 이자를 갚는 수단이 되었을, 그런 자본이 사라지는 것이다. 그러므로 노동자와 중계 자본가 모두가 그들이 기여한 각 기업의 성공에 직접 관련이 있다. 그 기업이 성공하면 그들이 이익을 느끼고, 기업이 성공하지 못하면 그들이 마찬가지로 손실을 느낀다. 그러나 이런 이해(利害) 공동체 의식은 더 이상 직접적이지 않고 간접적이기만 하다. 그것은 동업자의 이득이나 손실로부터 생기는 게 아니라 소비자의 늘어난 능력이나 줄어든 수요로부터 생긴다.[b]

297. 실제로 이 구절에는 내가 전적으로 받아들이고 싶은 견해를 기술하는 부분이 있다. 하지만 내가 어느 문구를 선택하더라도, 헌 교수가

---

b. 《부학, 인간의 욕구를 채우기 위한 노력에 관한 이론》. 윌리엄 에드워드 헌, 멜버른 대학 역사 및 정치경제학 교수 저, 런던(맥밀런), 1864, 329쪽.

그의 훌륭한 저작《부학》에서 사회의 산업구조에 대해 취한 탁견의 요지를 적절히 전달할 수 없다.

권위의 해로운 영향

298. 이제 내가 보탤 것은 몇 줄밖에 되지 않는다. 앞에서 나는 경제학자들이 애호하는 여러 이론에 대해 과감하게 의문을 제기했다. 나로서는 이의보다 동의가 훨씬 즐겁다. 그러나 진리에 조금이라도 마음을 쓰는 사람이라면, 틀렸다고 생각되는 이론에 저항하지 않을 수 없다. 의견이 굳어져서 믿음으로 바뀌는 경향이 있는데, 이것이야말로 가장 해로운 경향이다. 이 경향이 발현되는 것은 저명한 저자가 분명하면서도 포괄적인 설명에 힘입어 권위로 인정받게 될 때다. 그의 저작은 아마도 이 문제의 주제에 관한 가장 훌륭한 저작일 것이다. 그의 저작은 다른 어느 저작보다 많은 진실과 적은 오류를 결합한다. “사람은 오류를 범하는 존재”이며, 가장 훌륭한 저작도 비판의 대상이 될 수 있어야 한다. 만약 질의와 비판을 환영하는 대신 숭배자들이 위대한 저작의 장점과 결점을 모두 권위로 받아들인다면, 진실이 가장 심각한 상처를 입는다. 철학과 과학의 영역에서 권위는 진실의 가장 큰 적이다. 전제적 평온은 항상 오류의 승리다. 과학의 공화국에서 소란은 물론 혼란조차 장기적으로는 최대 다수의 최대 행복에 기여한다.

299. 물리과학에서는 권위의 해로운 영향이 대부분 사라졌다. 화학은 한 세기의 짧은 기간에 서너 번의 완전한 이론 혁명을 겪었다. 광학에서는 뉴턴의 권위가 거의 한 세기 동안 탐구의 진보를 지체시키긴 했으나 마침내 완전히 밀려났다. 천문학자들에게는 태양계와 우주에 대한 기존의 측정이 실제로 합치하는지 의문을 제기하기에 충분한 이유가 있었던 까닭에, 그들은 지난 몇 해 사이에 모든 차원의 추정을 망설임

없이 바꿔 놓았다. 과학과 철학에서는 그 무엇도 신성하게 받아들여서는 안 된다. 진실이야말로 신성하다. 하지만 빌라도가 말했듯이, "무엇이 진실인가?" 우리에게 절대 진리의 의심스럽지 않고 틀릴 수 없는 기준을 보여달라. 그러면 우리가 그것을 신성하고 범할 수 없는 것으로 받아들이겠다. 그러나 그런 틀릴 수 없는 기준이 없으므로 우리 모두는 그것을 모색할 동등한 권리를 갖는다. 어느 누구도 어느 학파도 어느 파벌도 과학 탐구의 자유를 방해하는 정통의 표준을 세우게 내버려 둬서는 안 된다.

내가 이런 말을 보태는 것은 정치경제학에서 권위를 가진 저자들의 너무 큰 영향에 대한 두려움이 있다는 생각에서다. 그가 존 스튜어트 밀이건, 애덤 스미스건, 아리스토텔레스건, 그에 대한 존경이 탐구를 막는 것에 나는 저항한다. 우리 경제학은 과도하게 정체하여, 경험과 추론보다 의견에 매달린다.

보도와 르트론에서 바스티아와 쿠르셀-스뇌에 이르는 많은 프랑스 경제학자들뿐만 아니라 시니어, 케언스, 매클라우드, 클리프 레슬리, 헌, 섀드웰 등의 저작에는 경제학의 개선을 위한 여러 귀중한 제언이 들어 있다. 하지만 그들은 잉글랜드에서 무시되었는데, 그 이유는 리카도, 밀 부자, 포셋 교수 등 오늘날의 정통 리카도학파를 있게 한 이들이 그들 저작의 탁월성을 알아채지 못했다는 것이다. 이런 상황에서는, 새 오류의 위험이 있더라도, 미심쩍은 학설의 단조로운 반복을 깨뜨리는 게 긍정적인 기여가 된다. 여기 제시된 이론이 엄밀하다는 게 증명되리라고 나는 믿지만, 그렇든 아니든 상관없이, 그 이론이 인류의 물질적 후생에 직접 닿는 과학의 진정한 토대와 형태를 지향하는 탐구를 촉발한다면, 그것은 쓸모없지 않을 것이다.

즐거움과 괴로움의 미분학
또는
효용과 이기의 역학*

1. 핵심 사상

제번스의 《정치경제학 이론》(*The Theory of Political Economy*)은 1871년에 런던에서 출간되었다. 저자는 그로부터 8년이 지난 1879년에 2판을 내면서, 제목은 그대로 두지만 본문에서는 '정치경제학'(political economy)을 '경제학'(economics)으로 바꿔 쓰기로 한다. 그는 이미 초판 서문에서 경제학을 '즐거움과 괴로움의 미분학'으로 규정했으며, 1장에서는 자신의 이론을 가리켜 '효용과 이기(利己)의 역학(力學)'이라 강조하여 말한다. 이런 그에게 '정치경제학'이 적절한 이름으로 보이지 않는 게 당연하다.

제번스에게 경제학은 즐거움을 늘리고 괴로움을 줄이려는 사람들의 행동을 분석하는 과학이다. 그래서 가장 먼저 개인의 소비를 분석하고, 소비의 원리로부터 교환의 원리를 연역한다. 생산은 노동과 노동생산물의 교환으로 간주하며, 효용극대화를 위한 행위로 이해한다. 효용극대화가 모든 경제 행위의 기본 원리이며, 모든 경제 현상을 개

* 이 해제는 옮긴이의 공저 《경제의 교양을 읽는다》 7장을 보완하고 수정한 것이다.

인의 효용극대화로 환원할 수 있다는 것이다.

제번스가 보기에 경제 행위는 곧 선택이며, 극대화를 위한 선택의 원리는 한계균등이다. 한 물품을 더 소비하려면 다른 물품을 덜 소비해야 하고, 더 많은 물품을 생산해서 소비하려면 더 많은 노동을 해야 한다. 더 소비해서 얻는 효용과 덜 소비해서 잃는 효용이 같다면 더 이상은 효용을 증가시킬 수 없다. 더 많이 소비해서 얻는 효용과 더 많이 노동해서 잃는 효용이 같다면 더 이상은 효용을 증가시킬 수 없다. 이는 역학(力學)에서 말하는 최소 작용 원리(the principle of least action)와 모양이 다르지 않다. 그래서 역학에 사용되는 미분학이 경제학에도 딱 들어맞는 수학이다.

그리하여 제번스는 《이론》에서 모든 경제 현상을 효용극대화를 위한 개인의 선택으로 환원했고, 극대화의 원리로서 한계균등을 제시했다. 그럼으로써 한계효용혁명을 일으켰으며, 고전학파 경제학을 밀어내고 그 자리에 신고전학파 경제학을 세웠다.

2. 책의 구성

제번스의 《이론》은 여덟 개의 장으로 나뉘며, 첫 장과 마지막 장은 서론과 맺음말이다. 서론에서 주목할 부분은 경제학의 방법에 대한 저자의 주장이다. 저자는 경제학이 수량을 다루는 만큼 그 이론이 수리적이어야 한다고 주장한다. 비록 사람들이 느끼는 즐거움과 괴로움의 크기를 직접 측정할 수는 없으나 그 효과로부터 추정할 수 있다는 것이다. 그리하여 경제학이 언젠가는 '정확한 과학'이 되리라고 그는 기대한다.

2장에서 저자는 벤담(1789)을 인용하면서 즐거움과 괴로움의 크기를 결정하는 네 요소를 분석한다. 3장에서는 즐거움을 가져다주거나 괴로움을 막아주는 물품의 성질을 효용이라고 정의하고, 소비와 효용 사이의 수량적 관계를 분석한다. 저자는 소비량이 증가할수록 마지막 부분으로부터의 효용이 감소한다는 한계효용 체감의 법칙을 주장한다. 각 물품의 한계효용이 같도록 소비량을 정할 때 총효용의 합이 극대화된다는 한계효용 균등의 법칙도 제시한다. 하지만 그가 창안하여 사용하는 용어는 한계효용이 아니라 최종효용도(最終效用度)다.

4장은 각자 다른 물품을 소유한 두 사람 사이의 교환을 분석한다. 이 교환은 오로지 소비를 위한 교환이다. 각자가 가진 대로 소비하지 않고 서로 교환하는 것은 더 많은 효용을 얻기 위해서이며, 가장 많은 효용을 얻기 위해서는 두 물품의 한계효용 비율이 교환 비율의 역수와 일치할 때까지 교환해야 한다. 각자가 이렇게 교환 및 소비의 양을 정하므로 두 물품의 한계효용 비율이 모든 사람에게서 일치하고, 그 비율은 교환 비율의 역수와 일치한다. 제번스는 이러한 교환이론을 '교환방정식'으로 나타낸다.

제5장은 노동과 생산의 이론이다. 교환이 그러하듯이 노동과 생산도 효용극대화의 원리를 따른다. 소비가 효용을 가져다주듯이 노동이 비(非)효용을 가져다주며, 노동생산물의 한계효용과 노동의 한계비효용이 같게끔 노동 및 생산의 양이 정해진다. 두 물품의 생산에 노동을 배분하는 원리도 다르지 않다. 각 물품의 생산에 투입된 노동의 한계생산성 비율이 두 물품의 교환 비율과 일치하도록 노동을 배분해야 효용이 극대화된다. 이 이론을 교환이론과 결합하면, 두 물품의 한계효용 비율과 가격 비율 그리고 한계생산비 비율이 일치해야 함을 알 수 있다.

소비, 교환, 생산에 이어 분배를 다루는 것이 6장의 지대이론과 7장의 자본이론이다. 지대이론은 리카도학파의 차액지대설과 다르지 않다. 자본이론에서는 투하 자본량과 자본 투하량을 구분하고, 후자를 자본량과 시간으로 분해한다. 이때 시간은 노동 투입 시점과 생산물 산출 시점 사이의 시간이다. 한편 도구와 기계는 과거 노동의 결과다. 따라서 노동을 줄이는 대신 도구와 기계를 늘리는 것은 현재 노동을 과거 노동으로 대체하는 것이며, 투입과 산출 사이의 시간을 늘리는 것이다. 이 시간이 길수록 생산이 증가하는데, 시간 연장에 따른 생산 증가 비율이 이자율을 결정한다는 것이 그의 자본이론의 핵심 결론이다.

마지막 장에서는 임금기금설과 임금생존비설을 비판하고, 임금과 이윤의 역관계에 관한 리카도의 이론을 반박한다. 그리고 "권위의 해로운 영향"을 지적한다. 여기서 '권위'는 존 스튜어트 밀에 의해 대표되는 리카도학파를 가리킨다.

3. 주요 내용

3.1. 효용과 한계효용

제번스의 《이론》은 2장의 '즐거움과 괴로움'에 관한 짧은 논의와 3장의 '효용'에 관한 상당히 긴 논의를 포함한다. 이 논의는 4장의 교환이론과 5장의 노동 및 생산 이론에 토대를 제공한다. 효용(utility)은 당시에도 경제학자나 윤리학자에게 생소한 용어는 아니었다. 그러나 효용극대화를 교환과 생산의 원리로 제시한 경제학자는 드물었다.

제번스에 의하면, "즐거움(pleasure)과 괴로움(pain)은 분명히 경제미분학의 궁극적 대상"이며, "즐거움을 주거나 괴로움을 막을 수 있는 것이라면 무엇이든 효용을 가질 수 있다". 그리고 즐거움이나 괴로움의 세고 약함이 있듯이 효용의 크고 작음이 있다. 더욱 중요한 사실은 한 물품의 각 부분이 서로 다른 크기의 효용을 갖는다는 것이다. 이는 한 사람이 하루에 소비하는 식품을 열 부분으로 나눠 한 부분씩 줄이는 경우를 생각해 보면 분명해진다. 마지막 부분의 효용보다 아홉 번째 부분의 효용이 크고, 여덟 번째 부분의 효용이 더 크다. 뒤집어 말하면, 마지막 부분으로 갈수록 효용이 적어진다. 제번스는 이것을 '효용 변동의 법칙'이라 불렀다.

제번스는 '효용 변동의 법칙'을 수학 기호와 용어를 사용해서 다시 기술한다. 소비량을 x로 나타내고 그로부터의 효용을 u로 나타내면서, x의 한 부분을 Δx로 나타내고 그로부터의 효용을 Δu로 나타낸다. 그리고 Δu를 Δx로 나눈 비율을 '효용도'(degree of utility) 라고 부르면서 마지막 Δu를 마지막 Δx로 나눈 비율을 '최종효용도'(final degree of utility) 라고 부른다. 최종효용도는 어떤 크기의 Δx에도 적용될 수 있는 개념이지만 제번스는 무한히 작은 양의 Δx에 적용한다. 그래서 최종효용도는 "x의 함수로 간주되는 u의 미분계수"이기도 하다. 그리고 '최종효용도가 감소한다'는 명제는 'x가 증가할수록 u의 미분계수가 감소한다'는 명제로 바뀐다.

제번스의 최종효용도는 마셜(1890)의 《경제학 원리》에서 한계효용(marginal utility)으로 바뀌어 불리고, '효용 변동의 법칙'은 '한계효용 체감의 법칙'으로 바뀌어 불린다. 그리고 제번스가 2판의 서문에서도 밝혔듯이 프로이센의 고센(1854)이 한계효용 체감을 주장했다는 사실이 알려지면서 이 법칙은 '고센의 제 1법칙'이라 불리기도 한다.

3.2. 교환방정식

제번스의 《이론》에서 가장 많은 지면을 차지할 뿐만 아니라 가장 핵심적이라고 할 수 있는 것이 4장의 교환이론인데, 그 내용은 '교환방정식'(the equations of exchange)으로 정리된다. 제번스가 기술한 대로 옮기면

$$\frac{\phi_1(a-x)}{\psi_1 y} = \frac{y}{x} = \frac{\phi_2 x}{\psi_2(b-y)}$$

이 수식의 기술 방식은 당시의 기준으로도 어색하다. 그러나 그 의미는 분명하다. 이 수식은 두 소비자 사이에서 두 물품이 교환되는 원리를 나타낸다. '균형'(equilibrium)에서 두 물품의 한계효용 비율이 교환 비율의 역수와 같다는 것이다.

더 자세히 살펴보기로 한다. 교환방정식에서 두 소비자는 1과 2로 표시되고, 두 물품은 X와 Y로 표시된다. 소비자 1은 물품 X를 a만큼 소유하고, 소비자 2는 물품 Y를 b만큼 소유한다. 그러나 소유량과 소비량은 다를 수 있다. 두 소비자 사이에서 두 물품의 교환이 이뤄질 수 있기 때문이다. 소비자 1이 2에게 물품 X를 x만큼 제공하고, 소비자 2가 1에게 물품 Y를 y만큼 제공하는 교환이 이뤄지는 경우를 생각해보자. 이 경우 소비자 1은 물품 X를 $a-x$만큼 소비하고 Y를 y만큼 소비하게 된다. 소비자 2는 물품 X를 x만큼 소비하고 Y를 $b-y$만큼 소비하게 된다.

소비량이 정해지면 효용과 한계효용이 정해진다. 소비자 1이 각 물품으로부터 얻는 한계효용은 소비량의 감소함수인데, 그 함수를 각각

ϕ_1와 ψ_1로 나타낸다. 그리하여 $\phi_1(a-x)$와 $\psi_1(y)$는 교환이 이뤄진 뒤 소비자 1이 얻을 한계효용이다. $\phi_1(a-x)$는 물품 X를 소비해서 얻을 한계효용이고, $\psi_1(y)$는 물품 Y를 소비해서 얻을 한계효용이다. 마찬가지로 $\phi_2(x)$와 $\psi_2(b-y)$는 교환이 이뤄진 뒤 소비자 2가 물품 X와 Y를 소비해서 얻을 한계효용이다. 단지 제번스는 $\psi_1(y)$와 $\phi_2(x)$ 대신 $\psi_1 y$과 $\phi_2 x$로 표기한다. 그리고 $\frac{y}{x}$는 교환 비율의 역수이며, 물품 Y에 대한 X의 상대가격이라고도 할 수 있다.

교환량에 따라 소비량이 달라지고 소비량에 따라 한계효용이 달라지면서 두 물품의 한계효용 비율이 달라진다. 소비자는 가능한 최대의 효용을 얻으려 하고, 그러려면 두 물품의 한계효용 비율이 교환 비율의 역수와 같아지도록 교환 및 소비의 수량을 선택해야 한다. 이에 대한 보다 자세한 설명은 뒤로 미루기로 한다. 여기서는 다만 각 소비자가 효용극대화를 위해 그렇게 선택하기에 교환방정식이 성립한다는 점을 강조한다.

제번스는 교환방정식의 a와 b를 상수로 간주했다. 변수는 x와 y다. 따라서 그의 교환방정식은 두 변수를 가진 두 방정식이다. 두 방정식은 함께 균형 조건을 나타내며, 두 변수는 두 소비자 사이에서 교환될 두 물품의 수량이다. 두 방정식에 의해 두 변수가 결정되면, 두 소비자가 소비할 물품 X의 수량$(a-x,\ x)$과 물품 Y의 수량$(y,\ b-y)$도 결정된다. 그래서 교환방정식은 두 물품 소유자의 교환과 소비에 대해 알려준다.

제번스에 의하면, 거래인의 수나 물품의 종류에 관계없이 교환방정식이 성립한다. 거래인의 수나 물품의 종류가 늘어나면 변수의 수가 늘어나지만 수식의 수도 함께 늘어난다. 제번스는 거래인이 세 명일 경우 교환방정식은 여섯 개의 변수를 가진 여섯 개의 수식으로 구성됨을 보여준다. 교환방정식은 풀이가 없을 수도 있다. 제번스가 자세히 설명하듯이, 각자는 자신이 소유한 대로 소비하는 것을 더 좋아할 수도 있기 때문이다. 제번스는 "한 상품이 종종 다른 상품을 대신하여 동일한 목적을 어느 정도 완벽하게 달성할 수 있는 경우"도 분석한다. 이때는 "공급 조건이 교환 비율에 아무런 영향도 미치지 않는다". 제번스는 교환방정식을 이용해서 무역의 이득도 설명한다. 두 나라가 생산에서는 완전히 같더라도 소비에서 다르다면 무역이 모두에게 이익이 된다는 것이다. 이처럼 제번스는 자신의 교환이론을 여러 경우에 적용하면서 그것이 많은 현상을 설명할 수 있음을 보여준다.

3.3. 무차별 법칙과 효용극대화 법칙

소비자 1과 2가 x만큼의 X와 y만큼의 Y를 교환하는 이유는 무엇일까? 둘 사이의 교환이 교환방정식대로 이뤄지는 이유는 무엇일까? 제번스는 두 가지 법칙으로부터 교환의 원리를 도출한다. 그 중 하나가 '무차별 법칙'(the law of indifference)이다. 이 법칙에 따르면, "교환 행위에서의 마지막 증분이 교환되는 비율은 전체 교환량의 비율과 같아야 한다". 제번스는 이 법칙을 방정식으로도 기술한다.

$$\frac{dy}{dx} = \frac{y}{x}$$

그런데 이 방정식은 교환 수량이 증가하거나 감소해도 교환 비율은 달라지지 않는다는 의미이기도 하다(부론 1 참조). 하지만 대량 구입에 낮은 가격이 적용되기도 하고, 대량 구입이 가격 상승을 일으키기도 한다. 제번스는 이 방정식의 현실적 타당성을 설명하기 위해 상당히 많은 지면을 사용하지만 그의 설명은 혼란스럽다.

교환방정식의 두 전제 중 다른 하나는 효용극대화 법칙이다. 교환은 더 많은 효용을 얻기 위한 방법이며, "각 당사자가 그렇게 모든 가능한 편익을 얻어서 더 이상의 교환이 효용 상실을 가져오기 전까지는 교환이 계속될 것이다". 바로 이것이 효용극대화 법칙인데, 각 물품의 한계효용이 체감할 경우 이 법칙은 두 물품의 한계효용이 같음을 의미한다. 제번스는 이러한 한계효용 균등의 원칙도 수식으로 기술한다.

$$\phi_1 (a-x) . dx = \psi_1 y. dy,$$
$$\phi_2 x. dx = \psi_2 (b-y) . dy.$$

첫째 방정식은 소비자 1에 관한 것이다. 좌변과 우변은 각각 교환의 마지막 부분으로부터 잃고 얻는 효용이다. 다시 말하면, 좌변은 물품 X의 소비를 dx만큼 줄여야 하기에 잃는 효용이고, 우변은 물품 Y의 소비를 dy만큼 늘일 수 있기에 얻는 효용이다. 좌변이 크다면 교환량을 줄임으로써 효용을 증가시킬 수 있고, 우변이 크다면 교환량을 늘림으로써 효용을 증가시킬 수 있다. 이 수식대로 좌변과 우변이 같다면 교환량이 늘거나 줄어도 소비자 1의 효용은 더 이상 증가하지 않는다. 효용극대화가 이뤄지는 것이다. 둘째 방정식은 소비자 2에 관한 것이며, 좌변과 우변은 각각 교환의 마지막 부분으로부터 얻고 잃는 효용이다. 이 방정식대로 두 효용의 크기가 같다면 교환량이 달라져도 소비자 2의 효용은 더 이상 증가하지 않는다. 효용극대화가 이뤄지는 것이다.

한계효용 균등의 원칙을 나타내는 두 방정식은 한계효용의 비율에 관한 식으로 바꿀 수 있다.

$$\frac{\phi_1(a-x)}{\psi_1 y} = \frac{dy}{dx} = \frac{\phi_2 x}{\psi_2(b-y)}$$

그리고 이 방정식에 무차별 법칙을 나타내는 방정식을 대입하면 교환방정식이 된다. 다시 말하면, "두 상품의 교환 비율은 교환이 완료된 뒤 소비에 이용할 수 있는 수량의 상품이 갖는 최종효용도의 비율의 역수에 맞춰진다".

교환방정식이 무차별 법칙과 효용극대화 법칙으로부터 연역된 만큼 어느 한 법칙에 대한 비판은 곧 교환방정식에 대한 비판이 된다. 두 법칙 중 비판이 집중된 것은 무차별 법칙이다. 제번스의 교환이론에 대한 에지워스(1884)의 비판도 무차별 법칙에 대한 비판에서 시작된다. 에지워스에 따르면, 무차별 법칙이 적용되지 않는 경우에 두 소비자 사이의 교환 수량 또는 비율이 효용극대화 법칙만으로는 확정되지 않는다. 그리고 대부분의 경우 무차별 법칙이 적용되지 않는다. 그래서 제번스의 교환방정식을 특수한 결과로 포함하는 일반적인 교환이론이 필요하다. 에지워스는 그런 이론을 《수리정신학》에서 제시했는데, 그 이론의 핵심 개념은 계약과 재계약이다.

3.4. 노동이론

교환방정식의 x와 y는 두 물품의 교환량이고, a와 b는 교환 이전의 소유량이다. 제번스는 a와 b를 고정된 수량으로 간주하면서 x와 y가 결정되는 원리를 제시했다. 소유는 생산과 분배의 결과인데, 제번스는 생산과 분배로부터 교환을 분리해서 분석한 것이다. 그러나 그것으로 그치지는 않았다. 그는 교환이론에 이어 생산이론을 제시했을 뿐만 아니라 생산과 교환 및 소비의 관계를 분석했다.

제번스의 생산이론은 노동이론이기도 하다. 그의 분석에서 생산량은 노동량의 함수이며, 노동량이 결정되면 생산량이 결정된다. 각 물품의 생산에 투입될 노동량이 결정되면 각 물품의 생산량이 결정된다. 그래서 《이론》의 5장에 붙여진 제목이 '노동이론'이다.

제번스는 자신의 노동이론을 두 개의 방정식으로 정리한다. 두 방정식은 모두 효용극대화 법칙을 적용한 결과인데, 그 중 하나는 한 사람의 노동량 및 생산량을 결정하는 방정식이다.

$$\frac{dl}{dt} = \frac{dx}{dt}\frac{du}{dx}$$

이 수식에서 l은 '노동량'(amount of labour) 이지만 일상적 의미의 노동량이 아니다. l은 "노동이 수반하는 괴로움의 비교 총량"을 의미한다. 일상적 의미의 노동량에 가까운 것은 '노동 지속 시간'(duration of labour) 을 나타내는 t다. x는 t의 함수로서 생산량이고, u는 생산물로부터의 효용이다. 그래서 이 수식의 좌변은 마지막 노동의 괴로움 혹은 비(非) 효용이고, 우변은 마지막 노동으로 생산된 물품의 효용이다. 노동의 한계비효용과 노동생산물의 한계효용이 같아지게끔 노동 시간 t가 정해져야만 효용이 극대화된다는 것이다.

위 수식을 줄여 쓸 수도 있다.

$$\frac{du}{dx} = \frac{dl}{dx}$$

이 수식에서 결정되는 것은 생산량 x다. 제번스는 이 수식의 의미를 그림으로도 설명한다. 아래 그림에서 p와 q를 지나는 곡선은 노동생산물의 한계효용을 나타내고, a에서 시작하여 b와 c 그리고 d를 지나는 곡선은 생산물에 상응하는 노동의 한계비효용을 나타낸다. 흥미로운 사실은 이 그림이 고센(1854)의 〈그림 17〉과 거의 같다는 것이다. 물론 제번스가 《이론》을 저술할 때는 이 사실을 알지 못했었다.

제번스의 노동이론은 '노동량'의 배분도 분석한다. l이 l_1과 l_2로 나뉘어 물품 X와 Y의 생산에 투입되는 경우를 상정하면서 배분의 원리를 수식으로 제시한다.

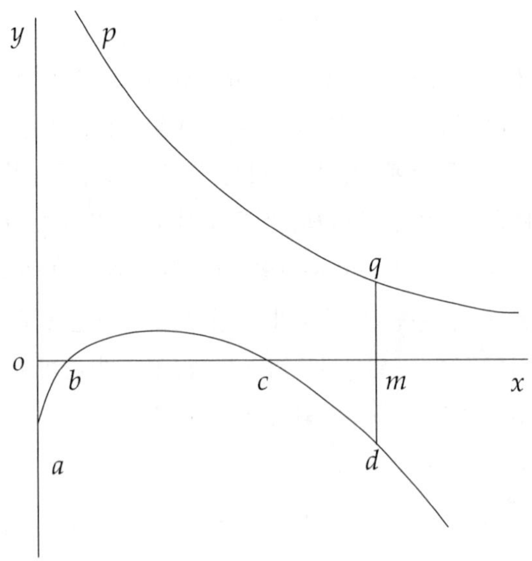

$$\frac{du_1}{dx}\frac{dx}{dl_1} = \frac{du_2}{dy}\frac{dy}{dl_2}$$

좌변과 우변은 각각 물품 X와 Y의 한계효용에 노동의 '생산율'(ratio of production) 혹은 한계생산성을 곱한 것이다. 그래서 각 변은 각 물품의 생산에 배분된 노동의 마지막 부분으로부터의 효용이다. 이 방정식이 성립해야만 "노동의 분배를 변경할 동기도 후회할 이유도 없고, 생산된 효용이 최대가 된다".

3.5. 생산과 교환 및 소비의 관계

노동 배분의 원리를 나타내는 방정식에는 두 물품의 한계효용이 나타난다. 이 방정식은 한계효용 비율과 한계생산성 비율 사이의 관계로 바꿔 쓸 수 있다. 그런데 제번스의 교환이론에 의하면 두 물품의 한계효용 비율은 교환 비율과 같아야 한다. 따라서 노동의 한계생산성 비율과 물품의 교환 비율 사이에도 일정한 관계가 성립해야 한다.

노동의 한계생산성 혹은 '생산율'은 투입된 '노동량'의 마지막 부분과 그 부분으로부터 생산된 부분 사이의 비율이다. '노동량'은 노동의 괴로움을 의미하며 생산 비용으로 해석할 수 있다. 따라서 노동의 한계생산성은 생산의 한계비용의 역수라고 할 수 있다. 그리고 한계생산성 비율과 교환 비율 사이에 일정한 관계가 성립해야 한다면 한계생산비 비율과 교환 비율 사이에도 일정한 관계가 성립해야 한다.

교환 비율은 수량의 비율뿐만 아니라 가격의 비율로도 나타낼 수 있다. 제번스는 이 점을 지적하면서 자신의 교환이론과 소비이론을 요약한다. "교환에서 주거나 받는 상품들의 수량은 그것들의 생산에 사용된 노동의 생산성 정도에 정비례하고, 그 상품들의 가치와 가격 및 단위당 생산비 그리고 그것들의 최종효용도에 반비례한다." 요즘 경제학 교과서에서는 동일한 내용을 달리 기술한다.

$$\frac{MU_1}{MU_2} = \frac{P_1}{P_2} = \frac{MC_1}{MC_2}$$

여기서는 1과 2가 물품을 나타내고, *MU*와 *MC*는 각각 한계효용과 한계비용이다. *P*는 가격이다. 이 수식은 신고전학파 경제학의 핵심적 결론이기도 한데, 그것을 처음으로 제시한 경제학자가 제번스다.

3.6. 자본이론

고전학파 경제학은 생산요소를 노동, 자본, 토지로 구분한다. 생산물은 이 세 요소에 임금, 이윤, 지대로 분배된다. 제번스의 '진짜 경제 이론'도 이 점에서는 고전학파 경제학과 다르지 않았다. 그는 5장의 노동이론에 이어지는 두 장에서 지대이론과 자본이론을 제시한다.

제번스의 지대이론은 고전학파 경제학의 차액지대설과 다르지 않다. 단지 수식과 도표를 사용해서 설명하는 것이 새로울 뿐이다. 이에 반해 그의 자본이론은 다르다. 고전학파 경제학과 비교해서 자본의 개념도 그러하지만 이윤에 대한 설명이 매우 다르다. 고전학파 경제학에서는 이윤이 생산물에서 지대와 임금을 지불하고 남는 부분이다. 토지 생산성의 차이로서 지대가 결정되고 생존비로서 임금이 결정되면 그 결과로서 이윤이 결정된다. 이에 반해 제번스는 이윤을 자본의 한계생산성으로 설명한다. 그러나 그 한계생산성은 '투하시간'(time of invest ment) 으로 측정되는 자본의 한계생산성이다.

제번스에 의하면 도구나 기계는 과거에 투입한 노동의 결과이며, 도구나 기계를 사용하는 것은 과거에 노동을 투입한 것과 같다. 그리고 더 먼 과거의 노동은 더 많은 자본과 같다. 그런 의미에서 자본량은 2차원의 변수다. 투입한 노동의 수량이 하나의 차원이고, 투입에서 생산까지의 시간이 또 하나의 차원이다. 그런 의미에서 자본량은 '투하자본량'(amount of capital invested) 이 아니라 '자본 투하량'(amount of investment of capital) 이어야 한다. 예를 들어, 한 달에 5파운드를 지급하면서 노동자 한 명을 세 달 동안 고용하여 생산을 완료했다면, 투하 자본량은 5×3 + 5×2 + 5×1 = 30이다. 자본 투하량은 노동 총투입량과 '평균 투하시간'(average time of investment) 의 곱으로 나타낼 수 있다. 앞의 예에서는 노동 총투입량은 15파운드이고, 평균 투하시간은 2개월이다.

자본의 한 차원인 시간을 연장하면 생산이 증가한다. 동일한 노동량으로 더 많은 생산물을 얻는다. 제번스는 생산량을 시간(t) 의 함수로 간주하면서 시간 연장에 따른 생산 증가의 비율을 미분계수와 생산량의 비율로 나타냈다.

$$\frac{dFt}{dt}\frac{1}{Ft}$$

예를 들어 투하시간을 두 달에서 세 달로 늘릴 때 생산이 25파운드에서 26파운드로 증가한다면 생산증가율은 4퍼센트다. 이 생산증가율이 곧 '자본에 대한 이자율'(the rate of interest for capital) 이다. 그리고 시간이 연장될수록 생산증가율이 하락하므로 이자율도 하락한다.

하지만 이 이론은 논리적 문제를 갖고 있다. 우선 복리(複利)의 경우 '평균 투하시간'이 이자율과 무관하게 측정될 수 없다. 이 문제는 나중에 빅셀(1901)이 명시적으로 지적하고 분석한다(부론 1 참조).

3.7. 이윤과 임금

제번스가 생산증가율과 이자율이 같아지게끔 자본의 투하시간 혹은 자본 투하량이 정해진다고 주장했다면, 그것은 자본 수요의 이론이 된다. 그리고 그 이론은 자본 공급의 이론과 결합해야만 온전한 자본이론이 된다. 그러나 제번스는 자본 공급의 이론을 제시하지 않았다. 그의 이론은 자본을 고정된 수량으로 간주한다.

제번스의 자본이론에서 자본의 투하시간 혹은 자본 투하량이 주어지면 이자율과 이윤이 결정된다. 자본처럼 인구와 토지도 고정된 수량이므로 지대는 이미 정해졌다. 생산물에서 지대를 제외한 부분이 이윤과 임금으로 나뉘는데, 생산량과 이윤이 정해지면서 임금도 정해진다. 이런 설명을 그는 이렇게 요약한다. "노동자의 임금은 궁극적으로 그의 생산물에서 지대, 조세, 자본의 이자를 공제한 것과 일치한다."

제번스는 이러한 자신의 분배이론을 기존의 분배이론과 대비시킨다. 그에 의하면 기존 이론은 "착각"이거나 "오류"다. 밀의 임금기금설은 착각이고, 리카도의 자연임금이론은 오류다. 임금이 상승하면 이윤이 하락한다는 주장도 틀렸다. 그런 가짜 이론이 지배하는 것은 "권위의 해로운 영향" 때문이다. 그러나 기존 이론에 대한 제번스의 이해가 정확했다고 보기는 어렵다. 그의 오해와 도전은 그에 대한 무시로 되돌아오기도 했다.

4. 배경과 영향

4.1. "소개"에서 《이론》까지

제번스가 런던 유니버시티 칼리지에서 학업을 마친 것은 25세가 되던 1860년이다. 그가 형에게 보낸 편지에서 "진짜 경제 이론"을 찾아냈다고 알린 것도 이 무렵이다. 그에 의하면 자신의 이론은 몇몇 공리로부터의 연역이며, 그 중 가장 중요한 것이 한계효용 체감의 법칙이다. 즉 "소비하는 상품의 양이 증가함에 따라 마지막 부분으로부터의 효용 혹은 편익의 정도가 감소한다". 같은 편지에서 제번스는 자신의 경제 이론이 수리적(數理的)이라는 점도 강조했다.

제번스는 1862년에 자신의 "진짜 경제 이론"을 소개하는 글을 영국과학진흥협회의 학술회의에 보냈으며, 그것을 열네 개의 명제로 줄인 "정치경제학의 일반 수리이론 소개"(Notice of a general mathematical theory of political economy)가 학회보고서에 실렸다. 그러나 제번스의 기대와는 다르게 반응은 냉담했다. 1866년에는 요약문이 아닌 전문이 '정치경제학의 일반 수리이론 개요'(Brief account of a general mathematical theory of political economy)라는 제목으로 〈런던 통계학회지〉에 여섯 쪽에 걸쳐 게재되었으나 사정은 달라지지 않았다.

"개요"는 경제 이론이 수리적이어야 하는 이유를 설명하는 것으로 시작한다. 경제 이론의 내용에 대해서도 단정적이다. 인간 행동에는 다양한 동기가 있으나 즐거움과 괴로움만이 경제학의 대상이어야 한다는 것이다. 이어서 제번스는 자신의 경제 이론을 효용이론, 노동이론, 교환이론, 자본이론으로 나눠 설명한다. 그의 노동이론과 교환이론은 효용이론으로부터의 연역이며, 노동이론과 교환이론을 결합하면 "생산물의 마지막 증가분의 효용과 그것의 생산에 필요한 노동의 증가분 사이에 성립하는 방정식"을 도출할 수 있다. 자본이론의 결론은 "생산의 증가분과 그것의 생산에 사용된 자본의 증가분 사이의 비율" 즉 자본의 한계생산성이 이자율을 결정한다는 것이다.

제번스의 "진짜 경제 이론"은 1871년에 270여 쪽의 책으로 발표된다. 《정치경제학 이론》이 발간된 것이다. 이 책의 목차를 "개요"와 비교해 보면, 노동이론과 교환이론의 순서가 바뀐 것 외에는 내용과 구성이 다르지 않음을 짐작할 수 있다. 제번스가 이 책을 쓰기 시작한 것은 1870년이며, 젠킨의 논문에 자극받은 것으로 알려져 있다. 1868년과 1870년에 발간된 젠킨의 두 논문은 공급과 수요에 의해 가격이 결정되는 원리를 수식과 그림으로 제시했는데, 이를 본 제번스가 자신이 수리경제학의 선도자가 되기 위해서는 서둘러야겠다고 생각했던 듯하다.

나중에 이 책 2판의 서문에서 저자가 스스로 밝히듯이, 《이론》은 "결코 경제학에 대한 체계적 견해를 담아 내놓은 것이 아니다". 그는 한 편지에서 자신의 책을 "정치경제학의 보다 중요한 몇몇 공리에 대한 거칠고 불완전한 개설"로 규정하기도 했다. 《이론》은 서둘러 저술되었을 뿐만 아니라 기존의 경제학을 바꾸기 위한 시도였기에 체계와 균형을 갖추기는 어려웠을 것이다. 제번스가 자신의 책을 '원리'(principles)가 아닌 '이론'(theory)이라 불렀던 것도 이러한 이유에서일 것이다.

《이론》은 5판까지 발간되었으나 저자 생전에 발간된 것은 1879년의 2판이 마지막이다. 여기에는 42쪽의 서문과 함께 몇 개의 절이 본문에 추가되고 일부 용어와 문구가 수정되었으며, '수리경제학 문헌 목록'이 부록으로 첨부되었다. 그러나 내용과 구성은 초판과 별로 다르지 않다. 추가된 절은 대부분 경제 변수의 '차원'(dimension)에 관한 수리적 논의다. 이 부분은 저자의 생각과 달리 독자의 이해를 돕기보다는 혼란을 가져올 수도 있다. 1888년에 제번스의 부인에 의해 출간된 3판은 '수리경제학 문헌 목록'을 보완했을 뿐이다. 1910년에 제번스의 아들에 의해 출간된 4판에는 〈런던 통계학회지〉에 게재되었던 제번스의 "개요"가 첨부되었으며, 편집자의 두 부론도 더해졌다. 1957년에 출간된 5판은 약간의 교정이 더해졌을 뿐이다.

4.2. 《이론》과 고전학파 경제학

제번스가 1860년에 형에게 보낸 편지에는 기존의 경제 이론에 대한 언급도 있다. "이제는 이 분야의 다른 책들을 보면 어쩔 수 없이 화가 난다"고도 말했다. 이처럼 제번스를 화나게 한 '가짜 경제 이론'은 바로 고전학파 혹은 리카도학파의 이론이다. 특히 존 스튜어트 밀(1848)이 《정치경제학 원리》에서 제시한 가치이론이 그러했다. 밀은 "가치법칙에서는 더 이상 밝힐 게 없다"고 단언했으나 제번스는 전혀 동의할 수 없었다. 임금기금설도 제번스에게는 "기만"으로 보였다. 제번스는 자신의 이러한 생각을 1862년의 "소개"에서는 드러내지 않았으나 1871년의 《이론》에서는 더 이상 숨기지 않았다. '권위의 해로운 영향'을 경고하기까지 했다. 이 권위에는 밀 외에 케임브리지 대학의 정치경제학 교수 포셋도 포함한다.

스미스(1776)는 《국부론》에서 물과 다이아몬드를 예로 들면서 상품의 가치는 효용과 무관하다고 주장했다. 리카도는 이 주장에 동의하면서 투하노동가치설 혹은 생산비설을 전개했다. 이 이론에 따르면 상품의 가치를 결정하는 것은 생산에 필요한 노동 혹은 비용이다. 어떤 이유로 수요가 증가하면 시장가격이 일시적으로 상승할 수 있으나 머지 않아 생산이 증가하면서 시장가격이 하락하여 자연가격으로 되돌아간다. 자연가격은 정의에 의해 정상이윤을 포함한 생산비와 같으며, 그것은 생산에 직간접으로 투입된 노동량에 비례한다. 다시 말하면, 생산량은 수요의 영향을 받지만 가격은 생산에 필요한 비용 혹은 노동에 의해 결정된다. 이것이 바로 밀(1843)이 제시한 가치이론이며, 제번스가 동의할 수 없었던 이론이다.

제번스가 발견한 "진짜 경제 이론"에서는 물품의 효용이 가치를 결정한다. 소비를 늘리면 총효용은 증가하지만 마지막 한 단위의 소비로부터 얻는 효용은 감소하는데, 이 마지막 한 단위의 효용 즉 한계효용이 가치를 결정한다는 것이다. 더욱 중요한 것은 효용을 극대화하려는 소비자의 선택이 한계효용과 가치의 일치로 나타난다는 사실이다. 소비로부터의 효용을 극대화하기 위해 자신의 물품을 타인의 물품과 교환하며, 두 물품의 한계효용 비율이 교환 비율의 역수 혹은 가격 비율과 일치하도록 교환의 수량을 정한다는 것이다.

제번스는 효용극대화 원리를 생산에도 적용한다. 생산물의 소비는 효용을 가져다주지만 생산에 필요한 노동은 비(非)효용을 수반하는데, 소비의 효용에서 노동의 비효용을 뺀 순효용을 극대화하기 위해서는 소비의 한계효용과 노동의 한계비효용이 일치하게끔 생산량을 정해야 한다. 노동을 두 물품의 생산에 배분하는 데에도 효용극대화의 원리가 적용된다. 각 물품의 마지막 한 단위를 생산하는 데 필요한 노동의 비율이 각 물품 가격의 비율과 일치하도록 노동을 배분해야 한다.

제번스가 《이론》에서 전개한 교환과 생산의 이론은 스미스-리카도-밀의 이론과 대비된다. 전자의 핵심 개념은 소비로부터의 효용이고, 후자의 핵심 개념은 생산에 필요한 비용이다. 전자의 핵심 원리는 효용극대화이고, 후자의 핵심 원리는 이윤균등화이다. 전자의 핵심 가정은 한계효용 체감이이고, 후자의 핵심 가정은 수확 체감이다. 달리 말하면, 고전학파 경제학이 생산성 향상에 의한 경제성장을 분석과 평가의 대상으로 삼은 데 반해, 제번스의 《이론》은 합리적 배분에 의한 효용 증대를 분석과 평가의 대상으로 삼았다.

4.3. 《이론》과 신고전학파 경제학

제번스의 《이론》은 새로운 만큼 허술한 부분이 많다. 부적절한 서술도 많다. 그 점을 감안하더라도 지나치게 반응이 냉담했다. 1871년에 익명으로 발표된 한 서평은 제번스가 가정한 '무차별 법칙'이 현실과 맞지 않는 만큼 그가 도출한 '교환방정식'도 성립할 수 없다고 비판했다. 마셜(1872)의 서평은 리카도학파의 가치이론과 분배이론에 가한 제번스의 공격이 부적절할 뿐만 아니라 그가 제시한 분배이론에 결함이 있음을 지적했다. 나중에 제번스가 부임하는 런던 유니버시티 칼리지의 케언스(1872)도 서평을 발표했다. 그에 의하면 제번스의 비판은 오해에서 비롯되었고, 제번스의 이론에는 그다지 새로운 게 없다.

제번스의 《이론》에 대한 냉담한 반응과 신랄한 비판은 그리 오래가지 않았다. 경제학은 제번스가 제시한 대로 바뀌어 갔다. 효용극대화는 경제학의 기본 원리가 되었고, 한계 분석은 경제학의 핵심 방법이 되었고, 한계효용과 한계비용 그리고 가격의 관계는 경제학의 핵심 결론이 되었다. 이러한 변화를 '한계효용혁명'이라 부르기도 한다.

한계효용혁명이 《이론》만의 결과는 아니다. 오스트리아에서 멩거(1871)가 《경제학 원리》를 출간했고, 프랑스에서 발라스(1873)가 《순수 정치경제학 요론》을 발간했다. 제번스는 이들을 알지 못했고, 이들도 제번스를 알지 못했다. 그런데도 세 책이 모두 경제 현상을 한계효용과 관련해서 분석했다. 이 세 책이 함께 영국과 유럽에서 한계효용 혁명 혹은 한계혁명을 이끌었으며, 고전학파 경제학을 신고전학파 경제학으로 대체하는 데 결정적인 역할을 했다.

제번스의 《이론》과 신고전학파 경제학 사이에는 적지 않은 간격도 있다. 제번스의 《이론》에는 소비자의 효용극대화는 있으나 수요함수는 없다. 노동의 투입과 배분에 관한 이론은 있으나 기업의 이윤극대화로부터 도출된 공급함수는 없다. 한계 원리에 입각한 분배이론도 없는데, 이 부분은 영국과 미국의 이른바 2세대 한계효용론자들에 의해 채워졌다. 제번스의 자본이론은 오스트리아학파의 자본이론과 서로 통하지만 신고전학파 경제학에서는 사라졌다.

4.4. 《이론》과 수리경제학

제번스가 《이론》에서 강조한 것이 더 있다. 제번스는 경제학이 수리적이어야 한다고 주장했고, 스스로 모범을 보였다. 한계효용을 소비량의 함수로 나타냈고, 두 물품의 한계효용 비율과 교환 비율의 관계를 방정식으로 나타냈다. '무차별 법칙'도 미분방정식으로 나타냈다. 노동의 한계비효용과 생산물의 한계효용이 같아야 한다는 명제도 방정식으로 나타냈다. 《이론》 2판을 발간하면서는 70여 개의 수리경제학 문헌 목록을 자세한 서지사항과 함께 정리하여 첨부했다.

경제학이 수리적이어야 한다는 주장이나 그렇게 만들려는 시도는 제번스만의 것이 아니었다. 케임브리지 대학의 휴얼(1829)은 "정치경제학의 일부 학설에 대한 수리적 해설"(Mathematical exposition of some doctrines of political economy)을 발표하면서, "정치경제학이 수학의 언어를 사용한다면 더 체계적이고 일관되게 나타낼 수 있을 뿐만 아니라 더 단순하고 명백하게 나타낼 수 있는 부분이 있다"고 주장했다. 그뿐만이 아니다. 제번스는 알지 못했으나 독일의 튀넨(1826)은 《고립국》에서 지대를 시장까지의 거리 등 여러 변수의 함수로 나타냈다. 프랑스의 쿠르노(1838)는 《부 이론의 수리적 원리에 관한 연구》(*Récherches sur les principes mathématiques de la théorie des richesses*)에서 이윤극대화의 원리를 적용하면서 미분법을 사용했다. 그러나 이러한 주장과 시도가 경제학을 바꾸지는 못했다. 제번스의 거듭된 주장에도 상황은 달라지지 않았다.

오늘날의 경제학도에게는 제번스나 쿠르노가 사용한 수학이 전혀 낯설지 않다. 그러나 그렇게 되기까지는 많은 시간이 걸렸다. 케언스는 물론 마셜도 수학을 사용하는 데 반대했다. 마셜은 "모든 중요한 추론과 결과는 예외 없이 일상용어로 표현할 수 있으며," 그렇게 하는 것이 더 좋다고 생각했다. 이러한 반대에도 불구하고 수학을 사용하는 경제학자가 늘어났다. 옥스퍼드 대학의 에지워스도 수학 사용에 적극적이었다. 1881년에 출간된 그의 《수리정신학》(*Mathematical Psychics*)에는 한층 세련된 수학이 등장한다. 경제학이 전문화되고 세계화되면서 더 많은 수학과 더 어려운 수학이 사용되었다. 1930년에는 세계의 경제학자들이 모여 수학과 통계학을 사용하는 경제학을 위한 계량경제학회(Econometric Society)를 결성했고, 1933년부터 학술지(*Econometrica*)를 발간했다. 경제학이 복잡해지고 정교해지면서 수학 사용이 불가피해진 측면도 있고, 수학이 본격적으로 사용되면서 경제학이 복잡해지고 정교해진 측면도 있다. 무엇이 원인이고 무엇이 결과이든, 제번스의 《이론》은 내용에서뿐만 아니라 방법에서도 경제학의 변화를 선도한 것이다.

부론 1

주요 용어와 개념*

■ 경제학, 정치경제학, 경제과학, 정치경제과학

1판 서문과 1장 서두에 나타나는 'the Science of Political Economy'를 '정치경제과학'으로 옮긴다. 1판 서문 후반부에서 'the Science of Economy'도 사용되는데, 이때는 '경제과학'으로 옮긴다. 2판 서문에서는 'economic science'가 자주 사용되는데, 이것도 '경제과학'으로 옮긴다. 그러나 'Political Economy'와 'Economy'라고만 표기할 때는 각각 '정치경제학'과 '경제학'으로 옮긴다. 저자가 2판에서는 'Political Economy'를 'Economics'로 바꿔 쓰겠다고 서문에서 밝히는데, 후자 역시 '경제학'으로 옮긴다. 하지만 여기저기서 가끔 나타나는 'the science of Economics'는 경제과학으로 옮긴다. 그리고 'the science'로 줄여 쓸 때가 많은데, 이것은 '경제학'으로 옮긴다. 'Political Economist'와 'Economist'는 각각 '정치경제학자'와 '경제학자'로 옮긴다.

'économie politique'와 'political economy'는 18세기 중반부터 프랑스와 영국에서 사용되어 왔으며, 이것이 'economics'로 완전히 대체된 것은 20세기의 일이다. 전자가 중농학파와 고전학파의 용어라면, 후자는 신고전학파의 용어라고 할 수 있다. 한편 political economy는 일본에서 1862년에 처음으로 '經濟學'으로 번역되어 지금까지 사용되고 있으며, political economy와 economics가 모두 '經濟學'으로 번역된다. 그래서 일본에서는 이 책을 번역

* 제번스의 《정치경제학 이론》에 등장하는 순서에 맞춰 배열한다.

하면서 제목을 '經濟學の理論'으로 옮겼다(小泉信三・寺尾琢磨・永田清 譯, 寺尾琢磨 改譯, 日本經濟評論社, 1981). 사실 경제(經濟)는 경세제민(經世濟民)의 줄임말이므로 거기에는 이미 정치(political)의 의미가 들어 있다고 할 수 있다. 그런 이유도 있어서 일본에서는 'economics'가 '理財學'으로 번역되기도 했다. 그러나 '경제학'은 학문의 변화와 함께 그 개념이 새로 정립되었으므로 우리는 'economics'는 '경제학'으로, 'political economy'는 '정치경제학'으로 옮기기로 한다. 그리고 제번스가 경제학이 과학임을 강조하기 위해 사용하는 'economic science'는 '경제과학'으로 옮긴다. Cf. 이헌창, "Political Economy와 Economics의 개념과 번역", 《개념과 소통》 2호, 2008, 113~177쪽.

■ 도덕과학, 사회과학, 사회학

과학의 대상 또는 방법과 관련하여 1장에서 등장하는 용어로서 'moral science(s),' 'social science(s),' 'sociology'가 있다. 이들을 각각 '도덕과학,' '사회과학,' '사회학'으로 옮긴다.

우선 '도덕과학'은 흄(1751)이 《도덕 원리에 관한 탐구》(*Inquiry concerning the Principles of Morals*)에서 처음 사용한 것으로 알려져 있는데, 경험적 현상에 기초하여 '인간 본성 및 관계'를 탐구하는 과학을 가리켰다. 밀(1843)은 《논리학 체계》(*A System of Logic*) 6편에서 '도덕과학'이라는 제목으로 윤리학, 정치학, 경제학, 사회학, 심리학 등을 모두 포함한다.

'사회과학'은 존 스튜어트 밀(1836)의 "정치경제학의 정의"(On the definition of political economy)에서도 발견된다. 당시 이 용어는 귀납적, 통계적 방법을 강조하기 위해 사용되기도 했다. Cf. L. Goldman, "The origins of British 'social science': political economy, natural science and statistics," *The History Journal* 26:3, 1983, pp. 587~616.

제번스는 '사회학'을 허버트 스펜서와 연결하여 사용한다. 스펜서는 열 권의 《종합철학체계》(*The Synthetic Philosophy*)에서 자연과 인간과 사회를 망라한 모든 것을 진화의 원리로 서술했다. 그 가운데 1876년 출간된 제 6권의 제목이 《사회학 원리》(*Principles of Sociology*)이다. 하지만 '사회학'(sociology)

은 콩트(Auguste Comte, 1798~1857)가 1839년 저작 《실증철학 강의》(*Cours de philosophie positive*) 제4권에서 처음 사용한 용어로서 인간과 사회에 관한 연구를 총칭하면서 실증적인 접근을 강조한다. 그리고 1843년 간행된 존 스튜어트 밀의 《논리학 체계》에서는 사회학이라는 용어가 콩트의 이름과 함께 발견된다(2권, 564쪽).

■ 정확한 과학

평범하지만 그 의미가 모호한 용어로 'exact science'가 있다. 1장에서 많이 사용된다. 이 용어를 '정확한 과학'으로 옮긴다. 여기서 '정확'은 여러 의미로 사용되는데, 그 중 하나가 현상이나 관계를 수치로 나타낼 수 있음을 가리킨다. 예컨대 제번스가 1장에서 말하기를(67쪽), "행성이나 별의 위치를 정밀하게 측정할 수 있다는 의미에서 천문학은 다른 과학보다 더 정확하다". 그리고 이보다 앞서 밀(1843)은 《논리학 체계》 6편 3장에서 정확한(exact) 과학의 예로서 천문학을 들고, 아직 그렇지 못한 과학의 예로서 조수학(潮水學)을 든다. 그리고 도덕과학, 즉 인간의 본성에 관한 과학이 조수학처럼 부정확한(inexact) 과학일 수밖에 없는 까닭을 설명한다. 하지만 제번스는 '정확'과 '부정확'이 모두 정도의 문제임을 강조하면서 경제학도 언젠가는 '정확한 과학'이 되리라 기대한다. Cf. J. Kim, "Jevons versus Cairnes on exact economic laws," in I.H. Rima ed., *Measurement, Quantification and Economic Analysis*, Routledge, 1995, pp. 140~156; D. M. Hausman, *The Inexact and Separate Science of Economics*, Cambridge University Press, 1992, ch. 8.

■ 즐거움과 괴로움의 미분학

1판 서문과 1장에서 한 번씩 나타나는 'the Calculus of Pleasure and Pain'을 '즐거움과 괴로움의 미분학'으로 옮긴다. 2판 서문과 1장에서 한 번씩 나타나는 '효용과 이기(利己)의 역학(力學)'(the mechanics of utility and self-interest)과 함께 가끔 인용되는 문구이다. 이 문구는 에지워스(F. Y. Edgeworth, 1845~1926)가 자신의 1881년 저서 《수리정신학》에서 말하는

'즐거움 기계로서의 인간이라는 관념'(the conception of man as pleasure machine)과 비교되기도 한다.

이 책에서 'pleasure and pain'은 다른 단어와 함께 사용되는 경우가 더 많은데, 이때도 '즐거움과 괴로움'으로 옮긴다. 흔히 '쾌락과 고통'으로 번역되지만, '쾌락'이 적절하지 않아 보여 사용하지 않기로 한다. 두 단어는 제번스가 공리주의 이론에서 가져온 것인데, '쾌락'은 그 이론에서 사용되는 'hedonic'의 번역으로 남겨두는 게 좋을 듯하다.

이 책에서는 'calculus'도 따로 많이 사용된다. 이 단어를 '미적분학'이나 '변분학'으로 옮기지 않는 이유들 중 하나는 제번스가 이 책에서 적분을 전혀 사용하지 않는다는 것이다. 이에 반해 에지워스(1881)가 이 용어를 사용할 때는 '변분학'으로 옮기는 것이 더 적절하다. 변분학은 범(汎)함수를 대상으로 특정한 적분 값이 최대 또는 최소가 될 수 있는 함수를 찾는 문제를 다루는데, 에지워스(1881)는 한계효용의 적분을 극대화하는 함수를 찾는다. 한편 제번스는 'arithmetic'과 'algebra' 그리고 'geometry'를 구분하여 사용하는데, 각각은 '산술'과 '대수학'(代數學) 그리고 '기하학'으로 옮긴다.

■ 효용도, 최종효용도

제번스가 만들어 사용하는 용어들 중 가장 중요한 것이 'the final degree of utility'이다. 우리는 이것을 '최종효용도'(最終效用度)로 옮기기로 한다. 따라서 'the degree of utility'는 당연히 '효용도'(效用度)로 옮긴다. 두 용어의 정의는 3장 106~108쪽에서 제시되는데, 실제 사용에서는 둘 사이의 구분이 쉽지 않다. 그리고 그 정의에는 미분계수가 등장한다. 제번스의 설명을 옮기면, "효용도는 x의 함수로 간주되는 u의 미분계수로서 그 자신이 x의 다른 함수다".

효용도 또는 최종효용도는 뒷날 윅스티드(P. H. Wicksteed)와 마셜이 한계효용(marginal utility)이라 부르는 것과 비교할 수 있으나 동일하지는 않다. 먼저 윅스티드는 자신의 1888년 저서 《경제과학의 알파벳》(*The Alphabet of Economic Science*)에서 제번스의 최종효용도를 '한계유용성'(marginal usefulness) 또는 '한계유효성'(marginal effectiveness)으로 대체할 것을 제안한다(46쪽). 그리고 이와 구분하여 '한계효과'(marginal effect) 또는 '한계효용'(marginal utility) 이라는 표현을 사용한다. 미분계수 $\frac{du}{dx}$와 차분 Δu를 구분하자는 것이다.

한편 마셜(A. Marshall)은 1890년에 출간된 《경제학 원론》(*Principles of Economics*) 초판에서 '한계효용'(marginal utility)을 자신의 용어로 채택하면서(155쪽), 보론에서 미분계수 $\frac{du}{dx}$로 나타낸다(737쪽). 그렇지만 1898년에 출간된 4판에서는 미분계수에 변분을 곱한 $\frac{du}{dx}.\delta x$로 바꾼다(789쪽). 그리고 마셜은 이상하게도 이 용어의 창안자로 비저(Friedrich von Wieser)를 지목한다(4판, 1898, 168쪽 각주; 9판, 1949, 79쪽 각주). 비저가 자신의 1884년 저서 《경제적 가치의 기원과 법칙》(*Über den Ursprung und die Hauptgesetze des Wirtschaftlichen Werthes*)에서 'Grenz-nutz'라는 용어를 사용했는데, 윅스티드가 이를 받아들여 한계효용이라 옮긴 듯이 마셜이 말하는 것이다.

요즘 경제학 교과서는 대부분 효용함수의 미분계수와 차분을 구분하지 않고 모두 한계효용이라 부른다. 그래서 마지막 한 단위의 효용을 한계효용이라 부르는 동시에 효용함수의 1차 도함수를 한계효용함수라 부른다.

■ 교역체(交易體)

제번스가 만들어 사용하는 용어이면서 많은 비판을 받은 것이 'trading body'이다. 우리는 이것을 '교역체'로 옮긴다. '교역집단'으로 옮길 수도 있겠으나, 제번스가 그의 1865년 저서 《석탄 문제》(*The Coal Question*) 15장에서 이 표현을 만유인력의 비유와 함께 사용한 점을 감안하여 이렇게 옮긴다. 그리고 제번스가 이 책 1장에서 자신의 이론을 "효용과 이기(利己)의 역학(力學)"이라 부르고(81쪽), 역학의 운동방정식을 연상시키는 '교환방정식'이라는 표현을 사용하고 있음도 감안했다. 다시 말하면, 'heavenly body'가 '천체'로 번역되듯이 우리는 제번스의 'trading body'를 '교역체'로 번역하기로 한다.

이 개념에 대해서는 많은 비판이 있었는데, 크게는 두 가지로 나눌 수 있다. 하나는 그것이 구성원의 차이를 사상한다는 것이고, 다른 하나는 그것이 구성원 사이의 상호작용을 사상한다는 것이다. 후자의 지적은 제번스가 쌍방독점의 문제를 무시한다는 비판과도 연결되는데, 이 문제는 에지워스(1881)가 본격적으로 제기하고 분석한다.

제번스의 '교역체'는 그의 본질과 현상의 관계에 대한 그의 견해와 무관하지 않은 개념이라는 지적도 있다. 거래인이 많은 경우는 물론이고 '교환방정식의 실패'로 보이는 경우조차도 본질이 같은 원리가 달리 적용되었을 뿐이라는 제번스의 주장 또는 믿음을 그 개념이 반영한다는 것이다. Cf. L. Robbins, "The place of Jevons in the history of economic thought," *The Manchester School* 5:4, 1936, pp. 310~325; M. C. White, "Indeterminacy in exchange: disinterring Jevons's trading bodies," *The Manchester School* 69:2, 2001, pp. 208~226.

■ **무차별 법칙**

제번스가 2판 서문에서 강조하여 반복하는 용어들 중의 하나가 'law of indifference'이다. 본문에서 일곱 차례 더 사용되는 이 용어를 우리는 '무차별 법칙'으로 옮기기로 한다.

제번스의 '무차별'은 에지워스(1881)가 창안하고 명명한 용어 무차별 곡선(indifference curve)의 '무차별'과 전혀 다른 것이다. 후자가 효용에 차이가 없음을 가리키는 데 반해 전자는 가격 또는 교환 비율에 차이가 없음을 가리킨다. 2판 서문에서 되풀이되는 제번스의 설명을 그대로 옮기면, "하나의 공개 시장에서는 어느 한 순간이라도 한 종류의 상품에 두 가격이 있을 수 없다". 그러나 4장에서 교환이론에 적용되는 '무차별 법칙'은 미분방정식으로 구체화된 것이다.

$$\frac{dy}{dx} = \frac{y}{x}$$

여기서 x와 y는 맞교환되는 두 물품의 수량이다. 그리하여 그의 '무차별 법칙'은 그에 의해 달리 풀이된다. 즉, "교환 행위에서의 마지막 증분이 교환되는 비율은 전체 교환량의 비율과 같아야 한다".

그런데 한 익명(1871)의 서평에서 지적되었듯이, 제번스의 미분방정식은 적분을 통해 $y = Cx$로 바꿔 쓸 수 있으며, 교환 비율 C가 교환 수량에 관계없이 정해진다는 의미를 갖는다. 그러나 제번스는 이렇게 바꿔 쓰는 것을 명시적으로 거부한다. 자신의 교환이론은 "정학"이므로 "적분"이 필요하지 않다고 거듭 주장한다. 이런 주장은 그의 독특한 "동학"과 관련이 있다. 교환은 시간 속에서 이뤄지며, 교환이 조금씩 이뤄질 때마다 "효용의 사정"이 달라지면서 교환 비율이 달라진다는 게 그의 생각이고 고민의 시작이다. 그래서 그는 "동학"을 포기하는데, $y = Cx$는 그가 보기에 부당한 "동학"이었던 듯하다.

제번스의 거부와 상관없이 그의 미분방정식은 '가격 수용자'(price-taker) 가정으로 해석된다. 이 가정은 발라스(1884)와 마셜(1890)도 채택하는 것이다. 반면 에지워스(1881)는 이런 의미의 '무차별 법칙' 또는 '가격 수용자' 가정이 적용될 수 없는 경우에도 타당한 교환이론을 제시한다. 그래서 에지워스는 (상호) 수요곡선을 버리고 계약곡선(contract curve)을 강조한다.

■ 교환방정식

제번스는 2판 서문에서 'equations of exchange'를 네 차례 적시하여 말한다. 물론 4장에서는 이 용어가 더 많이 사용된다. 운동방정식(equations of motion)을 연상시키는 이 용어를 우리는 '교환방정식'으로 옮기기로 한다. 하지만 역학(力學)의 운동방정식이 한 체계를 구성하는 각 물체의 위치와 속도를 시간의 함수로 나타내는 데 반해 제번스의 교환방정식은 정태 균형을 나타낸다.

제번스의 교환방정식은 4장에서 전개되는 교환이론을 가장 잘 요약한다. 그것은 두 변수 (x, y)를 가진 두 방정식인데, 그대로 옮기면

$$\frac{\phi_1(a-x)}{\psi_1 y} = \frac{y}{x} = \frac{\phi_2 x}{\psi_2(b-y)}.$$

그런데 이 연립방정식에는 두 가지 조건이 섞여 있다. 하나는 각 교환 당사자 혹은 '교역체'에 적용되는 효용극대화의 조건인데, 최종효용도 비율과 교환 비율의 동등이 그것이다. 다른 하나는 두 '교역체' 사이에서 적용되는 조건인데, 물물교환에서 주려는 수량과 받으려는 수량의 동등이 그것이다. 두 조건을 나눠 나타내기 위해서는, 수요와 공급을 함께 나타내는 x를 대신하여, x_1으로 교역체 1의 공급을, x_2로 교역체 2의 수요를 나타낼 수 있다. 마찬가지로 y를 대신하여, 교역체 1의 수요를 나타내는 y_1과 교역체 2의 공급

을 나타내는 y_2를 도입할 수 있다. 그런 다음 두 물품 사이의 교환 비율, 또는 둘째 물품에 대한 첫째 물품의 상대가격 p를 도입하여 제번스의 교환방정식을 바꿔 쓸 수 있다.

$$\frac{\phi_1(a-x_1)}{\psi_1 y_1} = p = \frac{\phi_2 x_2}{\psi_2(b-y_2)}.$$

이 두 방정식에 덧붙여, 각 '교역체'의 예산 제약을 나타내는 두 방정식을 쓰면 효용극대화 조건이 완성된다. 이 두 방정식은 제번스의 '무차별 법칙'을 달리 쓴 것이기도 하다.

$$px_1 = y_1,$$
$$px_2 = y_2.$$

여기에 다시 공급$(x_1,\ y_2)$과 수요$(x_2,\ y_1)$의 일치를 나타내는 두 방정식이 더해지면 소비와 교환의 이론이 완성된다.

$$x_1 = x_2,$$
$$y_1 = y_2.$$

물론 이 두 방정식 중 하나는 '발라스의 법칙'에 의해 제외된다. 그리하여 제번스의 교환방정식은 다섯 변수를 가진 다섯 방정식으로 바뀐다.

다시 말하면, 제번스는 효용극대화 조건과 수급일치 조건을 구분하지 않는다. 두 조건을 구분하지 않기에, 예산 제약 하의 효용극대화 조건으로부터 도출되는 (상호)수요함수가 제번스의 이론에는 등장하지 않는다. 이 점에서 발라스(1874)는 제번스와 다르다. 발라스는 효용극대화 조건을 상호수요함수로 바꾼 다음, 균형을 다시 정의하고 설명한다. 마셜(1890)도 효용극대화 조건으로부터 수요곡선을 도출하지만 상호수요곡선은 아니다. 그리고 에지워스(1881)는 (상호)수요곡선이 아닌 계약곡선(contract curve)을 통해 균형을 설명하며, 계약 당사자 중 누구도 재계약(recontracting)으로 이득을 볼 수 없는 상태를 균형으로 정의한다. 이에 반해 제번스는 효용극대화 조건에서 출발하여 곧바로 균형을 정의하고 설명한다.

■ 균형

원문의 'equilibrium'을 '균형'으로 옮긴다. 이 영어 단어는 라틴어 aeuqi와 libra에서 유래했는데, 후자는 로마의 무게 단위이기도 하다. 그래서 그 뜻을 풀면, 동등한 무게(equal weights)가 된다. 저울을 연상시키는 단어인 것이다. 제번스는 이 용어를 1판 서문에서 두 차례, 4장에서 열 차례 사용하고 5장에서 한 차례 사용한다. 그는 1판 서문에서 이미 이 용어를 지레와 연결하였고, 2판에서는 4장에 절을 추가하여 교환의 균형과 지레의 균형을 비교한다.

물리학에서 저울이나 지레의 균형은 힘의 평형을 의미하며, 변동의 경향이 없는 상태를 가리킨다. 이처럼 정태적 의미의 균형을 명시하면서 그것을 동학과 구분한 것은 존 스튜어트 밀의 1848년 저서 《정치경제학 원리》이다(3편의 여러 장과 4편의 1장). 그리고 경제학에서 균형이라는 용어를 처음 사용한 것은 제번스가 서론에서 언급하는 제임스 스튜어트의 1767년 저서 《정치경제학 원리 탐구》로 알려져 있다(2편, 10장, 12장, 15장, 24장). 그렇지만 고전학파 경제학은 일반적으로 평형보다 균일(uniformity)을 강조했으며, 특히 이윤율의 균일을 강조했다. 그리고 균일한 상태보다는 그런 상태를 향한 변동을 강조했다. 그래서 기울지 않고 멈춰 있는 저울보다는 가장 낮은 지점으로 되돌아오는 추가 비유의 대상이 되었다. Cf. M. Milgate, "Equilibrium: development of the concept," in J. Eatwell et al. ed., *The New Palgrave: A Dictionary of Economics*, MacMillan, 1987, pp. 179~183.

■ 평균 투하시간

제번스의 'time of investment'에서 'time'은 시각이 아닌 시간으로 이해해야 한다. 따라서 '투하시간'으로 옮긴다. 이 용어는 7장에서 세 차례 사용될 뿐이지만 제번스의 자본이론에서 중요한 개념이다. 특히 '평균 투하시간'(the average time of investment)은 한 차례만 명시적으로 사용되지만, 그가 이자율을 설명하면서 제시하는 함수 $\frac{F't}{Ft}$에서 t가 그것을 가리킨다고 이해해야 한다.

제번스의 '평균 투하시간'은 뵘바베르크의 '평균 생산기간'(the average period of production)과 내용이 같다. 둘 모두 단리를 상정하고서 평균 투하시간 또는 생산기간을 정의한다는 점도 같다(Eugen von Böhm-Bawerk, *Kapital und Kapitalzins II: Positive Theorie des Kapitales*, 1889, bk. 4, ch. 3). 하지만 복리를 적용하면, 빅셀이 지적하듯이, 동일한 물리적 또는 기술적 조건에서도 평균 투하시간이 이자율에 따라 달리 정해져야 한다(K. Wicksell, *Föreläsnigar i nationalekonmi*, 1901; E. Classen tr., *Lectures on Political Economy*, 1934, p. 184).

이를 확인하기 위해 우리는 가장 단순한 경우로서 두 기간에 걸쳐 각 기간의 시작에 동일한 양의 자본 wl이 투하됨으로써 생산이 종결되고, 그 즉시 자본이 회수된다고 상정할 수 있다. 이때 자본의 '평균 투하시간' τ는 다음 방정식을 만족해야 한다.

$$wl(1+r)^2 + wl(1+r) = 2wl(1+r)^{\tau}.$$

그런데 이 방정식의 τ에 대한 해는 (복리) 이자율 r에 따라 달라진다. 한편 단리를 적용한 방정식은

$$wl(1+2r) + wl(1+r) = 2wl(1+\tau r).$$

이 경우에는 (단리) 이자율 r에 상관없이 $\tau = 1.5$이다. 그렇지만 고정자본이 존재하면 단리를 적용하더라도 복리 때와 같은 문제가 생긴다. Cf. I. Steedman, "Jevons's theory of capital and interest," *Manchester School of Economics and Social Studies* 40:1, 1972, pp. 31~52. 제번스는 7장 283쪽에서 복리를 언급하지만 분석을 피한다.

■ 투하 자본량, 자본 투하량

제번스는 7장에서 'the amount of capital invested'와 'the amount of investment of capital'의 차이를 강조한다. 우리는 두 용어를 각각 '투하 자본량'과 '자본 투하량'으로 옮긴다. 제번스에게 중요한 것은 후자인데, 7장의

두 절에서 모두 다섯 차례 사용된다.

제번스의 '자본 투하량'은 투하된 자본의 수량과 그 자본이 회수되기까지의 시간을 함께 반영하는 개념이다. 따라서 이것도 복리의 경우 이자율에 따라 달리 정해져야 한다는 점에서 '평균 투하시간'과 다르지 않다. 제번스는 '자본 투하량'으로부터 '평균 투하시간'을 정할 수 있을 듯이 말하기도 한다. 하지만 이렇게 해서 문제를 해결할 수는 없다. '자본 투하량'은 '평균 투하시간'과 함께 계산되어야 하므로 후자가 가진 문제로부터 전자가 벗어날 수 없다.

이를 확인하기 위해 우리는 제번스의 '투하량에 관한 표식'을(279~281쪽) 원용할 수 있다. 우선 제번스가 Δp로 나타낸 $T-t$기의 투하자본량을 I_t로 바꿔 나타내기로 한다. 그리하면 제번스의 자본투하량 표식을 $\sum_{t=1}^{T} tI_t$로 바꿔 쓸 수 있다. 그리고 제번스가 수치 예와 그림을 사용해서 설명하는 평균 투하시간은(276~279쪽) $\dfrac{\sum_{t=1}^{T} tI_t}{\sum_{t=1}^{T} I_t}$. 하지만 이 표식은 단리(單利)에만 타당하다. 단리 이자율 r에서 평균 투하 시간 τ를 규정하는 방정식은

$$\sum_{t=1}^{T} (1+rt)\, I_t = (1+r\tau) \sum_{t=0}^{T} I_t.$$

이 방정식의 해가 제번스의 평균 투하시간이고, 그 해를 투하 자본량 $\sum_{t=0}^{T} I_t$에 곱한 것이 제번스의 자본 투하량인데, 이 방정식에서는 r이 소거될 수 있으므로 두 수량 모두 이자율과 상관없이 정해진다.

그러나 복리(複利)의 경우에는 사정이 다르다. 평균 투하시간 τ를 규정하는 방정식은

$$\sum_{t=1}^{T} (1+r)^{t} I_t = (1+r)^{\tau} \sum_{t=1}^{T} I_t.$$

따라서 평균 투하시간은

$$\frac{1}{\ln(1+r)}\left[\ln\left(\sum_{t=1}^{T}(1+r)^t I_t\right)-\ln\left(\sum_{t=1}^{T}I_t\right)\right]$$

이 표식에서 보듯이, 복리의 경우에는 평균 투하시간이 이자율 r에 따라 달리 정해진다. 그리고 이 경우 자본 투하량을 어떻게 정의해야 할지 모호하다. 단리의 경우처럼 $\sum_{t=1}^{T} tI_t$로 정의하는 것은 적절하지 않다. 그리고 만일 평균 투하시간을 투하 자본량에 곱한 $\tau\sum_{t=0}^{T} I_t$로 정의한다면, 그것은 이자율 r에 따라 달리 계산된다.

지금까지는 이산(discrete) 시간 모형을 사용했는데, 연속(continuous) 시간 모형도 다르지 않다. 복리의 경우만 보면, 평균 투하시간 τ를 규정하는 방정식은

$$\int_0^T I(t)\, e^{it} dt = e^{i\tau}\int_0^T I(t)\, dt.$$

따라서 평균 투하시간은

$$\frac{1}{i}\left[\ln\left(\int_0^T e^{it} I(t) dt\right)-\ln\left(\int_0^T I(t) dt\right)\right] .$$

연속 시간에서도 복리의 경우에는 평균 투하시간이 이자율 i에 따라 달리 계산된다. 그리고 $\tau\int_0^T I(t)\, dt$로 정의된 자본 투하량도 당연히 이자율 i에 따라 달리 계산된다.

부록 2

《정치경제학 이론》에 등장하는 학자와 저작*

가르니에(Joseph Clément Garnier, 1813~1881) 슈발리에, 바스티아, 쿠르셀-스뇌 등과 함께 프랑스 자유주의학파의 일원으로 분류된다. 1846년에 도로교량학교(École des Ponts et Chaussées)의 초대 정치경제학 교수로 선임되었으며, 그로부터 20여 년간 〈경제학자 저널〉(*Journal des économistes*)의 편집인으로 활약했다. 제번스가 1판 서문과 2판 서문 그리고 3장에서 인용하는 가르니에의 저서는 1846년에 《정치경제학 요론》(*Elémente d'économie politique*)으로 출간되었다가 4판인 1860년 판부터 《정치경제학》(*Traité d'économie politique*)으로 출간되었으며, 1907년에 10판이 출간되었다. 그리고 스페인어, 이탈리아어, 러시아어 번역판도 출간되었다.

고센(Hermann Heinrich Gossen, 1810~1858) 본 대학과 베를린 대학에서 법률을 공부한 후 관리가 되었으나 37살에 사직했다. 제번스가 2판 서문에서 길게 인용하는 고센의 저서 《인간 교역의 법칙과 거기서 생기는 인간 행위의 규칙》(*Die Entwicklung der Gesetze des menschlichen Verkehrs, und der daraus fließenden Regeln für menschliches Handeln*)의 서문은 1853년에 씌었으나 출간은 1858년에야 이뤄졌다. 이 과정에서 이미 실망한 그는 팔리지 않은 책은 회수할 것을 발행인에게 요

* 한글로 옮긴 이름의 철자 순으로 배열한다.

청했다. 이 책은 1889년과 1893년에 베를린에서 다시 출간되었으며, 1983년에 영어 번역판이 제오르제스쿠-로에겐(Nicholas Georgescu-Roegen)의 긴 소개와 함께 출간되었다(Rudolph C. Blitz tr., *The Laws of Human Relations and the Rules of Human Action Derived Therefrom*, MIT Press).

기펀(Robert Giffen, 1837~1910) 스코틀랜드 출신의 언론가, 통계학자, 경제학자. 1876년에 통상위원회(Board of Trade) 통계국장으로 선임되었다. 1876년부터 1891년까지 〈런던 통계학회지〉의 편집을 맡았으며, 1882년에 런던통계학회 회장으로 선출되었다. 기펀재(Giffen goods)라는 용어는 마셜이 1895년에 출간된 《경제학 원리》 3판에서 가격 상승이 수요 증가로 이어질 가능성을 설명하면서 기펀을 인용한 뒤 널리 사용되었다.

뉴컴(Simon Newcomb, 1835~1909) 캐나다 태생의 천문학자, 수학자. 1884년에 존스홉킨스 대학 수학·천문학 교수로 선임되었다. 경제학에도 관심을 기울여 제번스의 《정치경제학 이론》과 케언스의 《정치경제학의 논리적 방법》에 대해 각각 서평을 게재했고(*North American Review* 114, 1872, pp. 435~440; *North American Review* 121, 1875, p. 259), 1875년에는 "정치경제학의 방법과 영역"(The method and province of political economy)도 발표했다(*North American Review* 121, p. 261). 그리고 1885년에 《정치경제학 원리》(*Principles of Political Economy*)를 출간했다. 제번스는 부록의 수리경제학 문헌 목록에 뉴컴의 1875년 서평을 기재했다.

조지 다윈(George Darwin, 1845~1912) 찰스 다윈의 아들이며, 수학자·천문학자로서 많은 연구를 남겼다. 제번스는 부록에서 수리경제학 문헌에 조지 다윈의 1875년 논문 "교환가치 이론"(The theory of exchange value)을 해설과 함께 포함한다. 이 논문은 〈격주 평론〉(*Fortnightly Review*) 17호에 게재되었는데, 여기서 조지 다윈은 제번스의 《이론》에 대한 케언스의 비판에 맞서 제번스를 옹호했다.

대버넌트(Charles Davenant, 1656~1714) 제번스가 4장에서 '킹의 가격 법칙'의 출처로 지목하는 대버넌트의 《무역수지에서 인민을 수익자로 만들기에 알맞은 방법에 관한 소론》(*An Essay on the Probable Means of Making the People Gainers in the Balance of Trade*) 은 1699년에 출간되었으며, 1771년에 총 5권으로 간행된 《찰스 대버넌트의 정치 상업 저작집》(*The Political and Commercial Works of the celebrated Writer Charles D'Avenant*) 2권 163~381쪽에 수록되었다. 제번스가 그의 이름에 '박사'를 붙이는데, 대버넌트는 옥스퍼드 대학으로부터 법학박사(LL. D) 학위를 받았다.

데튀 드 트라시 (Antoine Louis Claude Destutt de Tracy, 1754~1836) 이데올로기라는 용어를 만들어낸 철학자이며, 장바티스트 세와 함께 프랑스 자유주의학파를 이끌었다. 제번스가 2판 서문에서 인용하는 그의 책은 《이데올로기 요론》(*Elémens d'idéologie*) 의 둘째 부분(*seconde section*) 으로서 부제가 《의지론》(*Traité de la volonté et de ses effects*) 이며, 1815년에 출간되었다. 첫 부분은 세 권으로 출간되었고, 둘째 부분인 이 책은 4편과 5편을 포함한다. 이 책은 미국에서 1817년에 《정치경제론》(*A Treatise on Political Economy*) 으로 번역 출간되었다. 이 책이 프랑스에서 1823년에 다시 출간될 때도 그 제목이 《정치경제론》(*Traité d'économie politique*) 이었다. 그러나 1826년 판에는 본래의 제목이 붙여졌다. 제번스는 인용의 출처로 세 판을 열거하는데, 거기서 '1825년 판'은 실제로는 1826년 판일 것으로 추정된다.

뒤피 (Jules Dupuit, 1804~1866) 제번스가 2판 서문에서 인용하는 뒤피의 1849년 논문은 《도로 교량 연보》(*Annales des ponts et chaussées*) 에 게재된 "통행세가 수송로의 효용에 미치는 영향"(De l'fluence des peages sur l'utilité des voies de communication) 이다. 뒤피는 이 논문에 앞서 1844년에 "공공사업 효용의 측정"(De la mesure de l'utilité des travaux publics) 을 같은 연보에 게재했다. 이 이 논문에서 뒤피가 수요곡선 아래의 면적으로 정의한 '상대적 효용'(utilité relative) 이 나중에 마셜에 의해 '소비자 지대'(consumers' rents) 를 거쳐 '소비자 잉여'(consumers' surplus) 로 이름이 바뀌어 널리 알려졌다(A. Marshall, *Principles of Economic*, 1st ed., 1890, bk. 3, ch. 4; 3rd ed., 1895, bk. 5, ch. 12; 4th ed. 1898, bk. 3, ch. 6).

뒤피의 1848년 논문은 1952년에 영어로 번역되었다(R. H. Barback tr., "On the measurement of the utility of public works," *International Economic Papers* 2, pp. 83~110).

뒤 메닐-마히니(Jules Du Mesnil-Marigny, 1810~1885) 잘 알려진 프랑스 경제학자이며 부자였다. 발라스가 그에게 자신의 저술 계획을 밝히면서 재정 지원을 요청한 편지가 남아 있다. 제번스는 2판 서문에서 휴얼과 함께 그를 수학을 남용 또는 오용한 경제학자로 지목하고, 1860년에 출간된 그의 《자유교환론자와 조정보호주의자》(*Les libres échangistes et les protectionnistes conciliés*) 2판을 부록의 수리경제학 문헌 목록에 포함한다.

드라블레(Émile Louis Victor de Laveleye, 1822~1922) 벨기에 리에주 대학교 정치경제학 교수. 제번스는 2판 서문에서 그를 리처드 존스, 클리프 레슬리 등과 함께 역사적 탐구에 치중하는 경제학자로 거명한다.

드모르간(Augustus De Morgan, 1806~1871) 제번스가 수학한 런던 유니버시티 칼리지가 막 설립된 무렵인 1828년에 수학 교수로 선임되어 1866년까지 재직했다. 제번스가 재학 시절에 쓴 일기에는 드모르간의 저서와 강의가 자주 등장한다. 제번스가 1장에서 인용하는 드모르간의 《형식논리》(*Formal Logic: or, the calculus of inference, necessary or probable*)는 1847년에 출간되었다. 드모르간은 이에 앞서 《확률론》(*An Essay on Probabilities*)과 《미적분학》(*The Differential and Integral Calculus*)을 포함하여 많은 저서를 출간했다.

들니 드부후이으(Johan d'Aulnis de Bourouill, 1850~1930) 1878년에 네덜란드 위트레흐트 대학 법학부 교수로 부임했다. 그가 학생 시절이던 1874년부터 제번스와 서신을 교환했으며, 그 전에 발라스와도 서신을 교환했다.

라드너(Dionysius Lardner, 1793~1859) 1828년에 런던 유니버시티 칼리지의 철학·천문학 교수로 선임되었으나 3년 후 사임했다. 수학과 과학에 관한 대중적인 책을 많이 펴냈으며, 133권으로 된 백과사전(*Cabinet Cyclopaedia*)을 편찬했다. 제번스가 2판 서문에서 라드너의 1850년 저서 《철도 경제학》(*Railway Economy*)을 "수요와 공급의 법칙이 수리적으로 다뤄지고 그래프로 설명되고 있는" 책으로 소개하며, 자신이 가장 많은 도움을 받은 책들 중의 하나로 꼽는다. 제번스가 1판의 1장에서 다른 수리경제학 문헌과 함께 이 책 내용의 일부를 설명하면서는(17~18쪽) 철도 운임 요율과 총수입 및 이윤의 관계를 보여주는 그림을 높이 평가한다. 하지만 2판에서는 이 내용이 언급되지 않는다.

라벅(John William Lubbock, 1803~1865) 영국의 은행가, 수학자, 천문학자. 케임브리지 트리니티 칼리지에서 휴얼의 학생이었다. 1825년에 졸업하면서, 그의 아버지가 세운 은행인 라벅 회사(Lubbock & Co.)의 동업자로 참여했고, 1840년에 사장이 되었다. 1829년에 왕립천문협회 펠로우로 선출되었으며, 다음 해에 왕립런던협회 펠로우로 선출되었다. 1840년에는 익명으로 《통화론》(*On Currency*)을 출간했다. 제번스는 2판 서문에서 이 익명 저자의 책이 "화폐시장의 작동에 대한 수리 분석을 시도"했다고 평가한다. 슘페터는 이 책과 저자를 "흥미로운 책의 더욱 흥미로운 저자"로 소개한다. Cf. J. P. Henderson, "Sir John William Lubock's *On Currency*—'an interesting book by a still more interesting man'," *History of Political Economy* 18:3, 1986, pp. 383~404.

라우(Karl Heinrich Rau, 1792~1870) 1822년부터 하이델베르크 대학의 경제학 교수로 재직했다. 유럽 고전학파 경제학자로 분류되기도 한다. 1826년부터 판을 거듭하며 출간된 그의 《정치경제학 교과서》(*Lehrbuch der politischen Ökonomie*)가 널리 사용되었다. 1868년에는 8판이 출간되었다. 제번스는 2판 서문에서 이 책이 "단지 가끔 기호나 그래프를 사용"하고 있음을 지적한다. 이 책은 세 권으로 되어 있는데, 제번스는 부록의 수리경제학 문헌 목록에서 1권 368쪽만을 인용한다.

라플라스(Pierre-Simon Laplace, 1749~1827) 프랑스의 수학자·물리학자·천문학자이며 확률이론을 확립했다. 제번스가 1장에서 언급하는 그의 저작은 1796년에 출간된 것으로서 전체 제목은 《세계 체계 해설》(*Exposition du système du monde*)인데, 태양계의 여러 역학적 현상에 대한 해설이다. 보다 자세하고 엄밀한 내용은 1799년부터 5권의

《천체역학》(*Mécanique céleste*)으로 출간되는데, 이 책은 뉴턴의 《프린키피아》(*Principia*)에 버금가는 명저로 평가되기도 한다. 그리고 라플라스의 1812년 저서 《확률 분석론》(*Théorie analytique des probabilités*)이 토드헌터의 《수리적 확률이론의 역사》에 자세히 소개되어 있다. 이 책의 서론이자 해설로서 1814년에 출간된 라플라스의 《확률에 관한 철학적 소론》(*Essai philosophique sur les probabilités*)은 1902년에 영어로 번역되어 출간되었다(F. W. Truscott & F. L. Emory, tr., *A Philosophical Essay on Probabilities*, Wiley).

레슬리(T.E. Cliffe Leslie, 1826~1882) 1853년에 벨파스트 퀸스 칼리지의 법학·정치경제학 교수로 선임되었다. 영국 역사학파의 대표적 경제학자로 꼽히며, 토지제도에 관한 연구와 경제학의 방법에 관한 논의로 명성이 높다. 제번스가 2판 서문과 1장에서 거론하는 레슬리의 1876년 논문 "정치경제학의 철학적 방법"(On the philosophical method of political economy)은 더블린 대학이 발행하는 〈헤르마테나〉(*Hermathena*)에 게재되었으며, 그의 《정치도덕철학 논집》(*Essays in Political and Moral Philosophy*)에 다시 수록되었다. 레슬리는 이 논문에서 경제학의 연역적 접근을 비판하고 귀납적 연구를 장려했으며, 역사와 제도의 중요성을 강조했다. 제번스는 임금기금설과 관련하여 레슬리의 1868년 논문 "정치경제학과 임금률"(Political economy and the rate of wages)도 언급한다. 이 논문은 1870년에 출간된 《아일랜드, 영국, 그리고 유럽 여러 나라의 토지체제와 산업경제》(*Land Systems and Industrial Economy of Ireland, England and Continental Countries*)에 부론으로 수록되었다.

로드데일(James Maitland Lauderdale, 1759~1839) 1789년에 스코틀랜드의 제8대 로드데일 경(Earl)으로 영국 상원의원이 되었으며, 정치와 저술로 많은 논쟁을 일으켰다. 제번스가 1장과 4장에서 인용하는 《공부(公富)의 본질과 기원에 관한 탐구》(*An Inquiry into the Nature and Origin of Public Wealth*)는 1804년에 초판이 출간되었다. 제번스는 1819년에 출간된 2판에서 인용한다. 이 책은 프랑스어와 이탈리아어로도 출간되었다.

로이드 (Henry Lloyd, 1718~1783) 제번스는 2판 서문에서 로이드가 1771년에 익명으로 출간한《화폐이론에 관한 소론》(*An Essay on the Theory of Money*)을 "지금까지 발견된 영국 최초의 [수리적] 저작"으로 인용한다. 로이드는 군사 전략에 관한 저술로 더 잘 알려져 있다.

로저스 (James Edwin Thorold Rogers, 1823~1890) 1859년에 런던 킹스 칼리지의 초대 통계학·경제과학 교수로 선임되었다. 이 교수직은 런던 통계학회가 투크(T. Tooke)를 기념하여 만든 것이다. 레슬리와 함께 영국 역사학파의 대표적 경제학자로 꼽힌다. 제번스는 1장에서 로저스를 "역사적 기초 위에 사회과학의 새 분과"를 세우려는 경제학자들 중 한 명으로 거명한다.

르트론 (Guillaume-François Le Trosne, 1728~1780) 프랑스 중농학파의 핵심 이론가이다. 1777년에 《사회질서, 사회이익》(*De l'ordre social, De l'Intérêt social*)을 출간했고, 1779년에 《지방행정과 조세개혁》(*De l'administration provinciale et de la réforme de l'impôt*)을 출간했다. 제번스는 2판 서문과 1장에서 자신의 이론에 친화적인 프랑스 경제학자들을 나열하면서 르트론을 포함한다. 그리고 4장에서는 '교환 비율'이라는 표현과 관련하여 르트론의 1777년 저작을 인용한다. 제번스가 인용하는 부분은 그에 앞서 맑스가 《자본론》 1권에서 인용했었다 (pt. 1, ch. 1, §5, n 15).

리카도 (David Ricardo, 1772~1823) 제번스가 4장에서 '가치의 기원'과 관련하여 인용하는 리카도의 《정치경제학과 과세의 원리》(*Principles of Political Economy and Taxation*)는 1817년에 초판이 출간되었다. 제번스는 1821년에 출간된 3판에서 인용한다. 제번스는 6장에서도 고정자본과 유동자본의 구분과 관련하여 리카도의 《원리》 3판을 인용한다.

마셜 (Alfred Marshall, 1842~1924) 1884년에 헨리 포셋의 후임으로 케임브리지 대학의 정치경제학 교수로 선임되었다. 마셜과 그의 부인이 함께 저술한 《산업경제학》(*Economics of Industry*)이 1879년에 출간되었다. 같은 해에 그의 논고 《외국 무역의 순수이론. 국내 가치의 순수이론》(*Pure Theory of Foreign Trade. Pure Theory of Domestic Values*)을 시지윅(Henry Sidgwick, 1838~1900)이 개인적으로 인쇄해서 유포했다. 제번스는 이 논고를 2판 서문에서 수학 사용과 관련하여 언급한다. 마셜의 《경제학 원론》(*Principles of Economics*)은 1890년에 초판이 출간되었고, 1891년과 1895년에 각각 2판과 3판이 출간되었다. 이 책은 그 후로도 수정과 보완을 거듭하여 1920년에 8판이 출간되었다. 그리고 마셜은 제번스의 《이론》 초판이 출간된 다음 해에 그다지 호의적이지 않은 서평을 〈아카데미〉에 게재했다(A. Marshall, "Mr. Jevons' *Theory of Political Economy*," *The Academy* 1, 1872, pp. 141~146). 제번스의 《이론》 2판에는 이 서평에 대한 언급이나 반응이 없다.

매그너스(Philip Magnus, 1842~1933) 그의 《초급 역학 강의》(*Lessons in Elementary Mechanics*)는 1875년 출간되었으며, 주로 대학 진학을 준비하는 학생을 위한 것이었다. 이 책은 열 달 만에 2판이 간행되었고, 1896년에 40판이 간행되는 등 오래도록 이 주제의 중요 교재로 사용되었다. 제번스는 2판의 4장 추가된 '지레 이론과의 유사성'에서 이 책을 길게 인용한다.

매클라우드(Henry Dunning Macleod, 1821~1902) '그레샴의 법칙'이라는 용어의 창안자로 잘 알려져 있다. 이 용어는 매클라우드의 1858년 저서 《정치경제학 요론》(*Elements of Political Economy*)에서 처음 사용되었다(476~478쪽). 그렇지만 매클라우드는 이 책에서 노동가치이론을 비판하면서 수요와 공급에 의한 가격 결정을 역설했으며, 다른 여러 책과 논문에서도 고전학파 경제학을 거칠게 비판했다. 이런 그는 당시 경제학자들 사이에서 무시 또는 기피의 대상이기도 했다. 제번스도 초판에서는 매클라우드를 한 차례 언급하는 데 그치지만 2판에서는 여덟 차례나 언급한다. 특히 2판 서문에서는 "그의 몇몇 저작으로부터 내가 받은 도움"을 인정하는데, 이는 매클라우드가 《정치경제학 요론》 64절과 65절에서 논의하는 음(陰)의 가치를 가리키는 듯하다. 제번스가 2판에서 추가한 여러 절 가운데 하나가 4장의 '음의 가치와 양의 가치'에 관한 절이다. 제번스는 2판 서문에서 '경제학'이라는 이름과 관련하여서도 그를 언급하는데, 실제로 매클라우드는 1875년 논문에서 '정치경제학'을 버리고 '경제학'을 사용하자고 제안한

적이 있다("What is political economy?" *Contemporary Review* 25, 1875, pp. 871~893). 제번스는 2판 서문에서 수학 사용과 관련하여서도 그를 언급한다. 하지만 매클라우드가 경제학이 '수리적 과학'이어야 한다고 했으나 수학을 사용해야 한다고는 하지 않았다. 그리고 그의 책이나 논문 어디에서도 수학을 사용하지 않았다. 오히려 매클라우드는 1896년 저서 《경제학사》(*History of Economics*)에서 제번스의 교환방정식을 가리켜 "쓸데없는" 것이라 비판했다(159쪽). 한편 매클라우드는 1872년 저서 《경제철학 원리》(*Principles of Economical Philosophy*) 3장에서 르트론과 콩디야크를 포함하여 여러 프랑스 경제학자의 이론을 소개한다. 그리고 그는 프랑스 자유주의학파를 대표하는 슈발리에와 긴밀히 교류했다. 제번스가 2판에서 4장에 추가한 절 '가치라는 용어의 일상적 사용'에서 프랑스 경제학자들의 저작을 영국에 소개한 학자로 매클라우드를 지목한다. 종합하면, 매클라우드가 그의 여러 저작에서 전개하는 경제이론의 내용을 고려할 때, 제번스가 그를 이렇게 많이 인용하는 것은 다소 의아스러운 일이다. Cf. Michael V. White, "Sympathy for the devil: H. D. Macleod and W. S. Jevons's *Theory of Political Economy*," *Journal of the History of Economic Thought* 26:3, 2004, pp. 311~329.

맥컬로크(John Ramsey McCulloch, 1789~1864) 1828년에 런던 유니버시티 칼리지의 초대 정치경제학 교수로 선임되었으며, 리카도 사후 제임스 밀과 함께 리카도학파를 대표했다. 1825년에 초판이 출간된 맥컬로크의 《정치경제학 원리》(*Principles of Political Economy*)는 최초의 성공적인 교과서로 꼽힌다. 제번스는 이 책을 7장에서 자본이론과 관련하여 부정적으로 인용한다. 책의 다른 곳에서도 맥컬로크는 부정적으로 언급된다. 그렇지만 제번스가 6장에서 지대이론을 논의하면서는, 맥컬로크가 1838년에 《국부론》에 덧붙여 출간한 보론(Supplementary Notes and Dissertations)을 매우 긍정적으로 길게 인용한다. 그리고 맥컬로크는 이 보론 453쪽 각주에 앤더슨의 《곡물법의 본성에 관한 탐구》 45~47쪽을 옮겨 놓았는데, 제번스는 이것의 일부를 재인용한다. 제번스는 7장에서 맥컬로크가 《국부론》에 붙인 주석도 인용한다.

메인 (Henry James Sumner Maine, 1822~1888) 영국의 법학자이자 역사가이다. 1869년 옥스퍼드 대학 법학교수로 부임했다. 제번스는 2판 서문에서 그를 레슬리, 로저스 등과 함께 "역사적 기초 위에 사회과학의 새 분과"를 세우려는 경제학자들 중 한 명으로 거명한다.

미나드 (Charles Joseph Minard, 1781~1870) 프랑스의 공학자. 플레이페어(William Playfair, 1759~1823)를 이어 그래프 사용에서 선구적이었다. 제번스는 7장에서 장기 토목사업의 비용 계산과 관련하여 그의 1850년 논문을 인용하면서 제목은 적시하지 않는다.

제임스 밀 (James Mill, 1773~1836) 존 스튜어트 밀의 아버지. 맥컬로크와 함께 리카도 경제학을 알리는 데 힘썼다. 제번스는 밀의 《정치경제학 요론》(*Elements of Political Economy*)에서 지대이론의 "가장 만족스런 설명"을 발견한다. 이 책은 1821년에 출간되었고, 1826년에 3판이 출간되었다. 제번스는 6장에서는 1821년 판을 인용하고, 7장에서는 1826년 판을 인용한다.

존 스튜어트 밀 (John Stuart Mill, 1806~1873) 제번스가 인용하는 존 스튜어트 밀의 저작은 셋이다. 제번스는 우선 1판 서문과 2판 서문을 비롯해서 여러 곳에서 《정치경제학 원리》(*Principles of Political Economy*)를 인용하는데, 대부분의 인용이 자기 이론과의 차이를 드러내거나 비판하기 위해서다. 이 책은 1848년에 초판이, 1871년에 7판이 출간되었다. 제번스가 한 차례 1848년을 적시하지만 그 외에는 출간연도를 밝히지 않고 인용한다. 다음으로 제번스는 1장에서 경제학의 방법과 관련하여 《논리학의 체계》(*System of Logic*)를 긍정적으로 인용한다. 이 책은 1843년 초판이, 1872년 8판이 출간되었다. 제번스는 이들 중 어느 것을 인용하는지 밝히지 않는다. 그리고 제번스는 3장에서 경제학의 고찰 대상과 관련하여 밀의 1844년 저작 《정치경제학의 몇몇 해결되지 않은 문제에 관한 소론》(*Essays on Some Unsettled Questions of Political Economy*)을 인용하는데, 이때도 소비와 효용을 중시하는 자기 의견과의 차이를 지적하기 위해서다. 1965년에 출간된 33권의 《존 스튜어트 밀 저작집》(*Collected Works of John Stuart Mill*)에는 이 세 저작 가운데 앞의 둘은 각각 2~3권, 7~8권으로 포함되었고, 《소론》은 4권에 수록되었다.

바스티아 (Claude Frédéric Bastiat, 1801～1850) 프랑스 자유주의학파의 핵심 경제학자이며 저술가이다. 제번스는 2판 서문에서 자신의 임금이론에 친화적인 "위대한 프랑스 경제학자"로 쿠르셀-스뇌와 함께 바스티아를 거명한다. 바스티아는 "양초업자의 청원서"(Pétition des fabricants de chandelles)를 비롯하여 대중적인 소론을 많이 썼는데, 이 소론은 1845년에 출간된 《경제적 궤변》(*Sophismes économiques*) 1권에 들어 있다. 보다 진지한 저서로는 1850년에 초판이 출간된 《경제적 조화》(*Les harmonies économiques*)가 대표적이다. 이 책의 증보판이 1860년에 영어로 번역되어 출간되었다(P. J. Stirling tr., *Harmonies of Political Economy*, London, John Murray). 제번스는 3장에서 이 영역판을 인용한다. 이 영역판과는 달리 1964년에 출간된 보이어스(W. Hayden Boyers)의 영역판은 제목이 '경제적 조화'(*Economic Harmonies*)이다.

바커 (Thomas Barker, 1838～1907) 제번스보다 한 해 앞서 1865년에 오언스 칼리지의 수학 교수로 부임하여 20년간 재직했다.

바클리 (George Berkeley, 1685～1753) 영국 고전경험론을 대표하는 철학자이며, 1710년에 출간된 《인지원리론》(*Treatise Concerning the Principles of Human Knowledge*)의 저자로 잘 알려져 있다. 1733년에 아일랜드 클로인의 주교로 부임했다. 제번스가 5장에서 아일랜드 인민의 근면에 관한 바클리의 발언을 인용하는데, 이 발언은 1735～1737년에 익명으로 출간된 그의 저작 《질문자》(*Querist*)에 들어 있다. 이 책은 그 후 여러 차례 다시 출간되었다.

레옹 발라스 (Léon Walras, 1834～1910) 1870년에 로잔 아카데미의 교수로 취임했다. 발라스와 제번스 사이의 교신은 1874년에 발라스가 자신의 논문을 제번스에게 보내면서 시작되었다. 이 논문은 1874년에 출간된 《순수 정치경제학 요론》(*Élements d'économie politique pure*) 1권에 포함되었다. 발라스의 《요론》 2권은 1877년에 출간되었다. 그의 이름이 '발라'로 읽히기도 하지만, 《요론》을 영어로 번역한 자페(William Jaffé)가 전하는 바에 의하면, 그의 가문에서는 '발라스'로 불리었다고 한다.

오귀스트 발라스(Auguste Walras, 1801~1866) 레옹 발라스의 아버지. 학교 행정가이며, 세 권의 경제학 책을 출간했다. 그 중 첫째가 1831년에 출간된 《부의 본질과 가치의 기원》(*De la nature de la richesse et de l'origine de la valeur*)이다.

배비지(Charles Babbage, 1791~1871) 미분기계를 설계하여 제작에 착수했으나 완성하지 못했다. 오늘날의 전자컴퓨터와 비교할 수 있는 분석엔진(*Analytical Engine*)도 구상했다. 제번스가 5장의 마지막 절 '노동 강도의 한계'에서 길게 인용하는 배비지의 저서 《기계와 제조업의 경제학》(*On the Economy of Machinery and Manufactures*)은 1832년에 1판과 2판이, 1833년에 3판이, 1835년에 4판이 각각 출간되었다. 제번스가 인용하는 것은 3판 또는 4판이다. 존 스튜어트 밀은 《정치경제학 원리》에서 이 책을 여러 차례 인용하거나 언급했는데, 1편 9장에서는 규모의 경제와 관련하여 인용했다(1848, 158쪽; 1965, 131쪽).

밴필드(Thomas Charles Banfield, 1800~1882?) 별로 알려진 게 없다. 그가 1844년에 케임브리지 대학에서 행한 강의가 다음 해 《산업 조직에 관한 네 강의》(*Four Lectures on the Organization of Industry*)로 출간되었다. 그리고 2판이 1848년에 《산업 조직》(*The Organization of Industry*)으로 제목을 바꿔 출간되었다. 제번스는 3장에서 인간의 욕구와 관련하여 이 책 2판을 인용하면서 그 제목을 《노동 조직》(*The Organization of Labour*)으로 잘못 쓴다.

베카리아(Cesare Beccaria, 1738~1794) 이탈리아의 철학자이자 정치가. 《범죄와 형벌》(*Dei delitti e delle pene*)의 저자로 잘 알려져 있다. 공리주의를 주창했고 공급과 수요의 원리로 가치를 설명했다. 제번스는 2판 서문에서 그의 1764년 논문 "밀무역 분석"(Tentativo analtico sui contrabbandi)을 가리키면서 그를 체바와 함께 최초의 수리경제학 저자로 거명한다.

대니얼 베르누이(Daniel Bernoulli, 1700~1782) 제번스가 4장에서 '돈의 효용'과 관련하여 인용하는 베르누이의 논문 "위험 측정의 새 이론 해설"(Specimen theoriae novae de mensura sortis)은 1738년에 발표되었으며, 토드헌터의 《수리적 확률이론의 역사》에 자세히 소개되어 있다. 이 논문에서 베르누이는 니콜라스 베르누이(Nicolas Bernoulli, 1687~1759)가 제기한 '상트페테르부르크 역설'을 일종의 기대효용이론으로 풀었다. 이 논문은 1954년에 영어로 번역되었다(L. Sommer tr., "Exposition of a new Theory on the measurement of risk," *Econometrica* 22, pp. 23~36).

베스터고르(Harald Ludvig Westergaard, 1853~1936) 수학에서 경제학을 거쳐 인구학과 통계학을 연구했으며, 1886년에 코펜하겐 대학의 교수로 부임했다. 제번스가 2판 서문에서 그의 서신 논평을 언급한다.

베인(Alexander Bain, 1818~1903) 1845년에 글래스고 대학의 수학·자연철학 교수로 선임되었으나 곧 사임했고, 1860년에 애버딘 대학의 논리학·영문학 교수로 선임됐다. 제번스가 3장에서 '음의 즐거움'과 관련하여 꽤 길게 인용하는 베인의 《감정과 의지》(*The Emotions and the Will*)는 1859년에 초판이 출간되었다. 그의 《감각과 지성》(*The Senses and the Intellect*)은 이보다 1년 앞서 출간됐다.

벤담(Jeremy Bentham, 1748~1832) 인생의 목적은 '최대 다수의 최대 행복'의 실현에 있으며 즐거움을 조장하고 괴로움을 방지하는 능력이야말로 모든 도덕과 입법의 기초 원리라고 하는 공리주의(utilitarianism)를 주장하였다. 제번스가 1~3장에서 여러 차례 인용하는 벤담의 《도덕과 입법의 원리 서설》(*Introduction to Principles of Morals and Legislation*)은 1780년에 인쇄되어 1789년에 출간되었다. 제번스가 1장과 2장에서 인용할 때 사용하는 것은 1823년에 출간된 개정판이다. 이 책은 바우링(J. Bowring)에 의해 1843년에 출간된 《벤담 저작집》(*The Works of Jeremy Bentham*) 1권에 첫째로 포함되었다. 제번스는 벤담이 1815년에 발표한 《행동 원천 표》(*A Table of the Springs of Action*)도 언급하는데, 이때 제번스가 가리키는 것은 벤담의 셋째 표인 듯하다. 이 표는 '감각의 즐거움과 괴로움'을 나열하고 있다. 제번스는 1822년에 출간된 《법전 편찬 제안, 제러미 벤담이 자유주의 견해를 만국에 천명하면서》(*Codification proposal, addressed by*

Jeremy Bentham to all nations professing liberal opinions)도 인용한다. 두 저작은 각각《벤담 저작집》1권과 4권에 포함되었다.

보도(Nicolas Baudeau, 1730~1792) 프랑스의 신학자, 경제학자. 1765년 창간된〈시민일지〉(*Les Ephémérides du citoyen*)의 발행인 겸 편집인이었다. 그는 이 잡지를 통해 케네와 중농학파의 학설을 비판했으나 머지않아 입장을 바꿨다. 그리고 1771년 출간된《경제철학 서론》(*Première introduction á la philosophie économique*)을 비롯한 많은 저서를 통해서 중농주의 학설의 해설과 보급에 노력하였다. 제번스는 2판 서문에서 자신의 임금이론에 친화적인 "위대한 프랑스 경제학자"로 르트론, 세 등과 함께 보도를 거명한다. 그리고 1장에서는 보도와 르트론이 제임스 스튜어트와 함께 "경제학을 충분히 차별화하여 별개의 과학으로 받아들이게" 하는 데 기여했다고도 평가한다.

볼로브스키(Louis Wolowski, 1810~1876) 폴란드 태생으로서 25살 때 프랑스 국적을 취득했다. 오랫동안 예술학교의 산업법 교수로 재직했으며, 금은 복본위제를 옹호했다. 1870년에는《금과 은》(*L'or et l'argent*)을 간행했다. 제번스는 4장에서 '상품의 등가'와 관련하여 볼로브스키를 언급하면서 그의 저작은 지목하지 않는다.

사잔트(William Lucas Sargant, 1809~1889) 제번스가 인용하는 사잔트의 저서《최근의 정치경제학》(*Recent Political Economy*)은 포셋의《정치경제학 편람》을 중심으로 여러 경제이론을 소개하고 해설한다. 제번스는 4장의 '가치의 기원'에 관한 절의 한 각주에서 이 책을 인용한다.

샌들린(Pieter Alexander Sandelin, 1777~1857) 벨기에 태생의 법률가이며, 네덜란드 의회 의원으로도 활동했다. 제번스가 2판 서문에서 인용하는 그의《정치경제학 휘집》(*Répertoire général d'économie politique*)은 네덜란드 라에(La Haye)에서 1846~1848년에 6권으로 출간되었다. 프랑스, 영국, 독일의 여러 경제학 문헌과 잡지에서 발췌하여 실었다. 제번스는 이 책에도 쿠르노의《부 이론의 수리적 원리에 관한 연구》가 언급되지 않음을 지적한다.

섀드웰(John Lancelot Shadwell, 1842~1919) 변호사로 활동했으며, 세 권의 경제학 저서를 저술하기에 앞서 임금에 관한 논문을 발표했는데

("A theory of wages," *Westminster Review* 51.1, 1872, pp. 184~203), '노동의 효율성'(the efficiency of labour)과 임금의 관계를 강조하는 이 논문을 제번스는 높이 평가했다. 그리고 섀드웰의 세 저서 중 하나가 제번스가 2판 서문에서 임금이론과 관련하여 인용하는 《정치경제학 체계》(*System of Political Economy*)이다. 이 책은 1877년에 출간되었다. 섀드웰과 제번스는 1872년부터 오랫동안 서신을 교환했다. Cf. H.A. Jevons ed., *Letters and Journal of W. Stanley Jevons*, MacMillan and Co., 1886, pp. 268~271.

윌리엄 손턴(William Thomas Thornton, 1813~1880) 1858년에 인도청(India Office)의 서기가 되었으며, 그 전부터 책과 논문을 저술했다. 1869년에는 《노동론》(*On Labour*)을 출간했고, 이듬해에 2판을 출간했다. '노동의 부당한 요구와 정당한 몫, 그것의 실제 현실과 가능한 미래'(Its wrongful claims and rightful dues; its actual present and possible future)가 이 책의 부제(副題)다. 여기서 손턴은 공급과 수요의 법칙에 의해 가격 및 임금이 결정된다는 이론을 비판했다. 이 비판이 존 스튜어트 밀로 하여금 임금기금설을 철회하게 한 것으로 알려져 있다. 하지만 공급과 수요의 법칙에 대한 손턴의 비판은 제번스에 의해 4장의 두 절 '교환이론의 예시'와 '교환방정식의 실패'에서 반박된다. 이에 앞서 젠킨이 손턴의 비판에 대한 반박을 포함하는 1870년 논문 "공급 수요 법칙의 도해적 표현, 그리고 노동에 관한 그 법칙의 적용"(The graphic representation of the laws of supply and demand, and their application to labour)을 발표했는데, 젠킨은 이 논문의 원고를 제번스에게 보냈었다.

헨리 손턴(Henry Thornton, 1760~1815) 영국의 은행가이며, 1782년부터 하원의원으로 활동했다. 1810년에는 지금위원회(bullion committee) 위원장으로 태환(兌換) 재개를 권유하는 보고서를 작성했다. 그는 1802년에 출간된 《영국 지폐 신용의 본질과 효과에 관한 연구》(*An Enquiry into the Nature and Effects of the Paper Credit of Great Britain*)의 저자로도 잘 알려져 있다. 이 책은 1939년에 하이에크의 소개와 함께 다시 간행되기도 했다. 그렇지만 제번스가 4장에서 이 책을 인용하는 것은 단지 킹-대버넌트의 수치에 대한 헨리 손턴의 의구심을 소개하기 위해서일 뿐이다.

스토크 (Heinrich Friedrich von Storch, 1766~1835) 제번스가 2판 서문에서 자신의 임금이론과 관련하여 인용하는 스토크의 저서는 1815년 상트페테르부르크에서 프랑스어로 출간된 여섯 권의 《정치경제학 강의》(*Cours d'économie politique*) 중 1권이다. 이 책은 그가 러시아 왕실의 개인교사로 활동하면서 준비한 것이며, 1823년에 파리에서 장바티스트 세의 소개 글과 함께 다시 출간되었다. 제번스는 이 책이 "지대 개념을 걸출한 재능의 경우에만 적용"하는 점을 지적한다.

스튜어트 (James Denham Steuart, 1712~1780) 1767년 출간된 그의 《정치경제학 원리 탐구》(*Inquiry into the Principles of Political Oeconomy*)는 중상주의를 체계화했다고 평가받는다. 제번스는 1장에서 그가 여러 프랑스 경제학자들과 함께 "처음으로 경제학을 충분히 차별화하여 별개의 과학으로 받아들이게" 했다고 평가한다.

스펜서 (Herbert Spencer, 1820~1903) 영국의 철학자, 윤리학자, 정치학자, 사회학자. 열 권으로 출간된 《종합철학체계》(*The Synthetic Philosophy*)에서 자연과 인간과 사회를 망라한 모든 것을 진화의 원리로 서술했다. 1864년에 출간된 제 2권 《생물학 원리》(*Principles of Biology*)에서는 다윈의 진화론을 가리켜 '적자생존'(survival of the fittest)이라는 표현을 사용했다(444쪽). 그리고 1876년 출간된 제 6권이 《사회학 원리》(*Principles of Sociology*)이다. 제번스는 2판 서문에서 "스펜서 씨가 말하는 사회학"을 "귀납적이고 경험적인 방식"과 연결한다.

시니어 (Nassau William Senior, 1790~1864) 1825년에 옥스퍼드 대학의 초대 정치경제학 교수로 선임되었다. 리카도 경제학에서 벗어나 효용과 비용, 수요와 공급을 강조하는 이론을 전개했으며, 자본과 이자의 현상을 절제(abstinence)와 관련하여 설명했다. 제번스는 시니어의 "정치경제학"(Political economy)을 3장에서 세 차례 인용하고, 4장과 8장에서도 인용한다. 이 논고는 1836년에 출간된 《엔사이클로피디아 메트로폴리타나》(*Encyclopaedia Metropolitana*)에 게재되었다. 이 논고는 따로 제본되어서도 배포되었는데, 그 표지에 붙여진 제목이 《정치경제과학 개요》(*An Outline of the Science of Political Economy*)이다. 그리고 1850년에는 《정치경제학》(*Political Economy*)으로 제목을 바꿔 다시 출간되었다. 제번스가 사용하는 이 책 5판은 1863년에 출간되었다.

세(Jean-Baptiste Say, 1767~1832) 애덤 스미스의 학설을 받아들여 프랑스에 전파하였으며 콜레주 드 프랑스 경제학 교수를 역임하였다. 그의 대표적 저서 《정치경제학 강론》(*Traité d'économie politique*)은 1803년에 처음 출간되었고, 1826년에 5판이 출간되었다. 1841년에는 그의 아들에 의해 6판이 출간되었다. 이 책은 여러 나라 말로 번역되어 출간되었는데, 영어판은 1821년에 처음 출간되었다. 제번스는 3장과 5장에서 각각 효용과 노동에 대한 세의 정의를 인용하지만 출전은 밝히지 않는다.

애덤슨(Robert Adamson, 1852~1902) 그가 24살이던 1876년에 오언스 칼리지의 논리학·철학 교수로 선임되어 제번스의 뒤를 이었으며, 1895년에 글래스고 대학의 논리학 교수로 부임했다. 독일 철학을 연구하여 칸트와 피히테(J. G. Fichte)에 대해 각각 저서를 출간했으나 (1879, 1882) 경제학 부문에서는 별다른 저작을 발표하지 않았다.

앤더슨(James Anderson, 1739~1809) 스코틀랜드 태생의 농학자, 과학자, 법률가. 그가 1777년에 두 논고에서 곡물법을 지지하면서 전개한 차액지대이론이 1815년 무렵에 리카도, 맬서스, 웨스트(Edward West, 1782~1828), 토런스(Robert Torrens, 1780~1864) 등에 의해 확립되면서 고전학파 경제학의 핵심 이론이 되었다. 제번스는 6장에서 앤더슨의 논고 《곡물법의 본성에 관한 탐구, 스코틀랜드를 위해 제안된 곡물법안을 보면서》(*An Inquiry into the Nature of the Corn Laws, with a view to the Corn Bill proposed for Scotland*)를 길게 인용한다.

에메나르 뒤 마제트(Camile Esménard du Mazet, 1802~1871) 제번스는 2판 서문에서 수학을 오용 또는 남용한 경제학자로 휴얼과 함께 에메나르 뒤 마제트를 꼽으면서 그의 두 저작을 수리경제학 문헌 목록에 포함한다. 그 중 하나는 1849년에 출간된 《신정치경제학》(*Nouveaux* *principes d'économie politique*) 이다. 다른 하나는 1851년에 출간된 《가치: 가르니에 씨에게 보낸 편지》(*De la valeur: lettre à M. J. Garnier*) 이다. 에메나르 뒤 마제트는 1849년 저서에서 쿠르노(1838)를 신랄하게 비판한다.

에버렛(Joseph David Everett, 1831~1904) 벨파스트 퀸스 칼리지 자연철학 교수. 제번스는 3장에서 '경제 수량의 차원'과 관련하여 에버렛의 1875년 저서 《센티미터-그램-초 단위 체계 해설》(*Illustrations Of The Centimetre-gramme-second System Of Units*) 을 언급한다.

에어리(George Biddell Airy, 1801~1892) 영국의 수학자, 천문학자. 1826년에 케임브리지 트리니티 칼리지의 수학 교수로 선임되었다. 제번스는 1장에서 물리학의 수학 사용과 관련하여 《엔사이클로피디아 메트로폴리타나》(*Encyclopædia Metropolitana*) 에 게재된 에어리의 논고 "조수 이론"(Theory of the tides) 을 언급한다.

워커(Francis Amasa Walker, 1840~1897) 미국의 경제학자, 통계학자. 1869년에 미국 통계청 청장으로 임명되었고, 1872년에 예일 셰필드 과학학교 교수로 선임되었고, 1881년에 MIT의 총장으로 선임되었다. 1876년 출간된 《임금 문제》(*The Wages Question*) 에서 임금기금설을 비판했다. 헨리 조지(Henry George, 1839~1897) 와 논쟁을 벌였고, 1883년에 《토지와 지대》(*Land and Its Rent*) 를 출간했다. 1896년에는 《국제 복본위제》(*International Bimetallism*) 에서 금과 은을 함께 본위화폐로 사용할 것을 주장했다. 1883년에 초판이 출간된 그의 《정치경제학》(*Political Economy*) 은 가장 많이 사용되는 교과서들 중 하나가 되었다. 제번스는 2판 서문에서 임금기금설을 공격한 경제학자로 그를 거명한다.

이스나르(Achylle-Nicolas Isnard, 1749~1803) 프랑스의 공학자이면서 경제학에도 조예가 깊었다. 제번스가 인용하는 그의 저작은 1781년에 익명으로 출간된 《부에 관한 정론》(*Traité des richesses*) 이다. 이스나르는 이 책에서 중농학파의 이론을 비판했을 뿐만 아니라 일반균형가격의 결정을 수리적으로 분석했다. 발라스가 제번스에게 보낸 1878년 7월 13일자 편지에 이 책에 대한 언급이 있다.

잉그럼(John Kells Ingram, 1823~1907) 1852년에 더블린 트리니티 칼리지의 영문학 교수로 선임됐다. 이때 그는 아일랜드의 1789년 반란을 기념하는 "죽은 자의 기억"(The memory of the dead, 1843)을 쓴 시인으로 잘 알려져 있었다. 그 후 그는 콩트의 영향을 받아 통합적인 사회과학을 확립하기 위해 노력을 기울였다. 1878년에 더블린에서 개최된 영국 과학진흥협회에서 경제학·통계학 분과 의장으로 그가 행한 연설이 경제학자들에게 깊은 인상을 주었는데, 연설 제목은 '정치경제학의 현황과 전망'(The present position and prospects of political economy)이었다. 그는 이 연설에서 경제학의 지나친 추상화와 단순화를 비판하면서 역사적 방법을 강조했다. 당시 그는 아일랜드 통계사회탐구협회(The Statistical and Social Inquiry Society of Ireland)의 회장이기도 했다. 그의 대표적인 저서로는 1888년에 출간된 《정치경제학사》(*A History of Political Economy*)를 들 수 있다. 이 책은 여러 나라 언어로 번역되어 출간되었다.

제닝스(Richard Jennings, 1814~1891) 그는 두 저서에서 심리학과 생리학의 연구 성과를 경제학에 도입하였으며, 그 중 하나가 1855년 출간된 《정치경제학의 자연적 요소》(*Natural Elements of Political Economy*)이다. 제번스는 이 책을 3장에서 소개하고 5장에서 길게 인용한다.

젠킨(Fleeming Jenkin, 1833~1885) 1866년에 런던 유니버시티 칼리지의 공학 교수로 선임되었고, 1868년에 에든버러 대학의 공학 교수로 부임했다. 사업가와 발명가로서도 성공적이었다. 제번스는 부록의 수리경제학 문헌 목록에 젠킨의 세 논문을 포함하는데 그 중 하나가 1870년에 발표된 "그래프로 나타낸 공급과 수요의 법칙"(Graphic representation of the laws of supply and demand, and their application to labour)이다. 젠킨이 보낸 이 논문의 원고를 본 제번스가 《이론》을 서둘러 저술했음을 암시하는 기록이 남아 있다. 하지만 제번스가 젠킨의 논문에서 주목한 것은 거기서 사용된 수학이지 전개된 이론은 아니라는 지적이 있다(Uemiya, Shoichiro, "Jevons and Fleeming Jenkin," reprinted in J.C. Wood ed., *William Stanley Jevons: Critical Assessment*, vol. 3, Routledge, 1988, pp. 174~188). 젠킨의 1870

년 논문은 다른 논문과 함께 1931년에 런던 정경대학에 의해 책으로 출간되었다.

존스 (Richard Jones, 1790~1855) 1830년에 런던 킹스 칼리지의 정치경제학 교수로 선임되었고, 1833년 맬서스의 뒤를 이어 동인도대학 정치경제학·역사학 교수로 부임했다. 이 무렵 그는 맬서스, 휴얼, 배비지 등과 함께 런던 통계학회 설립을 주도했다. 이에 앞서 그는 자신의 1831년 저서 《부의 분배와 조세의 원천에 관한 소론》(*Essay on the Distribution of Wealth and on the Sources of Taxation*)에서 리카도의 이론을 전면적으로 비판했다. 제번스는 1장에서 그를 "역사적 기초 위에 사회과학의 새 분과"를 세우려는 학자들 중 첫째로 거명한다.

조지 찰머스 (George Chalmers, 1742~1825) 영국의 역사학자이며 다양한 주제의 책을 저술했다. 제번스가 인용하는 찰머스의 저서 《영국의 상대적 실력에 관한 추정》(*An Estimate of the Comparative Strength of Great Britain*) 3판은 1804년에 출간되었다. 초판과 2판은 각각 1782년과 1794년에 간행되었다.

토마스 찰머스 (Thomas Chalmers, 1780~1847) 스코틀랜드의 수학자이며 자유교회 운동을 이끌었다. 제번스가 4장에서 가격 변동과 관련하여 길게 인용하는 그의 저서 《국가의 기독교와 경제체제》(*Christian and Economic Polity of a Nation*)는 1821년에 두 권으로 간행되었다. 1840년에 2판이 출간되었고, 1856년에 출간된 《토마스 찰머스 저작집》(*Select Works of Thomas Chalmers*) 제 10권에 포함되었다.

체바 (Giovanni Ceva, 1647~1734) 이탈리아 수학자. 1648년에 만토바 대학의 수학 교수로 선임되었다. 제번스가 2판 서문에서 "최초의 수리경제학 저자"로 지목한다. 제번스가 가리키는 것은 체바의 1711년 저작 《수리 화폐론》(*De re nummaria, quoad fieri potuit geometrice tractata*)이다. 슘페터의 《경제분석의 역사》에도 그에 대한 언급이 있다(1954, 286쪽 각주). 체바의 논문에 대한 상세한 해설은 R. G. Theocharis, *Early Developments in Mathematical Economics*, London, MacMillan, 1961, pp. 5~9를 보라.

카나르 (Nicolas-François Canard, 1750~1833) 프랑스의 수학자, 경제학

자. 수학을 사용하여 조세 귀착을 분석한 그의 1801년 논문 "조세의 흐름에 관한 소론"(Éssai sur la circulation de l'impôt)이 프랑스 국립학술원(Institut National des Sciences et des Arts)의 수상 논문으로 선정되었다. 이 논문의 결론은 중농학파의 이론과 대립하는 것이었다. 이 결론에 앞서 카나르는 판매자와 구매자의 상대적 힘에 의한 가격 결정의 원리를 제시한다. 제번스가 부록의 수리경제학 문헌 목록에 포함하는 카나르의 저술은 이 논문을 책으로 엮어 출간한 것이다(*Principes d'économie politique*). 프랑스 자유주의학파는 이 책을 수리경제학의 최고 권위로 여겼다. 그러나 제번스는 2판 서문에서 "기호와 방정식을 풍부하게 사용하면서도 어떤 가치 있는 결과도 내지 못하는 경우"로서 휴얼과 함께 카나르를 든다. 이에 앞서 쿠르노(1838, 2쪽)와 발라스(1874, 44쪽)가 이 책을 낮춰 평가했으며, 나중에 슘페터도 《경제분석의 역사》(*History of Economic Analysis*)에서 이 평가에 동조했다(1954; Oxford University Press, 1994, p. 499).

카우츠(Gyula Kautz, 1829~1909) 헝가리 태생이며, 1863년에 헝가리 페스티 대학의 정치경제학 교수로 부임했다. 제번스가 2판 서문에서 고센의 《규칙》을 언급하는 유일한 문헌으로 카우츠의 1858년 저서 《국민경제학의 이론과 역사》(*Theorie und Geschichte der National-oekonomik*)를 든다. 이 책은 오스트리아 빈에서 독일어로 출간되었다. 그가 자신의 책과 논문에 사용한 이름은 Julius Kautz이다.

케네(François Quesnay, 1694~1774) 1758년 《경제표》(*Tableau économique*)를 작성했으며 중농학파의 태두로 여겨진다.

케언스(John Elliot Cairnes, 1823~1875) 아일랜드 태생이며, 마지막 고전학파 경제학자로 일컬어지기도 한다. 1856년에 더블린 트리니티 칼리지의 정치경제학 교수로 선임되었고, 1866년에 런던 유니버시티 칼리지의 정치경제학 교수로 부임했다. 제번스는 케언스가 사망한 다음 해인 1876년에 그의 후임으로 선임되었다. 제번스가 2판 서문에서 경제학의 수리적 성격과 관련하여 인용하는 케언스의 저서 《정치경제학의 몇몇 주요 원리에 대한 새 해설》(*Some Leading Principles of*

Political Economy, Newly Expounded) 은 1874년에 출간되었다. 이보다 앞서 제번스의 《정치경제학 이론》 초판에 대한 케언스의 서평이 〈격주 평론〉(*Fortnightly Review*) 1872년 1월호에 실렸는데, 이 서평 마지막 부분에서 케언스는 수학 사용에 대한 자신의 부정적인 의견을 짧게 표명한다. 케언스의 초기 저작은 1857년에 출간된 《정치경제학의 성격과 논리적 방법》(*The Character and Logical Method of Political Economy*) 이다. 이 책은 케언스가 더블린 트리니티 칼리지에 부임하면서 강의한 내용을 책으로 출판한 것이다. 제번스는 1장에서 통계 분석과 관련하여 이 책 2판을 언급하면서 케언스의 의견에 동의한다. 이 책 2판은 1875년에 출간되었다. 케언스의 통계 분석에 대해서는 J. Kim, "Newmarch, Ciarnes and Jevons on the gold question and statistics," *Journal of the History of Economic Thought* 19:1, 1997, pp. 49~70 참조.

코사 (Luigi Cossa, 1831~1896) 이탈리아 파비아 대학에서 수학했고, 라이프치히 대학에서 로셔에게서도 사사했다. 1858년에 파비아 대학의 정치경제학 교수로 선임됐다. 제번스는 2판 서문에서 그의 1876년 저서 《정치경제학 연구 안내》(*Guida allo studio dell economia politica*) 를 가리켜 "간결하지만 적절히 기술된 교과서이며, 우리의 경제학 연구가 가진 섬나라의 편협함을 깨닫게 하기에 충분하다"고 소개한다. 그리고 제번스는 "이 책이 영어로 간행되기를 바란다"고 말하는데, 1880년에 이 책 2판이 영어로 번역되어 제번스의 서문과 함께 출간된다 (*Guide to the Study of Political Economy*, London, Macmillan and Co.).

콩디야크 (Étienne Bonnot de Condillac, 1715~1780) 1754년 출간된 《감각론》(*Traité des sensations*) 의 저자로 명성이 높다. 그의 1776년 저서 《상업과 정부》(*Le Commerce et le gouvernement*) 에서는 가치의 심리학적 이론을 제시한다. 제번스는 2판 서문에서 "가치와 효용의 진정한 관계를 아마도 가장 먼저 명료하게 밝힌 진술"이 이 책에 있다고 말하고, 3장과 4장에서 그 진술을 프랑스어로 인용한다. 그리고 2판 서문에서 자신의 임금이론에 친화적인 "위대한 프랑스 경제학자"로 콩디야크를 먼저 꼽는다. 그리고 보도, 르트론 등과 함께 콩디야크가 "처음으로 경제학을 충분히 차별화하여 별개의 과학으로 받아들이게" 했다고 평가한다. 제번스는 《상업과 정부》를 인용할 때 《콩디야크 전집》(*Œuvres complètes de Condillac*)을 사용하는데, 이 《전집》은 콩디야크 사후 여러 번 간행되었다.

쿠르노(Antoine Augustin Cournot, 1801~1877) 1823년에 소르본 대학에서 수학 학위를 받았고, 푸아송의 권유와 지원으로 1834년에 리옹 대학의 수학 교수가 되었다. 수학과 철학에서 명성이 높았으나 그의 두 경제학 저서는 프랑스에서조차 오래도록 무시되었다. 하지만 발라스는 쿠르노의 1838년 저서 《부 이론의 수리적 원리에 관한 연구》(*Récherches sur les principes mathématiques de la théorie des richesses*)를 높이 평가했으며, 그것이 자신의 《요론》에 미친 영향을 강조하며 인정했다. 제번스는 2판 서문에서 쿠르노의 《연구》를 높이 평가하고 소개하면서, 자신이 이 책을 제대로 읽은 것은 1판이 출간된 뒤임을 밝힌다. 그리고 4장에서는 쿠르노가 내린 시장의 정의를 인용한다. 쿠르노의 《연구》는 1897년에 베이컨(Nathaniel T. Bacon)에 의해 영어로 번역되어 출간되었고, 1927년에 피셔(Irving Fisher, 1867~1947)의 해설이 더해져 다시 출간되었다. 그리고 쿠르노가 저술한 또 하나의 경제학 책은 1863년에 출간된 《부 이론의 원리》(*Principes de la théorie des richesses*)이다. 제번스는 2판 서문에서 내린 평가에 의하면, "더 대중적이면서 기호를 사용하지 않는… 이 저서는 그의 첫 저서에 비해 의미나 중요성이 떨어진다".

쿠르셀-스뇌(Jean Gustav Courcelle-Seneuil, 1813~1892) 프랑스 자유주의학파로 분류된다. 변호사에서 사업가와 자유기고가를 거쳐 칠레 대학의 정치경제학 교수가 되었다. 두 권으로 인쇄된 《정치경제학 이론 및 실용》(*Traité théorique et pratique d'économie politique*)을 1858년에 출간했고, 2판을 1867년에 출간했다. 제번스가 3장과 5장에서 이 책을 인용할 때는 1867년에 출간된 2판을 사용한다. 그리고 제번스는 2판 서문에서 자신의 임금이론에 친화적인 "위대한 프랑스 경제학자"로 쿠르셀-스뇌를 바스티아와 함께 거명한다.

토드헌터(Issac Todhunter, 1820~1884) 많은 수학 교과서를 썼으며, 그 중에는 판을 거듭한 것도 여럿 있다. 그리고 그의 1861년 저서 《변분학의 역사》(*History of the Calculus of Variation*)와 1865년 저서 《수리적 확률이론의 역사》(*History of the Mathematical Theory of Probability*)는 학술적으로 높은 평가를 받았다. 제번스가 4장에서 베르누이의 '도덕적 기대'(moral expectation)를 소개하고 설명할 때 토드헌터의 1865년 저서를 출처로 사용한다.

톰슨(William Thomson, 1824~1907) 스코틀랜드 출신 물리학자, 공학자, 발명가. 1846년에 글래스고 대학의 자연철학 교수로 선임되었다. 대서양 횡단 전신선 부설에 성공하여 1866년에 작위를 받았고, 1892년에 남작으로 봉해져 캘빈 경(Lord Kelvin)으로 불리게 되었다. 그가 테이트(Peter Guthrie Tait, 1831~1901)와 함께 저술하여 1867년 출간한 책이 《자연철학론》(*Treatise on Natural Philosophy*) 1부다. 2부는 1883년 출간된다. 이 책은 물리학의 여러 분야를 에너지 원리로 통합하며, 수학을 많이 사용한다. 제번스는 1장에서 수학 사용과 관련하여 이 책과 함께 《자연철학 요론》(*Elements of Natural Philosophy*)을 언급한다.

투크(Thomas Tooke, 1774~1858) 화폐에 관한 저술과 경제 통계 분석으로 명성이 높은 경제학자이다. 투크가 사망하자 런던 통계학회는 런던 킹스 칼리지에 그의 이름을 붙인 통계학·경제과학 교수직을 만들었다. 투크의 대표적인 저서는 《가격 및 유통 상태의 역사》(*History of Prices and of the State of the Circulation during the Years 1703-1856*)인데, 1838년부터 1857년 사이에 6권으로 출간되었다. 그 중 5권과 6권은 뉴마치(William Newmarch, 1820~1882)가 공저자로 참여했다. 제번스가 4장에서 킹의 수치와 관련하여 이 책 1권을 인용하면서, "이런 문제에 관해 그보다 더 높은 권위자는 없다"고 말한다.

튀넨(Johann Heinrich von Thünen, 1783~1850) 독일의 경제학자이며, 공간경제학을 창시했다고 평가받는 《고립국》(*Der isolirte Staat*)을 저술했다. 이 책은 1826년에 1권이 출간되었고, 저자가 사망한 1850년에 2권 1부가 출간되었다. 그리고 2권 2부와 3권이 1863년에 출간되었다. 1권은 농업 입지에 관한 이론으로, 2권은 임금의 한계생산성이론으로 유명하다. 이 책은 제번스가 부록의 수리경제학 문헌 목록에 포함시킨 많지 않은 독일어 저작들 중 하나다. 이 책의 영어 번역판은 1966년에 출간되었다(Carla M. Wartenberg tr., *Isolated state*, Oxford, New York, Pergamon Press).

페일리 (William Paley, 1743~1805) 영국의 공리주의 철학자. 시계공 비유를 사용하는 《자연신학》(*Natural Theology*)의 저자로 잘 알려져 있다. 제번스가 1장에서 경제학과 공리주의의 관계를 논하면서 인용하는 페일리의 《도덕과 정치철학의 원리》(*The Principles of Moral and Political Philosophy*)는 1785년 초판이 출간되었으며, 저자 생전에 15판까지 출간되었다.

포셋 (Henry Fawcett, 1833~1884) 1863년에 케임브리지 대학 경제학 교수로 부임했으며, 리카도-밀 경제학의 권위자로 여겨졌다. 1865년부터 9년간 하원의원으로도 활동했다. 1863년에 출간된 그의 《경제학 편람》(*Manual of Political Economy*)은 널리 사용되는 교과서가 되어 1883년에 6판이 출간되었으며, 사후에도 7판과 8판이 출간되었다. 제번스는 7장에서 자본의 정의와 관련하여 이 책을 비판적으로 인용하는데, 이때 사용하는 2판은 1865년에 출간되었다.

포터 (George Richardson Porter, 1792~1852) 영국의 경제학자, 통계학자. 런던 통계학회 설립을 주도했다. 1834년에 통상위원회 통계국장으로 임명됐다. 제번스는 5장에서 임금이 노동 시간에 미치는 영향을 분석하면서 포터의 저서를 인용하는데, 이때 그 제목을 줄여 쓴다. 이 책은 1836년에 초판이 출간된 《국가의 사회경제적 관계에서의 진보, 19세기부터 현재까지》(*The Progress of the Nation in its various Social and Economical Relations from the Beginning of the Nineteenth Century to the Present Time*)이다. 제번스는 1847년에 출간된 2판을 사용한다.

푸아송 (Siméon-Denis Poisson, 1781~1840) 프랑스의 수학자, 물리학자. 제번스가 4장에서 지레 이론과의 유사성을 설명하면서 프랑스어로 인용하는 《역학원리》(*Traité de mécanique*)는 초판이 1811년에 2권으로 출간되었다. 1842년에는 영어 번역판도 간행되었다.

피콕 (George Peacock, 1791~1858) 1837년 케임브리지 대학 천문학 교수로 부임했으며, 1839년 케임브리지 엘리 교구의 주임사제(Dean)로 임명되었다. 제번스가 7장에서 인용하는 피콕의 《대수론》(*Treatise on Algebra*)은 1830년에 출간되었고, 1842년에 2판이 출간되었다.

하겐 (Karl Heinrich Hagen, 1785~1856) 쾨니히스베르크 대학의 정치학·경제학 교수. 제번스가 2판 서문에서 "단지 가끔 기호나 그래프를 사용"하는 저작으로 하겐의 1844년 저서를 언급한다. 제번스가 부록의 수리경제학 문헌 목록에 포함하는 하겐의 1844년 저서는 둘인데, 2판 서문에서 제번스가 가리키는 것은 《국민소득을 위한 자유무역의 필요성—수리적 증명》(*Die Nothwendigkeit der Handelsfreiheit für das Nationaleinkommen, mathematisch nachgewiesen*)일 것이다.

해클루트 (Richard Hakluyt, 1552?~1616) 영국의 지리학자. 프랑스 주재 영국대사관 소속 목사로 파리에 체재하던 중에 수집한 세계 각국의 무역·해사(海事)·식민지에 관한 자료를 정부에 제공하였고, 귀국 후 1589년에 《영국민의 주요 항해, 무역, 발견》(*The Principall Navigations, Voiages, Traffiques and Discoueries of the English Nation*)을 출간했다. 이 책은 1598~1600년에 세 권으로 다시 간행되었으며, 해클루트의 《항해기》(*Voyages*)라 불리며 널리 읽혔다. 제번스가 3장에서 상품이라는 단어의 사용과 관련하여 언급하는 "잉글랜드 정책 비방 소송"(Processe of the libelle of English policie)은 이 개정판 1권에 수록되어 있다.

허치슨 (Francis Hutcheson, 1694~1746) 1712년에 글래스고 대학에서 학위를 받았다. 1729년에 모교의 도덕철학 교수로 선임되기에 앞서 그는 세 권의 책을 출간했다. 제번스는 2판 서문에서 그 가운데 둘을 인용하고, 부록의 수리경제학 문헌 목록에서 가장 먼저 놓는다. 그 둘 중 하나는 1725년에 출간된 《미와 덕 관념의 기원에 대한 탐구》(*An Inquiry Into the Original of Our Ideas of Beauty and Virtue*)이고, 다른 하나는 1728년에 출간된 《열정과 애정의 본성 및 행위에 관한 소론》(*Essay on the Nature and Conduct of the Passions and*

Affections with Illustrations upon the Moral Sense) 이다.

헌 (William Edward Hearn, 1826~1888) 아일랜드 출생이며, 1855년에 오스트레일리아 멜버른 대학 교수로 부임하여 근대사와 정치학을 강의했다. 1873년에 신설된 법학부 학장으로 선임되었고, 1878년에 오스트레일리아 상원의원으로 선출되었다. 그는 1863년에 정치경제학 교과서를 출간했는데, 이것이 제번스가 7장과 마지막 장에서 길게 인용하는 《부학, 인간의 욕구를 채우기 위한 노력에 관한 이론》(*Plutology, or the theory of the efforts to satisfy human wants*) 이다. 이 책은 1864년에 런던에서도 출간되었다.

호턴 (Samuel Haughton, 1821~1897) 1851년에 더블린 트리니티 칼리지 지질학 교수로 임명되었고, 1858년에 왕립런던협회(Royal Society of London) 회원으로 선출되었고, 1862년에 더블린 대학에서 의학박사 학위를 받았다. 제번스가 4장에서 일과 피로에 관한 자신의 실험과 관련하여 소개하듯이, 호턴은 1862년에 실험을 통해 찾아낸 근육 활동의 법칙을 왕립협회에 보고했다.

훼이틀리 (Richard Whately, 1787~1863) 1829년에 시니어의 후임으로 옥스퍼드 대학 정치경제학 교수로 선임되었으나 1831년에 더블린 대주교로 임명되어 떠났다. 그가 옥스퍼드를 떠나기 직전에 했던 강의를 책으로 펴낸 것이 《정치경제학 입문 강의》(*Introductory Lectures on Political Economy*) 이다. 1832년에 출간된 이 책에서 훼이틀리는 리카도의 노동가치이론을 비판하면서 일종의 주관적 가치이론을 전개했다. 그리고 같은 책에서 경제학은 교환의 과학(science of exchanges)으로 거듭나야 한다고 주장하면서 새 이름 'catallactics'를 제안했다. 이 이름은 교환하다는 뜻의 그리스어(καταλλάσσω)에서 가져온 것이다.

휴얼 (William Whewell, 1794~1866) 영국의 과학자, 수학자, 철학자. 1837년과 1840년에 각각 《귀납적 과학의 역사》(*History of Inductive Science*) 와 《귀납적 과학의 철학》(*The Philosophy of the Inductive Sciences*) 을 출간했다. 그는 경제학에도 관심을 보여 리카도 경제학을 비판하고 귀납적 방법을 옹호했으며, 영국 과학진흥협회의 통계분과 신설을 주도했다. 그리고 1862년에는 케임브리지 대학에서 행한 일련의 강의를 엮어 《정치경제학 여섯 강의》(*Six Lectures on Political Economy*)로 출간했다. 이보다 앞서 1829년과 1831년에 각각 "정치경제학의 일부 학설에 대한 수리적 해설"(Mathematical exposition of some doctrines of political economy)과 "리카도 씨의 《정치경제학 원리》의 주요 학설에 대한 수리적 해설"(Mathematical exposition of some of the leading doctrines in Mr. Ricardo's *Principles of Political Economy and Taxation*)을 발표했으며, 1850년에 "정치경제학의 일부 학설에 대한 수리적 해설, 둘째 논문"(Mathematical exposition of some doctrines of political economy, second memoire)을 발표했다. 세 논문은 모두 《케임브리지 철학협회 보고서》(*Transactions of the Cambridge Philosophical Society*)에 게재되었다. 앞의 두 논문이 제번스가 1판 1장에서 인용하는 휴얼의 논문이다. 2판에서는 휴얼의 1850년 논문도 인용한다. 제번스는 휴얼의 세 논문에 대해 매우 부정적이다. 제번스의 평가와는 달리 휴얼의 수리경제학이 비교정태분석의 새로운 기법을 제시했으며 매우 엄밀했다는 평가도 있다. J. Kim, "The technique of comparative-static analysis in Whewell's 'Mathematical Expositions'," *History of Political Economy* 33:4, 2001, pp. 843~854.

흄(David Hume, 1711~1776) 스코틀랜드 출신의 철학자, 역사학자, 경제학자. 그의 1752년 저서 《정치학 강론》(*Political Discourse*)에는 경제에 관한 여러 소론이 수록되어 있다. 제번스가 1장에서 인용하는 흄의 "상업론"(Of commerce)은 이 책에 수록된 첫 소론이다. 이 책에는 "무역수지론"(Of the balance of trade)도 있는데, 여기서 그는 정화(正貨) 흐름과 물가의 자동조정 기제를 설명하면서 중상주의를 비판한다.

찾아보기

(용어)

ㄱ

가격(price) 34~36, 51, 66, 76, 82, 141, 143~147, 149, 165, 166, 168, 169, 174, 178, 179, 188, 189, 195~197, 199~212, 217, 221, 233, 241, 243, 245, 250, 261, 262, 290, 299, 304, 310, 313, 315

- 시장가격(market price) 53, 88, 94, 142, 212~214

가망성(chance) 88, 94, 142, 212~214

- 확률 게임(game of chance) 70

가상 속도(virtual velocity) 11, 159, 160, 162, 187

- 가상 속도 이론(theory of virtual velocities) 158

가치(value) 9~12, 15~17, 24, 27, 29, 32~35, 39, 44, 45, 51~54, 63, 64, 66, 71, 72, 87, 94, 100, 108, 118, 132~139, 156, 157, 160, 164, 176, 182, 183, 190, 191, 202, 206, 214~219, 231, 238, 242~246, 249, 250, 253, 261, 271, 285, 286, 288, 309, 314

- 교환가치(value in exchange, exchange value) 132, 133, 135, 137, 215, 216
- 도덕적 가치(fortune morale) 214
- 물리적 가치(fortune physique) 214
- 사용가치(value in use) 312, 134~136, 139, 216

감분(decrement) 176, 225

강도(强度) (intensity) 27, 31, 40, 84, 87~90, 93, 99, 104, 109, 121, 136, 189, 191, 224, 231, 232, 254, 255, 282

결합생산(joint production) 249~252

경매(auction) 147, 165

- 네덜란드식 경매(Dutch auction) 164
- 잉글랜드식 경매(English auction) 164

경쟁(competition) 51, 172, 262, 265, 298, 313, 314

- 자유경쟁(free competition) 141
경제성(economy) 267
경제적(economical) 32, 98, 113, 132, 161, 179, 275, 309
경제학(Economics) 9～11, 13, 18, 19, 21～29, 33, 36～38, 41, 45～49, 51, 55, 56, 65～67, 69, 72, 73, 76～79, 81～83, 88, 93, 95～100, 102, 108, 110, 111, 118, 120, 131～132, 136, 138, 146, 155, 156, 179, 182, 194, 198～200, 205, 207, 221, 222, 242, 245, 253, 258, 259, 264, 271, 305, 309, 310, 314, 317
- 경제학자(economist) 13, 18, 19, 23, 24, 28～30, 32, 34, 37, 42, 43, 45, 47～49, 56, 72, 80, 86, 97, 98, 100, 108～110, 113, 118, 119, 125, 131, 137, 140, 164, 165, 182, 190, 198, 207, 215, 216, 221, 238, 254, 271～273, 286, 288, 298, 302, 303, 305～307, 310, 316, 317
- 경제과학(economic science, science of Economics) 12, 15, 19, 20, 22, 30, 41, 45, 78, 81, 82, 96, 124, 126, 131, 167
고역(toil) 221, 225
- 고역감(toilsome sensation) 225
곡물(corn) 119, 135, 140, 141, 143, 144, 149, 150, 152, 153, 175, 202～204, 206～212, 217, 241, 247, 250, 255, 262, 274, 300, 304, 305, 307
곤란, 노고(trouble) 27, 66, 82, 93, 99, 119, 162, 221, 290
공공(public) 142, 303, 304
- 공공사업(public works) 34, 286
- 공공선(public good) 142
공급(supply) 64, 66, 100, 101, 108, 109, 118, 120, 121, 123, 142～144, 156, 165～167, 172, 188, 189, 194, 201～204, 206, 211, 212, 215～219, 241, 250, 254, 274, 276, 282, 289, 299, 300, 305, 313
- 공급률(rate of supply) 120, 122
- 공급과 수요의 법칙(the laws of supply and demand) 10, 24, 35, 36, 50, 51, 64, 66, 79, 156, 163, 165, 166, 250, 310
- 공급과 수요의 대등(equivalence of supply and demand) 156
- 수요와 공급 사이의 비율(a ratio between demand and supply) 156, 157
과세(taxation) 22, 198
과잉(glut) 253, 254
과잉생산(over-production) 253, 254
과학(science) 10, 11, 18～24, 26, 27, 29, 43, 48, 56, 63, 65～70, 72, 73, 76～78, 80～82, 97, 99, 100, 109, 118, 131, 132, 137, 156, 199～201, 204, 271, 316, 317
- 경제과학(economic science, science of Economics) → '경제학' 항목 참조
- 도덕과학(moral science) 65, 72, 83, 84, 96
- 물리과학(physical science) 22, 30, 65, 72, 83, 84, 96
- 사회과학(social science) 77, 80, 81
- 수리적 과학(mathematical science) 11, 65, 67～70

- 자연과학(natural science) 68
괴로움(pain) 11, 12, 32, 37, 38, 40, 41, 43, 69, 71～75, 83～89, 91, 92, 95, 96, 100, 102, 110, 112, 113, 120, 121, 126, 127, 215, 222～224, 226～231, 233, 237, 254, 267, 282
교역(trade, traffic, commerce) 38, 51, 71, 131, 136, 142, 145, 148, 164, 168, 174, 175, 186, 195, 198, 199, 206, 207, 245～247, 254, 271
- 국제 교역(international trade) 29, 175, 195, 196, 198
교환(exchange) 11, 16, 22, 41, 64, 82, 114, 125, 131, 133～138, 140～157, 161～163, 165～167, 170～172, 174～181, 184～188, 191, 192, 194～196, 198, 216, 217, 229, 233, 239～245, 247, 248, 251, 254, 271, 276, 288, 315
- 교환방정식(equations of exchange) 17, 18, 42, 160, 163, 173, 175, 178, 180, 186, 188, 240
- 교환법칙(laws of exchange) 11
- 교환 비율(ratio of exchange) 13, 134～139, 141, 142, 146～151, 163, 165, 167, 168, 170, 171, 173, 175, 187～189, 191, 192, 195, 198, 216, 218, 238, 240～242, 245～249, 252～254, 262, 300
- 교환가치(value in exchange, exchange value) →'가치' 항목 참조
- 교환의 이득(gain by exchange) 11, 197
- 교환의 실제 목표(real object of exchange) 196
- 완전한 교환의 자유(perfect freedom of exchange) 195, 198
교환학(Catallactics) 19
균일성(uniformity) 290, 301
균형(equilibrium) 11, 17, 148, 150, 152, 160, 166, 187
극대(maximum, maxima) 17, 32, 83, 91, 95, 116, 127, 131, 198, 254, 255, 257, 309
극소(minimum, minima) 17, 32, 298
극한(limit) 32, 107, 115, 149, 178, 229, 230, 237, 291
근로(service) 16, 95, 186, 281
근접성(propinquity) 32, 87, 92, 127, 211
기대(expectation) 92, 124, 136, 147, 198, 200, 210, 266
- 도덕적 기대(moral expectation) 213
- 수리적 기대(mathematical expectation) 213
기하학적(geometric, geometrical) 34, 39, 41, 46, 296

ㄴ～ㄷ

노동(labour) 11, 18, 22, 27, 40, 41, 48, 50, 51, 54, 63, 64, 66, 69, 71, 72, 75, 79, 86, 95～97, 110, 131, 182, 191, 198, 215～219, 221～225, 227～237, 239, 240, 245～248, 251, 253～256, 259, 262, 263, 264～270, 272～278, 280～283, 285, 287, 289, 290, 292, 294,

298, 301, 304, 307, 309, 310, 312～315
- 노동 강도(intensity of labour) 224, 231, 232, 254, 255
- 노동 독점(monopoly of labour) 51
- 노동 변동의 법칙(the law of variation of labour) 224
- 노동 증분(increment of labour) 236, 237, 239, 240, 251～253, 265～267, 269
- 노동 지속 시간(duration of labour) 227, 228
- 노동량(amount of labour) 222, 224, 225, 228, 231, 263, 267, 283
- 노동량의 차원(dimension of amount of labour) 232
- 노동의 가격(price of labour) 315
- 노동의 괴로움(painfulness of labour) 226, 233
  · 노동의 괴로움 정도(degree of painfulness of labour) 229, 282
  · 노동의 괴로움의 변동(variation of the painfulness of labour) 233
- 노동의 분배(distribution of labour) 235, 237
- 노동의 생산성(productiveness of labour) 245
  · 노동의 생산성 정도(degree of productiveness of labour) 245
- 노동의 수량(quantity of labour) 219, 268, 269
- 노동의 절대비용(absolute value of labour) 54
- 노동의 정의(definition of labour) 221
- 노동의 차원(dimensions of labour) 231
- 노동자(labourer) 27, 50～52, 86, 182, 223, 227, 229, 233, 255, 266～268, 270, 272, 274, 277, 281, 289, 290, 298～302, 310～315
노력(effort) 38, 54, 81, 82, 84, 93, 95, 98, 186, 195, 222～225, 227～230, 234, 235, 255, 256
농업인(farmer) 141, 144, 182, 183, 212, 307
대등(equivalence) 91, 92, 189, 194, 230, 264, 277, 289
- 공급과 수요의 대등(equivalence of supply and demand) 156
대수적(對數的) 방법(logarithmic method) 35
대수학(代數學) (algebra) 34, 67, 91
대수합(代數合) (algebraic sum) 91, 160, 187, 193
대영제국(Great Britain) 203
데이터(data) 67, 68, 70, 72, 79, 82, 210, 211, 225
도덕(moral) 31, 32, 71, 83, 86, 88, 96, 214, 215
- 도덕과학(moral science) → '과학' 항목 참조
- 도덕적 가치(fortune morale) → '가치' 항목 참조
- 도덕적 기대(moral expectation) → '기대' 항목 참조
동등(equal, equality) 27, 28, 40, 41, 71, 73, 75, 91, 101～104, 112, 115, 128, 129, 133, 150, 152, 154, 156, 159, 160,

177, 180, 181, 191～194, 212, 214, 219, 222, 225, 227, 230, 237, 243, 245, 246, 248, 251, 252, 262, 266～269, 283, 294, 296, 312, 317

동학(動學), 동역학(動力學) (dynamics) 12, 22, 67, 148

등가(equivalence) 190
- 상품의 등가(equivalence of commodities) 188
- 노동과 효용의 등가(equivalence of labour and utility) 230

ㅁ～ㅂ

무역(trade, foreign trade, foreign commerce) 79, 195, 196, 247
- 자유 무역(free trade) 79, 80, 248

무차별 법칙(the law of indifference) 51, 54, 145, 146, 152, 161, 262, 290

무한소(無限小) (infinitesimal) 157, 160, 161, 175
- 무한소 수량(infinitesimal quantity) 121, 123, 148, 157, 161, 162, 176
- 무한소 차분(infinitesimal difference) 14
- 무한소량(infinitesimal amount) 144
- 무한소의 작은 증분(infinitesimally small increment) 166

물건(thing) 39, 101, 109, 116, 125, 133, 135～138, 145, 146, 176, 177, 182, 187, 195, 198, 204, 215～218, 257, 258, 304～306

물리과학(physical sciences) → '과학' 항목 참조

물체(object) 39, 40, 91, 95, 96, 100, 111, 112, 118, 119, 124, 133, 135, 136, 146, 160, 215～217, 225, 292

물품(article) 51, 82, 97, 101, 109, 110, 114, 116, 137, 140, 144, 147, 165, 175～179, 194, 196, 202～204, 216, 218, 240, 246～248, 272, 282, 289, 290, 300, 302, 306, 307

미분(differential) 17, 144
- 미분계수(differential coefficient) 107, 147, 268, 291～293
- 미분방정식(differential equation) 148, 157
- 미분학(calculus, differential calculus, fluxions, fluxional calculus) 32, 65, 66, 73, 86, 95, 222, 261, 309
- 즐거움과 괴로움의 미분학(the calculus of pleasure and pain) 11, 83

방정식(equation) 17, 28, 29, 115, 116, 126～129, 148, 149, 153～157, 160～163, 167～176, 181, 183～187, 189, 190, 192, 199, 200, 204, 219, 230, 237～240, 243, 245, 247, 248, 251～254, 266, 311, 312
- 교환방정식(the equations of exchange) → '교환' 항목 참조
- 미분방정식(differential equation) → '미분' 항목 참조
- 효용도 방정식(the equation of the degrees of utility) 116, 146
- 밀의 방정식(Mill's equation) 156

변위(變位) (displacement) 159, 160, 187
부등(不等) (inequality) 55, 71, 73
부학(富學) (Plutology) 19, 273
분량(dose) 264, 265
- 분량의 자본(dose of capital) 264
분야(branch) 9, 12, 19, 21, 22, 30, 37, 45, 47, 48, 53, 55, 63, 65, 70, 77, 81, 118, 157, 193, 194, 245, 246, 248, 254, 261, 271, 289, 290, 301, 309, 312~314
분업(division of labour) 235, 275
분할(division) 22, 81, 149, 167, 175, 176, 178, 180, 181, 235, 311
- 분할 가능(divisible) 177, 191
- 분할 불가능(indivisible) 177
- 재분할(subdivision) 22, 81
불리(disadvantage) 71, 113, 147, 183, 196
불확실성(uncertainty) 31, 87, 94, 127
불확정(indeterminate) 77, 178, 180, 191

ㅅ

사물(things) 16, 27, 69, 74, 91, 95, 96, 100, 113, 114, 124, 145, 183
사회과학(social science) → '과학' 항목 참조
사회학(sociology) 21, 81
산술(arithmetic) 32, 295
- 정치산술(Political Arithmetic) 205
산업(industry) 53~55, 66, 71, 82, 97, 114, 125, 142, 145, 148, 175, 218, 248, 253, 254, 272, 273, 275~277, 289, 290, 292, 300, 301, 305, 306, 310~313, 316
상업(commerce) 26, 79, 82, 162, 194, 196, 212, 218, 233~235, 247, 282, 289
상품(commodity) 16, 27, 34, 36, 40, 45, 51~53, 63, 64, 66, 74~76, 82, 93, 95, 96, 101, 102, 104~116, 119~123, 125~128, 131, 135~138, 140~142, 144~152, 154, 161~163, 167~175, 177, 178, 180, 181, 183, 184, 186~189, 191~196, 198, 199, 201, 202, 204~206, 215~218, 224, 228, 229, 231~233, 235~246, 248~250, 252~254, 262, 272, 273, 276, 281, 282, 290, 294, 310
- 비(非) 상품(discommodity) 113, 114, 183, 185, 253
생계(sustenance) 235, 272, 289, 290, 311
생산성(productiveness) 198, 238, 246, 251, 252, 267, 270
- 생산성 정도(degree of productiveness) 243, 245, 250
생산율(the rate of production) 120, 228~230, 232, 239, 267~270
생활필수품(necessaries of life) 97, 202, 205, 233, 289
소비율(rate of consumption) 120, 232
손실(loss) 53, 94, 102, 113, 150~152, 259, 287, 315
수량(quantity) 11, 15, 16, 26, 27, 30, 31, 64~67, 69~71, 74, 82, 84, 87~89, 91, 97, 101, 103~105
- 느낌의 수량(quantity of feelings) 73, 74, 88~90, 94
- 효용의 수량(quantity of utility) 13,

39, 121, 122
- 즐거움의 수량(quantity of pleasure) 121
수리(적) (mathematical) 10, 11, 13, 14, 17, 18, 23, 24, 26~30, 32~34, 36, 38, 44~47, 65~70, 72, 73, 156, 210, 212, 242, 264
- 수리적 기대(mathematical expectation) → '기대' 항목 참조
- 수리적 과학(mathematical science) → '과학' 항목 참조
수요(demand) 36, 66, 97, 118, 142~144, 156, 165, 167, 188, 195, 203, 204, 206, 241, 250, 299, 315
- 공급과 수요의 법칙(the laws of supply and demand) → '공급' 항목 참조
- 공급과 수요의 대등(equivalence of supply and demand) → '공급' 항목 참조
- 수요와 공급 사이의 비율(a ratio between demand and supply) → '공급' 항목 참조
시장(market) 51, 73, 133, 140~144, 146, 147, 149, 152, 163, 165~168, 190, 202, 204, 206, 240, 241, 262, 290, 313
- 완전시장(perfect market) 141
- 공개 시장(open market) 51, 146
- 화폐시장(Money Market) 13, 140
- 주식시장(Stock Market) 140
- 시장가격(market price) 53, 142, 166, 217
- 시장도시(market town) 143

ㅇ
엄밀(accurate) 30, 31, 63, 74, 82, 94, 143, 147, 160, 188, 194, 198, 199, 206, 228, 242, 243, 255, 263, 285, 306, 313, 317
역학(mechanics) 5, 22, 30, 81, 158
- 이기와 효용의 역학(the mechanics of self-interest and utility) 22
- 효용과 이기의 역학(the mechanics of utility and self-interest) 81
- 정역학(statics, statical mechanics) → '정학, 정역학' 항목 참조
- 동역학(dynamics) → '동학, 동역학' 항목 참조
연속(continuous, continuously, continuity) 39, 90, 106, 144, 148, 157, 164, 264, 274, 277, 278
- 연속 곡선(continuous curve) 104
- 연속 변동(continuous variation) 65, 76, 164
- 연속 함수(continuous function) 290
영국(British) 176, 299
- 대영제국(Great Britain) → '대영제국' 항목 참조
예상 효용(prospective utility) 124, 125, 128
완전시장(perfect market) → '시장' 항목 참조
요구(requirement) 97, 100, 109, 141, 254
욕구(want) 79, 84, 86, 93, 95, 97~100, 109, 110, 125, 135, 139, 144, 191, 202, 221, 222, 235, 274, 282, 294, 300, 305,

306
욕망(desire) 85, 97~99, 109, 125, 134, 136, 139, 174, 177, 202, 204, 216, 227, 232, 235, 249, 254
운동학(kinematics) 81
원격성(remoteness) 87, 92, 127
위험(risk) 27, 123, 214, 290, 312~314, 317
위험성(hazard) 31
이기(利己) (self-interest) 81
이득(gain) 11, 55, 77, 94, 150~152, 162, 178, 195~197, 212, 230, 249, 244, 299, 315
이윤(profit) 36, 142, 195, 196, 212, 223, 233, 262, 268, 276, 282, 286, 289, 298, 303, 304, 311~314
- 이윤율(rate of profit) 298, 311
- 궁극이윤(ultimate profits) 313
- 통상이윤(common profit) 301
- 보통이윤(ordinary profits) 263
- 예상이윤(anticipated profits) 313
- 초과 이윤(excess of profit) 262, 314
- 이윤 극소화 경향(tendency of profits to minimum) 298
이익, 득, 유리(advantage) 71, 96, 113, 115, 125, 126, 128, 129, 141~143, 147, 150, 151, 154, 163, 166, 168, 179, 183, 186, 192, 193, 195, 196, 198, 212, 214, 229, 230, 235, 240, 241, 247, 255, 256, 259, 266, 267, 268, 271, 275, 283, 286, 300, 303, 313, 315
- 초과 이익(excess of advantage) 301
이자(interest) 16, 42, 51, 54, 55, 66, 118, 122, 266, 283, 285~287, 289, 292~301, 306, 307, 312, 315
- 이자율(rate of interest) 122, 282, 285, 290~295, 297~300, 310, 313
- 이자의 차원(dimension of interest) 292
- 이자의 기원(origin of interest) 298
- 이자율의 균일성(uniformity of the rate of interest) 289
- 이자의 균일성 경향(tendency of interest to uniformity) 301
- 이자액(amount of interest) 302
이재학(Chrematistics) 19
이해(利害), 이익(interest) 25, 72, 94, 132, 141, 310, 312, 315
임금(wage) 7, 11, 50~54, 217, 219, 227, 233, 243, 262, 277, 282, 283, 289, 290, 293, 298~300, 302, 310~314
- 임금이론(theory of wages) 48~50, 54
- 임금학설(doctrine of wages) 40
- 임금기금이론(the wage-fund theory) 10, 48, 50, 311, 313, 314
- 임금률(rate of wages) 51, 243, 310~314
 · 자연임금률(natural rate of wages) 50, 311, 312
잉글랜드(England, English) 13, 20, 23, 32, 34~36, 45~49, 53, 70, 79, 137, 138, 143, 144, 164, 165, 168, 175, 207, 212, 233, 240

ㅈ

자본(capital, stock) 11, 16, 22, 28, 42, 50, 51, 55, 63, 66, 71, 118, 122, 131, 198, 263~266, 271~281, 283, 285, 287~294, 298~307, 310, 312~315
- 고정자본(fixed capital) 54, 272, 288, 289, 303, 305
- 분량의 자본(dose of capital) → '분량' 항목 참조
- 유동자본(circulating capital) 272, 288, 303, 310
- 자본 공급(supply of capital) 299, 300
- 자본이론(theory of capital) 125, 271, 283, 288, 302
- 자본 증분(increment of capital) 264, 265, 301
- 자본 흡입(absorption of capital) 277, 284, 285
- 자본가의 기능(function of capitalists) 313
- 자본의 기능(function of capital) 265, 271, 294, 304
- 자본의 본질(the nature of capital) 265, 271, 274, 302
- 자본의 속성(the attributes of capital) 302
- 자본의 수량(quantity of capital) 277, 301
- 자본의 이익(advantage of capital) 271
- 자본의 지속 시간(the duration of capital) 288
- 자본의 진정한 형태(the true form of capital) 289
- 자본의 차원(the dimension of capital) 281, 293
- 자본의 편익(benefit of capital) 300
- 자본 투하량(the amount of investment of capital) 277, 278, 281, 283, 284, 291
- 자유자본(free capital) 54, 288~290
- 투하자본(invested capital) 281, 288
- 투하 자본량(the amount of capital invested) 277, 278, 283
- 환수 자본(uninvested capital) 281
- 자본의 가격(price of labour) 315

자본화(capitalisation) 271

자연과학(natural science) → '과학' 항목 참조

자유경쟁(free competition) → '경쟁' 항목 참조

자재(stock) 51, 218, 263, 303, 304

작업, 일(work) 27, 54, 73, 93, 159, 182, 183, 256, 257, 271~274, 314
- 작업률(rate of work) 255
- 작업자(worker) 217, 234, 314

재고, 재고량(stock) 82, 143, 209, 307

재화(goods) 82, 97, 119, 120, 135, 143, 162, 167, 196, 217, 275, 294, 302, 303, 313

저울(balance) 71, 72, 74, 120, 146, 227, 233

절제(abstinence) 27, 281, 282, 292, 314

정밀(precise) 26, 34, 41, 67, 68, 70, 71,

82, 118, 168, 180, 200, 206, 254, 288
정치경제학(Political Economy) 13, 14, 18, 20, 24, 25, 36, 37, 70, 72, 80, 81, 97～100, 110, 205, 242, 247, 317
- 정치경제과학(science of Political Economy) 9, 63, 212
- 정치경제학자(political economist) 13, 47, 99, 214
정치산술(Political Arithmetic) → '산술' 항목 참조
정학(靜學), 정역학(靜力學) (statics, statical mechanics) 11, 12, 22, 67, 81, 148, 161, 162
정확(exact) 17, 30, 52, 54, 68～70, 72～74, 76, 77, 82, 84, 91, 100, 101, 108, 115, 119, 122, 126, 144, 145, 150, 154, 159～161, 167, 170, 172, 177～179, 189, 191, 194, 199, 200, 210, 217, 218, 225, 227, 230, 233, 246, 247, 258, 259, 264, 267, 280, 294, 297, 302, 307, 311, 314
- 정확한 과학(exact science) 67, 73, 82, 118, 200
- 정확한 측정(exact measurement) 69
제조업(manufacture) 290
조세(tax) 46, 82, 162, 198, 311, 312
조화(harmony) 64, 181, 189, 215
즐거움(pleasure) 11, 12, 32, 37, 38～40, 43, 69, 71～75, 83～89, 91～96, 100, 102, 109, 110, 113, 115, 120, 121, 123, 126, 127, 136, 174, 214, 215, 222, 223, 225～227, 229～231, 233, 314
증분(increment) 40, 102～104, 106, 107, 112, 115, 123, 136, 149, 152, 154, 166, 175, 176, 178, 182, 184, 186, 187, 191, 193, 194, 225, 227, 229, 230, 236, 237, 239, 240, 251～253, 263～267, 269, 281, 291, 295, 299～301
증식성(fecundity) 88
지대(rent) 52～54, 254, 257, 283, 287, 288
- 지대이론(theory of rent) 10, 41, 54, 240, 261, 262, 265, 269
- 지대 성격의 이득(gains as the nature of rent) 249
- 지대 개념(the idea of rent) 52
- 지대법칙(the laws of rent) 270
- 지대의 기원(the origin of rent) 55
- 지대의 본질(the nature of rent) 264
지레(lever) 11, 17, 68, 157～160, 187
- 1종 지레(lever of the first kind) 158, 160
지속 시간(duration) 27, 31, 87～89, 121, 122, 224, 227, 228

ㅊ～ㅌ

차분(difference) 14
차원(dimension) 15～17, 32, 88, 89, 104, 117～122, 138, 139, 231, 232, 277, 281, 282, 292～295, 297, 316
초과 생산물(excess of produce) 53, 270, 313
최대 확률 값(the most probable value) 210
추(pendulum) 73, 148

추정(estimate, estimation) 40, 71, 73, 74, 87, 92, 94, 108, 120, 198, 207~209, 211, 212, 257, 285, 287, 312, 314, 316
취득효용(acquired utility) 125, 191
측정(measure, measurement) 27, 31, 34, 39, 53, 54, 67, 69~74, 82, 89, 90, 92, 102~105, 112, 117~120, 122, 136, 138, 151, 191, 194, 196~198, 213, 223, 225, 227, 231, 232, 238, 241, 243, 254, 269, 270, 278, 282, 299~302, 316
크기, 양(amount) 71~75, 87, 91, 92, 104~106, 112, 115, 116, 118, 121~124, 128, 131, 137, 145, 146, 150, 152, 154, 159, 162, 169, 174, 179, 181, 183, 186, 195, 197, 203, 216, 217, 223~225, 227~230, 232, 233, 236, 237, 240, 245, 248, 254, 255, 257, 259, 262, 264, 266, 268, 274, 277, 278, 280, 282, 284, 287, 290, 291, 293~295, 297, 301, 312, 313
- 느낌의 크기(amount of feeling) 73, 75, 237
- 즐거움의 크기(amount of pleasure) 39, 230
- 괴로움의 크기(amount of pain) 92, 223
- 효용의 크기, 양(amount of utility) 224, 236
- 고역감(苦役感)의 크기(amount of toilsome sensation) 225
- 효용의 절대량(absolute amount of utility) 123
- 고역감의 평균량(average amount of toilsome sensation) 225
- 무한 소량(infinitesimal amount, indefinitely small amount) 12
통계(학) (statistics, statistical) 26, 73, 78, 81, 82, 142, 143, 188, 199~201, 207, 298
투하(invest) 274~281, 283~289, 291, 298, 303, 305~307, 312~314
- 자본투하량(the amount of investment of capital) →'자본' 항목 참조
- 투하자본(invested capital, capital invested) →'자본' 항목 참조
· 투하자본량(the amount of capital invested) →'자본' 항목 참조
- 투하시간(the time of investment) 292
· 평균 투하시간(the average time of investment) 278
· 최대 투하시간(the greatest time of investment) 279

ㅍ~ㅎ

판매의 법칙(loi du débit) 35
편의품(conveniences) 95, 202, 289
편익(benefit) 96, 127, 136, 150, 174, 183, 195~198, 213, 214, 230, 271, 300, 307, 313
평가(esteem) 108, 134, 136, 139, 188, 216
평형(balance) 71, 74, 75, 85, 113, 146, 237, 241
피로율(rate of fatigue) 257
필수품(necessaries, subsistence)

95, 203, 204, 305
- 생활필수품(necessaries of life) → '생활필수품' 항목 참조
필요(need) 85, 97, 98, 102, 109, 122～124, 179, 182, 191, 193, 194, 197, 201, 205
행군율(rate of marching) 259
확률(probability) 9, 43, 45, 77, 94, 124, 126～129, 180, 212, 213, 261
- 최대 확률 값(the most probable value) →'최대 확률 값' 항목 참조
확실성(certainty) 32, 45, 87, 126
환수(withdraw) 279
회수(uninvest) 272, 278, 279
- 회수 자본(uninvested capital) 281
효용(utility) 11, 13, 15, 16, 18, 22, 30, 32, 34, 36, 39, 40, 41, 48, 53, 54, 63, 64, 66, 71, 81, 84, 86, 96, 97, 100～110, 113～116, 121～126, 131, 138, 147, 150～152, 154, 169, 171, 174, 176～178, 180～182, 184, 186～194, 196, 198～202, 205, 212～216, 218, 224, 229～234, 236, 237, 251～254, 267, 271, 276, 282, 289, 294, 300, 309, 313
- 간접효용(indirect utility) 125
- 매개효용(mediate utility) 125
- 무효용(inutility) 114
- 비(非) 효용(disutility) 113, 114, 182～185, 187, 188, 231
- 예상 효용(prospective utility) 124, 125, 128
- 잠재 효용(potential utility) 123, 124
- 종말효용(terminal utility) 216
- 직달효용(immediate utility) 125
- 직접효용(direct utility) 125
- 취득효용(acquired utility) 125, 191
효용도(效用度) (the degree of utility) 12, 40, 64, 104～109, 116, 121～123, 128, 135, 139, 147, 150, 152, 161, 169, 171, 174, 175, 187, 188, 191, 192, 194, 201, 204, 205, 215, 218, 227, 229, 231, 236, 246, 251, 252, 254, 282, 300
- 최종효용도(the final degree of utility) 107～110, 115, 116, 122, 126～129, 136, 139, 149, 153, 169, 171, 174, 176, 188, 191～194, 196, 199, 205, 215, 216, 218, 219, 229, 241, 244, 245, 300

찾아보기

(인명)

ㄱ~ㄹ

가르니에(Joseph Clément Garnier) 14, 24, 37, 125
고센(Hermann Heinrich Gossen) 37~45, 223
기펀(Robert Giffen) 24
뉴컴(Simon Newcomb) 46
다윈, 조지(George Darwin) 46
대버넌트(Charles Davenant) 207~211
데튀 드 트라시(Antoine Louis Claude Destutt de Tracy) 32, 49
뒤 메닐-마히니(Jules Du Mesnil-Marigny) 30,37
뒤피(Jules Dupuit) 34, 43, 45
드라블레(Émile Louis Victor de Laveleye) 81
드모르간(Augustus De Morgan) 70
들니 드부후이으(Johan d'Aulnis de Bourouill) 25
라드너(Dionysius Lardner) 23, 24
라우(Karl Heinrich Rau) 29
라플라스(Pierre-Simon Laplace) 66, 214
레슬리(T. E. Cliffe Leslie) 20, 21, 42, 48, 49, 80, 81, 317
로드데일(James Maitland Lauderdale) 97, 206
로이드(Henry Lloyd) 47
로저스(James Edwin Thorold Rogers) 81
르트론(Guillaume-François Le Trosne) 49, 70, 81, 137, 138, 317
리카도(David Ricardo) 9, 20, 23, 45, 49, 50~52, 55, 56, 137, 215, 217, 219, 245, 271, 288, 302, 311, 312, 317

ㅁ~ㅇ

마셜(Alfred Marshall) 19, 46
매그너스(Philip Magnus) 158, 159
매클라우드(Henry Dunning Macleod) 17, 19, 33, 37, 46, 138, 182,

317
맥컬로크(John Ramsey McCulloch) 37, 47, 261, 263, 265, 272, 303
메인(Henry James Sumner Maine) 81
미나드(Charles Joseph Minard) 286
밀, 제임스(James Mill) 263~265, 273
밀, 존 스튜어트(John Stuart Mill) 9, 10, 16, 29, 45, 51~53, 55, 56, 77~79, 97, 132, 137, 155, 156, 163, 195, 197, 198, 245, 249, 250, 265, 307, 310, 317
바스티아(Claude Frédéric Bastiat) 49, 98, 317
바커(Thomas Barker) 13
바클리(George Berkeley) 235
발라스, 레옹(Léon Walras) 24, 44, 45
발라스, 오귀스트(Auguste Walras) 44
배비지(Charles Babbage) 256, 257
밴필드(Thomas Charles Banfield) 99, 110
베르누이, 대니얼(Daniel Bernoulli) 213
베스터고르(Harald Ludvig Westergaard) 17
베인(Alexander Bain) 74, 85, 91, 92
베카리아(Cesare Beccaria) 46
벤담(Jeremy Bentham) 31, 32, 43, 71, 72, 83, 84, 87, 88, 92, 96, 223
보도(Nicolas Baudeau) 49, 70, 81, 138, 317
볼로브스키(Louis Wolowski) 190
사잔트(William Lucas Sargant) 217
샌들린(Pieter Alexander Sandelin) 37
섀드웰(John Lancelot Shadwell) 48, 317
세(Jean-Baptiste Say) 49, 96, 222
손턴, 윌리엄(William Thomas Thornton) 20, 163~165, 178, 179
손턴, 헨리(Henry Thornton) 209
스토크(Heinrich Friedrich von Storch) 49, 51, 52
스튜어트(James Denham Steuart) 81
스펜서(Herbert Spencer) 21, 81
시니어(Nassau William Senior) 9, 43, 56, 97, 100, 109, 215, 281, 282, 317
애덤슨(Robert Adamson) 25, 37~39, 41, 42, 55, 138, 292
앤더슨(James Anderson) 9, 261, 262
에메나르 뒤 마제트(Camile Esménard du Mazet) 30, 37
에버렛(Joseph David Everett) 118
에어리(George Biddell Airy) 68
워커(Francis Amasa Walker) 48
이스나르(Achylle-Nicolas Isnard) 44
잉그럼(John Kells Ingram) 20, 80

ㅈ~ㅎ

제닝스(Richard Jennings) 43, 110, 224
젠킨(Fleeming Jenkin) 46, 118
존스(Richard Jones) 81
찰머스, 조지(George Chalmers) 207
찰머스, 토마스(Thomas Chalmers) 202~205
체바(Giovanni Ceva) 46

카나르(Nicolas-François Canard) 28
카우츠(Gyula Kautz) 37
케네(François Quesnay) 70, 81
케언스(John Elliot Cairnes) 26, 48, 78, 82, 110, 189, 317
코사(Luigi Cossa) 25, 47
콩디야크(Étienne Bonnot de Condillac) 33, 49, 70, 81, 124, 125, 137, 138
쿠르노(Antoine Augustin Cournot) 34~37, 41, 44, 140
쿠르셀-스뇌(Jean Gustav Courcelle-Seneuil) 29, 49, 98, 221, 317
토드헌터(Issac Todhunter) 35, 214
톰슨(William Thomson) 66, 68
투크(Thomas Tooke) 204, 209, 212
튀넨(Johann Heinrich von Thünen) 45
페일리(William Paley) 84~86
포셋(Henry Fawcett) 51, 272, 307, 317
포터(George Richardson Porter) 233
푸아송(Siméon-Denis Poisson) 161
피콕(George Peacock) 17, 122, 295~297
하겐(Karl Heinrich Hagen) 29
해클루트(Richard Hakluyt) 113
허치슨(Francis Hutcheson) 31, 46, 87
헌(William Edward Hearn) 50, 98, 221, 223, 273, 314, 315, 317
호턴(Samuel Haughton) 258
휴얼(William Whewell) 14, 28, 30, 212
흄(David Hume) 83

윌리엄 스탠리 제번스 (William Stanley Jevons: 1835~1882)

1835년에 영국 리버풀에서 부유한 상인의 아홉 번째 자녀로 태어났다. 국교도가 아니었기에 옥스퍼드 대학이나 케임브리지 대학에 갈 수 없었던 제번스는 1852년에 런던 유니버시티 칼리지에 입학하여 화학, 수학, 논리학을 공부했다. 그러나 그의 아버지의 사업과 함께 가계가 어려워져서 1854년에 학업을 중단하고 조폐국 감정사가 되어 시드니로 떠났다. 이곳에서 그는 스미스의 《국부론》과 밀의 《정치경제학 원리》를 읽었으며, 지역신문에 토지와 철도에 대한 글을 싣기도 했다. 라드너 (1850) 의 《철도 경제학》을 읽고서 수학을 사용해서 경제를 분석하는 데 관심에 갖게 된 것도 이곳에서다.

학업을 계속하기 원했던 제번스는 1859년에 런던으로 돌아와 다음 해에 학사학위를 받았으며, 1862년에 논리학 · 철학 · 정치경제학 석사학위를 받았다. 그리고 같은 해에 케임브리지에서 열린 영국과학진흥협회 학술대회에 두 개의 논문을 보냈다. 그 중 하나는 "정치경제학의 일반 수리이론 소개"인데, 이때 소개한 내용이 9년 후에 《정치경제학 이론》으로 발간된다. 다른 하나는 가격의 계절적 변동에 관한 것이다. 그러나 어느 것도 주목을 받지 못했다.

제번스는 한동안 맨체스터에 있는 오언스 칼리지와 리버풀에 있는 퀸스 칼리지에서 강의를 맡았다. 그러면서 《석탄 문제》 (*The Coal Question*) 를 저술했는데, 1865년에 발간된 이 책은 젊은 제번스에게 적잖은 명성을 가져다주었다. 그는 이어서 화폐와 물가에 관해 일련의 논문을 발표했는데, 이 논문들은 사후에 책으로 엮어져 출간됐다. 이 책의 제목은 《통화금융 탐구》 (*Investigations in Currency and Finance*) 이고, 1863년 논문도 포함한다.

제번스는 1866년에 오언스 칼리지의 논리학, 철학, 정치경제학 교수로 임용된다. 그의 관심이 논리학으로 되돌아온 것도 이 무렵이다. 1870년에 발간된 그의 《기초 논리학 강의》 (*Elementary Lessons in Logic*) 는 널리 읽히는 교재가 되었다. 그는 논리기계를 만드는 일에도 열성이었는데, 1869년에는 자신이 고안한 기계를 왕립협회에 소개했다. '논리 피아노'라고 불리기도 하는 이 기계는 1870년에 실제로 제작되었다. 그리고 1874년에는 그가 오랫동안 심혈을 기울여 저술한 《과학의 원리》 (*Principles of Science*) 가 발간된다. 이 책은 과학적 추론에 관한 이론이며, 인식론적 확률이론을 받아들인다. 그는 이 책이 밀 (1843) 의 《논리학의 체계》에 필적하기에 충분하다고 생각했다.

1870년에는 《과학의 원리》를 저술하는 작업이 중단되었다. 《정치경제학 이론》을 저술하기로 한 것이다. 자신과 서신을 교환하던 젠킨이 1868년과 1870년에 논문을 발표한 데 이어 새 논문을 준비하고 있었는데, 이것이 제번스에게 자극이 되었던 것이다. 젠킨의 논문을 본 제번스는 자신이 수리경제학의 선도자가 되기 위해서는 서둘러야겠다고 생각하여 《정치경제학 이론》을 집필하기 시작했고 1871년에 출간할 수 있었다.

제번스는 통계에도 관심이 많았다. 1863년에 발표한 《금 가치의 심각한 하락》(*A Serious Fall in the Value of Gold Ascertained*) 에서는 가격 통계로부터 기하평균을 이용하여 물가지수를 작성하는 방법을 제시했다. 그의 《석탄 문제》에도 통계 분석이 많이 있다. 1878년에는 태양 흑점의 변동이 곡물 생산을 통해 경기에 영향을 미친다는 학설을 발표했고, 그 후에도 여러 차례 이에 관한 논문을 발표했다.

제번스는 1869년에 맨체스터 통계학회 회장으로 선출되었고, 같은 해에 영국과학진흥협회 경제과학·통계학 분과 회장으로 지명되었다. 그리고 1872년에 영국 왕립협회의 펠로로 선출되었다. 1876년에는 런던 유니버시티 칼리지의 정치경제학 교수로 취임하면서 맨체스터를 떠나 런던으로 이사했다. 강의하기를 그다지 좋아하지 않는 데다 건강이 더 나빠지자 1880년에 은퇴했다. 그는 의사의 만류에도 불구하고 수영을 즐겼었는데, 1882년 8월 13일에 바다에서 수영하다 익사했다. 마흔일곱 번째 생일을 몇 주 앞두고서였다. 그는 서른두 살 때 결혼했었는데, 부인과 세 어린 자녀를 두고 세상을 떠났다.

김진방

서울대학교에서 경제학 학사와 석사 학위를 받고 미국 듀크 대학에서 경제학 박사 학위를 받았다. 그 후 미국 리버사이드 캘리포니아 대학에서 조교수로 재직했고, 현재 인하대학교에서 교수로 재직하고 있다. 경제학의 역사와 방법을 연구해 왔으며, 경제체제와 기업제도에도 관심을 기울이고 있다. 제번스와 관련된 연구로는 "Jevons versus Cairnes on exact economic laws," "Jevons's curve fitting," "Newmarch, Cairnes and Jevons on the gold question," "페티의 정치산술에서 무어의 계량경제학까지" 등이 있다. 최근에는 에지워스의 《수리정신학》을 발췌 번역하였으며, 《경제학의 교양을 읽는다》(공저)를 출간했다.